"中国新闻学丛书"编辑委员会

主　任：李　彬　赵月枝

委　员：（按姓氏笔画顺序）

　　　　王君超　王润泽　王维佳　史安斌　吕新雨　李　珮
　　　　李　彬　李希光　杨萌芽　吴　玫　吴　靖　张　垒
　　　　张　桐　赵月枝　胡　钰　俞　凡　洪　宇　程曼丽

"中国新闻学丛书"出版委员会

主　任：杨国安　杨萌芽

委　员：（按姓氏笔画顺序）

　　　　马　龙　王鹏飞　纪庆芳　杨　波　杨国安　杨萌芽
　　　　陈建恩　郑　鑫　胡玲霞　姜　畅　谌洪波　薛建立

XINZHONGGUO DE MINYING BAOZHI (1949—1957)
新中国的民营报纸（1949—1957）

郑宇丹　著

河南大学出版社
HENAN UNIVERSITY PRESS

·郑州·

图书在版编目（CIP）数据

新中国的民营报纸：1949—1957 / 郑宇丹著 . -- 郑州：河南大学出版社，2021.6
ISBN 978-7-5649-3923-6

Ⅰ.①新… Ⅱ.①郑… Ⅲ.①民营经济 - 报业 - 新闻事业史 - 研究 - 中国 -1949-1957 Ⅳ.① G219.297

中国版本图书馆 CIP 数据核字 (2019) 第 228645 号

责任编辑	纪庆芳　卢志宇
责任校对	任湘蕊
装帧设计	翟淼淼　高枫叶

出版发行	河南大学出版社
	地址：郑州市郑东新区商务外环中华大厦2401号　邮　编：450046
	电话：0371-86059715（高等教育与职业教育出版分社）
	0371-86059701（营销部）
	网址：hupress.henu.edu.cn
排　版	河南大学出版社设计排版部
印　刷	河南瑞之光印刷股份有限公司
经　销	全国新华书店
版　次	2021年6月第1版
开　本	710 mm×1010 mm　1/16
字　数	495 千字
印　次	2021年6月第1次印刷
印　张	23.25
定　价	69.00 元

（本书如有印装质量问题，请与河南大学出版社营销部联系调换。）

总序：新时代　新征程　新闻学　新探索

李　彬　赵月枝

中国共产党成立一百年前夕，酝酿有年的"中国新闻学丛书"开始问世。

所谓"中国新闻学"自然指立足中国的新闻学，离不开中华民族5000多年源远流长的文明史、中国人民近代以来180余年屡挫屡奋的斗争史、中国共产党100年来艰苦卓绝的奋斗史、中华人民共和国70多年正道沧桑的发展史，以及其中蔚为大观的新闻与传播实践史，包括新闻学与传播学的学术传统。同时，由于主流传统同马克思主义道统水乳交融，中国新闻学又始终心系天下，关注人类命运共同体及其新闻传播实践，离不开《国际歌》寄寓的国际主义情怀——"英特纳雄耐尔"(international)。充分展现这些学术内涵，不是一篇总序而是全套丛书的工作。而说明丛书的缘起，至少可以彰显"中国新闻学"的立意与定位。

早在2002年，范敬宜甫任清华大学新闻与传播学院首任院长之际，高瞻远瞩，身体力行，大力倡导以马克思主义为指导，具有"中国特色、中国气派、中国作风"的新闻学及其学科体系与教育体系，一时风起云涌，得到广泛响应。2008年，由于金融危机爆发以及全球资本主义体系危机加剧，"马克思归来"成为汇聚中外前沿学术思想的时代强音，而如何赓续中国新闻学的马克思主义中国化传统，进而创新网络时代的新闻学，愈发成为中国新闻学人迫在眉睫的时代使命。

党的十八大后，随着新时代的气息春风徐来，新闻学也迎来前所未有的良机。2016年，习近平主持召开全国哲学社会科学工作座谈会并发表讲话，明确提出要着力构建中国特色的哲学社会科学及其学科体系、学术体系和话语体系，与此同时要加快完善对哲学社会科学具有支撑作用的学科，其中引人注目地包括新闻学，令新闻传播学界无不倍感鼓舞。

为了响应新时代召唤，中信改革发展研究基金会于2014年成立，聚焦了一批各学科守正创新的一流学者，致力于推进中国特色、中国气派、中国风格的哲学社会科学建设。2017年，中国特色新闻学研究会在清华大学成立伊始，就与中信基金会密切合作，举办了首届"中国特色新闻学高级研讨班"。其间，我们同来自五湖四海的青年学者一起，从不忘本来、吸收外来、面向未来的视角，畅谈了理论逻辑、历史逻辑、实践逻辑有机统一，普遍意义与中国特色若合一契的中国新闻学构想。

在此基础上，基金会将"中国新闻学丛书"作为重点项目列入研究计划。之所以亮出"中国"的旗号，既不是以本土主义对抗西方中心主义，也不可能是"囊括四海，并吞八荒"，而是旨在凸显梁启超所谓"中国之中国、亚洲之中国、世界之中国"的自觉意识，表明更自觉地从全球史视野的高度，面向中国实践、更深入地扎根中国大地、更自信地践行中国道路的学术追求，也就是中信改革发展研究基金会的宗旨——坚持实事求是，践行中国道路，发展中国学派。

——坚持实事求是。丛书作者术有专攻，各抱地势，但无论深入历史，还是透视现实，无论穷究学理，还是钻研实务，无不遵循实事求是的治学精神，如一代马克思主义新闻学家甘惜分晚年希冀的："立足中国土，请教马克思。"

——践行中国道路。坚持实事求是为的是践行中国道路，正如解释世界为的是改变世界。何谓中国道路？一句话，就是中国共产党领导的革命、建设、改革所开辟的道路。而这条道路的灵魂在于社会主义，即习近平总书记所言，中国特色社会主义不是别的什么主义而是社会主义。中国新闻学说到底也是为社会主义新闻业立魂、立言、立心。

——发展中国学派。随着中国道路日渐开阔，以及文化自觉与学术自觉日益醒悟，中国学派也呼之欲出。近代以来，特别是新中国成立七十余年来，中国新闻学已经取得长足进展，从梁启超到邵飘萍，从邹韬奋到范长江，从邓拓到穆青，从延安窑洞人民广播的手摇发电机到数字时代融媒体，一代代中国记者以及学者以其辛勤耕耘和开创性工作奉献了无数心血和智慧，也为中国新闻学及其学派奠定了厚实基础。现在的关键在于我辈是否具有足够自信，摆脱某种制约中国新闻学想象力与创造力的"学术殖民"心态以及学术话语，用中信基金会理事长孔丹的话说，将"他信"变为"自信"，将著书立说的立足点从"彼岸"转到"此岸"。

19世纪初，西方文脉俨然在欧陆，德国洪堡大学等更是文化圣地，吸引着东西南北的欧美知识精英，而在立国不过半个世纪、偏处海角天涯的美国，哈佛文人 R.W. 爱默生（Ralph Waldo Emerson），却提出了美国文化走自己路的主张，发表了美国文化的独立宣言《美国学者》（*American Scholar*）。如今，经过七十余年锻造的中华人民共和国，已经开启了全面建设社会主义现代化国家的新征程，发展中国学派以审视中国经验、提炼中国理论、贡献中国方案，更可谓名正言顺，水到渠成。

2019年立春时节，河南大学新闻与传播学院和河南大学出版社同意将这套丛书纳入河南大学献礼中华人民共和国成立70周年的重点图书，2020年这套丛书又入选国家出版基金资助项目。中州自古英雄气，"逐鹿中原，问鼎天下"一向激荡人心。作为百年名校，河南大学也是文脉悠长，俊采星驰，包括名记者邓拓等校友。"中国新闻学丛书"能够落户河南大学出版社，也是得其所哉。

大鹏之动，非一羽之轻也；骐骥之速，非一足之力也。十多年来，我们一直勉力耕耘，与各方有生力量一道共同推进中国特色、中国气派、中国风格的新闻学建设，这套丛书就是一批阶段性成果。我们深知，如同伟大的中国革命与社会主义事业，我们的社会主义学术事业包括中国新闻学也不可能一蹴而就，更不可能凭少数人埋头苦干，而是需要持之以恒的扎实工作，更需要一批又一批、一代又一代的同道共襄此举。

2021年6月

（李　彬，清华大学新闻与传播学院教授、博士生导师，曾任河南大学黄河学者，兼任澳门科技大学博士生导师）

（赵月枝，加拿大皇家学会院士，西门菲莎大学全球传播政治经济学加拿大国家特聘教授，兼任清华大学新闻与传播学院卓越访问教授）

序 一

范以锦

手捧郑宇丹教授论著《新中国的民营报纸（1949—1957）》书稿时，亲切感油然而生。因为，她曾在我们院攻读博士学位，她毕业答辩时我担任答辩委员会主席，其论文的价值及盲审老师、答辩委员的高度评价至今仍深深印在我的脑海里。

"艰难的跨越，意想不到的成功。"——我想用这句话来概括郑宇丹的读博之路及成功的转型。

读博本身就是艰难的事。2010年，与郑宇丹同时被暨南大学新闻与传播学院录取的内地生只有9人，报考的人多，在激烈的竞争中郑宇丹脱颖而出。作为从业界转型至华南理工大学新闻与传播学院任教的郑宇丹攻克博士考试后，面对的是更为艰难的学术论文的写作。她虽长期在业界有实践经验，但无学术的积累。想不到，当她的博士论文匿名评审意见返回时，却令学院的师生惊叹了一番。共有三位校外专家评审了她的论文，每个人各有七个评分选项，而最后的结果是，三位专家的七个评分选项全部给优，意味着郑宇丹获得了总计21个优。全优的成绩，这几乎是博士论文写作者梦寐以求但都很难达到的，然而郑宇丹达到了。

作为博士论文答辩主席，我在细读了郑宇丹的论文后也很震撼。一般博士论文10多万字，她写了40万字，而且读起来有种"长而不冗"的感觉。论文史料非常翔实，且有论从史出的创新性识见。答辩过程中她的表现同样可圈可点，获得全场惟一一个论文答辩优秀的成绩。

尽管论文品质高，但我们还是提了不少意见。我在公布答辩成绩时说："因为你做得好，所以应该对你提出更加严格的要求，期待出书时更好。"这个激励也许是有效果的。博士毕业之后，郑宇丹不仅在出国访学期间完成了大量调研工作，还凭借考证扎实的论文获得了广东省哲学社会科学优秀成果奖。2019年，她的近三万字论文又走出新闻传播学界圈，在高水平综合性学报《清华大学学报（哲学社会科学版）》发表。有了学术的厚度，就使她成功地实现了从业界到学界的转型。

现在郑宇丹根据出书的规范要求，以《新中国的民营报纸（1949—1957）》为题出版，感觉在毕业论文的基础上又有了新的提升。

从毕业论文到论著出版，体现了郑宇丹的打拼精神和良好的研究功力。这本书的首选研究方法是档案研究法，除了大量相关文献材料，还使用了900余份原始档案。档案研究在新闻传播学的论著中是比较少见的，即便有，也往往依托一两处档案馆。郑宇丹与众不同，其论著运用了北京、上海、天津、广州、成都、哈尔滨、西安7个城市的9座档案馆的材料。光是挖掘出这些材料已经耗费很多时间，何况大多数材料都是手写、繁体字，还要辨别、核查和分析。与此同时，该论著还注重史论结合，所涉及的理论，如马恩哲学的总体性概念等，与论著内容的关联十分紧密。这意味着作者没有停留在史料挖掘阶段，还阅读了大量政治、经济、哲学等方面的论著。原始材料与经典理论的嵌合，使得这本书至少做到了三方面的创新：

首先是视角新。本书采用客观、公正的态度考察对新中国民营报纸产生影响的政治、经济、国际环境、传统文化等因素，站在社会历史发展的高度，从新闻传媒的社会角色、发挥的功能作用等方面，全面审视新中国民营报纸的独特价值，并对围绕民营报纸的规制、人、环境等因素做出合情合理的分析。

其次是史料新。本书首次对新中国成立初期民营报纸的数量、名称、分布区域做出整体性考证，仅民营报纸总数一项便由被视为权威数据的55家增至72家，并对全部民营报纸的诞生、经营及转制予以详细阐述。以宏观框架对新中国民营报纸做出系统性研究，这还是第一次。

再次是观点新。本书所应用的理论包括马恩哲学的总体性概念，车尔尼雪夫斯基的"合理利己主义"，德国哲学的"在场化"，菲利普·津巴多的"路西法效应"，托克维尔的"政治集权"与"行政分权"等。这些理论与本书丰富的史料相结合，进一步获得了一些创新性观点：以纸张为代表的资源短缺对民营报纸的生存造成直接影响；报纸属地化管理及因此带来的风险共担是促成民营报纸快速退场的重要原因；对民营报纸的管控机制存在宽严并济的管理风格以及管控双方"交锋—妥协"的相互修正行为；一系列政治运动发掘出的群众自反性是瓦解民营报纸生存根基的显要因素；民营报纸的生存空间并未摆脱中国文化固有之关系纽带的影响等。

《新中国的民营报纸（1949—1957）》一书，具有较高的价值。民营报纸是中华人民共和国新闻史上不可忽略的一翼。恰如作者所统计的，民营报纸在新中国成立初期是城市阅读必不可少的支撑性力量。在新中国的民营报纸中，不乏极具影响力的大报。像《大公报》是中国惟一获得密苏里学院荣誉奖章的报纸，《新民报》构建过五城八报的托拉斯集团，《文汇报》曾缔造创刊五个月问鼎上海报界销量冠军的奇迹，《字林西报》更是外国人在中国出版的历史最久的英文报纸。这些报纸虽历经战火，却依旧保有一定实力，尤以保留之报人群体最为珍贵。像《大公报》的王芸生、《文汇报》的徐铸成、《新民报》的赵超构、《南京人报》的张友鸾、《进步日报》的徐盈、《大报》的陈蝶衣、《亦报》的唐大郎、《周末报》的冯英子等，皆是经历了新旧交替的著名报人。更有一些著名作者，也是依托新中国的民营报纸进行创作。此外，经过民营报纸的转制及公私合营，今天的一些大报，如《解放日报》、《广州日报》、《今晚报》等，都有民营报纸打下的前期基础。这些史料，都在这部著述中有所体现。基于这一现实，研究这一时期的民营报纸状况及政治社会生态对其的影响，有不同寻常的价值。

郑宇丹能写出优秀的论文并通过出书提升其价值，与其本人的经历也有关系。她曾担任黑龙江日报报业集团《生活报》文化新闻部主任、哈尔滨新闻部主任、《冰城焦点》主编、黑龙江日报报业集团《新都市报》副总编辑兼黑龙江省青年联合会新闻界秘书长。数十篇新闻作品获国家级、省级新闻奖。因在新闻工作方面的出色表现，获得黑龙江省首届优秀新闻工作者称号。2003年1月，她南下加盟羊城晚报报业集团《新快报》，成为该报的总编辑助理，参与了《新快报》从行政到采编的一系列的策划活动。尽管学术活动主要是转型进校之后的事，但多年的媒体业界的历练，培养了她的拼搏精神和善于独立思考的能力。

做学术需要毅力，也要有善于研究的新视角。郑宇丹将业界积淀的精神和能力引入到学术领域后，便使其如虎添翼，从一个高度迈上另一个高度。

（序作者为暨南大学新闻与传播学院名誉院长、教授、博士生导师）

序 二

曾建雄

真正意义上的中国民营报纸（指不同于唐、宋的"官文书"、小报和明清时期的邸抄、京报等"古代报纸"的新型报纸），是伴随着中国从传统的封建社会向现代化社会转型的进程中出现的。这种晚清至民初产生的新型报纸（即刊载新闻、评论、广告和娱乐等各种信息，面向社会公开发行的近现代报刊），在其逾越百年的发展历程中，在中国剧变时期的历史舞台上进行了多姿多彩的表演，发挥了不可低估的作用。由于报纸是社会需要的产物，其生存发展离不开所处的独特社会环境，既服务于斯也受制于斯，个中规律是不以人们的主观意志为转移的。

郑宇丹博士的这部论著所探讨的是新中国成立初期民营报纸的生存空间与改造路径问题。有关此方面的著述，近十余年来不乏富有洞见的力作。这是因为自20世纪始，全球学术界掀起了一股"50年代热"，将1949年发生的政权更替与中国现代化进程的断裂或延续相提并论。研究问题中涉及文化转型与社会改造，必然关联上层建筑中的敏感地带——新闻业，而在50年代渐次消失的新中国民营报纸，无疑是一个令人困惑且引人注目的新闻史问题（它还与政治、经济、文化等社会诸方面问题密切相关）。不过，在早前的论著中（包括一些中国新闻事业简史、通史和教科书等），对这一段报业历史的论述大都语焉不详：其中既有由于一手资料匮乏、涉及面太广，深究其细节费力不讨好，便大而化之地做表面文章，简单交代过程了事的；也有担心话题过于敏感，恐分寸不好把握，遂选择跳越该史实绕道而行的；还有的则囿于眼界与思路之局限，面对如此复杂的问题自感力所不逮，只能依据二手材料，就事论事、避重就轻地敷衍成文……近些年来，情况起了变化，关注这段历史并有一定深度的专题性研究或个案研究，陆续见诸各类学术期刊，更有潜心攻读硕士博士的莘莘学子，将之作为其学位论文选题，撰写鸿篇巨制完成学业通过答辩获得学位。郑宇丹就是后者中的佼佼者。其博士论文（即经修改完善后杀青付梓的论著）首次全面、系统、深入地梳理和探讨了新中国民营报纸自1949至1957年间的兴衰史实，围绕其自身矛盾及与之相关的宏观、微观方面的诸种因素，从多个角度、不同的层面展开了不同于以往的分析、解读和论证，提出了一些新颖的观点，表达其经过独立思考而后形成的独到见解，取得了令人称道的研究成果。

高度重视对第一手材料的查阅搜集，夯实研究基础，是此文写作的一大特点。为了尽量地占有一手资料，她不辞劳苦地四处奔波，利用一切可能的时间，走访了上海、北京、广州、天津、成都、哈尔滨、西安等7个城市的9座档案馆，借助档案、报纸保存本以及大量相关文献，论据确凿地考证了这一时期民营报纸的整体状况，并依据可靠史料，细致入微地论述了民营报纸所遇到的新情况及存在的问题。在对900余份原始档案的挖掘过程中，不仅获得了于1957年底最后退场时中国民营报纸的可信数据，还发现了一批官方记录中的"失踪者"，如北京的《影剧日报》、广东的《新商晚报》和《广州标准行情》、西安的《工商经济时报》等，同时结合对地方志的检索，在1950年统计表所涉民营报纸（不含华侨报纸）之外，新增补了20种，将新中国民营报纸总量更新至72份。发掘这些民营报纸的意义，不仅填补了共和国新闻史统计数据的缺漏，而且直接关乎民营报纸在场与退场的准确信息和权威结论。如果没有一个关于总量、地域、品类的整体性观照，没有呈现其具体的生存状态的支撑性数据，将很难在多重维度上做出针对新中国民营报纸生存与改造的合理论断。

自觉以马克思主义唯物史观为指导，坚持实事求是、论从史出，努力拓宽研究的视野，力求"言人之所不能言"，这是此文的又一鲜明特色。善于运用联系和发展的眼光审视思考云遮雾罩的历史问题，跳出就事论事的窠臼，将新视角与新方法自如地贯穿于此专题研究之中（包括长段历史观和引入国际视野等），并从国际环境、国内政治、经济因素、社会网络、文化因循等多个方面，深入探讨了民营报纸生存与发展的独特环境，由此提炼出一些有见地的新颖观点。例如，以纸张为代表的资源短缺对民营报纸的生存造成极大影响，而报纸属地化管理及因此带来的风险共担是促成民营报纸加速转型的重要原因；再如，新中国成立后民营报纸的管控机制存在对上任政府的沿袭而非彻底断裂，从而体现出宽严并济的管理风格以及管控双方"交锋—妥协"的相互修正行为；又如，新中国成立伊始民营报纸系城市报纸的主体，民营报纸的"同人结构"依旧存在；等等。这类大胆作出的判断和结论，有不少是此前的研究并未涉及的。基于对新中国民营报纸缜密细致的调研跟踪，作者完成了论从史出的严谨论证过程。论著虽重点考察新中国民营报纸，但思考的范围并不止于此，而是通过溯源民营报纸形成和发展的历史，辨析探究其与古代报纸、近现代报纸之间的区别和渊源关系，厘清了广义和狭义的民营报纸概念，锁定了新中国民营报纸的广义范畴，阐明了其在新的社会历史条件下和传媒生态环境中的话语空间及竞争氛围，生动地显现出其独特个性与历史使命及存在价值。

以史为鉴，探寻真理，其前提是所依据的史实可靠（即为"信史"）。尽可能地还原史实，通过对其独特的社会历史条件和相关影响因素进行条分缕析的解读探究，以帮助后人透过迷雾了解其真相，这是包括新闻史学者在内的历史研究者的责任，也是其成果的历史认知价值与学术价值之所在。中国已经进入和平崛起的新时代，新闻传播业界学界要尽力讲好中国故事，包括讲好当下的中国故事，以及很容易被误解误读的历史故事。这部史论著作得以问世，不惟很有必要，而且恰逢其时，因为它以翔实的史实与扎实的研究，认真梳理和回顾了新中国民营报纸所走过的那段历程，能够帮助人们步出可能存在的认识误区，从而凸显其不可替代的认知价值与学术价值。

这部论著作者郑宇丹教授因报考暨南大学攻读博士学位研究生而与我结下师生缘分，其时（2010年）我所承担的国家社科基金重点项目（"报业集团核心竞争力与改革创新问题研究"）正处于攻关阶段，亟须懂行的得力助手协同完成课题的研究任务，我正是看中了她既有丰富的报业实践经验，又有一定的理论积淀，所以认定她是考生当中的最佳人选。郑宇丹最初就职于黑龙江日报报业集团的《生活报》及《新都市报》，从记者直至担任副总编（其间攻读中国人民大学新闻学研究生获得硕士学位）；而后南下加盟羊城晚报报业集团《新快报》，成为该报总编辑助理；2005年入职华南理工大学新闻与传播学院任教。她攻读博士学位期间，在完成学业的同时还协助我撰写完成了国家项目最终成果——70万字专著的部分章节内容，令我十分满意。跻身竞争激烈的媒体，经历过新闻采写业务的摸爬滚打，而后返回居庙堂之高的学府，饱尝炼狱式的寒窗苦读，郑宇丹顺利实现了从一线资深记者到高等学校教师兼学者的身份转换。作为正在成长成熟起来的中青年学者和教书育人的高校教师，如今她正沉溺于其所钟爱的教学与科研工作，孜孜不倦，砥砺前行。

"路曼曼其修远兮，吾将上下而求索。"祝愿郑宇丹能够在未来的凤凰涅槃式的历练求索中，辛勤耕耘，勇攀高峰，厚积薄发，绽放芳华！

（序作者为暨南大学新闻与传播学院教授、博士生导师）

目 录

前　言 ··· 001
　　一、问题的提出 ··· 001
　　二、研究综述 ··· 003
　　三、研究方法 ··· 009
第一章　中国民营报纸发展源流及概念特征探析 ····················· 011
　　一、中国民营报纸历史溯源 ··· 011
　　二、中国民营报纸的"文人论政"传统 ······························· 014
　　三、中国民营报纸的狭义与广义之分 ································· 021
　　四、新中国民营报纸的特定范畴 ····································· 026
第二章　新中国成立初期民营报纸总量、分布及类型 ················ 035
　　一、对《1950年初全国报纸统计表》的分析及勘误 ················· 035
　　二、民营报纸补遗及对总量、名目、分布区域的再确认 ············· 041
　　三、新中国民营报纸类型 ··· 043
第三章　民营报纸的并合 ··· 047
　　一、整肃官僚资本的并合 ··· 048
　　二、集中报业资源的并合 ··· 056
　　三、从民办转为公营的并合与改组 ·································· 066
第四章　民营报纸的公私合营 ··· 077
　　一、过渡式公私合营的报纸 ·· 080
　　二、契合社会主义改造的公私合营报纸 ···························· 084

三、公私合营报纸的股本构成及股息分配 …………………… 090
　　四、公私合营后的报纸效益 ………………………………… 098

第五章　民营报纸的停刊 …………………………………………… 101
　　一、自动停刊的民营报纸 …………………………………… 102
　　二、违规停刊的民营报纸 …………………………………… 118
　　三、奉命停刊的民营报纸 …………………………………… 122

第六章　国际环境对新中国民营报纸的影响 ……………………… 130
　　一、民营报纸与国家利益 …………………………………… 131
　　二、冷战背景与敌我意识 …………………………………… 140
　　三、新闻保密 ………………………………………………… 159
　　四、对西方价值的质疑 ……………………………………… 163
　　五、管控外报 ………………………………………………… 181

第七章　民营报纸在新中国报业管理机制中的角色 ……………… 194
　　一、"民营"变"私营"的概念转换 ………………………… 195
　　二、民报党控的管理机制 …………………………………… 198
　　三、新闻发布源的统一 ……………………………………… 209
　　四、自我审查机制的确立 …………………………………… 218

第八章　经济环境对民营报纸的制约 ……………………………… 232
　　一、计划经济下的资源分配 ………………………………… 233
　　二、融资乏力的经济环境 …………………………………… 244
　　三、劳资纷争加剧 …………………………………………… 257
　　四、邮发合一制度的实行 …………………………………… 270

第九章　民营报纸在过渡时期的特殊价值 ………………………… 289
　　一、新中国成立伊始城市报纸的主体 ……………………… 290
　　二、"同人"报纸的群聚空间 ………………………………… 294
　　三、维系报业间的竞争 ……………………………………… 298

第十章 民营报纸转型后的新生态·····················305
 一、经营状况的好转·····························308
 二、员工福利的改善·····························309
 三、报纸版面的净化·····························310
 四、对读者利益的倾斜···························312
 五、平抑广告控制虚假购买力······················314
 六、报纸分工遇上同质化竞争······················319

参考文献·······································325
 档案···325
 文献汇编·······································329
 报刊···330
 回忆、口述与人物传记····························331
 大事编年、年鉴与辞典····························335
 著作···336
 论文···343

后　记···347

前　言

一、问题的提出

1949年，中国结束了自鸦片战争以来忍辱负重的"半封建半殖民地社会"，建立了崭新的中华人民共和国。她并没有像一般革命先从半封建走向半独立，从半殖民地走向半资本主义，而是开篇就以社会主义制度赋形于全独立的民族国家。自此，国际形势发生了巨大变化，美国国内因中国与苏联的结盟而大失所望，不断发出"谁丢失了中国"的声音，冷战焦点一度从"二战"后千疮百孔的欧洲转移到东亚。随着1950年6月朝鲜战争爆发，美国以钳制亚洲共产主义势力为目的，在西太平洋缔结了一系列防务联盟，并促成东南亚条约组织[1]的成立。该组织的首要防卫目标便是中国。

中国何以成为东西方冷战的地缘中心？全球学者一直试图找寻答案，最终结果往往如中国问题专家傅高义（Ezra F.Vogel）所言："我们根据自己的偏见，把中国诠释为一个伟大的胜利者，又或者是一个残酷的失败者；是一个危险的野心家，又或者是一个不幸的受害者；是一个暴君，又或者是一个理想主义者；是独裁者，又或者是民主家。"[2] 缘何关于当代中国，会产生两相对立的诠释？这和新中国缔建之初接近封闭的政治、经济环境有关。新中国给予世界的是一种特殊的神秘感，最能体现这种神秘感的，是刚刚执政的中国共产党对民营报纸的态度。

---

[1] 东南亚条约组织，英文缩写为SEATO，于1955年2月19日在泰国曼谷正式成立，总部亦设在曼谷。该组织有8个成员国，分别是泰国、菲律宾、澳大利亚、法国、新西兰、巴基斯坦、英国和美国。东南亚条约组织属于集体防卫性质，其目的是牵制亚洲的共产主义势力。但因组织内部存在纠纷，无法有效履行防务行动，遂于1977年6月30日正式宣布解散。

[2] 傅高义（Ezra F.Vogel）：《共产主义下的广州：一个省会的规划与政治（1949—1968）》，高申鹏译，广东人民出版社，2008，"英文版前言"第1页。

自1949年初京津等大城市陆续解放，民营报纸的去向成为人们观察时政的晴雨表。先是中国惟一获得密苏里新闻事业杰出贡献荣誉奖章[1]的《大公报》，其天津版易名为《进步日报》；继而，上海的民营大报《申报》改组为中共中央华东局兼上海市委机关报《解放日报》；另外一张民营大报《新闻报》也变成了公私合营的《新闻日报》。令西方舆论反弹最大的是美国报纸《大美晚报》停刊以及毛泽东下令关闭美国新闻处，东西方不同新闻理念的冲突就此白热化。1951年，美国国务院情报研究所做出关于中国新闻自由的备忘录，断言中国的"私家"报刊不复存在，"北平政权自身已建立起一种更为全面和限制性的垄断"。[2]

依循这一思路，有关新中国民营报纸的历史记忆，往往成了单线条的意识形态归一论，包括中国学者在内的绝大多数研究者，均采用社会主义改造的被动式框架。此间不仅忽略了权力一方与民营报纸间的交锋与妥协，也淡化了围绕在民营报纸周边的种种利益博弈，其中不仅有政治的、经济的，也有文化因袭的作用，乃至国际环境的制约。

探寻历史的多重真相是本书创作的原始动因。"每个时代的价值不在于产生了什么而在于这个时代本身及其存在"。[3]例如，我们今天谈中国近代的衰落，往往归责于"国无宪法"、"民无权利"。国学大师钱穆即指出了其中的玄妙，系晚清革命派以民权宪法为推翻清政府之一种宣传。如果中国自秦以后惟有专制黑暗，那么如何解释古代王朝"能历年举行考试，平均选拔各地优秀平民，使得有参政之机会；又立一客观的服务成绩规程，以为官位进退之准则"？[4]在钱穆看来，中国文明悠久而漫长，不能说历史上从无"制度"而只有"专制"。所谓均田与兼并、科举与选举、郡县与封建的讨论，一直贯穿于历史之中。如果不明国史真相，妄肆破坏，则"历古相传'考试'与'铨选'之制度，为维持政府之两大骨干者，乃亦随专制黑暗之恶名而俱灭。于是一切官场之腐败混乱，胥乘而起，至今为厉"。[5]

---

[1] 由美国密苏里大学新闻学院颁发，《大公报》于1941年荣获该奖项。参见邓绍根：《密苏里新闻学院究竟授予〈大公报〉何奖？》，《新闻记者》2006年第11期。

[2]《美国国务院情报研究所关于中国的新闻自由的备忘录》，1951年4月17日。沈志华、杨奎松主编《美国对华情报解密档案（1948—1976）》第三编，东方出版中心，2009，第17-19页。

[3] 利奥波德·冯·兰克：《历史上的各个时代》，杨培英译，北京大学出版社，2010，"序言"第7页。

[4] 钱穆：《国史大纲（修订本）》（上），商务印书馆，1996，"序言"第15页。

[5] 钱穆：《国史大纲（修订本）》（上），"序言"第15-16页。

"故治国史不必先存一揄扬夸大之私，亦不必先抱一门户立场之见。仍当于客观中求实证，通览全史而觅取其动态"。[1] 钱穆的治史主张提醒本书创作，在探求新中国民营报纸的生存境况之时，除对官方文献的历史记录注意甄别，也要对那些将晦暗的局部放大以取代整体的观点有所警觉。以此种客观态度为出发点，首先需要面对的是一连串基本问题：新中国成立之时有多少张民营报纸？它们是如何分布的？执政党对民营报纸的政策约法如何？民营报纸与党报的关系怎样？民营报纸的资本构成如何？民营报纸从什么时候开始消失？其最终消失时间是何时？消失原因有何不同？

如果再进一步，将民营报纸的生存与彼时的政治、经济、文化相联系，则会引发出更细密的问题：民营报纸被赋予了怎样的政治角色？在整体国力积贫积弱的前提下，民营报纸如何摆脱经济困境？那些与民营报纸相互依托的民间报人，如何面对新旧政权的交替？他们如何适应与以往经验不尽相同的办报实践？

一言以蔽之，对于涉及新中国民营报纸的任何现象、问题、人、事件，如果不认识它们的过去，又如何理解它们现在的意义？

二、研究综述

在当代史研究领域，一股"50年代热"肇始于21世纪初。首先是美国和日本史学家受现代化理论影响，提出1949年发生的政权更替并不一定切断了中国现代化的进程，不能简单地以此作为划分中国现代和当代史的界线。其中，日本学者西村成雄，美国学者威廉·柯比、盖尔·贺萧，分别从政治史、经济史和社会史角度阐述了他们的上述主张。2003—2004年，美国亚洲年会与加州大学圣地亚哥分校分别组织了以中国文化转型与社会改造为主题的专题讨论，形成"东学西热"的研究高潮。与此同时，复旦大学历史系主办的一系列研讨会将"50年代热"带回了中国本土。

研究文化转型与社会改造的断裂与延续，自然无法回避上层建筑中最敏感的地带——新闻业。《美国对华情报解密档案（1948—1976）》的中国政治版块，开篇即是有关新中国新闻自由的备忘录，足见这一领域的重要性。民营报纸因与新的政治制度及意识形态有所抵牾，对它的改造、利用及其自身的转型必然集中体现当时社会的所有矛盾与焦点。因此，在"50年代热"初现端倪的时

---

[1] 钱穆：《国史大纲（修订本）》（上），"序言"第11-12页。

候，就有新闻传播学界及史学界的学者跻身其中，从多个层面展开对民营报纸的研究。

（一）民营报纸的社会主义改造研究

这是有关民营报纸研究的主流框架，以此为路径展开研究始于孙旭培，他在1988年发表的论文《解放初期对旧新闻事业的接收和改造》，触及了新生政权对民营报纸的改造方式及部分被改造的民营报纸名单。[1]"50年代热"兴起后，一系列相关文章应运而生：2002年，施喆在《新闻大学》发表论文《建国初期私营报业的社会主义改造》，按照私营报业经营普遍困难，经国家扶助完成社会主义改造的基本逻辑，提出在新闻内容管制和报纸分工体制下，随着邮发合一的实施，私营报纸转型为公私合营报纸是时代必然；[2]2007年，杜英在《文化体制和文化生产方式的再建立——建国初期对上海小型报的接管和改造》一文中，提出上海新政权通过取缔旧小报、建立新小报的等差秩序完成了文化生产事业的重组，在这一过程当中，"政治权力通过媒体型塑了社会认知，这种认知又影响到人们的社会构想、实践等，进而推动了社会结构的形成和转变"；[3]张济顺发表于2009年的论文《一九四九年前后的执政党与上海报界》，通过比较1949年前后分别执政的国民党和共产党对都市社会舆论空间及文化人的不同态度和方针策略，提出上海新闻党团会报和中共上海市新闻协会党组，是国共两党不同的制度性安排，前者最终失控，后者推进了上海报业重建与变革的成功。张济顺认为，中国共产党与上海报人的共处关系，创造了新中国政治演进中民主与集权相互调和与包容的一个范例。[4]以社会主义改造为框架的相关论文还包括贺碧霄的《从〈华商报〉关于新闻自由的讨论到上海私营报纸成为改造对象——1949—1952年前后中共新闻政策考察》（2011）、[5]陈建云的《一次清理"资产阶级新闻思想"的运动——建国初新闻界思想改造学习

---

[1] 孙旭培：《解放初期对旧新闻事业的接收和改造》，《新闻研究资料》1988年第3期。

[2] 施喆：《建国初期私营报业的社会主义改造》，《新闻大学》2002年第1期。

[3] 杜英：《文化体制和文化生产方式的再建立——建国初期对上海小型报的接管和改造》，《中国现代文学研究丛刊》2007年第2期。

[4] 张济顺：《一九四九年前后的执政党与上海报界》，《中共党史研究》2009年第11期。

[5] 贺碧霄：《从〈华商报〉关于新闻自由的讨论到上海私营报纸成为改造对象——1949—1952年前后中共新闻政策考察》，《国际新闻界》2011年第1期。

运动的回顾与反思》(2011)[1]等。

上述成果的一个共通范式是以政府或执政党为主体，以民营报纸为客体，阐述主客体间的控制与被控制关系，将对民营报纸的改造集中到体制层面，对国际背景、社会氛围、报人摇摆性等其他复杂因素的分析尚未深入。

（二）民营报纸的生存与发展研究

新中国成立伊始，新政权保留了70余家民营报纸，这些报纸与公办的党报并存了一段时间，相互之间是不完全竞争关系。在公营报纸强势发展的前提下，民营报纸如何维持自己的生存空间？宁启文的《1949—1956年大陆报业企业化经营概述》(2001)描述了民营报纸普遍面对的生存困境，即广告收入少、销量下降等问题；[2]刘小燕的《中国民营报业托拉斯道路的破灭》(2003)，谈及新记大公报系、新民报系未能继续繁衍，原因是工商经济不发达以及"党化新闻界"等政治因素的制约；[3]许永超的论文《解放初期民营报纸的困境及其出路》(2010)以《文汇报》为个案，阐述了民营报纸普遍面对的发展瓶颈：办报思想不适应形势，读者对象游移，采访与新闻获取受限，等等。尽管《文汇报》频繁采取改版、调整读者对象、节流开源等"救报"措施，依旧难以摆脱困境，而实现了公私合营之后，生存问题迎刃而解。[4]

这一类研究淡化了意识形态因素，更多从经济视角论述民营报纸的生存空间。但与社会主义改造路径不谋而合的是，此类研究同样把公私合营这一改造后的形式作为民营报纸的惟一出路，并不完全符合当时的报业发展现实。像广州的《新商晚报》、《广州标准行情》，其停刊是发生在已有盈余之后，而上海多家民营报纸转型为公私合营时，也已渡过难关。这些事实无疑撼动了类似研究的逻辑基础。

（三）民营报纸个案研究

新中国成立之后，一系列政治运动的开展，导致历史研究所需要的很多原始材料遭到破坏，亟须各界以丰富个案重构历史链条。此外，20世纪后三十年

---

[1] 陈建云：《一次清理"资产阶级新闻思想"的运动——建国初新闻界思想改造学习运动的回顾与反思》，《新闻记者》2011年第7期。
[2] 宁启文：《1949—1956年大陆报业企业化经营概述》，《新闻与传播研究》2001年第2期。
[3] 刘小燕：《中国民营报业托拉斯道路的破灭》，《新闻大学》2003年第4期。
[4] 许永超：《解放初期民营报纸的困境及其出路》，华中科技大学硕士论文，2010。

"微观史学"的崛起,亦使"记忆"、"认同"等语汇所驱动的史学范式变革在中国发生。反映到民营报纸研究上,从方汉奇的《〈大公报〉百年史》到徐铸成的《报海旧闻》等一系列回忆录,均从微观层面涉及不同时期民营报纸的发展历程。其后的学术研究更将触角深入到更微观、更具地方性的领域中去,如李理的博士论文《从合作社性质的民营报纸到共产党的党报》(2011),深入探讨了1945年11月起至1951年12月止的汉口民营报纸《大刚报》的历史[1];彤新春、李兆祥《20世纪五六十年代〈大公报〉的改组与转型》(2007)[2]、巫小黎《〈亦报〉视镜中的工农兵叙事》(2009)[3]、胡景敏《〈大公报〉文人论政传统与〈随想录〉的传播》(2009)[4]等论文也从个案出发,细致入微地呈现出新旧体制交替过程中民营报纸的命运。

此类研究的价值在于发掘出沉默已久的新的史料,但受限于研究对象的单一性,对孤例的掘进不可能获得完全体现本行业特征的普遍性结论,它只可能是孤立的、个别的,而不可能是整体的、全面的。

(四)新中国民间报人研究

民营报纸与民间报人是两个不可分割的概念。正如张季鸾在1936年4月1日《大公报》上海版发刊社论中所言:"本报经济独立,专赖合法营业之收入,不接受政府官厅或任何私人之津贴补助。同人等亦不兼任政治上有给之职。"[5]这段话阐明了民营报纸的民办性质及其报人的民间身份。因此,对民间报人的研究不可能避开对民营报纸的描述。从20世纪80年代以来,有关新中国民间报人的研究取得丰硕成果。除了包天笑、顾执中等人的回忆录,还有陈铭德、邓季惺、金仲华、王芸生、徐铸成等人的传记。这些文献资料对于呈现新中国民营报纸的生态环境具有极其重要的价值。21世纪以来,对民间报人轶事及相关文本的挖掘持续升温,既有像《大众媒体打造的神话——论张恨水的报人生活与

---

[1] 李理:《从合作社性质的民营报纸到共产党的党报》,华中科技大学博士论文,2011。

[2] 彤新春、李兆祥:《20世纪五六十年代〈大公报〉的改组与转型》,《当代中国史研究》2007年第5期。

[3] 巫小黎:《〈亦报〉视镜中的工农兵叙事》,《佛山科学技术学院学报(社科版)》2009年第1期。

[4] 胡景敏:《〈大公报〉文人论政传统与〈随想录〉的传播》,《社会科学论坛(学术评论卷)》2009年第4期。

[5] 张季鸾:《今后之大公报》,《大公报》上海版1936年4月1日。

报纸化文本》(2006)[1]、《张爱玲〈亦报〉佚文与电影〈太平春〉的讨论》(2010)[2]等对个体报人的呈现，也有群像性勾画如《向左走 向右走：一九四九年前后民间报人的出路抉择》(2010)[3]，更有《新中国新闻报刊统治机制的形成经过——以建国前后王芸生的"投降"与〈大公报〉的改造为例》(2011)[4]这般以点带面的深描式剖析。

毫无疑问，有关民间报人的研究成果材料丰富，细节突出，情节生动，但所涉报人或与新体制有明显冲突，或经历了思想与人生际遇的一百八十度巨变，不能涵盖新中国经历了体制变迁的大多数民间报人的命运。如果仅以著名报人的经历推及报人整体，势必获得与事实不相符合的片面性的结论。

(五) 民营报纸退场原因研究

针对新中国民营报纸的退场原因展开历史考察，属于整体性的研究范式。它不拘泥于意识形态、体制政策、经济环境等单一框架，而是结合所有可能性因素进行综合性分析，研究结论可谓"仁者见仁、智者见智"。此一范式的首篇文章当属曾宪明的《解放初期大陆私营报业消亡过程的历史考察》(2002)，该论文在《新闻与传播研究》甫一刊出，即获得其他学者"也谈"、"再论"的呼应。曾宪明的观点是：对中国私营报业在大陆的消亡，"不能简单地认为是中国共产党弹压、禁止和命令的结果"，"必须承认该类报纸的消亡过程是多渠道的"，"既有社会制度更迭的原因，也有历史的和其自身的原因"；[5]李斯颐在《也谈建国初期私营传媒消亡的原因》(2009)一文中，虽然承认私营传媒的生存状态未超出其他私营资本发展边界，但他更为强调"私营传媒的消亡是由其所有制性质、活动特征以及意识形态属性决定的，是上层建筑适应经济基础的

---

[1] 刘少文：《大众媒体打造的神话——论张恨水的报人生活与报纸化文本》，中国社会科学出版社，2006。

[2] 巫小黎：《张爱玲〈亦报〉佚文与电影〈太平春〉的讨论》，《中国现代文学研究丛刊》2010年第6期。

[3] 陈建云：《向左走 向右走：一九四九年前后民间报人的出路抉择》，福建教育出版社，2010。

[4] 杨奎松：《新中国新闻报刊统治机制的形成经过——以建国前后王芸生的"投降"与〈大公报〉的改造为例》，载韩钢主编《中国当代史研究（二）》，九州出版社，2011。

[5] 曾宪明：《解放初期大陆私营报业消亡过程的历史考察》，《新闻与传播研究》2002年第2期。

表现"，这一观点将曾宪明的"多因论"拉回到"主因论"甚至是"一因论"；[1]曹立新的《再论新中国成立后私营报业消亡的原因》（2009）并未真正呼应前二人的观点分歧，而是从《文汇报》的经历着手，生出一个新的观点，即"文人论政"传统的丧失是私营报纸彻底瓦解的直接动因；[2] 吴廷俊的《"恐龙现象"——民营报纸在中国大陆"集体退场"的历史考察》（2011）[3]也是从原因入手分析民营报纸"集体退场"的力作，该篇文章之所以将民营报纸与"恐龙"相类比，是从环境因素出发，认为新中国的新闻体制是按照苏联模式辟建的，受到共产党报纸的党性原则制约。在这种情况下，民营报纸跻身的生存环境已不复存在。

从"退场"原因着手研究，无疑开拓了一种宏观框架。但不可否认的是，现有研究均没能在占有大量材料的基础上展开，缺乏对新中国成立初期国内国际症候的全面性分析，这势必限制住了结论的客观全面。

（六）研究评述

综上五种框架，除了各自存在的显见缺憾之外，还有一些共性问题：

首先，材料同质化现象严重。以《大公报》、《文汇报》为研究对象的成果最多，且应用的一手材料较少，所讨论的问题及论点相似程度高。

其次，存在事实错漏及彼此矛盾现象。一些论著声称截至1950年3月新中国保有私营报纸55家，实际上这55家还包含10份海外中文报纸，属于原始材料的统计错误，却被以讹传讹；再如，有权威论著称私营报纸已经于1952年底全部完成社会主义改造，而另有论著显示，1954年尚存在5份私营报纸。结论的矛盾显示出对这一段历史求证的疏漏。

再次，视野有所局限。绝大多数研究停留在体制矛盾、经济困厄等国内问题上，并未考虑到新中国政策的不断调适受到国际环境的剧烈影响。新中国成立之初，除台湾试图反攻大陆之外，美国本土亦盛行麦卡锡主义，冷战声音占上风，《密勒氏评论报》即因发行渠道受美国方面阻断而被迫停刊。1952年1月，包括香港《文汇报》社长兼主笔司马文森在内的多位文化界人士在香港被捕并遭递解出境，香港《大公报》随即转载《人民日报》抗议社论，却被港英当局

---

[1] 李斯颐：《也谈建国初期私营传媒消亡的原因》，《当代中国史研究》2009年第5期。
[2] 曹立新：《再论新中国成立后私营报业消亡的原因》，《国际新闻界》2009年第4期。
[3] 吴廷俊：《"恐龙现象"——民营报纸在中国大陆"集体退场"的历史考察》，载罗以澄主编《新闻与传播评论·2011年卷》，武汉出版社，2011，第32-45页。

律政司控为"刊载煽动性文字",勒令停刊六个月。而在同期的英属马来亚等地,亦有发生报刊被封号事件。这些史料很少被现有研究关注。通观近代以来的世界历史,媒介总是被深度卷入国际政治,而"二战"之后长达40年的冷战,更是国际传播波谲云诡的时段。如果脱离新中国成立之初的冷战氛围来分析民营报纸的生死存亡,只能获得一个窄化的结论。而只有全面观照国内国外的整体环境,才有可能对新中国民营报纸的退场提出全面、客观、精准的论点。

三、研究方法

《陆九渊集·语录》有言:"或问先生:何不著书?对曰:六经注我!我注六经!"自此之后,"六经注我"和"我注六经"被当作两种不同的治学方式,"一种强调对研究对象的客观性实证分析,一种强调研究者观念的主体性投射"[1]。一般说来,"我注六经"以接近历史真相为主旨,务求克服自身的主观偏见,而"六经注我"则以文献为研究者的假设做注解,强调思想的至上性。从学术史的角度来看,偏重"我注六经"的学者喜欢寻章摘句、皓首穷经,讲求言皆有本,有时不免流之琐屑,而偏重"六经注我"的学者强调自创体系、自圆其说,虽有高屋建瓴之势,但有形成"无据之理"的可能。

有关新中国民营报纸的研究,本书作者首先倾向于"我注六经",虽有"不成体统"之忧,但总可不失史家"养命"之源。尤其是在相关历史文献极其匮乏的前提下,倾力搜罗初始素材,忠实记录彼时场景,虽非大的建树,却不失对历史负责的态度。《论语·为政》篇所载"多闻阙疑,慎言其余"是本书创作的基本原则,唐人刘知幾在《史通》中强调"探赜索隐,钩深致远"则是本书作者期冀达到的境界。中国史学界在漫长的治史生涯中所形成的"阙疑,怀疑,虚己,平情,纪实,求真,善善,恶恶"等考史写史的态度,将自始至终影响到本书的创作。终其一句话,惟有问古,才能识今。因此,本书的研究方法组合,建立在以历史文献为基础的实证研究之上。

(一)档案研究法

"没有史料,就没有历史"[2],这是德国历史学家利奥波德·冯·兰克的主张。被誉为"近代史学之父"的兰克认为,研究历史必须基于客观地搜集研读档案

---

[1] 何炳棣:《读史阅世六十年》,中华书局,2012,第481页。
[2] 杜维运:《史学方法论》,北京大学出版社,2006,第100页。

资料,并借助于此,如实地呈现历史的原貌。他的这种史学主张,被称作兰克史学。以此方式研究历史,必须摆脱先入为主的观念和价值判断,以客观的态度去撰写"曾经发生过的事情"。本书以档案研究为首选研究方法,通过近两年时间的挖掘,从北京、上海、广州、天津、成都、西安、哈尔滨七个城市的九座档案馆获取900余份与本研究相关联的珍贵档案。这些"当时之简"[1]凌驾于现时之上,记录了今天的我们"不再可能说的东西"[2]。原始档案的存在,可以限制以当今话语评判彼时世界,有助于呈现研究对象及研究时段多种多样的事实。

(二)原本研究法

档案虽然是近代以降最受重视的史料,但包含敏感事实的档案往往被屏蔽,研究者所能见到的是过滤后的内容。因此,必须借助其他途径实现"旁参互证"。本书除检索国内外的重要文献库,查找相关论文,还注重搜集民营报纸原件,通过阅览国家图书馆、广东省立中山图书馆、上海图书馆、暨南大学图书馆特藏室、中山大学图书馆的缩微文献及报纸保存本,获取了40余份民营报纸的文本材料。此外,大量政策文献、大事记、年鉴、口述回忆等,也是本书的重要参考内容。

(三)比较分析法

做历史研究,很难彻底脱离价值判断,稍有不慎,就会导致偏见。纠偏的重要方法是多做比较,比较国内与国际的媒介环境,比较公营报纸与民营报纸的经营数据,比较不同区域对民营报纸生存的不同影响,等等。本书尽量将结论建构在对各种关系的比较之上,形成一种广角的历史透视,不以今日之标准对历史进行遮蔽和剪裁。恰如冯友兰所说,我们不能离开历史上的一件事情或制度的环境,而去抽象地批评其事情或制度的好坏。有许多事情或制度,若只就其本身看似乎是不合理的。但若把它与它的环境联合起来看,则就知其所以如此,是不无理由的了。

---

[1] 语出刘知幾《史通·史官建置》,原文是:"夫为史之道,其流有二。何者?书事记言,出自当时之简。勒成删定,归于后来之笔。"转引自杜维运:《史学方法论》,第100页。

[2] 米歇尔·福柯:《知识考古学》,谢强、马月译,生活·读书·新知三联书店,2007,第146页。

第一章　中国民营报纸发展源流及概念特征探析

一、中国民营报纸历史溯源

中国民营报纸肇始于何时？较为一致的看法是，宋代小报是其源头。据《宋会要辑稿》记录，早在北宋神宗年间，已有"肆毁时政，摇动众情，传惑天下，至有矫撰敕文、印卖都市"[1]的现象。"小报"作为概念首先被提出，可见南宋高宗时期吏部尚书周麟之写给皇帝的奏章，其中提到"小报者，出于进奏院，盖邸吏辈为之也"[2]。

为什么宋代的小报具有民营报纸特征？首先，它是非官方的。尽管小报的发行者多为邸吏（进奏官），但从小报肇始起，即为官方所禁绝。宋代朝野为了查禁小报，颁布了许多诏旨和法令，一旦抓获小报发行者，"当重绝配"[3]。其次，小报具有商业化特征。诸多文献记载小报"镂板鬻卖，流布于外"，"京城印行，沿街叫卖"，[4]显示其营利目的。再次，小报的发行具备一定规模，临近宋朝末年，已发展到"以小报为先，以朝报为常"的程度，其读者既有省寺监司之类的京官，也有州郡的地方官及关心时事的士人。[5]

古代的民营报纸可以公开发行，始于明代中叶以后，京城出现了公开的"抄报行"，不仅衍生为一种行业，还得到了减免税的待遇。[6]这或可因为明代的民报，内容与官报基本一致，甚至称谓也和官报一样，同称邸报。民间报纸

---

[1]《宋会要辑稿》165册，刑法二之二三，中华书局，1957，第6512页。

[2] 戈公振：《中国报学史》，岳麓书社，2011，第26页。另见方汉奇主编《中国新闻事业通史·第一卷》，中国人民大学出版社，1992，第69-70页；参见林语堂：《中国新闻舆论史》，上海人民出版社，2008，第19页。

[3] 方汉奇主编《中国新闻事业通史·第一卷》，第74-75页。

[4] 方汉奇主编《中国新闻事业通史·第一卷》，第72页。

[5] 方汉奇主编《中国新闻事业通史·第一卷》，第74页。

[6] 陈昌凤：《中国新闻传播史：传媒社会学的视角》，清华大学出版社，2009，第29页。

可以公开发行,并非意味着言论管制的宽松。明代是高度的中央集权制,设有东厂、西厂等特务机构监督臣民,对新闻传播亦有诸多限制,如《明会典》中规定"探听抚按题奏副封传报消息者,缉事衙门巡城御史访拿究问,斩首示众"[1],可见明代对言论的控制是十分严苛的。

到了清代,民间小报的行业特征愈发突出,由于普遍采用黄色的连史纸做封面,遂有"黄皮京报"的统一称谓。[2]有关京报之兴起,据戈公振《中国报学史》记载,"清初有南纸铺名荣禄堂者,因与内府有关系,得印《缙绅录》及《京报》发售"[3],这说明京报的刊行系民营机构接受官方指派的结果。就内容而言,"首宫门抄,次上谕,又次奏折,皆每日内阁所发钞者也"[4],这与官报的内容并无二致。如果说清代民营报纸的商业化程度较历代有所提高,主要体现在报房有了品牌。除最早印售京报的荣禄堂外,还出现了公慎堂、聚兴报房等一批卓有影响的民营出版机构,并出现了维护行业利益、协调同行间经营管理的行业组织。光绪三十年(1904年),北京各报房经过协商,第一次以行业名义统一了报价,[5]这或可算作新闻事业经营管理意识的萌芽。但清代的京报如同以往的各代小报一样,终究没能转化为近现代民营报纸。

古代小报与近现代报纸的重要区别是"仅辑录成文,无访稿,无评论"[6],以致新闻面窄,时效性差。一旦遭遇近代化报纸的冲击,即告崩溃。如中法战争前后,"都中人因邸抄中并无安南各事,故争购观华字新闻纸"[7],乃至"京报局中大为亏累……断烂朝报竟至问鼎无人"[8]。华字新闻纸泛指出现于19世纪初,在鸦片战争前后蓬勃发展的近代化报纸。根据新闻史家方汉奇先生的观点,近代化报纸是以西方资本主义国家的大众化报纸为模式创办起来的,开始是外国人办,后来国人加入其中。这类报纸信息量大,时效性强,兼具新闻、评论、广告和文学作品等多样内容,有较强的可读性。[9]

中国近代报纸与古代报纸的分界,是以1815年英国传教士创办的《察世俗

---

[1] 吴晗:《读史劄记》,三联书店,1956,第332页。
[2] 李彬:《中国新闻社会史》,清华大学出版社,2009,第38页。
[3] 戈公振:《中国报学史》,第29页。
[4] 戈公振:《中国报学史》,第29页。
[5] 方汉奇主编《中国新闻事业通史·第一卷》,第145页。
[6] 戈公振:《中国报学史》,第29页。
[7] 《北京西人来信》,《申报》1883年6月28日。
[8] 《营口鱼笺》,《申报》1884年9月17日。
[9] 方汉奇主编《中国新闻事业通史·第一卷》,第161页。

每月统计传》为节点的。整个19世纪，中国的新闻事业基本上由外国人引领。[1] 早期外报，以传教士创办的《东西洋考每月统计传》、《各国消息》、《中国丛报》、《遐迩贯珍》等最有影响。随着1827年英商马地臣投资的《广州纪录报》问世，外商开始介入新闻出版业，并创办了一批有影响力的商业化民营报纸，如《德臣报》、《孖剌报》、《申报》、《字林西报》、《新闻报》等。这些报纸在中国诞生之时，恰逢西方的大众化报纸成为主流。在美国，大众化报纸始于19世纪30年代，以《纽约太阳报》、《纽约先驱报》、《纽约论坛报》为代表，而英国的《每日电讯报》等大众化报纸兴盛于19世纪60年代知识税取消之后。按照美国社会学家迈克尔·舒德森的观点，大众化报纸"通过组织销售、吸引广告、强调新闻性、迎合大批读者以及减少对社论的关注，充当起了政治、经济及社会生活中平等主义理想的代言人"[2]。

既然中国的商业化报纸在鸦片战争之后主要以外人办报为主，西方报纸的发展趋向自然会对中国的报业市场产生影响。像《申报》、《新闻报》的创办，一开始就以大众为读者对象，重视新闻和广告，善于采用不断更新的传播和印刷技术。在经营管理方面，更是沿袭西方的理念，普遍运用股份制。外报带来的西方近代意义上的新闻理念、内容和经营模式，对促进中国新闻事业的近代化进程有着直接的、巨大的影响。近代国人自办报刊的起步，基本受西学东渐和中国传统社会向近代社会转变过程的影响。早期中国报人及其报纸，大多与洋商和洋务集团有着依赖关系，即便是开政论报纸先河的王韬，亦多年与传教士相互往来，并全面系统地提出了发展资本主义的主张。王韬创办的《循环日报》，在首倡论政的同时，也将第三、四版固定为航运信息和广告。[3]

由此可见，中国的近代报纸并未和古代的民间小报发生关联，而是以外报为中介，与西方大众化报纸的新闻理念、经营模式相对接。近代民营报纸作为报纸品类中最强调商业属性的一脉，受西方新闻理念的形塑更为明显，不仅在经济上强调"资本主义"，还试图在政治上保持独立，追求报纸的文权、财权、人事权与官府无涉。但毕竟近现代中国系半封建半殖民地社会，资本主义发展条件不够成熟，也不具备西方大众化报纸勃兴过程中民主、自由的政治氛围。中国的民营报纸始终在理想与现实间徘徊与调适，这是自近代民营报纸出现伊

---

[1] 陈昌凤：《中国新闻传播史：传媒社会学的视角》，第39页。

[2] 迈克尔·埃默里等：《美国新闻史：大众传播媒介解释史》，展江译，中国人民大学出版社，2004，第129页。

[3] 陈昌凤：《中国新闻传播史：传媒社会学的视角》，第91页。

始就已呈现出来的基调。

二、中国民营报纸的"文人论政"传统

既然中国的民营报纸接驳自近现代西方的大众化报纸，不可避免地带有西方大众化报纸的专业特征。这些特征包括：采取超党派的立场，保持政治上的独立；实行企业化管理，通过开拓广告和发行"二元产品市场"，自负盈亏，维持经济上的独立；重视地方新闻、社会新闻，不排斥煽情主义新闻；追求新闻通俗易懂，平易近人；报价较为低廉。但因中国近现代民营报纸的形成期历经国势危殆，主流报刊的社会角色以救亡图存为主题，不可能完全与西方大众化报纸的市场机制相咬合，甚至在某些方面呈现出明显的不同，比如对市场的怀疑和对媚俗的抵制。与西方大众化报纸孜孜以求市场利益有所不同，中国的主流民营报纸更像美国学者谷德纳所言称的"文化机构"，以追求社会公益为目标，尽量避免自身受到权力和钱财的腐化。[1] 中国主流民营报纸的上述选择主要来自于士大夫重义轻利、自命清高的历史遗存，从而发展成为西方大众化报纸不曾具备的独有风格，这就是"文人论政"气质。

"文人论政"并非伴随近现代报刊出现，而是始自"先知型"知识分子的诞生。德国思想家雅斯贝尔斯（Karl Jaspers）在20世纪40年代提出了"轴心时代"的观念。在公元前800至前200年中，西起东地中海，东至中国的华北，南至印度的恒河流域，都曾同时产生思想和文化的突破，随后各出现一个涵盖自然、社会、个人生活方面的广泛哲学体系，作为支撑当时社会结构的理论基础和时代精神。[2] 就中国的"轴心时代"而言，儒家与道家思想都蕴含了一些心灵秩序的意识，在思想上突破了宇宙王制的牢笼，从而"出现了不但就政治文化，而且就道德和知识文化而言影响人类历史发展的一个非常重要的社会现象，那就是作为独立社群的知识分子在人类历史上第一次出场"。[3] "轴心时代"以后，知识分子分化为"先知"与"师儒"两个类型，前者出于对人的体认，对政治社会的权威不断予以批判，后者却变成不同文明传统的经典学术的研究者与传授者。

---

[1] Alvin W.Gouldner, *The Dialectic of Ideology and Technology* (New York : Oxford University Press, 1976), p.173。转引自李金铨编《文人论政：知识分子与报刊》，广西师范大学出版社，2008，第17页。

[2] 冯友兰：《三松堂自序》，人民出版社，2008，第105页。

[3] 张灏：《幽暗意识与民主传统》，新星出版社，2010，第12-19页。

"先知型"知识分子的诞生,亦即"文人论政"传统的开始。以东汉的王充(27—约96年)为例,当同时代的政治权威把儒经和谶纬[1]公开结合起来,不断加强儒家神学思想的统治地位时,王充撰写《论衡》予以反对,目的是"铨轻重之言,立真伪之平","解释世俗之疑,辩照是非之理,使后进晓见然否之分"[2]。无论是对俗儒穿凿附会的传记,还是圣人凭空立说的经书,王充均持怀疑态度。他在《论衡》中指出许多古事讹伪不可信,又通过《书虚》、《儒增》、《艺增》等篇对经书和子书举发了不少的疑点,进行了大胆的"订其真伪,辨其实虚"的考辨工作。王充代表着典型的"思疑"传统,像他这样的文人志士能将质疑化为行动,体现出"言者无罪,闻者足戒"的精神旨意。

中国自"轴心时代"以来,并不缺乏"思疑"传统,如春秋晋国太史董狐秉笔直书"雀子弑其君",唐朝谏议大夫魏征以"十谏"忠谏唐太宗,都是这一传统的延续。汉代的陈蕃、李固,宋代太学生,明代东林学院等,也是"文人论政"的典型,其正义性体现在反对奸佞,主张公正廉洁及爱民如子。[3]如果说古代知识分子的"文人论政"以书、疏或结社为载体,那么近现代知识分子则以报刊为论政报国的平台。

按照美国学者莫里斯·迈斯纳的看法,民族主义与在文化上对传统的背叛,是现代中国知识分子的显著特征。中国知识分子的民族性内在于中国近现代的屈辱史。"中国人民最为关注的事情,不是维护独特的中国文化或独特的中国社会制度,而是要建立一个能够在充满敌意的国际环境中生存和兴旺的强大的国家和社会。"[4]

尽管王韬等晚清报人开辟了以文章报国的近现代"文人论政"传统,但论

---

[1] 谶纬,是中国古代谶书和纬书的合称。谶是秦汉间巫师、方士编造的预示吉凶的隐语,纬是汉代附会儒家经义衍生出来的一类书,东汉后称为"内学",而原本的经典反被称为"外学"。纬以配经,故称"经纬";谶以附经,称为"经谶"。谶纬以西汉董仲舒的天人感应说为理论依据,将自然界的偶然现象神秘化,并视为社会安定的决定因素,从而适应了当时封建统治者的需要。东汉初年儒家谶纬大盛,乃至用人施政、各种重大问题的决策,都要依谶纬来决定,对儒家经典的解释,也要向谶纬看齐。由于谶纬是人为制作的,可以被人利用散布改朝换代的政治预言,魏晋以后屡加禁止,隋炀帝则正式禁毁谶纬之书。笔者注。

[2] 王充:《论衡·对作》,上海人民出版社,1974,第442-444页。

[3] 李纯青:《为评价大公报提供史实》,载周雨编《大公报人忆旧》,中国文史出版社,1991,第308-309页。

[4] 莫里斯·迈斯纳:《毛泽东的中国及后毛泽东的中国》,杜蒲、李玉玲译,四川人民出版社,1989,第14-15页。

影响，却以梁启超为最。作为近代中国的思想启蒙者、著名新闻报刊活动家，梁启超著述宏富，涉及哲学、文学、史学、经学、法学、伦理学、宗教学等领域，每年平均写作达39万字之多，总计有1400多万字留存。胡适以16个字评价梁启超，称其"文字收功，神州革命；生平自许，中国新民"。[1] 作为文学改良的倡导者，胡适能够将"文字收功"视为梁启超平生贡献之首义，足见梁氏的文字建树非同小可，主要在于他创制了一种"新文体"，以"适时"、"极端"、"畅达"和"新语"为特征，[2] 而这种"新文体"是以报刊为依托的。

梁启超的办报生涯始自1895年8月创办《万国公报》（后改为《中外纪闻》）。有学者统计，由梁启超亲自创办和主持的报刊达11种，得到他支持和指导的报刊有6种，拟办而没有办成的报刊8种，还有许多报刊经常请他撰稿，形成了梁启超与三十多种报刊之间的交往关系。[3] 在梁启超亲自创办或主持的报刊中，以在上海出版的《时务报》，在日本出版的《清议报》和《新民丛报》最为著名。主持《时务报》时期，梁启超提出报刊的耳目喉舌功能。[4] 此一论点，充分体现了梁启超报刊思想中求新求异的狂狷特色。报纸要"为国民之耳目，作维新之喉舌"，应该"广译五洲近事"，"博搜交涉要案"。为此，《时务报》登载大量外报译文和各地时事，占去二分之一篇幅。这一改进令报刊"体例一新"，数月之间销售至12000份，为中国有报以来所未有。除内容的改进之外，"新文体"更体现为书写系统的"口语化"运动。梁启超主张应不断追逐可骇之论，以刺激的方法开启民智，从而提出了"浸润"和"煽动"两种宣传方式。在他的文章里，经常可见那种诗性的、不受束缚的非理性情感迸发，不乏"挑战权威"与"过激之词"，其效果是以气势雄健取胜，而不重逻辑严密。在梁启超看来，身处过渡时代，时势造出英雄。而英雄应身兼舆论之敌与舆论之母双重职能，即在破坏旧舆论中开启民智，从根本上震动传统文士阶层守道固经的僵化思维，达成从"国奴"转而成为"国民"的要义。促使梁启超有此识见的，是其在戊戌变法失败后长达14年的流亡生涯。诚如后殖民理论创始人萨义德所言，流放者的思考模式，因远离权力中心，可能跨越藩篱来想象，从而见到常人所不能见。这种状态对于被放逐的知识分子而言，有益于形成"出入游移于

---

[1] 天津《益世报》春季增刊梁任公先生纪念专号，1929年3月4日。

[2] 郑焕钊：《"诗教"传统的历史中介：梁启超与中国现代文学启蒙话语的发生》，暨南大学博士论文，2012。

[3] 占星星：《梁启超新闻思想浅析》，《中国报业》2013年第10期。

[4] 1896年8月9日，梁启超在《时务报》上发表《论报馆有益于国事》一文，首次阐明报刊"为国民之耳目，作维新之喉舌"。

不同的疆域、形式、家园及语言间"的"移民意识"。[1]也是因为流亡,去国者自然平添一份乡愁,从而萌生更强烈的家国情怀。因此,梁启超的"文人论政"有一种非同寻常的精神内核,那就是一个"国"字。恰恰是这种情愫,令其性情中"敞庐交悲风"的动多过"闲咏以归"的静,并影响了难以计数的国人。

不过,梁启超发展出来的这种"文人论政"风格很快被"胡适派学人群"的言论事业冲击。相比梁启超"文人论政"的党化风格,胡适一派继承儒家"君子群而不党"的思想,个人主义思想浓厚,论政而不参政,参政即退出论政,如新记《大公报》创始人之一吴鼎昌便以行动诠释了上述主张。这种主张更体现在傅斯年写给胡适的一封信中,信中声称:"与其入政府,不如组党;与其组党,不如办报。"[2]

以胡适为代表的自由主义者崇信观念是改变社会现实的力量,并始终认为价值观念和思想意识的变革应先行于社会、经济和政治的变革。[3]胡适主张的"全盘西化",便体现了观念先行的特征。他说:"文化自有一种'惰性',全盘西化的结果自然会有一种折中的倾向。例如中国人接受了基督教的,久而久之,自然和欧洲的基督徒不同,他自成一个'中国基督徒'。又如陈独秀先生接受共产主义,我总觉得他只是一个'中国的共产主义者',和莫斯科的共产党不同。现在的人说'折中',说'中国本位',都是空谈。此时没有别的路可走,只有努力全盘接受这个新世界的新文明。全盘接受了,旧文化的'惰性'自然会使他成为一个折中调和的中国本位新文化。若我们自命做领袖的人也空谈折中选择,结果只有抱残守缺而已。古人说:'取法乎上,仅得其中;取法乎中,风斯下矣。'这是最可玩味的真理。"[4]胡适当然明白"全盘西化"的主张过于极端,但是在他看来,只有主张极端,才能在实际行动中折中到恰到好处。

民国时期,不少知识分子以行动促认知,通过创办报刊发表意见,启蒙民智。例如"七君子"之一的王造时,少年考取清华,后入美国威斯康星大学获得政治学博士。回国后,获聘上海光华大学教授职位,后因参加救国活动丢掉饭碗,只好挂牌做律师谋生。抗战时期,王造时在江西吉安创办《前方日报》,

---

[1] 彭小妍:《再现的危机:历史、虚构与解严后眷村作家》,载王德威、陈思和、许子东主编《一九四九以后——当代文学六十年》,上海文艺出版社,2011,第313-314页。

[2] 李金铨主编《文人论政:知识分子与报刊》,第5页。

[3] 莫里斯·迈斯纳:《毛泽东的中国及后毛泽东的中国》,杜蒲、李玉玲译,第18页。

[4] 胡适之:《我是完全赞成陈序经先生的全盘西化论》,载马芳若编《中国文化建设讨论集》中编,国音书局,1936,第14页。

撰文以振民情。他对江西汉奸萧淑宇大力抨击，借以反对汪精卫的伪政权。他还发表《致罗斯福总统的公开信》，倡议从速开辟第二战场，尽快击败德日法西斯联盟。再如翻译家傅雷、周煦良等人于1945年10月1日创办《新语》，以"疮痍满目的世界亟待善后，光复的河山等着建设"[1]为起点，以期对建国大业有所裨益。这本杂志除傅雷、周煦良之外，还集聚了郭绍虞、钱钟书、杨绛、夏丏尊、王辛笛、马叙伦、王伯祥、黄宗江、孙大雨等名家，虽只出刊5期，但在总计76篇文章中，51篇为政论、时评和政治论文，[2]牵涉国际关系、地缘政治、中国内政、文化教育等选题，"文人论政"意味一目了然。

国共政争期间的"文人论政"刊物，还包括上海的《观察》《时与文》，南京的《世纪评论》，北京的《新自由》等，以上海的《观察》最为著名。《观察》封面的英文是：Independence（独立）、Non-Party（无党无派），这是《观察》的基本立场。在创刊号上，主编储安平开宗明义："国家政策必须容许人民讨论，政府进退必须由人民决定，而一切施政必须对人民负责"，此为民主；"没有自由的人民是没有人格的人民，没有自由的社会必是一个奴役的社会。我们要求人人获有各种基本的人权以维护每个人的人格，并促进国家社会的优性发展"，此为自由；"我们反对一切的停滞不前，故步自封，甚至大开倒车。停顿、落后、退步，都是自杀。我们要求中国在各方面都能日新又新，齐着世界主流，迈步前进"，此为进步；"我们要求一个有是非有公道的社会，我们要求各种纠纷冲突都能运用理性来解决"，此为理性。[3]在民主、自由、进步、理性的感召下，《观察》吸引了曹禺、胡适、卞之琳、周子亚、宗白华、吴晗、季羡林、柳无忌、马寅初、梁实秋、冯友兰、傅雷、费孝通、张东荪、傅斯年、朱自清、钱钟书等一众撰稿人，发行量从400份提升至105000份，开创了"文人论政"的鼎盛局面。在《观察》的撰稿人中，社会学家费孝通早年留学英国，留英期间并不赞同马克思主义的某些观点。他同当时的许多自由派知识分子一样，欣赏苏联的"经济民主"，却反对苏联的政治制度。内战时期，他的名著《乡村建设》甫一出版即遭到左翼知识分子的批判，但他还是在1947年回到祖国。费孝通说："我希望我不会失去研究社会科学的机会，但我认为前途是光明的。"[4]他认为自己可以作为"忠诚的反对派"对政府提出批评和建议，这或许也是他

---

[1]《新语》1945年10月1日。

[2] 韩晗：《寻找失踪的民国杂志》，华中科技大学出版社，2012，第15-19页。

[3] 储安平：《我们的志趣和态度》，《观察》1946年第1期。

[4] 戴维·阿古什：《费孝通传》，董天民译，时事出版社，1985，第162-164页。

为《观察》撰稿的初衷。

在"文人论政"方面，比杂志更有影响力的是民营报纸。1926年9月1日，吴鼎昌、胡政之、张季鸾主政的新记《大公报》面世，其社训提出"不党、不卖、不私、不盲"的四不方针，几乎成为"文人论政"总的宗旨。当时确有报纸依附一个党派，拿津贴过日子，所以《大公报》决定不党、不卖；也确有报纸是为个人或一部分人吹捧，宣传上造谣生事，不择手段，所以《大公报》提出不私、不盲。[1]《大公报》总编辑张季鸾曾说，新闻记者应该像茶壶的嘴，而壶嘴总是噘着的。[2] 这句话的意思是报纸要有正义感，敢于批评社会上的不良风气。张季鸾留日期间，他的朋友张耀曾、李书城、张群等都是同盟会成员，同乡好友井勿幕更是同盟会陕西支部长。当井勿幕询问张季鸾是否愿意加入同盟会时，张回答说："我是一个文弱书生，立志要当好一个新闻记者，以文章报国。我认为，做记者的人最好要超然于党派之外，这样，说话可以不受拘束，宣传一种主张，也易于发挥自己的才能，更容易为广大读者所接受。"[3] 1941年，《大公报》获得美国密苏里大学新闻学院荣誉奖章，5月5日重庆新闻界为此举行庆祝大会。当天，张季鸾在《大公报》社论里写道："中国报有一点与各国不同，就是各国的报是作为一种大的实业经营，而中国报原则上是文人论政的机关，并不是实业机关……以本报为例，假若尚有微小的价值，就在于虽执着商业经营，而仍能保持文人论政的面目。"[4]

不仅以张季鸾为代表的《大公报》，国共政争期间，有感于战祸不断，物价飞涨，民生潦倒，秉持自由主义精神的"文人论政"成为民营大报乃至民间报人的共同选择。1946年，原在上海《时事新报》主持笔政的马季良，因坚持民主进步立场，不容于该报老板孔祥熙，遂拂袖而去，应邀到敢于说话的《文汇报》担当总编辑。他认为，报纸应该说真话，发出声音，抨击时弊，发扬正义之声，以有益于世道人心，推动社会进步，绝不能说假话，粉饰太平。[5] 后长期执掌《文汇报》的徐铸成也提出"敢说话，无私见，无党见，大家只知有

---

[1] 李纯青：《为评价大公报提供史实》，载周雨编《大公报人忆旧》，中国文史出版社，1991，第309页。

[2] 崔景泰：《壶嘴总是噘着的——追念徐铸成老师》，载文汇报报史研究室编《文汇报回忆录1：从风雨中走来》，文汇出版社，1993，第379页。

[3] 陈建云：《大变局中的民间报人与报刊》，福建教育出版社，2008，第29页。

[4] 李纯青：《为评价大公报提供史实》，载周雨编《大公报人忆旧》，第309-310页。

[5] 任嘉尧：《忆马季良先生》，载《文汇报回忆录1：从风雨中走来》，第409页。

报，不知有个人"的"文汇精神"。[1]1946年9月6日,《文汇报》出版胜利复刊纪念专页,徐铸成在《一年回忆》一文中,重申民间报的"独立"性,他说:"一张真正的民间报,立场应该是独立的,有一贯的主张,而勇于发表。明是非,辨黑白,决不是站在党派的中间,看风色,探行市,随时伸缩说话的尺度,以响应的姿态,多方讨好,侥幸图存。"[2]民营大报《新民报》也于1948年十九年报庆时高擎民间立场,其社论言称,"我们这群人,是以办报为其终身职业的,我们乐业,我们爱报,为了保持报纸的洁净,我们是力求以报养报,采取纯粹的商业方针。为此,我们的工作人员至今甘受一种低于一般生活水平的待遇,十九年的历史可以证明我们之为职业报人,是'贫贱不移'"的。[3]

这份回旋在民营报纸以及民间报人身上的凛然之气,甚至冲击到国民党报人身上。1948年8月16日出版的《报学杂志》试刊号,充塞着国民党报人失败主义的情绪。程沧波说:"我的心情有两种境界,把我灵魂的归宿着眼于伟大的信仰;另一种希望,就是痛快把我禁闭在监狱中。"[4]马星野也将心中的苦闷倾泻而出:"我在一个特别的时期,负责做一个特别的报纸,有许许多多苦痛,恐非一般同业所曾感受到的。"[5]至于国民党新闻宣传部门最高决策人陈布雷,则采取了极端的手段,于1948年11月13日自杀身亡。他在遗书中言称"油尽灯枯":"倘使我是在抗战中因工作关系被敌机扫射轰炸而遭难,虽不能是重于泰山,也还有些价值。"[6]

围绕上述以报刊为中心的"文人论政"实践,可以看出,"文人论政"是近现代中国报刊的重要特征,恰如李金铨所言:"(文人论政)一方面延续儒家自由主义的传统,以天下为己任,以言论报国;一方面代表转型现代自由知识分子积极参与社会。"[7]由此,"文人论政"具备了一些共有特征。首先,论政者要有"以天下为己任"的使命感,通过文章报国,以期达到古人所讲"立德、立功、立言"之效;其次,"文人论政"应以同人刊物为载体,谋求"群而不党",恪守自由,与执政方保持距离;再次,"文人论政"所依托的媒介要立足民间,

---

[1] 徐铸成:《文汇报的精神》,《文汇报》1946年1月25日。
[2] 徐铸成:《一年回忆》,《文汇报》1946年9月6日。
[3]《新民报》1948年9月9日。
[4]《报学杂志》1948年8月16日。
[5]《报学杂志》1948年8月16日。
[6]《陈布雷》,台湾中华文物供应社《革命人物志》第十三集,第177-178页。转引自蔡铭泽:《中国国民党党报历史研究》,团结出版社,1998,第310页。
[7] 李金铨主编《文人论政:知识分子与报刊》,广西师范大学出版社,2008。

能够获取生存资本,具有民众授予的监督政治权力的合法性。

三、中国民营报纸的狭义与广义之分

在溯源中国民营报纸的历史传承以及文人论政传统之后,一个基本结论是,中国的民营报纸虽未和古代小报发生关联,而是借鉴了西方资本主义国家的大众化报纸模式,但其精神内核却承袭了中国士文化中的"思疑"传统,以"文人论政"为基本特征。西方模式与中国精神的糅合,不可能产生等同于西方的新闻专业主义,即以事实为导向,恪守中立的客观范式。"文人论政"本身就是一种主观,以"立德、立功、立言"为己任,不免带有对当权者的尽忠成分,无法像西方家族报纸那样,成为与执政当局相抗衡的一种势力。因此,在对中国的民营报纸做概念界定时,应充分考虑到上述特殊性。

戈公振在《中国报学史》中称:"我国民报之产生,当以同治十二年(1873年)在汉口出版之《昭文新报》[1]为最早。次为同治十三年在上海出版之《汇报》,在香港出版之《循环日报》,光绪二年在上海出版之《新报》,及光绪十二年在广州出版之《广报》。"[2]戈公振所提及的《昭文新报》、《循环日报》等报纸,专指"由华人独资创刊、华人主持的华文日报",[3]是与官报、外报相对应的一种报纸类型,只能算作民营报纸中的特殊品类,具有"非官方"、"非外资"两种限制性条件,带有强烈的民族主义色彩。而一般意义上的"民营报纸",只设定"非官方"这一种限制性条件,且"非官方"也是相对的。这样一来,中国的民营报纸就有了狭义和广义之分。

(一)狭义的民营报纸

狭义的民营报纸主要是指由民间人士出资创办并经营的报纸,既包括个人独资报纸,也包括民间资本联营报纸,如1949之前的《申报》、《新闻报》、《大公报》、《新民报》、《文汇报》等。这一类报纸方针言论相对独立,行政自主,自负盈亏,基本属于"民有民营"。以王韬创办的《循环日报》为例,该报虽由中华印务总局主办,但这是个民营出版机构,由王韬、黄平甫、温清溪等个

---

[1] 1873年8月8日,艾小梅在汉口创办《昭文新报》。最初每日一出,但阅者甚少,遂改作五日刊,销路仍不佳,不久即停刊。参见戈公振:《中国报学史》,第103页;又见卓南生:《中国近代报业发展史(1815—1874)》,中国社会科学出版社,2002,第180页。

[2] 戈公振:《中国报学史》,第98页。

[3] 卓南生:《中国近代报业发展史(1815—1874)》,第179页。

人出资。王韬虽与西方传教士麦都司、伟烈亚力、理雅各等人颇有往来，但他却在办报宗旨中强调"是报之行专为裨益我华人而设"[1]。表达出鲜明的爱国主义立场。按照美国汉学家柯文的见解，"《循环日报》是第一份完全由中国人管理而取得成功的报纸"，[2]此话体现出狭义民营报纸的第一个重要特征：国人自办。戈公振在《中国报学史》中所列早期民报皆为国人自办，也透露出类似的价值判断。他说："官报，无民意之可言也。外报，仅可代表外人之意思；虽其间执笔者有华人，然办报之宗旨不同，即言之亦不能尽其意也。"[3]

狭义民营报纸的第二个重要特征是"民有民营"，资金来自民间，不接受党派和政府的津贴。以《大公报》为例，1926年9月1日，吴鼎昌、胡政之、张季鸾以"新记"名义复刊《大公报》，资金来源于吴鼎昌一人。吴、胡、张三人约定不得做官，做官必须脱离《大公报》。正因为有此约定，才有"不党、不卖、不私、不盲"四不方针的出台。1935年12月，当吴鼎昌担任南京国民政府实业部部长时，他真的刊登声明脱离《大公报》，从此不再干预报社事务。[4]《大公报》之所以能够在大部分报道中保持客观公正的立场，这和它经济上的独立息息相关。《文汇报》的情况更加典型，它自创刊时起，便不接受任何政治上的投资，连低息贷款等变相资助也都始终谢绝，以保持独立的民间报品格。这样的报纸，如果遇到经营困难该如何解决？1946年12月，《文汇报》发动的公开向读者招股活动破解了上述谜题。在招股启事中，《文汇报》公布了报纸的性质系纯粹私人集资经营的企业。向读者公开招股，不仅是为了增加机器设备，还因为"我们是人民的报纸，我们不仅要使这张报纸始终为人民所用，为人民说话，而且要使她根本为人民所有"。[5]受此感召，各界读者踊跃认股：5个穷学生凑来了5万元；有的军人束紧腰带，从薪饷中节省出钱来入股；一对读者夫妻拿出了全部储蓄；甚至有流浪汉倾尽囊中所有。一位读者的来信可以代表民众对真正民营报纸的热爱，这封信说："冬天来了！我要加衣。我要加一件精神上的棉衣。买了它，我自己暖了，也暖了别人。"[6]不惟《文汇报》、《大公报》，新闻史上的一个个鲜活事例表明，惟有那些经济上保持独立，以民间给养维系自身血脉的报纸，才能真正获得民众的尊重与支持。

---

[1]《本局日报通启》，《循环日报》1874年2月12日。
[2] 李彬：《中国新闻社会史》，清华大学出版社，2009，第63页。
[3] 戈公振：《中国报学史》，第98页。
[4] 李纯青：《为评价大公报提供史实》，载周雨编《大公报人忆旧》，第306页。
[5] 周福宽：《增资招股话往事》，载《文汇报回忆录1：从风雨中走来》，第83页。
[6] 周福宽：《增资招股话往事》，载《文汇报回忆录1：从风雨中走来》，第83页。

狭义民营报纸的第三个重要特征是重经营轻宣传。因资本多来自民间,且以股份制运行,为股东获取利益是民营报纸的显见目的之一。新记《大公报》1926年复刊,启动资金只有5万元,10年后资产增加了10倍,经营上的成功是显而易见的。重经营轻宣传的首义是"不党",张季鸾即是此间楷模。辛亥革命后,张曾经担任孙中山的秘书,负责起草《临时大总统就职宣言》等重要文件,但他却没有加入任何党派组织。张季鸾认为,做记者的人最好要超然于党派之外,这样,说话可以不受约束,也易于发挥自己的才能,更容易为广大读者所接受。[1]张季鸾担任总编辑的《大公报》号称无党无派的报纸,此言是有所依据的,即该报决不允许报社内存在党派活动。曾经有一位新来的记者到处打听报社内部的人事消息,这个人很快就被开除了。为什么要这么做?《大公报》认为,只有淡化党争和人事纠葛,在编辑部内谈论政治才不会被告密。[2]于右任创办的"竖三民"也是首倡经营,淡化"主义"的典型例证。作为同盟会会员,于右任先期创办的《神州日报》比较重视宣传革命,仅在创刊后的80余天,即报道各地武装起义消息80余篇。1909年至1910年,在创办"竖三民"(《民呼日报》、《民吁日报》、《民立报》)的时候,因6万元启动资金筹措于陕西富商柏筱馀、信成银行协理沈缦云、买办张静江等人,属于纯粹的民间资本,于右任一改在《神州日报》的风格,不直接阐述"主义"及宣传革命,而是集中揭露贪官污吏,高擎"为民请命"的办报主旨。经营方面,"竖三民"的版面分配新闻与广告各半,甚至头版全部是广告,还在巴黎、伦敦、华盛顿、柏林、日内瓦等重要城市聘有专职和兼职记者。[3]正因为报道取向具有"觇民情"、"表异闻"的向下意识,兼具经营方面的灵活举措,"竖三民"的最后一张《民立报》成为当时发行量最大的日报,影响力一时无出其右者。

狭义的民营报纸,若在政治清明、经济发达的情况下,或可发展成为像美国《纽约时报》、英国《泰晤士报》、瑞士《新苏黎世报》那样,具有全球影响力的严肃报纸;也或可像英国《太阳报》、美国《每日邮报》那样,因其通俗性为读者认可。但是在中国,民营报纸发轫及成长阶段,正值一次次的时代大变动,外有西方列强对中国主权肆无忌惮地侵犯,内有清帝灭亡后军阀滥权、

---

[1] 徐铸成:《报人张季鸾先生传》,生活·读书·新知三联书店,2009,第34页。
[2] 李纯青:《为评价大公报提供史实》,载周雨编《大公报人忆旧》,第307页。
[3] 方汉奇主编《中国新闻事业通史·第一卷》,第592页。

党同伐异，整个社会如同梁启超所形容的那样"堕落窳败，晦盲否塞"[1]。在这种情况下，影响力巨大的民营报纸往往成为政治势力迫切介入的对象。强权之下，民营报纸若想保持狭义层面的操守，几乎没有可能。

（二）广义的民营报纸

广义的民营报纸不仅包括"民有民营"，也包括对外以民间名义出现的"官有民营"或"党有民营"。此种情形的出现是政治介入传媒的结果。

据学者曾宪明考察，中国首例政权介入民营报纸发生在袁世凯执政时期。1912年袁世凯窃取临时大总统后，便打着"舆论公仆"和"顺从民意"的招牌，由政府出钱，指使御用文人出面办报。这种公款私办的御用报纸包括《国权报》、《金刚报》、《亚细亚日报》等。类似报纸成为新闻史上第一批以民营形式出现，却由当权者直接控制的"伪民营报纸"。[2] 此后，假借民间报纸为自己张目成为政府或政党普遍遵循的范式。

同样的报纸以民营或非民营身份出现差别巨大。以国民党党报《中央日报》为例，1932年，其最高发行量仅3000份，程沧波出任社长后，提出"淡化党报面孔"和"中央机关报民间化"的主张，发行量迅速增长至8000份。但像《中央日报》这样的机关报，无论怎样伪饰，也不可能完全像民营报纸的样子。而那些原本的民营报纸，在被党化了之后，却依旧能够维持民营报纸的假象，《申报》和《新闻报》即为例证。抗日战争胜利后，国民党通过精心策划控制了申、新两报，但发行状况不容乐观。《申报》复刊时，发行量53000份，十天后竟跌至30000份左右，《新闻报》也是只降不升。为了扩大影响，两报采取"伪民营"的方法，首先确立"以民营报纸立场，为国家尽宣传职责"的方针，其次标榜"信守、客观、公正态度"，通过少用官方通讯社稿，注意"刊载本报电讯，报道独家新闻"的方式维持民营面目。国民党的控制由台前转为幕后，于1946年在南京设立两报办事处实施隐形管理，皆聘请陈布雷为"名誉总主笔"。[3] 此种以民营面目经营党报的方式也曾为在野时的中国共产党所采用。1945年，中国共产党在上海复刊了一批以民营名义创办的报纸，其中《联合日报》由地下党员冯宾符任总编辑，创刊时宣称纯粹民间资本，无党派之立场。另一份稍后

---

[1] 梁启超：《吾今后所以报国者》，1915年1月20日，载李华兴等编《梁启超选集》，上海人民出版社，1984，第646页。

[2] 曾宪明：《论伪民营报纸》，《新闻与传播研究》2005年12月。

[3] 马光仁：《战后国民党对申、新两报的控制》，《新闻研究资料》1985年第33期。

创刊的《建国日报》由夏衍主办。周恩来在指示中明确指出:"要争取公开合法","是民报,要与党报分开"。[1]

这类"官有民营"或"党有民营"报纸,其开办和运行经费主要由官方或党派提供,像《申报》和《新闻报》则是通过没收敌伪资产实现党化,产权或明或暗为政治集团所有,言论和政治倾向直接受政治集团控制。但由于其民间身份,在办报实践中不可避免地会使用一些民间手法,甚至体现不出来党派的颜色特征。在这一方面最具代表性的是1950年10月5日由香港《大公报》分出的《新晚报》,该报虽由中央控制,但却呈现出"灰色"风格,不仅重点报道情色、凶杀类的社会新闻,还不断加强"波经"、"马经"等报道,甚至在晚报中最早刊登金庸、梁羽生的武侠小说。1953年,《新晚报》被《香港年鉴》列入"独立"报纸行列,这说明党化报纸以独立的民营报纸出现,并非不可能。

尽管上述"官有民营"或"党有民营"的报纸被称作"伪民营报纸",但其产权中的部分民营成分或者办报实践中的民营色彩不应被一概否定,在特殊历史时期,还会与"民有民营"报纸一道发挥进步作用。如在讨论1948年出席联合国新闻自由会议代表的身份问题时,以程沧波为首的资深国民党"党员—报人",强烈认同自己的报人身份,高度关注新闻从业者的维权问题,反对非现职新闻从业人员参加会议。再如起始于1945年3月,终止于1948年6月的中国"新闻自由"运动,竟是由民营化的国民党党报南京《中央日报》社长马星野推动。[2]"党员—报人—文化人—社会人",这个纠缠在一起的角色链,对于瓦解"伪民营"报纸中的党化或官僚色彩,无疑起到正面的作用。因此,长期以来,广义和狭义的民营报纸概念一直未能相互替代。

为什么要在广义的层面研究民营报纸?这是因为,民营报纸作为文化企业,和中国的其他行业比较,资本微不足道,容易给予政党政权各种渗透的机会。以1940年代后期的《大公报》为例,它虽拥有上海、天津、重庆、香港四个分社,但却称不上报业托拉斯,资产总额较之纺织、化工、运输、金融等产业巨擘,实属小巫见大巫。抗战胜利后,《大公报》的总资产大约40万美元,而当时较大的民族资本家,仅个人资产达千万美元以上的大有人在。[3] 如此疲弱的经济基础,一旦遭遇通货膨胀、纸价上涨,势必在经营方面捉襟见肘,这就给了当权者予以渗透的可能。1945年,亟需复刊多地版的《大公报》获得蒋

---

[1] 丁淦林等:《中国新闻事业史新编》,四川人民出版社,1998,第349页。
[2] 蔡铭泽:《中国国民党党报历史研究》,第273页。
[3] 李纯青:《为评价大公报提供史实》,载周雨编《大公报人忆旧》,第311页。

介石亲自批准的20万美元官价外汇，这相当于一笔巨额补贴。虽说这是《大公报》出了钱向中央银行购买而来，但是按照当时美元汇率，官价为20∶1，市场价是3000∶1，一经倒卖，净赚150倍，实在是"一种不等价的交易"。[1] 蒋介石对《大公报》施此惠泽，并非没有回报，该报总经理胡政之后来在国共和谈即将破裂的时候，以社会贤达身份参加了蒋介石政府的"国大"，成为其新闻生涯中饱受诟病之举。

在战乱频仍、经济凋敝时期，民营报纸接受政府的变相补贴是一种普遍现象。执政当局往往以平价纸张、新闻米等方式对报纸实施控制。因此，抛却历史环境不顾，抽象地谈论狭义层面上"民有民营"，并不能客观解释中国民营报纸的生存空间。此外，只考量国人自办的民营报纸，罔顾外人办报几乎主宰中国报业市场达一个世纪之久的历史事实，也是一叶障目的做法。惟有立足于中国民营报纸发展的特殊历史环境，观照影响民营报纸生存和发展的政治、经济元素，分析民营报纸资本构成的各种范式，从广义层面探讨民营报纸的生死存亡，才有可能获取接近事实的观点。

四、新中国民营报纸的特定范畴

鉴于本书研究时段特殊的意识形态色彩，在社会主义改造的大环境下，拘泥于民营报纸的狭义概念无疑陷入绝对化的窠臼，限制住了对新中国民营报纸或报纸中民营成分所发挥作用的深入挖掘，同时也割裂了"长时段"观念中民营报纸广义与狭义概念的生成历史。不可否认的是，民营报纸在新中国的退场不是一夕之间的现象，而是经历了从民有民营到公私合营再到公营的渐变过程。甚至在民营报纸已然消失之后，还出现过民营实践昙花一现式的复苏，遑论改革开放之后民间资本参股报业的普遍性现象。因此，本书所认定的是广义的民营报纸概念，既包括新中国成立初期纯粹的"民有民营"报纸，也包括接受了私营公助，但在产权构成中依旧保存部分民间资本的报纸。

（一）研究时间段的划分依据

新中国最后一张民营报纸究竟于何时退场？

一种说法是1952年底。《中国新闻事业通史》这般描述："中共中央和政府

---

[1] 王芸生、曹谷冰：《新记公司大公报的经营（1926—1949）》，载周雨编《大公报人忆旧》，第3页。

对新闻出版事业实行了比其他行业更早的公私合营政策。1952年底，全国所有原为私有性质的报社，都实行了公私合营。"[1] 遗憾的是，此种说法并没有具体实例的支撑，也无任何官方证据。

还有一种说法是1953年。施喆在其论文《建国初期私营报业的社会主义改造》（2002）一文中声称："1953年，所有私营报纸都转变为公私合营报纸，后来又逐渐退还私股，实际上皆为公营。"[2] 丁淦林主编的《中国新闻事业史》（2002）也有类似说法："至1953年，私营报纸除停办者外，全部实行了公私合营。"[3] 2011年，吴廷俊的研究依旧认可这样的时间点，在他看来，随着"1953年1月《文汇报》、《新民报》等走上'公私合营'道路"，民营报纸在中国大陆就"集体退场"了。[4]

2012年，华中科技大学丁骋的博士论文用实际证据将民营报纸消失时间推至1954年。该论文指出，江苏无锡的《晓报》和《常州民报》同时于1954年2月1日停刊；《哈尔滨公报》也因社长逝世，报纸无力出版，于1954年2月11日自动停刊。按此推断，《哈尔滨公报》应该是新中国最后一张消失的民营报纸。

然而，经笔者考证，事实远不止如此。关于《常州民报》、《晓报》停刊的证据可见《江苏省对私营出版业进行社会主义改造的报告》[5]。这份报告出炉之前，出版总署曾经发布过一次私营企业名录，该名录显示，截至1953年12月底，全国共计有私营报社6家，分别是天津市《俄文新语报》、松江省《俄语报》、哈尔滨市《哈尔滨公报》、浙江省《当代日报》、四川省《工商导报》、陕西省《工商经济晚报》。[6]《常州民报》、《晓报》虽晚于统计时间停刊，却未上名录，估计是江苏省新闻出版管理部门已有对二报停刊的统筹。名录上的《哈尔滨公报》于1954年2月停刊，这就意味着截至同一时段，全国尚有5家民营报纸存在。

---

[1] 方汉奇等主编《中国新闻事业通史·第三卷》，中国人民大学出版社，1999，第26页。

[2] 施喆：《建国初期私营报业的社会主义改造》，《新闻大学》2002年第1期。

[3] 丁淦林主编《中国新闻事业史》，高等教育出版社，2002，第396页。

[4] 吴廷俊：《"恐龙现象"——民营报纸在中国大陆"集体退场"的历史考察》，载罗以澄主编《新闻与传播评论·2011年卷》，第32页。

[5]《江苏省对私营出版业进行社会主义改造的报告（摘要）》，1954年5月10日。参见中国出版科学研究所、中央档案馆编《中华人民共和国出版史料（1954）》，中国书籍出版社，1999，第268页。

[6] 出版总署出版管理局编《全国私营出版社、杂志社、报社名单》（截至1953年12月31日）。参见中国出版科学研究所、中央档案馆编《中华人民共和国出版史料（1953）》，中国书籍出版社，1999，第690页。

1954年12月28日，文化部出版事业管理局在总结1954年出版工作计划执行情况时，谈到该年度"停办私营报纸3种"。[1] 既然《常州民报》、《晓报》本不在上一年度的私营报纸名录，那么，此年度停刊的3家报纸占据名录上6种报纸的一半，如此一来，到了1954年底，私营报纸应仅剩下3家。根据笔者掌握的档案及文献资料，硕果仅存的三家报纸分别是杭州的《当代日报》、成都的《工商导报》和西安的《工商经济晚报》。这就意味着，除了《哈尔滨公报》外，坚持到1954年的两份俄文报纸，也没能度过这个年份。

统计至此，官方公开发布的数据与笔者所掌握的证据基本吻合。但自1955年起，权威部门的综合统计不再出现私营报纸名目，因此，《当代日报》、《工商导报》与《工商经济晚报》的退场时间只能依据笔者查阅到的档案等文献资料来推测。

杭州的《当代日报》是几名中共地下党员接管原国民党《当代晚报》后改刊的。总编辑李士俊是一名老共产党员，与该报其他3名党员的组织关系都存放在杭州市委宣传部。[2] 1955年4月18日，杭州市委成立《杭州日报》筹备委员会，将长生路63号划为办公地点，设置临时机构。同年7月15日，中宣部批准创办《杭州日报》。9月16日，杭州市委发出《关于创办杭州日报的决定》，明确《杭州日报》借《当代日报》试刊一个半月。随着1955年11月1日《杭州日报》创刊，《当代日报》亦即结束了其历史使命。[3]

成都《工商导报》的社会主义改造可谓一波三折。该报在1949年之后因股东星散，月月亏折，截至1951年8月底，负债超过4.3亿元（旧币）。[4] 1952年1月开始的"三反"、"五反"进一步加剧了报社的经营困难。一部分员工四处上书揭发内部矛盾，用词激烈。更为严重的是，部分指控乃凭空猜测，比如控告一位吴姓员工为反革命分子，在当时司法制度存在严重缺陷的情况下，人民法院判处吴姓员工一年多徒刑，直至司法改革时，才发现证据不足，无罪释放。[5]

---

[1]《文化部出版事业管理局1955年出版事业计划（草案）》，1954年12月28日。参见中国出版科学研究所、中央档案馆编《中华人民共和国出版史料（1954）》，第627页。

[2]《〈杭州日报〉创刊纪实》，中国杭州网，http://www.hangzhou.gov.cn/dsyjs/drjy/hzjf/T290647.shtml。

[3] 徐成功口述、傅一览整理：《你知道〈杭州日报〉是怎样诞生的吗》，《杭州日报》2009年5月22日。

[4] 本文币值除特别说明外，均为旧币币值。《解决工商导报问题的办法草案》，《工商导报》1952年4月5日，四川省档案馆：建川054-60-12~19。

[5] 佚名：《工商导报简况》，1953年，成都市档案馆：56-1-52。

鉴于上述情况，西南局拟使该报停刊，但考虑到在"三反"、"五反"期间停办影响不好，一直拖到1953年4月24日，西南新闻出版局函电四川省人民政府新闻出版处，希望后者考虑《工商导报》停刊问题。[1] 四川省新闻出版处经请示中共四川省委，认为继续办下去有好处，遂决定由政府补助一部分资金解决报纸的债务问题，在维持其继续出版的前提下，逐渐转移领导关系，俟条件成熟，即转变该报性质。其后，中共四川省委批准在1953年新闻出版事业项目下，以借支名义发给该报8亿元，[2] 始在当年偿清了主要债务，并于该年度一至十月盈利1亿元。但该报负债的境况并未彻底改观，只不过主要债权人从银行及原材料生产厂商转至政府。1954年底，《工商导报》除亏欠四川省人民政府新闻出版处8.12亿元以外，尚欠私人款、房租等共1.5118亿元。[3] 有鉴于此，1954年8月13日，四川省委会议决定，将《工商导报》移交成都市委接办，改组为市委机关报。[4] 但是，在处置《工商导报》债务及安排报社人员时却出现"钱从哪出"、"人往哪去"的双重难题，《工商导报》的改组就此搁置。随着社会主义工商业改造的持续发酵，1956年1月27日，四川省委常委会议讨论通过，将《工商导报》改组为市委机关报《成都日报》，[5] 并由四川省委宣传部协调解决《工商导报》结束后的善后工作。1956年4月20日，四川省文化局发文，同意《成都日报》于这一年的5月1日出版，并发给报字第11号登记证。《工商导报》遂于1956年4月30日停刊。

作为最后一个退场的民营报纸，西安《工商经济晚报》的经历颇具戏剧性。它先是在1953年7月由两张民营报纸《工商晚报》和《经济快报》合并而来，此后挂靠在西安市工商联，并由工商联副主任刘光智兼任社长，但其属性依然是民营的。该报编辑部、经理部合计38人，工人22人，编辑部力量很薄弱。"总编辑吴焕然系开除出党分子"，"4名编辑中，2人长期在敌伪报社工作（其

---

[1] 四川省人民政府新闻出版处：《为请考虑停办工商导报及其停办的具体办法》，1953年4月29日，成都市档案馆：56-1-26。

[2] 四川省人民政府新闻出版处：《关于改变成都市私营工商导报为地方国营成都日报》，1954年11月29日，成都市档案馆：56-1-50。

[3] 四川省人民政府新闻出版处：《关于改变成都市私营工商导报为地方国营成都日报》，1954年11月29日，成都市档案馆：56-1-50。

[4] 中共四川省委：《决定将工商导报交成都市委接办》，1954年8月28日，成都市档案馆：54-1-312。

[5] 中共四川省委：《关于将私营"工商导报"改组成为市委机关报》，1956年1月27日，成都市档案馆：54-1-621。

中一人有特务嫌疑），2人长期在敌斗中任职","政治性事故经常发生"。[1] 该报自定的主要读者对象是"国营商业、合作社商业、各地工商联与行业公会等工作人员、公私合营企业私方人员与职工、手工业者、小商小贩和城市广大人民群众"。[2] 由于读者定位比较模糊，加之其重点服务的私营工商业大部分已于1956年完成社会主义改造，至1956年6月，报纸发行量下跌到4600份，广告接近全无，经营十分困难，需要工商联每月补助4000余万元。与此同时，该报办报质量偏低，铅字磨损，字迹不清，读者意见很多。一些员工对报纸的民营属性意见很大，到处反映，希望改为"公私合营"或"国营"。鉴于上述综合情况，中共西安市委于1957年4月22日呈请陕西省委，提出停办《工商经济晚报》的三点意见：其一，市委机关报《西安日报》已经扩版，继续保留晚报的必要性不大；其二，《工商经济晚报》的困难，尤其是干部和设备问题，很难彻底解决；其三，也曾设想由其他方面接办或利用，但困难很多，而停办了可以节约纸张，符合增产节约的原则。中共西安市委在函中特别强调："鉴于该报系一私营报纸，在群众中特别是在党外民主人士和资产阶级分子中还有一定的影响，因此，在停办前，除做好肃反工作、人员安排和财产清理等工作外，还应经过党外人士的充分酝酿和协商，以免给我们在政治上造成被动。"[3] 1957年5月7日，陕西省委同意了西安市委的意见，停办《工商经济晚报》已无争议。1957年12月31日，《工商经济晚报》出版最后一期报纸，自此之后，合法化的民营报纸在新中国全部退场。

鉴于笔者已经获得新中国民营报纸渐次退场的确切证据，本书所涉时段将始于1949年初京津等大城市解放，止于1957年12月31日最后一张民营报纸消失。

（二）研究对象与范围

本书的研究对象既包括新中国成立初期纯粹的"民有民营"报纸，也包括接受了私营公助，但在产权构成中依旧保存部分民间资本的报纸。此外，外国人在中国同期出版的民营报纸，也列入研究范围。部分报纸虽保留了一定数量的民间资本，但性质却是中共机关报。根据此种情况，列入本书研究范围的民

---

[1] 中共西安市委致中共陕西省委：《关于工商经济晚报处理意见的请示报告》，1957年4月22日，西安市档案馆：1-1-0419-41~43。

[2]《工商经济晚报介绍》，1956年6月，西安市档案馆：315-1-0010-002~003。

[3] 中共西安市委致中共陕西省委：《关于工商经济晚报处理意见的请示报告》，1957年4月22日，西安市档案馆：1-1-0419-41~43。

营报纸还应符合下列条件：

1. 由官方认定报纸属性为私营或公私合营

1948年11月8日，鉴于已经解放和即将解放的众多大城市中，存在对人民生活有着重大影响的报纸、刊物与通讯社，中共中央出台了《关于新解放城市中中外报刊通讯社的处理办法》。该办法第四条规定："新解放城市中所有继续出版与新创刊之一切报纸、刊物与通讯社（包括共产党与人民政府之报纸、刊物、通讯社在内），应一律向当地政府登记，其在本决定达到前，已行出版者，亦需补行登记。"[1] 笔者检索多处档案馆中存留的报纸登记记录，发现报纸性质一栏分公营、人民团体、公私合营、私营四类。登记后的报纸经各地新闻出版管理部门造册之后，经营属性一目了然，被标示为公私合营和私营的报纸，自然属于本书的研究范围。这里需要区别对待两种情况：一是像《解放日报》这样的党委机关报，其由没收《申报》中的官僚资本改组而来，但其资本构成中还有史量才之子史泳赓继承的民营股本。为此，《解放日报》"政治上是华东局兼上海市委的机关报，而在经济上则是公私合营的"。[2] 直到1954年，这种局面才得以改变。[3] 鉴于《解放日报》的党报性质，即便其资本中有一定的民营成分，亦不能将之视为民营报纸。二是像成都《工商导报》、西安《工商经济晚报》这样，在社会主义工商业改造接近完成或已经宣告完成的大环境下，地方新闻主管部门对上保持沉默，未予申报二者的实际民营属性。[4] 类似这种情

---

[1] 中共中央：《关于新解放城市中中外报刊通讯社的处理办法》，1948年11月8日。参见中共中央宣传部办公厅、中央档案馆编研部编《中国共产党宣传工作文献选编（1937—1949）》，学习出版社，1996，第747页。

[2] 王维：《关于编写解放日报报史的几点意见》，参见解放日报报史办公室编《解放日报、新闻日报报史资料》①，内部资料，1991年12月，第30页。

[3] 1953年，中共中央提出过渡时期总路线，要向社会主义过渡。此时，有人提出《解放日报》经济上的"公私合营"性质很不妥当。受命处理此事的华东局宣传部委托史家的代理人向居住在香港的史泳赓提出希望他能退股。史泳赓声称其父只有"申报馆"的这点资本，希望继续"合营"。华东局宣传部不能接受史泳赓的要求，并将史的股金连同利息转存入交通银行代管，《解放日报》才彻底变为公营的新闻事业单位。参见王维：《关于编写解放日报报史的几点意见》，载《解放日报、新闻日报报史资料》①，第30页。

[4] 此种情形非西安、成都独有。像广州合并两张民营报刊《广州标准行情》和《新经济》为《广州工商》时，曾向上海市新闻出版处咨询同类型刊物《上海工商》的经营属性，获悉仍以私营对待，但在登记表上却看不到痕迹。相反的情况同样存在。《大公报》公私合营后，中共中央专门下发文件，声称"大公报实际已是党领导的公私合营的报纸，但为适应国内外的政治情况，目前对外仍保持私营的面目"。

况,即便官方后期统计数据未以私营报纸相称,本书依旧根据档案或文献记载,以两张报纸的实际退场时间计算研究时段。

2. 维持传统民营报纸的组织架构

被誉为"组织理论之父"的德国思想家马克斯·韦伯对建构现代官僚科层体制卓有贡献。韦伯认为,任何组织的形成、管治、支配均建构于某种特定的权威之上。他提出了三种权威形式,即合法权威、传统权威和魅力权威。在马克斯·韦伯看来,合法权威是指在工具理性或价值理性或两者兼备的基础上,经协商或强制而确立的,至少是要求组织成员服从的任何既定的合法规范。如果要使合法权威达到最高效率,就应该建立一种以知识进行支配的纯粹官僚式的行政组织;传统权威是根据悠久规则与权力谱系的神圣性使要求得到服从,老人统治和家长制是最基本的传统型支配类型;魅力权威是指领导者被看作不同寻常的人物,具有特别罕见的力量和素质。一个服从魅力权威的有组织群体,可以称为超凡魅力共同体,它既非建构在社会特权之上,也不是以人身依附为特征。[1] 根据韦伯的上述观点来判断,传统民营报纸的组织架构往往是合法权威与魅力权威的结合,是一种水平式的结构方式。总编辑、总主笔、总经理各有分工,彼此较少干涉,秉持专业技术至上的用人规范,但在办报实践中总会有一个核心人物,如《大公报》的张季鸾、《新民报》的赵超构、《文汇报》的徐铸成等。新中国成立之后,多数民营报纸的组织架构依旧沿袭传统习惯,以魅力人物为核心,这和党报的模式有明显不同。党报的组织结构更像是合法权威与传统权威的结合,是一种垂直的金字塔式结构。金字塔的尖顶具有绝对权威,但权力来自于上级赋予,对政治性的坚守超过对技术性的追求。因此,组织架构的不同,也是区分民营报纸与党报的重要标准。

3. 融资渠道借用一般金融途径而非政府拨款

1948年11月,中原局曾就党报与政府机关报的经费问题寻求中共中央解答。对于登记时填报经济来源一项,该局不知应该写"党费或者募捐,或生产企业补贴,或政府津贴",还是其他。[2] 中共中央的明确答复是:"党与政府报

---

[1] 马克斯·韦伯:《经济与社会》(第一卷),阎克文译,上海世纪出版集团,2010,第322-353页。

[2] 中原局:《关于处理新解放城市报刊、通讯社的几个问题向中央的请示》,1948年11月21日。参见中共中央宣传部办公厅、中央档案馆编研部编《中国共产党宣传工作文献选编(1937—1949)》,学习出版社,1996,第756页。

刊通讯社的经济来源，除销售与广告收入外，可注明由党与政府补助。"[1] 正因为有公款公费的保障，公办的《人民日报》等16家报纸一年才可能赔耗5000万斤小米的折合资金，差不多能供38万人一个月使用；[2]《解放日报》创刊后7个月间，也敢降低报纸折扣和《大公报》、《新闻日报》竞争，亏损达23亿至24亿旧币。[3] 而民营报纸在公私合营政府注资之前，其经费来源只能依靠银行贷款、拆借、募股等一般金融手段。某些地方政府为缓解民营报纸生存困境，曾支付一定款项，但也是以借款名义而非拨款。《文汇报》、《大公报》经营最困难时期，政府曾借出一定数量的白报纸，这些物资日后都折算成现金，算作政府入股的投资。因此，民营报纸与党报、政府机关报的经费来源完全不同。这一点也应成为辨明民营报纸属性的重要标准。

4. 办报主体系报人而非国家干部

国家干部与自由报人在待遇上的首要区别，是享受政府投入而非市场效益工资。[4] 公营报纸的人员工资无论是供给制还是工薪制，均由财政拨款。而民营报纸的各项开支均要自负盈亏。有鉴于此，新中国成立初期，在经济环境整体低迷的情况下，民营报纸出现了人员外流的现象。比如《文汇报》，复刊初期职工仅给十元钱零用，还常常脱期，年终双薪也无着落。编辑部夜点仅供萝卜咸菜、稀饭，更无什么福利可言。[5] 而国家机关以及公营报纸则有统一的供给标准，生活极其稳定。这就难怪《文汇报》原有地下党员近20名，复刊时仅剩下1名候补党员了。《大公报》的人员外流情况更为严重。报社1950年有编辑、记者共60人，其中中共党员和进步分子27人。两年内有7人辞职，去了生活更有保障的新华社、人民日报社或人民出版社等公营机构。到了1952年，社内的

---

[1]《中央关于处理新解放城市报刊、通讯社中的几个具体问题的指示》，1948年11月26日。参见中共中央宣传部办公厅、中央档案馆编研部编《中国共产党宣传工作文献选编（1937—1949）》，第755页。

[2]《中共中央批转中央人民政府新闻总署党组关于全国报纸经理会议的报告》，1949年12月30日。参见中国社会科学院新闻研究所编《中国共产党新闻工作文件汇编》（上），新华出版社，1980，第294-295页。

[3]《解放日报1949年工作总结报告暨1950年工作计划大纲（草案）》，1950年，上海市档案馆：A73-1-3。

[4] 张济顺：《从民办到党管：上海私营报业体制变革中的思想改造运动——以文汇报为中心案例的考察》，载韩钢主编《中国当代史研究（一）》，九州出版社，2009，第72页。

[5] 庄人葆：《忆"救报运动"》，载文汇报报史研究室编《文汇报回忆录1：从风雨中走来》，第111页。

中共党员只剩下了两个人。[1] 如此一来，民营报纸的剩余人员反而以传统的民间报人为主。尽管老报人的办报理念难以在高度的政治语境下坚守，但是在新中国成立后若干年，民营报纸依靠民间报人以及他们所联系的作者群，还是建立了与党报有所区别的自我风格。他们的作者群包括梅兰芳、周作人、张爱玲、丰子恺、包天笑等一众名人。1957年4月，毛泽东曾给几家耐读的报纸排了队："《文汇报》，《中国青年报》，《新民晚报》或者《大公报》，《光明日报》，最后是《人民日报》和各地党报，这样一个名次。"[2] 其中的《文汇报》、《新民晚报》、《大公报》都是老牌民营报纸。足见，办报主体的不同必然会影响到报纸的整体风格。

鉴于从1949年2月18日起，中共中央规定，原"民营"、"民办"、"民间"等字样"主要地是反映自由资产阶级与封建买办统治集团的区别，在今天的解放区，已完全不能适用"，"今后凡'民营资本'、'民间报纸'等名称，均应不再沿用，而应改称为私人资本、私营报纸等"。[3] 因此，私营报纸的称谓不过是新的执政党意欲去除通常语汇中"官"、"民"对立，树立"人民为公"的理念。就私营与民营的经济属性来讲，并无多大区别。故本书所指涉的民营报纸与官方话语中的私营报纸是同一的。

---

[1] 李纯青：《大公报工作人员的思想情况》，1952年1月3日，上海市档案馆：A22-2-1532-22。

[2] 毛泽东同《人民日报》负责人等谈话记录，1957年4月10日。转引自逄先知、金冲及主编《毛泽东传（1949—1976）》，中央文献出版社，2003，第664-665页。

[3]《中央关于使用"民营"、"民办"、"民间"等字样问题的指示》，1949年2月18日。参见中共中央宣传部办公厅、中央档案馆编研部编《中国共产党宣传工作文献选编（1937—1949）》，学习出版社，1996，第795页。

第二章 新中国成立初期民营报纸总量、分布及类型

一、对《1950年初全国报纸统计表》的分析及勘误

有关新中国成立初期民营报纸总况的权威数据见于1988年的《中国新闻年鉴》。[1] 这期年鉴用9页的篇幅详述了1950年全国报纸数量、性质、分布区域、刊期、开张等具体内容，并对当年统计内容的遗缺做了尽可能全面的补充。这是1949年以来有关民营报纸研究的重要依据。[2]

根据1988年《中国新闻年鉴》可知，由新闻总署研究室按照当时所得资料制定的《1950年初全国报纸统计表》，统计时间截至1950年2月28日。该统计表显示，新中国成立初期民营报纸总量为55家。1990年以来的民营报纸研究大多借鉴了这一数字，[3] 并未对1988年新闻年鉴所修正的具体报纸名目进行深入分析。鉴于研究新中国民营报纸的生存与改造，首先要对新中国成立初期民营报纸的总量有所了解。因此，借助档案、地方志、报纸保存本等尽可能找寻得到的文献，考校民营报纸总量、分布区域及类型，构成了本书创作的基础工作。

本书作者在对1988年新闻年鉴刊登的原始资料进行分析的时候，不仅发现研究者普遍采信的民营报纸总数出现偏差，如55家（含7份华侨报）应为62家（含10份华侨报），同时也对民营报纸的归类方法有所质疑：为何在海外出版的华侨报纸亦被列入国内的民营报纸系列？被列入的华侨报纸包括新加坡《南侨日报》、

---

[1] 中国新闻学会联合会、中国社会科学院新闻研究所编《中国新闻年鉴（1988）》，中国社会科学出版社，1988，第517-525页。

[2] 1988年《新闻年鉴》在框定报纸性质时，使用的是50年代官方分类标准，标称私营报纸而非民营报纸。关于民营报纸与私营报纸的概念，本书第一章文末已有阐述，此处不做更多解释。

[3] 例如杨奎松《新中国新闻报刊统制机制的形成经过——以建国前后王芸生的"投降"与〈大公报〉改造为例》（2011），吴廷俊《"恐龙现象"——民营报纸在中国大陆"集体退场"的历史考察》（2011）等论文即以55家私营报纸的统计数目为参照。

爪哇加城《生活报》、马来西亚槟城《现代日报》、泰国曼谷《全民报》、缅甸仰光《人民报》、美国旧金山《中西日报》等。以最为著名的新加坡《南侨日报》为例，这张由爱国华侨陈嘉庚创办的报纸，成立于1946年11月21日。它在反对内战、保护华侨的正当权益、谴责美国进军朝鲜等方面发挥了巨大作用。因不容于当地的《出版物发行售卖统制条例》，该报于1950年9月20日被马来西亚英国殖民当局封闭。[1] 它的主要发行地点并非中国大陆，而其停刊原因也与新中国的新闻管理制度无关。因此，将《南侨日报》等在海外发行的华侨报归入中国的民营报纸必然导致数据偏差。尤其是在民营报纸基数很小的情况下，7—10份华侨报纸的纳入会对其后民营报纸数量的陡降造成影响，容易误导研究结论。

还需引起注意的是，即便是同一来源的权威数据，也存在前后矛盾的现象。1988年，学者孙旭培在论文《解放初期对旧新闻事业的接收和改造》中，引用了新闻总署[2]1950年3月份的统计数字，称全国共有报纸336家，其中公营报纸257家，私营报纸58家（华东区24家，华北区11家，中南区11家，西南区7家，西北区3家，东北区2家）。[3] 这一数字也在随后的研究中为其他学者所应用[4]。但是这一看似权威的数据却在2009年遇到挑战，时任新闻出版总署副署长的李东东在《60年，中国报业与新中国一起成长》一文中同样引用了1950年3月新闻总署的数据，称当时共有公私营报纸253种[5]，和孙旭培文"全国共有报纸336

---

[1] 马来西亚英国殖民当局于1950年8月决定将吉隆坡市郊7个接近森林区的两万余人迁移，其中大部分是华侨，他们因此无家可归。英殖民当局还援引所谓的"紧急法令"，驱逐大批华侨出境。《南侨日报》及《现代日报》对此予以报道，谴责殖民当局对华侨的迫害，报纸随后即遭封闭。

[2] 孙旭培原文写做新闻出版署，20世纪50年代的名称应为新闻总署。

[3] 孙旭培：《解放初期对旧新闻事业的接收和改造》，《新闻研究资料》1988年第3期。笔者曾于2012年12月在第十二届新世纪新闻舆论监督研讨会期间，专门就民营报纸数据来源咨询过孙旭培教授。据解释，他曾于1980年代获批进入中央档案馆，民营报纸数据系查阅档案而来。但因当时研究方法尚不规范，没有具体记录案卷号，也没有保存有关文献。

[4] 曾宪明《解放初期大陆私营报业消亡过程的历史考察》（2002），施喆《建国初期私营报业的社会主义改造》（2002）等论文应用了58这一统计数据。

[5] 李东东：《60年，中国报业与新中国一起成长》，《中国报业》2009年第10期。

家"出入非常大。[1]。鉴于新闻总署曾于1952年2月撤销，直至1987年1月才恢复建立，其间经历了部门的分转并合，难免出现资料缺失。加之新中国成立初期统计工作的急就章（一些报纸未填写报纸性质），必然给确切数据的认定增加难度。而要获得较为精准的结论，首先应对刊登在1988年新闻年鉴上的《1950年初全国报纸统计表》（以下简称《统计表》）进行详细考证。对这份材料进行内容分析的意义在于：它是目前公开出版物中惟一可见的新中国初期全国报纸名目，并包含公营、公私合营、人民团体、私营等报纸性质的文献，其珍贵价值可见一斑。

据本书作者核查，列入这一统计表的报纸共有353家，是对1950年统计数字281家的进一步补充。在这353家报纸中，因归属东北区的吉林省报了两份《东北朝鲜人》报，归属中南区的湖南省报了两份《商情导报》，归属华东区的浙江省报了两份《绍兴新闻》，归属东北区的辽东省所报《辽东大众》和《安东大众报》是一张报纸的前后名称，在去掉重复登记数字后，实际报纸份数应为349（详见表2-1）。

表2-1：1950年全国报纸统计表与1988年修正内容之间的差异 [2]

年份	50	88	50	88	50	88	50	88	50	88	50	88	50	88	50	88	50	88
	华北		华东		中南		东北		西北		西南		华侨		部队		总计	
公营	12	13	36	45	30	34	21	26	12	14	5	6					116	138
人民团体	19	20	24	38	6	7	8	10	1	2							58	77
私营	10	10	24	25	7	10	2	2	3	3	2	2	7	10			55	62
公私合营			1	1													1	1
民主党派		1				1												2
其他	1		6	20	6	11	4		4	1		1					18	36
部队报															33	33	33	33
总计	42	44	91	129	49	63	35	42	17	20	7	8	7	10	33	33	281	349

---

[1] 有关1950年春全国报纸总量的统计至今没有明确数字。除1950年2月28日新闻总署研究室统计出来的281份，还有1988年《中国新闻年鉴》修正后的353份，经笔者勘误之后为349份；学者孙旭培据称援引新闻总署的336份；2009年新闻出版总署副署长李东东回顾文章中的253份；邮电部党组和出版总署党组《关于报刊发行工作的报告》（1953年11月8日）中的205份；1985年《中国出版年鉴》的382份。本文以对1988年《中国新闻年鉴》勘误后的349份减去10份华侨报，即339份为准，这是目前公开出版物中惟一可查证的含有报纸全目的文献。如论及1950年度的报纸总量，则以1985年《中国出版年鉴》的382份为准。

[2] 表中的"其他"指未注明办报性质的报纸。分类中的"人民团体"含校刊。分类中的外侨或外商报纸归为私营。地域方面，华南区行政级别低于中南区，列入后者统计。

如再排除海外出版的华侨报10家，具体数字应为339，和孙旭培文"全国共有报纸336家"较为接近。而在对民营报纸进行认定时，除去已明确登记成分的，对表2-1中列入"其他"（未登记性质）的36家报纸进行考证实属必要。[1]

有关史料考证的方法，清乾嘉以来尤为强调"旁参互证"，此原则亦为西人所重视。英国史学家斯科特（Ernest Scott）认为："资料的整齐排列与呈现，证据的审察，真理与伪误的区分，从大量不相关的不重要的繁琐资料中选择突出的相涉的事项，个性的衡量，叙事的艺术，动机与本原的理解——凡此类方法，主要有效地自历史的研究发展而来。"[2] 史料考证的具体方法，分为外部考证和内部考证。外部考证是通过史料产生的时间、空间等问题决定其真伪；内部考证则从史料的内容出发，衡量其与客观事实是否符合以及符合的程度。本书在对有可能包含民营报纸的36份报纸进行考证时，即结合了外部考证和内部考证的方法，特别强调"旁参互证"。

方法一：原典分析。在需要核查的36份报纸中，上海报送的共11份，分别是《影声》、《司机之声》、《众声报》、《平和通讯》、《电力职工》、《职工通讯》、《上行职工》、《药职之声》、《工人报》、《际台职工》、《法电简报》。通过分析《1950年初全国报纸统计表》可见，上海报表的排列很有规律，分别是公营、公私合营、私营、人民团体、校刊（也算人民团体报纸）、外侨报（如《字林西报》等，属民营报纸）。而欠缺属性的11份报纸恰恰夹在人民团体报和校刊中间。进一步考察这些报纸的登记出版地址，大部分都是银行、纱厂、纺建、水电公司的工会，此类报纸当时属于人民团体报。这样，上述11份报纸的民营性质就被排除了，而需要考校的总数量也降至25份。

方法二：图书馆保存本分析。1949年4月20日，中共中央宣传部曾致电各中央局分局宣传部，要求各地所出的报纸、杂志及图书在北平图书馆（今国

---

[1] 36份未注明性质的报纸分别是：上海《影声》、《司机之声》、《众声报》、《平和通讯》、《电力职工》、《职工通讯》、《上行职工》、《药职之声》、《工人报》、《际台职工》、《法电简报》，江苏《学习》（泰州），安徽《安庆新闻》、《江淮日报》（蚌埠）、《拂晓报》（宿县）、《阜阳报》，福建《泉州日报》、《闽北人民报》（建瓯）、《福中时报》、《漳州日报》，湖北《宜昌日报》、《新闻报》（宜昌），河南《豫南人民报》（信阳）、《信阳新闻》、《新洛阳报》、《河南大众报》（开封），江西《浮梁新闻》（景德镇）、《赣西南日报》（赣州）、《乐平新闻》（乐平），广东《新闻报》（河源）、《台山报》，辽东《抚顺通讯》、《工人报》（安东）、《安东大众报》，吉林《东北朝鲜人》（延边），新疆《解放报》（疏附）。

[2] 杜维运：《史学方法论》，第7页。

家图书馆）[1]经常费用未确定之前，均寄赠该馆，并授予北平图书馆直接询问权。[2]1949年10月11日，针对东北书店称自身已经企业化不再赠送，中央宣传部专门函电东北局宣传部，声明赠送国立图书馆书籍一事不能因企业化而废黜，并希望该书店对短缺书籍予以补齐。[3]这一政策到1950年依然有效。当年1月31日，出版总署致电各出版单位，再次强调凡属新出图书杂志，除将样本缴送出版总署外，应另行寄赠两份，邮寄北京图书馆。[4]从当下国家图书馆的馆藏来看，上述政策确实发挥了作用，该馆是见存新中国初期报纸品类最全的图书馆，尤其是长江以北先期解放的区域，绝大多数报纸均见藏于该馆。此外，上海图书馆、广东省立中山图书馆也是收藏本地报纸较全的机构。一些省、市图书馆，如湖南省图书馆、浙江省图书馆、天津图书馆、南京图书馆等也有部分新中国成立初期的报纸。本书作者通过检索各图书馆馆藏目录及全国图书馆缩微文献复制中心，从史料外部考证方面，可以断定新中国初期一部分民营报纸的出刊状况。比如国家图书馆藏有北京《新民报》1946年12月11日至1952年9月29日的报纸；天津图书馆藏有天津《新生晚报》1949年5月至1952年6月的报纸；广东省立中山图书馆藏有广州《每日论坛报》1946年至1950年的报纸；浙江省图书馆藏有杭州《金融论坛报》1949年12月12日至1953年1月1日的报纸；湖南图书馆藏有长沙《大众晚报》1949年9月至1950年4月的报纸，比国家图书馆见存的最后一期（1949年11月27日）又更新了五个月的时间。如此这般的旁参互证，除了证实1950年报刊名录上民营报纸的连续出版情况，还可以对那些未登记性质的报纸进行初步考证。如安徽《阜阳报》，其馆藏记录为阜阳市委机关报，民营属性得以排除。根据这种方法，安徽的《拂晓报》（中共宿县地委机关报）、《阜阳报》（中共阜阳地委机关报），福建的《闽北人民报》（中共建阳地委机关报），湖北的《宜昌日报》（中共宜昌地委机关报）、河南的《豫南人民报》（中共信阳区委机关报），江西的《赣西南日报》（中共赣州地委机

---

[1] 国家图书馆前身是1909年9月9日成立的京师图书馆，之后，馆名几经更迭，馆舍数度变迁，1949年之前名为国立北平图书馆。新中国成立后，更名为北京图书馆。1998年12月12日更名为国家图书馆。

[2] 据中央档案馆保存的手稿刊印。参见中国出版科学研究所、中央档案馆编《中华人民共和国出版史料（1949）》，中国书籍出版社，1995，第72页。

[3] 据中央档案馆保存的打印件刊印。参见中国出版科学研究所、中央档案馆编《中华人民共和国出版史料（1949）》，第468页。

[4] 据新闻出版署档案室保存的原件刊印。中国出版科学研究所、中央档案馆编《中华人民共和国出版史料（1950）》，中国书籍出版社，1996，第69页。

关报）等6份报纸，排除了系民营报纸的可能。

方法三：地方志分析。地方志是按一定体例，全面记载某一时期某一地域的自然、社会、政治、经济、文化等方面情况的文献。中国各朝各代均重视修志。新中国成立后，毛泽东、周恩来、董必武等国家领导人也曾再三提倡整理和编修地方志。1957年，国务院科学规划委员会把编写新的地方志列为《十二年哲学社会科学规划方案（草案）》的12个重点项目之一。1958年6月，国务院科学规划委员会成立了地方志小组。时至1960年，全国已有530多个县开展了修志工作，其中近260个县编写出了初稿。但这项工作却因"文化大革命"而全面中断。1983年，中国地方志指导小组恢复，对推动修志工作发挥了重要作用。截至1994年，全国29个省、自治区、直辖市先后建立了省、市、县三级地方志编委会，并出版了大量的地方志。新中国成立初期的报刊，作为信息传播及社会统合的重要工具，自然会在地方志中有所呈现。通过检索地方志，可以进一步了解报纸的公、私性质。比如《安庆新闻》在《安庆地方志》报纸章节中，显示为中共安庆地委机关报；福建省情资料库中，《泉州日报》系中共泉州地委机关报，《漳州日报》为中共漳州地委机关报；[1] 查阅河南省的新闻志，从其私营报刊的章节中，可推知该省在新中国成立后未保留一家私营报纸，那么，《豫南人民报》（信阳）、《信阳新闻》、《新洛阳报》、《河南大众报》（开封）自然不可能是民营报纸；[2] 江西省的地方文献则显示出《乐平新闻》（乐平）与《浮梁新闻》[3]（景德镇）的前后继承关系，它们都属于地委机关报。遵循此一方法，广东《台山报》（中共台山市委机关报）、辽东《工人报》（安东总工会机关报）、《安东大众报》（与《辽东大众报》是一家，中共辽东省委机关报）、吉林《东北朝鲜人》（中共延边州委机关报）、安徽蚌埠《江淮日报》（原华中抗日根据地党报），均与民营报纸无关。

经过上述三种方法的甄别，《1950年初全国报纸统计表》中只有江苏泰州《学习》、福建《福中时报》、湖北宜昌《新闻报》、广东河源《新闻报》、辽东《抚顺通讯》、新疆疏附《解放报》6种不能断定报刊性质。泰州的《学习》和疏附的《解放报》，从报名上看，带有明显的新中国话语风格；《抚顺通讯》位于东北辽东省，该省解放后并无民营报纸。其余三种，即《福中时报》、宜昌《新

---

[1] 福建省情资料库—新闻志—中共地市县委机关报，http://www.fjsq.gov.cn/ShowText.asp?ToBook=155&index=82&。
[2] 河南省情网—新闻报刊志—私营报，http://www.hnsqw.com.cn/sqsjk/hnsz/xwbkz/。
[3]《1950年初全国报纸统计表》中刊载为《浮染新闻》，应是文字错误。

闻报》、河源《新闻报》未见于任何文献。从旁参互证的角度考虑，尚无任何依据将这三者定为民营报纸，甚至不排除它们在统计中或有讹误。[1]

自此，《1950年初全国报纸统计表》中，36份未确定性质的报纸基本排除了系民营报纸的可能。那么是否意味着新中国民营报纸总量，在去除统计表中的10份华侨报之后，应该为52份？显然，这种判断太过简单了。

二、民营报纸补遗及对总量、名目、分布区域的再确认

《1950年初全国报纸统计表》虽然是迄今为止收录新中国民营报纸名目最全的一份文献，但它并非没有遗漏。例如成都的《工商导报》，成立于1946年4月28日，成都解放后继续出版，但在统计表中无此记录；成都的《新民报》于1950年1月18日复刊，同年4月30日自动停刊，统计表中也未见其踪影；再如江苏镇江的《大众日报》，于1950年2月6日创刊，成立于统计截止日期之前，但也未能列入数据之中。

另外一个值得注意的现象是，《统计表》的截止日期是1950年2月28日，此后创刊的民营报纸未能在列表中呈现。尽管新政权的新闻管理政策对"私营的报纸刊物与通讯社，均不应采取鼓励政策"，[2] 但在1950年，依旧允许民营报纸登记出版。这里面就牵涉到了一个关键问题：1950年3月及之后，究竟还有多少家民营报纸创刊？

这是一个十分棘手的问题。最可能有此记录的是新闻总署20世纪50年代的档案，目前存放在中央档案馆，该档案馆尚未向公众开放。在目前可见的公开出版物中，不仅没有对新中国民营报纸整体性的描述，且有限的描述也集中在《大公报》《文汇报》《新民报》等几份大报上，更多零落在东西南北的民营报纸，静默地沉睡在历史断层，如同一个个失踪者，消失在人们的视线之外。

2012年初，笔者开始在广东省和广州市两座档案馆，寻找历史上的"失踪者"。随着在广东出版的《新商晚报》《周末报》《广州标准行情》等民营报纸"破土而出"，笔者又相继走访了上海、北京、天津、成都、哈尔滨、西安等城市的档案馆，不仅获得了民营报纸于1957年底消失的最新数据，还发现了

---

[1] 查询福建解放前后的报纸名录，均无《福中时报》；检索广东省1950年至1951年报纸名目，也无河源《新闻报》的记录；宜昌《新闻报》的情况也大致如此。

[2]《中共中央关于新解放城市中中外报刊通讯社的处理办法》，1948年11月8日。参见中共中央宣传部办公厅、中央档案馆编研部编《中国共产党宣传工作文献选编（1937—1949）》，第745页。

一批被遗忘者。结合对地方志的检索，截至本书成型，笔者总共在统计表所涉52份（不含华侨报）民营报纸之外，增补了20种民营报纸。

表2-2：民营报纸补遗

序号	所在城市	报纸名称	序号	所在城市	报纸名称
1	北京	影剧日报	11	广州	经济报单
2	上海	剧影日报	12	广东江门	恩典报
3	天津	商业译讯（英文）	13	哈尔滨	社会新报
4	江苏镇江	大众日报	14	松江省	俄语报（俄文）
5	福建莆田	奋兴报（罗马文）	15	西安	工商经济时报
6	广州	新商晚报	16	成都	工商导报日、晚刊
7	广州	广州标准行情	17	成都	新民报
8	广州	联合报	18	四川自贡	工商周报
9	广州	周末报	19	四川隆昌	大众三日刊
10	广州	快活报	20	昆明	正义报

综合统计表中52份在国内出版的民营报纸及笔者增补的20种，可以确认，新中国曾经存在过的民营报纸至少72种，[1] 分布在华北、华东、中南、东北、西北、西南六大行政区域，并以华东居首，中南、华北次之。

表2-3：72种民营报纸名目及分布区域

大区	省（直辖市）	名目	数量	总计
华北	北京	新民报、影剧日报	2	12
	天津	进步日报、新生晚报、博陵报、华北汉英报、俄文新语报、星报、商业译讯	7	
	归绥	奋斗日报、绥闻日报；生产日报（陕坝）	3	

---

[1] 1950年4月27日，邮电部邮政总局在通令关于签订报刊发行合约的指示中提到，据新闻总署1950年3月初步调查的资料，全国有公私营报纸258种，其中公营180种，私营78种。这是一个新的提法，但与新闻总署实际公布数字及后来专家学者统计的数字有出入，且未有具体的报纸名目支撑。本书暂不以此数字为据。参见《邮电部邮政总局通令关于签订报刊发行合约的指示》，载《中国报刊发行史料》，光明日报出版社，1987，第33页。

续表

大区	省(直辖市)	名目	数量	总计
华东	上海	大公报、文汇报、新民报晚刊、商报、大报、亦报、百货新闻、工商新闻、烟业日报、人民文化报、剧影日报、密勒氏评论报、俄文新生活、俄文公民日报、俄文晚报、字林西报	16	28
	南京	南京新民报、南京人报	2	
	江苏	晓报（无锡）、常州民报、大众日报（镇江）	3	
	浙江	杭州：当代日报、西湖报晚刊、金融论坛报；宁波人报（宁波）	4	
	福建	星闽日报（福州）、江声日报（厦门）、奋兴报（莆田）	3	
中南	湖北	大刚报（汉口）、戏剧新报（汉口）	2	17
	湖南	长沙：大众晚报、商情导报；工商晚报（邵阳）	3	
	广东	广州：现象报、国华报、越华报、每日论坛报、经济报单、新商晚报、联合报、广州标准行情、周末报、快活报；星华日报（汕头）、恩典报（江门）	12	
东北	松江	哈尔滨：建设日报（午报）、哈尔滨公报、社会新报；俄语报（出版城市不详）	4	4
西北	西安	经济快报、工商晚报、工商经济晚报	3	4
	甘肃	新经济报（兰州）	1	
西南	四川	重庆：大公报、新民报；成都：工商导报、新民报；工商周报（自贡）、大众三日刊（隆昌）	6	7
	云南	正义报（昆明）	1	

发掘这些民营报纸的意义，不仅在于填补共和国新闻史相关叙事的缺漏，更为重要的是，它们的存在直接影响到民营报纸在场与退场的结论。如果没有一个关乎总量、地域、品类的整体性观照，没有呈现新中国民营报纸生存状态的支撑性数据，将很难在多重角度上做出有关民营报纸生存状况的合理论断。

三、新中国民营报纸类型

某一类报纸形态的发轫，往往伴随着不同历史时段的兴替。鸦片战争时期，帝国主义的坚船利炮打开了中国国门，一批教化类报纸随之潜入，以宗教名义行文化之渗透；晚清末年商业机制初具规模，报纸形态"从天国转向人间"[1]，开启了商业化的先河；辛亥革命之风云，激荡起民众参政议政的热情，政论报纸迎来了"最好的时代"；新文化运动，中西方思潮激烈碰撞，杂糅出左、中、右报纸交相辉映的多元化场景；此后的三十年，战争与中国的现代化同时段展开，动荡与不安中，以市民文化为依归的小型报崛起，成为人们寄托无望的精神居所。

1949年，政权交替，制度更迭，与此相生的又将是怎样的报纸形态？马克思曾经说过，"支配着物质生产资料的阶级，同时也支配着精神生产的资料"。[2]显然，以马克思主义学说为理论源泉的中国共产党人，视报纸为意识形态整合的重要工具。新生政权接手的是旧中国长达百年的沉疴痼疾，执政者不可能任由报纸挤压社会中的脓疮，敞给世界一个千疮百孔的国家状貌。无论是从新政权急于展现执政能力的自尊出发，还是出于意识形态掌控目的，报纸不会再像以往那样自发自觉地生成与时代相匹配的形态，而是必然处于"计划"之中。[3]通过辨别办报者的政治背景，核查经营者的经济实力，执政者需求的是对内对外的信息安全。而经过了多重过滤，出现在新中国民营报纸名录上的这些报纸，基本符合体制结构的嵌合需要，即如同胡乔木所说："全国的经过登记的报纸大体上都可以承认是人民的报纸。"[4]当然，民营报纸那些取自于传统的文化遗存，不可能一下子销声匿迹，也会在历史的交替期予以显现。自此，出现在人们面前的新中国民营报纸，不免带有强势新文化与弱势旧文化共同斧凿的痕迹。这种糅合现象可以从民营报纸的不同类型中体现出来。

经笔者区分，上文所列72种民营报纸可分为五种类型：

---

[1] 曾建雄：《中国新闻评论发展史》，广西师范大学出版社，1996，第13页。

[2] 马克思、恩格斯：《费尔巴哈》，载《马克思恩格斯选集》第1卷，人民出版社，1966，第50页。

[3] 毛泽东在《新民主主义论》中说过，"我们不但要把一个政治上受压迫、经济上受剥削的中国，变为一个政治上自由和经济上繁荣的中国，而且要把一个被旧文化统治因而愚昧落后的中国，变为一个被新文化统治因而文明先进的中国"，"这种文化，只能由无产阶级的文化思想即共产主义思想去领导"。毛泽东：《新民主主义论》，1940年1月，载《毛泽东选集》第2卷，人民出版社，1991，第663、698页。

[4] 胡乔木在全国新闻工作会议上的报告：《关于目前新闻工作中的两个问题》，1950年3月29日。参见中共中央宣传部办公厅、中央档案馆编研部编《中国共产党宣传工作文献选编（1949—1956）》，学习出版社，1996，第38页。

（一）时政类报纸

共35种。包括北京的《新民报》，天津的《进步日报》、《新生晚报》、《博陵报》，归绥的《奋斗日报》、《绥闻日报》、《生产日报》，上海的《大公报》、《文汇报》、《新民报晚刊》，南京的《新民报》、《南京人报》，无锡的《晓报》，常州的《常州民报》，镇江的《大众日报》，杭州的《当代日报》，宁波的《宁波人报》，福州的《星闽日报》，厦门的《江声日报》，汉口的《大刚报》，长沙的《大众晚报》，广州的《现象报》、《国华报》、《越华报》、《每日论坛报》、《新商晚报》、《联合报》，汕头的《星华日报》，哈尔滨的《建设日报（午报）》、《哈尔滨公报》，重庆的《大众报》、《新民报》，成都的《新民报》，四川隆昌的《大众三日刊》，昆明的《正义报》。

（二）经济类报纸

共15种。包括上海的《商报》、《百货新闻》、《工商新闻》、《烟业日报》，杭州的《金融论坛报》，长沙的《商情导报》，邵阳的《工商晚报》，广州的《经济报单》、《广州标准行情》，西安的《经济快报》、《工商晚报》、《工商经济晚报》，兰州的《新经济报》，成都的《工商导报》，四川自贡的《工商周报》。

（三）消闲类报纸

共11种。包括北京的《影剧日报》，天津的《星报》，上海的《大报》、《亦报》、《人民文化报》、《剧影日报》，杭州的《西湖报晚刊》，汉口的《戏剧新报》，广州的《周末报》、《快活报》，哈尔滨的《社会新报》。

（四）外文报纸

共9种。包括天津的《华北汉英报》、《俄文新语报》、《商业译讯》，上海的《密勒氏评论报》、《俄文新生活》、《俄文公民日报》、《俄文晚报》、《字林西报》，松江省的《俄语报》。

（五）宗教类报纸

共2种。包括福建莆田的《奋兴报》，广东江门的《恩典报》。

从上述五种报纸类型构筑的民营报纸的整体性结构可以看出，新中国的报纸形态正在完成去西方化、去社会化、去世俗化、去宗教化的重新建构，呈现出至今仍影响中国报业发展的主流化趋势，即以高度政治化、经济化的语境，统领全国报纸格局。这是和新政权的施政纲领密不可分的。毛泽东曾经在1949年召开的全国政协会议上强调，随着经济建设高潮的到来，不可避免地将要出现一个文化建设的高潮。

新华总社是全国报纸用稿的主要来源，该社于1950年1月提出加强政治事件报道的意见，可以看作报纸发展的风向标。新华总社认为："今天我们已掌握全国政权，登上世界政治舞台，各种国际国内政治大事，都与我们有密切而重大的关系，我们中国人民再不能不理会不发言。这就是为什么这类报道必须经常地成为我们整个报道中的一部分，并必须注意日加改进。"[1]1950年4月21日，政务院第29次会议批准《中央人民政府新闻总署关于改进报纸工作的决定》，该决定第一条表明："全国报纸应当用首要的篇幅来报道人民生产劳动的状况，宣传生产工作和经济财政管理工作中成功的经验和错误的教训，讨论解决这些工作中所遇到的各项困难的办法。报纸的新闻、通讯、评论、信箱、专门性的或一般性的副刊，都应当尽可能地服从这个任务。"[2]

对政治、经济报道的高度重视，是新中国文化建设的重要环节，并因此建立了以正面宣传、典型报道为体例的富有中国特色的报道范式。与之相应，那些"茶余酒后街谈巷议的东西"则应有"一定的选择和一定的限度，以免成为纸张的巨大的浪费"。[3] 如此这般，曾经作为主流的市民文化势必退隐在社会主义建设大潮的洪流之后，而那些以休闲娱乐为表层，以社会呈现为内里的小型报将逐渐丧失其立足空间。

从新中国初期民营报纸的类型特征可以看到，报纸的市场化因素逐渐消退，延及其后三十年，[4] 左右报业格局的综合报与专业报、全国报与地方报的二元化结构开始形成，民营报纸跌宕起伏的命运也因此注定。

---

[1]《新华总社对加强政治事件报道的意见》，1950年1月。参见《中国共产党宣传工作文献选编（1949—1956）》，第19页。

[2]《中央人民政府新闻总署关于改进报纸工作的决定》，1950年4月21日。参见《中国共产党宣传工作文献选编（1949—1956）》，第61页。

[3] 胡乔木在全国新闻工作会议上的报告：《关于目前新闻工作中的两个问题》，1950年3月29日。参见《中国共产党宣传工作文献选编（1949—1956）》，第50页。

[4] 以三十年为界，是止于《羊城晚报》1980年2月15日复刊。该报首先奏响了报业改革的序曲，开拓报纸市场化之路，并最终走出地方性报纸的局限，成为此后一段时间内卓有影响的全国性大报。

第三章 民营报纸的并合

中华人民共和国成立之初,面对的是连年征战留下的创伤:从抗日战争起到国民党崩溃的12年中,通货增发1400多亿倍,物价上涨85000多亿倍,给全国人民造成约150亿银元的损失。[1] 在这种情况下,执政党的基本方针是节制资本主义,而不是消灭资本主义。1949年3月5日,毛泽东在第七届中央委员会第二次全体会议指出,为了整个国民经济的利益,"决不可以对私人资本主义经济限制得太大太死,必须容许它们在人民共和国的经济政策和经济计划的轨道内有存在和发展的余地"[2]。按照上述方略,新中国成立后的头三年,国家的主要经济工作集中在接收帝国主义在华资产,没收官僚资本和完成新解放区的土地制度改革。到1952年国民经济恢复时期结束时,国营经济所占比重仅为19.1%,并不是很大。其他经济成分在国民收入中的比例分别是:合作社经济1.5%,公私合营经济0.7%,资本主义经济6.9%,个体经济71.8%。[3]

民营报纸的运行必然嵌合国民经济的整体性发展。这一时期,新生政权并不希望结束已登记出版的民营报纸,而是"团结一切可能的力量来发展我国文教事业","坚决执行《共同纲领》所规定的公私兼顾的原则"。[4] 当然,这里面有一个十分现实的问题:如果关掉民营报纸,失业员工的吃饭问题怎样解决?当年,政府为了履行对一切旧军政人员"包下来"的政策,已经供养了全国约900万军政公教人员,而城市尚有400万失业人口,农村也有4000万灾民需

---

[1] 中共中央文献研究室编《关于建国以来党的若干历史问题的决议注释本(修订)》,人民出版社,1985,第205页。

[2] 《毛泽东选集》第4卷,人民出版社,1991,第1432页。

[3] 中共中央文献研究室编《关于建国以来党的若干历史问题的决议注释本(修订)》,第196页。

[4] 郭沫若:《在人民政协全国委员会第二次会议上的报告》,1950年6月17日,载中国出版科学研究所、中央档案馆编《中华人民共和国出版史料(1950)》,中国书籍出版社,1996,第324页。

要救济。为此，1949年的国家支出，财政赤字高达三分之二。[1] 在这种情况下，任何不当的举措都可能危及新政权的生存基础。1950年夏天，时任华东局宣传部长的夏衍在《文汇报》有一番讲话，基本代表了这一时期中共中央对待民营报纸的态度。夏衍说："凡私营企业从事发展生产的，即对国家有功，而且可帮助国家解决失业问题，这类企业政府必予照顾。但下列三种是不能照顾的，即：一、投机业；二、高级奢侈品；三、迷信业。私营报纸是这三种以外的，所以政府必予照顾，从而亦必有其前途。"[2]

然而，新中国毕竟是百业凋敝，民生艰难。民营报纸赖以生存的工商业并不景气，读者购买力也低。仅以上海为例：解放前这座城市的报纸总销量是50万份，但截至1950年4月，只维持在30万份。[3] 对于大多数先天不足的民营报纸来说，要在紧缩的经济环境中有所突破，是件相当困难的事情。为了调和民营报纸甚至是一些公营报纸难以自生的矛盾，国家在扶植此类报纸时，不免产生政策层面的整合需要，报纸间的并合由此产生。另一方面，某些民营报纸还掺杂一定的官僚资本，按照国家没收官僚资本的政策，这一类型的民营报纸势必面临重组。不管是哪种层面上的整合，都将导致民营报纸数量上的锐减，从而使得新中国本来存量不多的民营报纸，遭遇了生存中的第一个"冬天"。

一、整肃官僚资本的并合

什么是官僚资本？按照毛泽东的解释，就是垄断了全国的经济命脉，和国家政权结合在一起的"国家垄断资本主义"[4]。根据中央的估算，国民党统治后期，官僚资本约占全国工业资本的三分之二，占全国工矿、交通运输业固定资产的80%。[5] 早在1947年10月，《中国人民解放军宣言》即提出了"没收官僚资

---

[1] 中共中央文献研究室编《关于建国以来党的若干历史问题的决议注释本（修订）》，第206页。

[2] 文汇报报史研究室编《文汇报回忆录2：在曲折中前进》，文汇出版社，1995，第17页。

[3] 文汇报报史研究室编《文汇报回忆录2：在曲折中前进》，第17页。

[4]《毛泽东选集》第4卷，第1253-1254页。

[5] 中共中央文献研究室编《关于建国以来党的若干历史问题的决议注释本（修订）》，第202页。

本"的口号，[1]同年底，毛泽东进一步强调，把"没收以四大家族为首的官僚资本归国家所有"，与"没收封建阶级的土地归农民所有"及"保护民族工商业"并列为新民主主义的三大经济纲领。[2]

报纸行业的官僚资本集中在抗战胜利后国民党营造的庞大党报网络之中。这一网络涵盖五大系统，包括中央直辖党报23家，军队党报约170家，各级地方党报约920家，各类"民间党报"约20家，各省、市政府主办的"政报"20多家，总计1170余家，发行量160万份，分别占全国报纸总数及总发行量的66%和54%。[3]新中国成立后，按照没收官僚资本的政策，新政权首先接管了国民党经营的报业并没收其一切设备资财，用于发展人民的新闻事业。如《新华日报》接管利用国民党《中央日报》，《天津日报》接管利用原《民国日报》，《浙江日报》接管利用原《东南日报》，《湖北日报》接管原《华中日报》，《湖南日报》利用原《中央日报·长沙版》、《国民日报》、《湖南日报》的设备，《福建日报》接管利用原《中央日报·福州版》，[4]等等。在接管和利用国民党党报过程中，最复杂的是处理那些打着民营报纸旗号的"民间党报"，尤以《申报》最为典型。

（一）《解放日报》对《申报》的接管

《申报》创刊于1872年4月30日，是旧中国历史最长、影响最大的一份报纸，初为英商美查所办。1912年史量才接办后，锐意改革，加速了该报的现代化进程，1932年销数曾达到19万份以上。1934年，史量才遭狙击身亡，《申报》日趋保守。抗战爆发，《申报》曾迁往汉口和香港出版，影响不大，遂于1938年以美商名义回到上海发行。太平洋战争发生后，该报为日本军部所控制。[5]由于这段经历，国民党中央一待抗战胜利便以《申报》曾经附逆为由，派詹文浒予以接收，迫使《申报》发行人史泳赓接受"改组"。嗣后，国民党中央常委

---

[1]《中国人民解放军宣言》系毛泽东为中国人民解放军总部起草的政治宣言，因发表于1947年10月10日，也被称为"双十宣言"。宣言第五条提出："没收蒋介石、宋子文、孔祥熙、陈立夫兄弟等四大家族和其他首要战犯的财产，没收官僚资本，发展民族工商业，改善职工生活，救济灾民贫民。"载《毛泽东选集》第4卷，第1238页。

[2] 毛泽东：《目前形势和我们的任务》，1947年12月25日，载《毛泽东选集》第4卷，第1253页。

[3] 蔡铭泽：《中国国民党党报历史研究》，第272-273页。

[4] 方汉奇主编《中国新闻事业通史·第三卷》，第5-7页。

[5] 解放日报报史办公室编《解放日报、新闻日报报史资料》②，第112页。

潘公展出任《申报》董事长。[1]经国民党"改组"后的《申报》，虽依旧允许私人持股，但股东多为国民党党员，他们以个人名义承领官股，这部分股额超过了51%。[2]上海解放后，根据《中共中央关于新解放城市中中外报刊通讯社处理办法的决定》，"有明显而确实的反动政治背景，又曾进行系统的反动宣传，反对共产党、人民解放军与人民政府，拥护国民党反动统治者，应予没收"[3]，1949年5月27日，上海解放当天，恽逸群即率领接管人员进驻申报馆，次日，《申报》停刊，《解放日报》在其原址创刊。此时，原申报馆资产总额折合人民币为133.6063亿元，[4]共7500万股，除去潘公展等人的官僚资本及部分性质不明股份，尚有史泳赓名下的3250万股，占全部股份的43.3333%，属于纯粹的民营股本。为了对这部分股份予以保护，新出版的《解放日报》委任旧申报馆的常务董事兼协理王尧钦为副经理。[5]王尧钦虽不久后赴港，未参与民营股本的实际运营，但是，史泳赓的这些股份跟随《解放日报》一直到1954年6月。[6]在此期间，作为中共华东局机关党报的《解放日报》，一直以"公私合营"的性质运行。正因为经济上的"公私合营"性质，报社内部也存在两种工资待遇：原申报馆的留用人员沿用薪给制，南下和原地下党的同志享受供给制。[7]这一实例是对新中国初期党和政府弹性经济政策的有力注解。

（二）从《新闻报》到《新闻日报》

对另一家曾由国民党控制的民营大报《新闻报》的改组则有所不同。《新闻报》创刊于1893年2月17日，初期由中外商人合资兴办，1899年美国人福开森购得大部分股权，聘汪汉溪为总经理，汪去世后由其子汪伯奇继任总经理一

---

[1] 蔡铭泽：《中国国民党党报历史研究》，第266-267页。

[2] 马光仁：《战后国民党对申、新两报的控制》，《新闻研究资料》1985年第33期。

[3] 《中国共产党宣传工作文献选编（1937—1949）》，第746页。

[4] 本章货币除特别说明外，均为旧币值。

[5] 解放日报报史办公室编《解放日报、新闻日报报史资料》②，第114-115页。

[6] 1954年6月，华东财政经济委员会根据中央政务院指示精神做出决定："党报不应有私股，故清理申报馆时，首先将私股从解放日报社转移到申报馆临时管理委员会，以便解放日报与申报不发生直接关系。""关于发还私股史泳赓股款问题，如其不愿接受，可将股款交由交通银行上海分行保管。"史家的这笔股款一直保留至1988年。当年5月20日，上海市财政局决定，按照国家1956年制订的对私营企业私股定息规定计算，将总计311191元定息支付给史泳赓的继承人史浩。参见解放日报报史办公室编《解放日报、新闻日报报史资料》②，第115页。

[7] 解放日报报史办公室编《解放日报、新闻日报报史资料》①，第30页。

职。该报十分注重经营管理,在全国各地设有分馆、分销处500余所,是中国第一家发行量突破10万份的报纸。1929年,福开森将部分股权转让给史量才,报纸产权逐渐转为国人所有,但也引起《新闻报》管理层与史量才之间的股权风波。[1] "八·一三"战事爆发,日本侵略军进占上海,该报首先接受日方新闻检查,由此失去读者,发行量一落千丈。不久,太平洋战争爆发,日本海军随即接管《新闻报》,未及一年,日本陆军又强行接管该报。抗战胜利后,国民党政府以《新闻报》为日伪服务之由对其接管,任命钱新之为董事长,程沧波为社长,赵敏恒为总编辑,詹文浒为总经理,并使国民党党股达到51%,《新闻报》遂成为"未挂国民党党报招牌的党报"。[2]1949年5月28日,上海解放次日,军管会派恽逸群、许彦飞为特派员进驻《新闻报》,这张有着56年历史的报纸自此告一段落。为了清理该报馆股权,有关方面组织了以恽逸群、许彦飞、金仲华、汪伯奇、马荫良为委员的临时管理委员会代行报纸董事会职权,并于1949年6月29日改出公私合营的《新闻日报》,但其正式公私合营是在1953年7月。[3] 在此之前,该报公股只占26.8%,均为没收的官僚资本。[4]《新闻日报》出刊后,它的运营方式和民营报纸无异,用人方面采用招聘制,工资没有像公营报纸一样按级别发放,而是由负责人金仲华核定,"他批多少就发多少",[5]这种办法一直延续到1956年国务院工资定级。

(三)《益世报》的接管波折

像《申报》、《新闻报》一样,"有明显而确实的反动政治背景"的,中央

---

[1] 1929年初,《申报》发行人史量才与《新闻报》大股东福开森谈判收买《新闻报》股权。此举引起《新闻报》负责人汪伯奇、汪仲伟兄弟不满。为了抵制史量才的收购,汪氏兄弟发起"反报业托拉斯"运动,声称福开森出卖股份情形有"不良背景"。支持汪氏兄弟的上海总商会会长虞洽卿到南京活动,说服蒋介石派叶楚伧到上海给予史量才"忠告"。史量才迫于压力,同意与汪氏兄弟谈判,达成馆务由汪氏负责,全馆人事制度不变,史量才退出300股的协议,股权风波遂告结束。参见王桧林、朱汉国主编《中国报刊辞典(1815—1949)》,书海出版社,1992,第513页。

[2] 上海市地方志办公室:上海新闻志—第一编报纸—第一章晚清时期报纸(1861—1912),http://www.shtong.gov.cn/node2/node2245/node4522/node5501/node5503/node63720/userobject1ai8647.html。

[3] 蔡星华:《关于新闻日报股东等问题》,1955年12月15日,上海市档案馆:B167-1-97-6。

[4]《新闻日报社资方情况(大私股)》,1955年,上海市档案馆:B167-1-97-75。

[5] 解放日报报史办公室编《解放日报、新闻日报报史资料》①,第31页。

将之归于"私人经营或以私人名义与社会团体名义经营之报纸"的第一类,[1] 属于这一类的还有天津的《益世报》。[2]《益世报》始创于1915年,由比利时籍天主教传教士雷鸣远(Fredric Lebbe)联合几位教友出资创办。《益世报》出刊不久,逢天津法租界当局越界侵占老西开,法租界内的中国员工一致罢工,此举获得《益世报》支持,该报自此受到中国读者追捧。1919年五四运动期间,《益世报》秉笔直书,立论公正,声望与销量超过同城的《大公报》。随后,周恩来与《益世报》结缘,从1921年2月至1922年1月,共在该报发表56篇旅欧通讯。[3]1931年,《益世报》改组为股份有限公司并发行股票,强化报纸的企业化经营。次年,罗隆基获任该报社论主撰,公开抨击蒋介石、汪精卫、胡汉民三人的派系之争,提出武力抗日的主张。罗隆基之后的社论主撰钱端升继续发表抗日言论,《益世报》遭国民党当局禁邮而被迫停刊,经南开大学校长张伯苓等从中斡旋,才缓过气来。1937年7月天津沦陷后,已于1935年再次担纲《益世报》笔政的罗隆基坚持抵制日本通讯社的稿件,报童们则冒着生命危险,从《益世报》所在的意租界泅渡海河,到英租界零售。此举不久遭日本宪兵队禁止,《益世报》再次被迫停刊。抗战胜利后,《益世报》于1946年1月1日复刊,在政治上标榜"不偏不倚",编辑部流行"超政治、超阶级、超党派"的观点,著名学者郑天挺、费孝通、钱端升、沈从文、朱光潜、梁实秋、齐思和等曾经为其撰稿。复刊后的《益世报》对外以于斌、刘航琛为正副董事长,于斌是天主教南京教区总主教,被视为蒋介石的政治掮客;刘是粮食部次长,川康银行董事长。这两个人的身份在中央看来,属于典型的官僚资产阶级。人民解放军进驻天津后,《益世报》因上述二人的背景被军委会接管。经审查,于斌、刘航琛仅仅是挂名,《益世报》并非国民党官僚资本挟制,主要由私人股份构成。[4]1949年3月19日,《益世报》产权代表人吴克齐、聂国屏代为领收了应发还财产。[5]《益世报》既然无官僚资本,按照规定是可以申请复刊的。但经劳资双方协商,均无意继续经营,该报全部机器设备由知识书店收购,职工发给

---

[1]《中国共产党宣传工作文献选编(1937—1949)》,第746页。

[2]《中共中央关于新解放城市中中外报刊通讯社的处理办法》,1948年11月8日。参见《中国共产党宣传工作文献选编(1937—1949)》,第746页。

[3] 俞志厚:《〈益世报〉在天津报坛几度辉煌》,载《天津报海钩沉》,天津人民出版社,2003,第96页。

[4] 俞志厚:《〈益世报〉在天津报坛几度辉煌》,载《天津报海钩沉》,第104页。

[5]《关于天津益世报应行发还财产的复函》,1949年3月22日,天津市档案馆:X57-Y-1-2,第135页。

三个月工资遣散。[1] 这张有着34年历史的民营大报自此与中国内地绝缘。

《益世报》并非官僚资本报纸，但是最初对它的处理却是遵照没收官僚资本报纸的规定。虽然新政权纠正了这一失误，却很难挽回行为偏差所造成的影响。之后解放的城市，相对比获得了一些经验，在处理有争议报纸时，往往先设置一段时间的缓冲期，尤以广州处理《越华报》、《国华报》与《现象报》最为典型。

（四）《越华报》、《国华报》、《现象报》的合并

广州是华南最大城市，中华人民共和国成立之后，广州才于1949年10月14日获得解放。由于之前已经有了北平、南京、上海、汉口等大城市的接管经验，广州军管会制定了"约法八章"。涉及旧报馆的接管，首先会严格区分报馆的后台老板"究竟是官僚资产阶级还是民族资产阶级"。[2] 根据上述政策，接管委员会先后接管了国民党中宣部所属《中央日报》，为"特务分子"或"地方反动军阀"所把持的《大光报》、《建国日报》、《西南日报》、《广东商报》、《前锋日报》、《环球报》、《正华报》（原《中正日报》）等，[3] 勒令与"特务分子"关联密切的《粤商》、《星报》、《劳工新闻报》停版，不允许《当代日报》登记，[4] 但对历史比较长久，销路颇大的《现象报》、《国华报》与《越华报》未予接管。广州市新闻管理部门并非对上述三报没有看法，而是已经认定它们"一向帮助国民党作反动宣传"，[5] 但因尚未查明三报是否含有官僚资本，在不发放登记许可证的前提下，允许三报继续出版。

《现象报》由郭唯灭创刊于1914年，初与资产阶级民主革命派有关。1925年，郭唯灭在海外病逝，《现象报》始与国民革命军第四军军部合作，享受军部津贴。1929年，因李济深遭蒋介石囚禁，其所属军部遭编遣，《现象报》遂失去

---

[1] 俞志厚：《〈益世报〉在天津报坛几度辉煌》，载《天津报海钩沉》，第104页。

[2] 鲁阳：《参与接管广州旧报馆的经过》，载中共广州市委党史研究室编《广州接管史录》，广东经济出版社，2009，第568页。

[3] 《华南分局宣传部关于新闻出版接管工作概况和处理方法致新华总社并转中央宣传部函》，1949年11月7日，载《中共中央华南分局文件汇集》（1949.4—1949.12），内部发行，1989，第292-293页。

[4] 《新闻处的工作报告：各印刷厂概况及处理各新闻单位情况》，1949年12月24日，载《广州接管史录》，第563页。

[5] 《华南分局宣传部关于新闻出版接管工作概况和处理方法致新华总社并转中央宣传部函》，1949年11月7日，载《中共中央华南分局文件汇集》（1949.4—1949.12），第292-293页。

经济来源，为《越华报》的陈柱亭顶受。[1] 广州被日军占领后，《现象报》曾停刊数年，抗战胜利始复业，并以刊登封建神怪小说见长。[2]《国华报》始创于1915年，发行人王泽民。该报偏爱轶闻、秘事，并迎合戏迷需求，深为坊间喜爱，创刊不久即达到1.5万份的发行量。1926年，王泽民拟将《国华报》出让，该报职工派出编辑陈柱亭与王谈判，双方商定利用《国华报》原班人马和已经歇业的惠民公司印机铺位，另创《越华报》，以备《国华报》易主之时员工不至于失业。此后，《国华报》多次易手，至1936年，社长兼经理为刘劫馀，发行人兼主编为周琦，日销2万余份，"与《越华报》同为粤中销纸最巨者"。[3] 日军南下，该报于1938年10月4日停刊，抗战胜利后复刊，多"黄色新闻"。[4]《越华报》创刊于1926年7月27日，初与《国华报》系出同门，后由陈柱亭承顶，资金靠员工认股。《越华报》精于社会新闻，长于推销，1931年发行量超过3万份，创造了广州商办报纸的空前纪录。[5] 1932年，发行量继续飙升，每日出纸三大张，日销5万份，风光一时无两。1938年10月11日，日军逼近广州，《越华报》停刊，1942年转至韶关出版。抗战胜利后，《越华报》在广州复刊，社长陈式锐、总编辑陈述公，系当时广州发行量最大的报纸。

广州解放后，《国华报》的负责人刘劫馀先期去往香港，并带走了一架卷筒机，刘因此被界定为"顽固落后，借办报勾结反动派"，[6] 其资产按当时规定应被没收。刘劫馀走后，该报编务由冯典承主持，冯承诺另购日式卷筒机抵偿迁港之机器，以获得续办可能。《越华报》由主办人之弟陈式博出面申请登记，每日销报2万余份，为解放初期广州销路最高之报纸。但《越华报》起任的总主笔侯本珍原为国民党《中山日报》记者，有"特务嫌疑"，[7] 公安部门还在该报捕获了隐匿的特务分子。另一方面，《越华报》实际主办人陈式锐及总编辑陈述公已离粤赴港，陈述公有"军统特务嫌疑"，陈式锐在香港另创《精华报》

---

[1] 广东省地方史志编撰委员会编《广东省志·新闻志》，广东人民出版社，2000，第42页。
[2]《广东省志·新闻志》，第105页。
[3]《报学季刊》1卷4期，1936年4月。
[4]《广东省志·新闻志》，第105页。
[5]《广东省志·新闻志》，第64页。
[6]《华南分局宣传部关于广州、香港各家报社情况复总社转中央宣传部电》，1949年11月22日，载《中共中央华南分局文件汇集》（1949.4—1949.12），第310-312页。
[7]《华南分局宣传部关于广州、香港各家报社情况复总社转中央宣传部电》，1949年11月22日。

和《现象报》，办报立场被中共中央认定为"反党反人民"。[1] 如此一来，原本系私人经营的《越华报》难免有了官僚资本的印痕。《现象报》同样系陈式锐与陈述公共同主持，二人赴港后，由陈式锐的亲属陈兆华出面登记。《现象报》的经营、编辑多由《越华报》人员兼任，开支小，颇能赚钱，发行量亦保持在1.5万份左右。但报纸起用的总编辑名叫陈乃桐，系原国民党南海县参议员，被指有"特务嫌疑"。[2]

既然上述三报已被认定存在部分官僚资本，为何没有立刻停刊处理？中共中央华南分局宣传部的考虑是，它们"私营形式和历史较长，在中间、落后群众中有相当普遍的基础和影响"。宣传部计划将《越华报》与《现象报》合并，对《国华报》予以改组，派人主持编务。[3] 或因《国华报》许诺的卷筒机迟迟未到，改组条件不够成熟，1950年5月9日，《国华报》第一个停刊，终刊号6903。[4]《现象报》紧接其后，于1950年7月31日停版，此期报纸第9600号，[5]《现象报》的资产并入《越华报》。此时，受命调查《越华报》资产背景的广东省政府文教厅经过近八个月的调查，已经判定《越华报》主办人陈式锐系"反动分子"，其资产应予接管。为了有效利用这张报纸的现有设备，合理安排报馆员工，有关部门决定，由即将创办的民主党派报纸《联合报》来处理《越华报》停刊事宜。1950年8月3日，广州市军事管制委员会派杨繁进驻《越华报》。

依照军管会命令，陈式锐的资财应予代管，该报其他股本及一切资财，凡属历史清白确为正当商人参加，经查明认可，予以保护。该报股东16人，除陈式锐、陈式宏、陈式全已离开广州，三人股本约占总额的30%，其他股东对《联合报》整合《越华报》一事表示接受。《越华报》全部资财约值10亿元，但现金只有3000万，欠款却达6000余万元。员工要求发遣散费三个月实际工资，但资方无法拿出现钱来，即使变卖了全部原料，除还税外只能发放半个月的遣散费。几次劳资协商会议之后，双方提出下列解决方案：把全部生产工具交由《联合报》使用；一部分可用员工留下来继续为《联合报》服务，不适合到《联合

---

[1] 杨繁:《处理越华报停刊和筹备联合报出版的工作报告》，1950年8月21日，广东省档案馆：204-3-5-072～080。

[2]《华南分局宣传部关于广州、香港各家报社情况复总社转中央宣传部电》，1949年11月22日，载《中共中央华南分局文件汇集》（1949.4—1949.12），第310-312页。

[3]《华南分局宣传部关于广州、香港各家报社情况复总社转中央宣传部电》，1949年11月22日，载《中共中央华南分局文件汇集》（1949.4—1949.12），第310-312页。

[4]《广东省志·新闻志》，第38页。

[5]《广东省志·新闻志》，第42页。

报》工作的,由《联合报》借出遣散费,每人发给两个半月实际工资;保护历史清白的正当商人股本,可按照自愿原则,或加入《联合报》的股本,或租赁给《联合报》,或由《联合报》收买其股权。[1] 自此,《越华报》停刊后所产生的困难得以解决,其原有机器和一部分工人为日后创刊的《联合报》所用。《越华报》于1950年8月3日停刊,终刊期数为5522。[2]

二、集中报业资源的并合

国民党败退时,卷走了大量的黄金、银元、外币,共有29个垄断企业的财产、物资和专业人员撤到香港。这意味着新成立的中华人民共和国几乎被蛀空,整个国家千疮百孔。1949年,全国的社会总产值只有557亿元,其中工业总产值140亿元,仅为抗日战争前1936年的49.9%。[3] 国民党统治时期的恶性通货膨胀也延续到了新中国,1937年100元法币能买两头牛,到了1949年同值金圆券只能买到一根缝衣针。[4] 新政府需要用钱的地方比比皆是:解放全国大陆的巨量军费开支、"包下来"900万旧政权的脱产人员、安置400万失业者和4000万灾民、抢修铁路与解决水患,等等。面对如此巨额开支,只能靠大量发行货币支撑,导致通货膨胀进一步加剧。

反映在新闻出版行业,已解放地区的纸张价格从1949年3月初到5月11日,由4000元一令涨至1万元左右一令,印刷费也涨约一倍。[5] 白报纸价格比抗战前涨了13000倍。[6] 到了这年年底,情况非但没有缓和,反而十数倍上涨。1949年10月底纸价为5万元,11月上半月上升到7万元,11月底已涨到13万元。[7] 此种背景下的民营报纸,无一不是穷困潦倒。以上海《文汇报》为例,该报于1949年6月21日复刊,经济十分拮据,靠借贷度日。报馆自身没有房屋,租借

---

[1] 杨繁:《处理越华报停刊和筹备联合报出版的工作报告》,1950年8月21日,广东省档案馆:204-3-5-072~080。

[2]《广东省志·新闻志》,第64页。

[3] 庞松:《中华人民共和国史(1949—1956)》,人民出版社,2010,第38页。

[4] 当代中国丛书编辑部:《当代中国经济》,中国社会科学出版社,1987,第290页。

[5]《出版委员会第十一次会议记录》,1949年5月11日,载中国出版科学研究所、中央档案馆编《中华人民共和国出版史料(1949)》,第95页。

[6]《关于出版委员会的报告》,1949年11月,载中国出版科学研究所、中央档案馆编《中华人民共和国出版史料(1949)》,第480页。

[7] 陆定一、胡乔木:《关于提高书价问题向周恩来的请示报告》,1949年11月28日,载中国出版科学研究所、中央档案馆编《中华人民共和国出版史料(1949)》,第584页。

圆明园路149号一幢六层大楼的第三层作为办公用房,所有人挤在只有200平方米的小空间里。印刷厂的厂房也是租来的,全部资产就是一台老掉牙的平版线带轮转机,每小时顶多印7000份。由于全国交通尚未恢复,报纸很难覆盖外地市场,且90%以上的发行渠道来自中间批发商,受其盘剥很是厉害。加之印刷质量差,内容特色也不明显,报纸发行量从复刊初期的2万余份,下滑到1950年8月的不足1.3万份。[1]销路不畅,广告也不景气,《文汇报》是月月亏损,少则七八千万,多则两亿,经济上捉襟见肘。员工工资非但发不出,连每月仅10万元的零用都常常脱期。[2]为了解决生存难题,《文汇报》只能从国家配给的1000吨进口纸上做文章。由于发行量下跌,配给纸会有多余,报社就将其中一部分抵押给银行,另外一部分向市场抛售。当时配给纸的价格是1200万元每吨,市场价要1800—2000万元每吨,赚取差价可以缓解报社的短期经营困境,但不足以维持正常开支,仍需向银行借贷。复刊以后的15个月里,《文汇报》共向人民银行、新华银行、上海银行、金源钱庄等借贷18.6亿元,每月仅利息即占到日常开支额的20%,直至借贷无门。在写给上海新闻出版处的报告中,《文汇报》不得不承认,"自身已经没有克服这一危机的力量"。[3]同城的《大公报》情形大致相同,截至1950年5月,《大公报》一年内赔累的总额达17.6亿余元,只有1949年8月出现过一次盈余。[4]

  早在1949年纸张价格飞涨时期,新闻总署即注意到了全国性的报纸赔耗现象,并于1949年12月17日至26日,召集全国报纸经理会议。这次会议不仅强调"全国一切公私营报纸的经营,必须采取与贯彻企业化的方针","尽量使用国产纸",报纸发行"逐步地全部移交邮局办理","主动地刊登有益于国计民生的广告",还提出了"部分报纸间的分工不合理"是导致报纸经营不善,加重赔累的重要原因。对民营报纸予以分工首先在京津两地试行。新闻总署于1950年2月召开了一次京津新闻工作会议,对北京、天津的两张民营大报重新定位:"《新民报》现在实行的通俗文艺性的道路,对它来说是正确的,它的特点在通俗文艺的副刊。它的读者对象主要是北京的小资产阶级及比较无组织的劳动群众。《进步日报》应主要以天津民族资产阶级、小资产阶级及知识分子为对象,

---

[1] 戚家柱:《经营管理工作的曲折历程》,载《文汇报回忆录2:在曲折中行进》,第555-556页。
[2] 庄人葆:《忆"救报运动"》,载《文汇报回忆录1:从风雨中走来》,第111页。
[3] 戚家柱:《经营管理工作的曲折历程》,载《文汇报回忆录2:在曲折中行进》,第556页。
[4] 上海大公报馆:《一年来业务总结报告》,1950年5月15日,上海市档案馆:B35-2-108-25。

其最主要的内容应当是经济和自然科学等，特别是关于私人资本主义及其改造问题。"[1]1950年3月29日至4月14日，新闻总署召开的全国新闻会议，进一步将报纸分工的主张推向全国。

什么是分工？按照时任出版总署署长胡愈之的解释，就是由国家来帮助各种成分的经济解决困难，调剂各种成分的经济做到分工合作，各得其所。[2]北京的《新民报》和天津的《进步日报》在贯彻报纸分工政策后，纷纷走出困境。《新民报》由于浓厚的地方性特色又比较通俗，销数普及北京市各个角落。至1950年下半年，该报已由亏损转趋于有所盈余，1951年1月至9月共获盈余8.2971亿元。[3]《进步日报》在1951年八、九两月份共盈余8863万元，经营情况也属不错。[4]京津两张民营大报的起势必然引起全国范围内的仿效，受此影响最大的莫过于上海。

上海曾是旧中国的出版中心，占据中国现代出版业的半壁江山。1949年上海解放之后，尽管在出版登记方面有所控制，但报纸总数依旧在全国排名第一。在59家获准出版的报纸中，日报共18种，仅《解放日报》一家为公营，《新闻日报》为公私合营，其余16家皆为民营报纸。除去《密勒氏评论报》、《俄文新生活》、《俄文公民日报》、《俄文晚报》、《字林西报》5份外文报纸，还有11份中文民营报纸参与市场竞争。其中，《大公报》、《文汇报》、《新民报晚刊》与《解放日报》、《新闻日报》一样，属于综合性报纸；《大报》、《亦报》走的是小型报路线；《商报》、《百货新闻》、《工商新闻》、《烟业日报》属于财经产经类报纸；《人民文化报》、《剧影日报》主打文艺。如此多的报纸分割有限的发行和广告市场，最终结果是，所有的民营报纸都为赔累所困。《大公报》1950年全年亏损26.2亿，《文汇报》全年亏损则高达39.1亿。[5]小型报《大报》和《亦报》虽然人员少，版面薄，但也难逃亏损宿命。从1949年7月创刊到1952年初，《大报》负债达2亿元，《亦报》的外债高达6亿多元。[6]

---

[1]《京津新闻工作会议讨论要点初步意见》，1950年3月，载中国社会科学院新闻研究所编《中国共产党新闻工作文件汇编》（中），新华出版社，1980，第161页。

[2] 胡愈之：《在开明书店第一次各单位负责干部会议开幕式上的讲话》，1950年6月25日，载中国出版科学研究所、中央档案馆编《中华人民共和国出版史料（1950）》，第349页。

[3] 新民报北京社：《1951年经营情况》，1951年，北京市档案馆：114-1-9-20~24。

[4] 天津市新闻出版处：《天津私营报纸情况综合报告》，1951年，天津市档案馆：X57-Y-1-48-25~39。

[5]《上海市报馆同业公会会员报社一般情况调查表》，1952年，上海市档案馆：S314-4-5。

[6]《陈虞孙对亦、大两报的讲话》，1952年，上海市档案馆：A22-1-48-12。

民营报纸的赔累不仅需要政府接济,更为重要的是,这种僧多粥少的恶性竞争严重威胁到党报的生存。相比1950年《大公报》26.2亿、《文汇报》39.1亿的亏损额,《解放日报》的赔累数字达到55亿之巨。[1]眼见着综合性报纸比较少的北京,《人民日报》凭借全国发行、《新民报》主打通俗文艺逐渐摆脱亏损局面,上海的新闻管理部门终于认识到,上海的问题主要是报纸太多。对于民营报纸,"公家亦万难无止境地贴补维持",[2]一场以官方主导的民营报纸间并合就此展开。

(一)《大报》、《亦报》与上海《新民报》的合并

最早并合的是《大报》和《亦报》。《大报》由冯亦代、陈滌夷(蝶衣)、田鑫之等合资开办,于1949年7月7日创刊,最初借上海福州路中央书店楼上为办公地址,后迁至河南中路368号。[3]该报为4开4版,"报纸虽属小型,但志不在小",因而取名《大报》,以期"在社会大变革中,作为一张小型报,运用一些市民容易接受的形式和体裁,作侧面诱导,以便在伟大的历史转型期中,贡献微弱力量"。[4]《大报》从版面安排到编辑形式,基本保持了旧时小型报风格,有严独鹤、姚苏凤、柳絮、徐淦等一批富有影响力的副刊作者。该报着眼于一般市民的家庭生活,像妇幼卫生、育婴保健、裁剪编结、家庭烹饪等应有尽有,还刊登了诸多配合政治运动的连环画,如《活菩萨》、《红娘子》等,颇具影响。其中由乐小英绘图的《活菩萨》,应读者要求出了单行本。尽管报纸的影响力不断提升,但囿于整体经济环境影响,《大报》的经营始终处于资金短绌状态。开办之初通过向《解放日报》、《文汇报》借用白报纸得以周转,后又向人民银行借贷计折实单位15000份,以维持报纸运营。发行拓展情况也不甚理想。按照过去情形,上海的小型报在杭州、苏州、无锡、常州、南京、青岛等地销路都很大,但《大报》在外埠的发行量仅2000余份,[5]最高时也仅仅达到3900份而已。[6]报社内部又时有发生编采人员要求加发车马费等争执。[7]尽管至1952年初,《大报》已达到收支平衡,但资金不敷周转问题依然存在。1952年上海

---

[1]《上海市报馆同业公会会员报社一般情况调查表》,1952年,上海市档案馆:S314-4-5。
[2]《夏衍、恽逸群、姚溱致胡乔木同志函》,1952年1月4日,上海市档案馆:A22-1-20-34。
[3]《大报社情况》,1951年,上海市档案馆:G21-1-280-14。
[4]《大报》发刊词,1949年7月7日。
[5]《对于大报发行工作情况与问题》,1951年,上海市档案馆:G21-1-280-15。
[6]《大报资料》,1951年,上海市档案馆:G21-1-280-17。
[7]《大报社情况》,1951年,上海市档案馆:G21-1-280-14。

文教界知识分子思想改造学习运动开展前夕，上海市人民政府新闻出版部门认为，上海解放后过渡性的小型报已完成它的历史任务，决定将《大报》、《亦报》合并，《大报》于1952年1月31日先行停刊，合并后的报纸保留《亦报》之名。

《亦报》创刊于1949年7月25日，创办人唐云旌（大郎）、龚之方，社址初设在黄河路21号（原卡尔登戏院）底层，翌年迁至南京东路353弄4—10号。该报保持旧上海小型报的传统编排形式，日出4开4版一张。第一版刊登本市新闻、社会新闻、特写和新闻图片；第二、三版为综合性副刊，除每日刊登一至二部长篇通俗小说连载外，大多是一些固定作者的个人小专栏，作者有张爱玲、郑逸梅、柳絮、张慧剑、潘勤孟、徐淦、韩菁菁、周作人（笔名十堂、十山、东郭生等）、陶亢德等；第四版则为影剧、体育专版。[1] 正因为《亦报》副刊大家云集、文笔生动，体育报道也在上海新闻界地位突出，至1950年，《亦报》最高发行量达到28000份。[2] 然而，这样一个发行数字并不能反映《亦报》的实际情况。《亦报》的困境一定程度可以从它和作者的关系上得以管窥。

以张爱玲与《亦报》的关系为例。张爱玲在离沪赴港之前的最后两部小说，均在《亦报》连载。其中，《十八春》起于1950年3月25日，止于1951年2月11日，共分317次载完。《小艾》则于1951年11月4日起刊，止于1952年1月24日，全文共连载81次。[3] 两篇小说的署名均为梁京，而使用笔名是张爱玲的自我选择。据《亦报》社长龚之方事后推测，张爱玲启用笔名原因有二：一是曾在杂志连载小说《连环套》，边写作边连载效果不好，遭到傅雷等人的批评，乃至中途停载。《十八春》是她第一次在小报连载小说，效果如何她不得而知，所以启用笔名试探一下。二是与胡兰成的姻缘，使张爱玲本人被附加了"汉奸"、"文奸"的污名，不想再引人注目。不管事出何因，张爱玲的自我边缘化是解放初期一众文人的无奈之举，而作为文人作品的输出平台，《亦报》已逐渐丧失传统小报那种精于炒作的竞争特色，而首要保全自身的出版安全。蔡夷白[4]1949年10月31日的日记便透露了这样的信息："近来退稿很多，越退越不懂编者到

---

[1] 上海市地方志办公室：上海新闻志。http://www.shtong.gov.cn/node2/node2245/node4522/node5501/node5526/node63723/userobject1ai8674.html。

[2]《亦报销路情况》，1952年，上海市档案馆：G21-1-278-1~2。

[3] 巫小黎：《张爱玲〈亦报〉佚文与电影〈太平春〉的讨论》，《中国现代文学研究丛刊》2010年第6期。

[4] 蔡夷白，1904年生于江苏东台县栟茶镇，上海政法大学毕业后旅居沪上。20世纪30年代开始，为《紫罗兰》、《万象》等报纸杂志撰写小说、杂文，先后被邀为《海报》、《铁报》、《大报》、《亦报》特约撰稿人。1949年后先后供职于苏州文化馆、苏州图书馆。

底要什么样的稿。"[1]

在《亦报》的作者群中，身份最为尴尬的要属周作人。1949年1月26日，因"叛国罪"被羁押在南京老虎桥监狱的周作人获准保释，结束了近三年的囚徒生活。为了维持生计，他除了做家教、卖旧报刊外，主要依靠替《大报》和《亦报》写作赚取稿费。从1949年11月22日始，他在《亦报》辟出"隔日谈"、"饭后随笔"等多个专栏，至1952年3月15日，总计发表文章908篇，[2]但无一篇署名周作人，编者只能隐晦地暗指其为文坛大家，足见"文化汉奸"那段历史已成为周氏无法摆脱的原罪。为了使文章能够顺利发表，周作人的写作以谈鲁迅居多。但在1952年3月16日，他于《亦报》连载的《呐喊衍义》突然被叫停。这说明，即便是题材的合法性也不能保障文章的顺利发表。

编者层面愈发自觉的自我审查，作者群体愈发狭窄的话语空间，势必导致小型报阅读群体的萎缩。截至1952年初，《亦报》负债已过6亿。《大报》合并进来后，偌大上海只剩下一张小型报，且报价降至每份500元，《亦报》的困境才稍有好转，但依旧难以自负盈亏。经上海市新闻主管部门批准，1952年11月20日，《亦报》停刊，并入上海《新民报》。唐云旌、沈毓刚等14人转入《新民报》继续工作，其余人员进入上海新闻学校学习。《大报》、《亦报》所欠共计8亿多元的债务最终由政府代还。[3]

截至此时，由政府主导的上海民营报纸的第一轮并合初见成效。此轮调整的最大受益者是《新民报》。《新民报》上海版创刊于1946年5月1日，一年后，因反对国民党压迫学潮，被冠以"意图颠覆政府"的罪名加以封闭。几经交涉，才于1947年7月底复刊。[4]上海解放后，因晚报仅剩《新民报》一张，[5]发行量曾暴涨至67000份，后跌至四五万份。1950年"二·六"轰炸[6]期间一度暴跌

---

[1] 蔡叔健：《蔡夷白：〈心太平斋日记〉》（上），《苏州杂志》2002年第2期。

[2] 巫小黎：《〈亦报〉视窗里的周作人》，《鲁迅研究月刊》2010年第8期。

[3] 上海市新闻出版处：《大亦报社关于合并问题的函》，1952年1月15日，上海市档案馆：G21-1-157-5。

[4] 《新民报上海社业务报告》，1951年，上海市档案馆：G21-1-281-1。

[5] 上海解放前晚报最多时有9家，平常时期有6家，总销数约为45000份。《新民报》销数在1947年5月被封门前为11000余份。参见《新民报上海社业务报告书》，1952年6月14日，上海市档案馆：G21-1-281-3。

[6] 1950年2月6日，上海遭受了国民党飞机最猛烈的袭击，史称"二·六大轰炸"。国民党出动4批17架飞机，对上海各发电厂进行狂轰滥炸，全市供电量从25万千瓦下降到4000千瓦。市民、解放军干部、战士伤亡共1448人，房屋毁坏1180间。参见《上海二·六大轰炸》，《瞭望东方周刊》2009年第24期。

至8000份,截至1952年5月,发行量约为13000份。[1] 合并给《新民报》首先带来了一万多的原《亦报》订户,而唐云旌等人的加盟,亦为《新民报》增加了生力军,对该报"在解放以后还能保持上海地方特色和市民趣味产生了积极的影响"[2]。

除上海之外,因集中报业资源而产生的报纸间并合还发生在宁波和天津。

(二)《宁波人报》与《甬江日报》的合并

创办于1949年8月1日的《宁波人报》是一张合作社性质的民营报纸,每个工作人员都认股一股以上。鉴于新中国成立初期物价不稳,《宁波人报》的股值就以稻谷为计算单位,每股合稻谷一石。其中,认股一石米的16份,一石以上的114份。[3] 由于缺乏大股东,社内大事皆由社员大会来决定,以致报纸管理缺乏核心层,无论是采编还是经营,都很难适应新的社会形势。到了1950年,该报收支已无法平衡,只出版了10个月就难以为继。中共宁波地委机关报《甬江日报》此时出资,按照股本原值收购《宁波人报》股权,《宁波人报》遂于1950年5月29日停刊。同年7月7日,《甬江日报》与《宁波人报》合并出版《宁波时报》,系宁波地委机关报。自此,宁波惟一一张民营报纸不复存在。

(三)《星报》与《新生晚报》的合并

在天津,民营报纸的经历跌宕起伏。因没有城市接管的经验,天津曾武断地要求所有报纸先行停刊,经登记审查后才能继续出版。这一政策招致中共中央七日内四封急电的批评指正,天津市政府也因此不断纠偏,恢复了较多数量的民营报纸,天津也成为上海、广州之后,保有民营报纸最多的大城市,总数量达7份。在这7份民营报纸中,由天津《大公报》改组而来的《进步日报》及另外一家综合性报纸《新生晚报》,因有历史积淀,经营情况尚好。最是举步维艰的系解放后新成立的一份文艺类报纸《星报》。

《星报》于1950年2月3日获得天津市军事管制委员会颁发的新字第11号报纸杂志登记证。该报主打影剧文艺,经济来源以报社广告和发行收入为主,并

---

[1]《新民报上海社业务报告书》,1952年6月14日,上海市档案馆:G21-1-281-3。

[2] 蒋丽萍、林伟平:《民间的回声:新民报创始人陈铭德邓季惺传》,新世界出版社,2004,第322页。

[3] 周康靖:《宁波人报始末》,载宁波市政协文史资料委员会:《宁波文史资料·宁波新闻出版谈往录》,第14辑,1993,第106页。

得到剧协文联及中国大戏院的帮助,社址即位于天津中国大戏院内,社长兼总编辑张颖。张颖是中共党员,毕业于广东中山大学,系从老区调往天津的,就任报社职务前是文化局文艺行政科科长。该报创刊之初为三日刊,1950年9月14日改为日报,每日出版四开一小张。[1]因该报创刊前毫无经济基础,业务收入不能自给自足,逐月经费需向文化局贷款周转,一部分员工的供给要由文化局文联支付。1951年开始,文化局响应政府节约号召,一切开支精简,不能再补助《星报》。《星报》自认为开源乏策,且各项开支已经精简至极,职员薪金均甚低微,故请天津市新闻出版处施以援手,月发补助费若干,使得职工生活勉力维持。此请得到的回复是:"星报经费仍由自筹,政府无力补助。"[2]但是,新闻出版处的这一回复并非置《星报》的困境于不顾。早在该报申请补助的信函发出之前,新闻管理部门已经在考虑将《星报》并入《新生晚报》,以期增加晚报的编采力量,为晚报改早报做准备。[3]1951年7月1日,在人事调动问题基本解决之后,《星报》获准于当日停刊。[4]

(四)上海《大公报》与天津《进步日报》的合并

在上述报纸并合过程中,似乎都存在着类似动因:一方面,民营报纸承认自身已无克服危机的力量,另一方面,政府有统合报纸间分工、集中报业资源的想法,报纸间的并合遂被提上日程。在这一历史进程中,最大规模的一次并合牵扯到三大城市,这就是上海《大公报》与天津《进步日报》合并,并迁京出版。

1902年6月17日在天津诞生的《大公报》,以"大公之心"、"扬正抑邪"、"知无不言"为己任。其名字中的"大"和"公"两个字,分别对应"忘己之为大,无私之为公"。该报报名用中法两种文字写出,法文的意思也是"无私"。1991年出版的《中国大百科全书》(新闻出版卷)共辑纳了108名中国著名新闻工作

---

[1] 星报社:《星报改为日刊请备案由》,1950年10月18日,天津市档案馆:X57-Y-1-72。
[2] 天津市新闻出版处:《关于星报经费仍由自筹,政府无力补助的报告》,1951年2月15日,天津市档案馆:X57-Y-1-47-16。
[3] 天津市新闻出版处:《关于新生晚报与星报合并的意见》,1951年2月4日,天津市档案馆:X57-Y-1-48-1~7。
[4] 天津市新闻出版处:《准予星报停刊》,1949年6月27日,天津市档案馆:X57-Y-1-72-99。

者，大公报人占据其中的九分之一，[1]足见这张报纸在中国现当代新闻史中的地位。它也是中国惟一获得过密苏里学院荣誉奖章的报纸。在《大公报》最鼎盛时期，曾经拥有天津、上海、重庆、香港四地分版，影响力一时无两。但这样的辉煌却成为其解放后难以承载的历史负担。首先是天津《大公报》于1949年2月27日改组为《进步日报》，在其发刊词中，指斥《大公报》系国民党政学系的机关报，惯于使用"小骂大捧"的手法，并声称"永远脱离《大公报》这个丑恶的名义"；[2]继而，重庆《大公报》因负累过重，提出与中共重庆市委联合经营，并于1952年1月实现公私合营，当年8月改出重庆市委机关报《重庆日报》。内地以《大公报》冠名的仅剩下上海一家。

上海解放后的最初一段时间，《大公报》尚能与公营的《解放日报》、公私合营的《新闻日报》形成鼎足之势，但随着新闻管理政策进一步趋严，独家新闻受到控制，各报内容日益趋同，《大公报》逐渐丧失与公营报纸进行竞争的实力，发行份额逐步下滑，生存处境十分艰难。到1950年6月，《大公报》发行量只剩下4.66万份，[3]需要支薪的员工却达483人之多，不仅无法支付员工工资，连买纸张的钱都得向上海市政府申请帮助。[4]外患必致内忧。1950年7月，当《大公报》一次性裁掉79人时，内部突生骚乱，需要出动警车来平息事端。[5]《大公报》的困境直到1952年依旧未能缓解，发行量依旧徘徊在4.6万份，亏损总数已达到41.58亿元。[6]且因《大公报》国际影响力的惯性尚在，其在上海发展无疑会影响到这座城市的信息安全，比如《大公报》"随便写了一封公开信给日本人民，日本报上翻译了出来，内容与苏联及周外长所提有不少出入"，[7]类似事情往往令上海的主管领导颜面无光。有鉴于此，上海新闻管理部门有意让《大公报》迁出上海，"似以迁天津与《进步日报》合并为最好，否则，迁京与

---

[1] 方汉奇：《再论大公报的历史地位》，载方汉奇等《〈大公报〉百年史》，中国人民大学出版社，2004，"前言"第2页。

[2] 《进步日报》发刊词，1949年2月27日。

[3] 《上海各报发行数量统计表》，1950年11月，上海市档案馆：A22-2-11-7。

[4] 上海市新闻出版处：《有关大公报整编的情况报告》，1950年，上海市档案馆：B35-2-108-57。

[5] 上海市新闻出版处：《有关大公报整编的情况报告》，1950年，上海市档案馆：B35-2-108-57。

[6] 《陈虞孙关于上海私营报纸调整办法给中共上海市委宣传部的报告》，1952年5月29日，上海市档案馆：A22-2-1532-22。

[7] 夏衍、姚溱：《致胡乔木同志函》，1951年10月11日，上海市档案馆：A22-1-20-58~60。

《光明日报》合并，成为政协机关报亦好"[1]。

政治与经济的双重困境令《大公报》很难继续在上海立足，《大公报》社长王芸生希望中央帮助解决报社困难。1952年7月初，在彭真、胡乔木的陪同下，王芸生获得毛泽东接见。就《大公报》去向问题，主席当场拍板，令中宣部和新闻总署负责人胡乔木按《大公报》迁津合并的方案落实搬迁，并允诺条件成熟后，《大公报》可迁京出版。[2]中共中央随后做出决定："上海《大公报》与天津《进步日报》合并迁京，择地建新馆，报名仍叫《大公报》。作为中央直接管理的全国性报纸，分工报道国际新闻和财经政策。"[3]1952年12月31日，上海《大公报》和天津《进步日报》分别停刊，因北京报馆正在筹建，故1953年1月1日暂时在天津出版《大公报》。但《大公报》的业务中心设在北京，王芸生坐镇北京办公，形成大部分稿件由北京编辑而在天津出版的极为罕见的运作模式。[4]国家计委、中宣部、文化部、北京市政府对《大公报》在北京建设馆舍十分重视，在当时经济并不宽裕的情况下，拨出专款在宣武区永安路18号（后改为173号）建设总面积为8568平方米的馆舍，同时还在新址公路斜对面建造了职工宿舍。北京《大公报》新馆舍于1955年8月中旬开始施工，次年八九月间落成。1956年10月1日，《大公报》正式在北京出版发行，王芸生继续任社长，袁毓明任总编辑，曹谷冰担任经理。[5]合并迁京后的《大公报》很快扭转经营颓势，谨以发行量为例，1953年发行量总计6.7万份，一年后突破10万份，到了1956年，达到《大公报》有史以来的最高发行量28.7万份。营收方面也因发行量不断走高而快速扭亏为盈。

表3-1：《大公报》历年发行情况（1953-1965）[6]

年份	1953	1954	1955	1956	1957	1958	1959	1960	1961	1962	1963	1964	1965
份数	67451	100750	146739	287508	235282	192358	204361	204148	144046	100427	156468	258304	278408

---

[1] 夏衍、恽逸群、姚溱：《致胡乔木同志函》，1952年1月4日，上海市档案馆：A22-1-20-34~35。

[2] 杨奎松：《忍不住的"关怀"：1949年前后的书生与政治》，广西师范大学出版社，2013，第153页。

[3] 王鹏：《建国初大公报的一段曲折》，《炎黄春秋》2005年第8期。

[4] 杨奎松：《忍不住的"关怀"：1949年前后的书生与政治》，第158页。

[5] 王鹏：《〈大公报〉在北京的创刊、发展和停刊》，《中华读书报》2001年1月23日。

[6] 大公报党组：《大公报历年发行情况（1953—1965）》，1960年1月25日，北京市档案馆：043-001-00026-5~6。

三、从民办转为公营的并合与改组

经过三年的经济恢复时期,中华人民共和国的工农业生产获得高速发展,人民群众的物质生活也有较大幅度提升。截至1952年底,全国工农业总产值比1949年增长77.5%,达到历史最高水平,其中工业总产值增长145%,全国职工的平均工资提高了70%左右。[1] 由于恢复国民经济的工作超过了预定目标,加上大规模的土地改革基本完成、抗美援朝战争结束在望,新中国具备了进行计划经济建设的有利条件。就在这一年,中共中央确定从1953年始进行以五年为一期的计划经济建设。但在当时多种所有制并存的社会经济运行结构中,存在着阻碍计划经济实施的突出矛盾:一是土改后农民分散落后的个体经济不能满足大工业和城市发展对大宗粮食和农产原料日益增长的需要;二是资本主义工商业落后、混乱、畸形发展、唯利是图的消极一面,与计划经济集中调配国内有限资源的要求不相适应。[2] 这就不可避免地要对国民经济进行社会主义改造。根据周恩来起草的《三年来中国国内主要情况及今后五年建设方针的报告提纲》,全国工业总产值中的公私比重,已由1949年的43.8比56.2,变为1952年的63.7比32.7。私营商业在全国商品总值中的经营比重,已由1950年的55.6%降为1952年的37.1%。[3] 但这些数字所显示的情况,离全面实现社会主义相去甚远。1953年6月15日,毛泽东做出了如何向社会主义过渡的完整表述:"从中华人民共和国成立,到社会主义改造基本完成,这是一个过渡时期。党在过渡时期的总路线和总任务,是要在十年到十五年或者更多一些时间内,基本上完成国家工业化和对农业、手工业、资本主义工商业的社会主义改造。"这一提法后来成为纲领性的文件,即"过渡时期的总路线",并于1954年载入中华人民共和国第一部宪法。

实施过渡时期的总路线,经由公私合营、加工订货、收购包销等国家资本主义形式,完成资本主义工商业向社会主义过渡,其最终目的是实现共产党人一以贯之的历史使命:"消灭私有制。"[4] 而要实现这一理想,必然经历舆论先

---

[1] 中共中央文献研究室编《关于建国以来党的若干历史问题的决议注释本(修订)》,第225页。

[2] 庞松:《中华人民共和国史(1949—1956)》,第268页。

[3] 周恩来:《三年来中国国内主要情况及今后五年建设方针的报告提纲》,1952年8月。转引自庞松:《中华人民共和国史(1949—1956)》,第268页。

[4] 马克思、恩格斯:《共产党宣言》,人民出版社,1997,第41页。

行，将新闻业统合进国家的意识形态中去。事实上，这一舆论准备早于新中国成立之前已经开始。1949年元旦至北平解放前后，中国共产党在自身控制的香港《华商报》上，开展了新中国是否允许民营报纸存在的讨论，共发表了六篇文章，形成了三个观点。其中，只有署名星火的《论新闻出版的自由》主张私人办报是"新中国文化繁荣的象征"，[1] 希望通过新闻立法来保障新闻自由；其他五篇文章或明确反对私人报纸的存在，或将其视为一种过渡性的现象："国营报、社团报、私营报，在开头可以平行存在，但不是平行发展的。私人办的报纸，逐渐地集体化，由集体化而社团化，或由集体化而接受国家的扶植而国营化，都是可能的，而且是必要的。"[2] 最后一种观点显然与新中国的新闻政策不谋而合。中国共产党在1948年11月发布的《关于新解放城市中中外报刊通讯社的处理办法》中已明确表明对私营报纸的态度："报纸、刊物与通讯社，是一定的阶级、党派与社会团体进行阶级斗争的一种工具，不是生产事业，故对于私营报纸、刊物和通讯社，一般地不能采取对私营工商业同样的政策，除对极少数真正鼓励群众革命热情的进步报纸刊物，应扶助其复刊发行以外，对其他私营的新闻与通讯社，均不应采取鼓励政策。而且因为中国所谓私营的新闻宣传事业，绝大部分有反动的政治背景，对这些所谓私营报纸刊物与通讯社，如采取毫无限制的放任政策，也会使某些反动的政治势力容易获得公开地合法地联系与影响群众的阵地。"[3]

从上述种种迹象看，新执政党并未许诺民营报纸可以长久存在，也不可能令其长久存在。在一切私营经济都将接受改造的先决条件下，作为统合意识形态的重要工具，报纸不仅自身要完成社会主义改造，还要成为引领全社会完成社会主义改造的马前卒。这就不难理解，为什么绝大部分民营报纸在1953年前后或消失或转型，且实现转型的一部分报纸并未经历国家资本主义的过渡形式，而是直接从民办转为国营。这一现象是国家统合报业资源，调整公私比例的必然结果。

直接从民办转为公营的报纸分为两种，一种是以《申报》改组为《解放日

---

[1] 星火：《论新闻出版的自由》，《华商报》1949年2月6日。
[2] 铎：《新国家与新报纸》，《华商报》1949年2月6日。
[3]《中共中央关于新解放城市中中外报刊通讯社的处理办法》，1948年11月8日，载《中国共产党宣传工作文献选编（1937—1949）》，第745页。

报》、《世界日报》改组为《光明日报》[1]为代表，以没收官僚资本的形式完成转型，这在本章的第一部分已有详述。另一种则是各地方党委有建立或充实机关报的需要，借助已有的民营报纸，实现壮大机关报队伍的既有目的。

（一）《江声日报》并入《厦门日报》

最早完成民办转公营的是厦门的《江声日报》。该报解放前原名《江声报》，是厦门历史最长的民营报纸，创刊于1918年11月。[2] 几年后，同盟会会员许卓然接手该报，请孙中山题写报名，改组成新的《江声报》。《江声报》以民营报纸身份，反映了当时社会大部分真实的情况。"举凡各地工人罢工及示威；各地民变；船户罢船、渔民罢海；学运；商人罢市；兵变；秘密会社等社会活动，都予以报道。"[3] 有人称它为"人民喉舌"，或是"南天一柱"，并得赠"华侨之声"的匾额。《江声报》尤其在推动抗日方面口碑甚高。它力主"举国一致对外"，呼吁停止内战，由此获得爱国同胞的大力支持，1931年夏，该报已称冠厦门报界。[4] 尽管在抗战胜利后，《江声报》的调子以支持国民党为主，并有诸多诋毁中国共产党的新闻与言论，但是鉴于其历史上的进步作用，该报在新中国成立后获准继续出版，改名为《江声日报》。1952年1月，出于调整报业结构的需要，《江声日报》并入中共厦门市委机关报《厦门日报》。但《江声报》的名字

---

[1] 北平解放后，北京市军事管制委员会保留了《世界日报》和《新民报》两家民营报刊。但由于《世界日报》在刊登新华社来稿的同时还发布国民党新闻稿件，1949年2月25日，该报被当作国民党CC系报纸予以没收。1949年5月16日，民盟接管《世界日报》，并决定在此基础上创办《光明日报》。《光明日报》于当年6月16日创刊。参见翁泽红：《光明日报的历史演变》，《文史天地》2008年第6期。

[2] 关于《江声报》的具体创刊时间，学界有所争议。言其1918年创刊者，据《厦门指南》（1931年出版）的记述，"至是年'民七'冬十一月江声始出世"，此说和日本外务省情报部1932年至1934年三年的记载，《江声报》创刊于大正七年（1918年）的说法相符。另一种是，在《江声报》纪念许卓然特刊上发表的杨挺秀的文章说："民国十三年，国民党改组，许卓然和杨挺秀赴广东出席国民党第一次代表大会。孙中山对许卓然说：'本党以后注意在下层工作，你们回去后必须组织民众，共同奋斗。'许卓然回到厦门，专心从事党务，注重宣传，组织中山中学，创办《江声报》并请孙中山题写报头。"还有一种提法称许卓然与旧《江声报》合作，改组成新的《江声报》，于1927年元旦出版。参见福建省情资料库：《新闻志》；另见林璋华：《厦门〈江声报〉创刊时间谈》，《福建图书馆理论与实践》2008年第4期；安闽、晓钟：《厦门〈江声报〉（1927—1950）》，《党史资料与研究》1986年第2期。

[3] 安闽、晓钟：《厦门〈江声报〉（1927—1950）》，《党史资料与研究》1986年第2期。

[4] 安闽、晓钟：《厦门〈江声报〉（1927—1950）》，《党史资料与研究》1986年第2期。

没有立即消失，而是转变成面向东南亚侨胞的侨乡报纸，并一直维持到1956年6月华侨报纸《鹭风报》创刊。[1]

（二）《新生晚报》改组为《新晚报》

天津《新生晚报》成立于1946年4月25日，社长常小川、经理张荫潭、总编辑张道良、发行人刘静远。[2] 出报当日，因未向国民党政府登记，遭社会局、警察局查禁。事后该报广为斡旋，调换了与官方主管有私人恩怨的发行人，才得以登记，并于1946年7月31日正式创刊。[3]《新生晚报》创刊时印数只有三四千份，之后逐步攀升，最高时达到2万份。该报极富创意地将慈善与发行工作结合起来，联系联合国善后救济总署驻天津机构，捐助了一批自行车，公开招考家境清寒的中学生兼职送报。著名歌唱家李光羲就是当年《新生晚报》送报学生中的一员。[4] 1948年3月，天津地下党的平津工作委员会在《新生晚报》建立起了党的外围组织天津地下记协的第一个小组，这个小组的存在为《新生晚报》平稳过渡到解放后继续出版起到了重要作用。1950年1月13日，《新生晚报》获得了天津市军事管制委员会新字第22号报纸杂志登记证。[5] 登记时，该报宣称由中华基督教华北卫理公会创办。董事长系东亚毛呢公司经理宋棐卿，股东还有寿丰面粉公司经理孙水如、天津上海银行经理资耀华、大来木行经理阮渭泾、宏祥货栈经理王步洲等。因宋棐卿系中华基督教卫理公会会员，资金主要由他筹措，报社在复刊时便借用了该会名义。《新生晚报》在新中国始建的一段时间，"因开支浩繁，发行额及广告收入均未达到预计数量，每月收支逐渐不敷所亏"。[6] 社长常小川曾想将报纸关闭，把一部分存纸分给职工，自己留下房屋、机器办印刷所，经同人力争才继续维持报纸的存在。[7] 截至1949年4月14日，《新生晚报》的发行数量只剩下5565份，仅及民营大报《进步日报》

---

[1] 福建省情资料库：《新闻志》，http://www.fjsq.gov.cn/ShowText.asp?ToBook=155&index=62&。

[2] 张道梁：《〈新生晚报〉小报大办》，载《天津报海钩沉》，第154页。

[3]《常小川关于刘静远接济款物情形补充说明》，1949年11月28日，天津市档案馆：X57-Y-1-2-13~18。

[4] 张道梁：《〈新生晚报〉小报大办》，载《天津报海钩沉》，第157页。

[5]《新生晚报申请登记表》，1949年11月28日，天津市档案馆：X57-Y-1-2-2~3。

[6]《新生晚报申请登记表》，1949年11月28日，天津市档案馆：X57-Y-1-2-2~3。

[7] 天津市人民政府第三处：《关于新生晚报常小川、马际融的情况》，1950年4月20日，天津市档案馆：X57-Y-1-14-2~4。

的四分之一。[1] 但因报社自身有楼房、印刷厂、存纸及其他财产,《新生晚报》得以成为天津市新闻出版处的重点扶持对象,甚至该晚报与另一民营报纸《星报》的合并动议也是由新闻出版处加以统筹的。[2]

表 3-2:天津解放后四份民营中文报纸简况(1949年4月14日)[3]

名称	编辑	记者	篇幅	刊期	发行数
进步日报	11	18	对开	日刊	25000
新生晚报	3	6	四开	日刊	5565
博陵报	5	2	四开	日刊	3000
华北汉英报	2		八开	二日刊	400

　　1952年6月,因机构调整,天津市人民政府新闻出版处裁撤,人员并入《新生晚报》,[4] 甚至连新闻处的1984万元稿费结余也转至报社。[5] 此番变动意味着这家民营报纸必须接受改组。1952年6月15日,仅有6年历史的《新生晚报》直接由民营改为公营,更名为《新晚报》,归天津市委宣传部领导,行政隶属文化局。[6] 该报定位为市民通俗报纸,力争打造成"劳动市民、一般家庭妇女和工人同志学习政治、时事和文化不可或缺的食粮"。[7] 公营的《新晚报》很快展现出自身的竞争实力。1954年,《新晚报》全年利润达到4.11亿元,发行数字持续上升,由每月平均8100份增加到13771份,平均期发数10670份,超过计划33.16%。全年广告收益5.44亿元,除二月份销售有亏损外,其余月份均有利润,并且逐季增长。[8] 其后期发行数字曾达到十几万份。[9] 1960年6月30日,《新晚报》

---

[1]《天津市报纸、书店、广播台情况总结》,1949年4月14日,天津市档案馆:X57-Y-1-2-114。

[2] 天津市新闻出版处:《关于新生晚报与星报合并的意见》,1951年2月4日,天津市档案馆:X57-Y-1-48-1~7。

[3]《天津市报纸、书店、广播台情况总结》,1949年4月14日,天津市档案馆:X57-Y-1-2-114。

[4]《为请新闻处办理移交图书手续由》,1952年6月3日,天津市档案馆:X57-C-1-55-8。

[5] 天津市新闻出版处:《我处稿费结余1984万3520元全部移交新生晚报请准备案由》,1952年5月30日,天津市档案馆:X57-C-1-55-2。

[6]《今晚报大事记》,《传媒》2011年第9期。

[7] 天津市供销合作总社:《为通知新生晚报改为国营提高内容争取基本订户由》,1952年6月9日,天津市档案馆:X98-C-1-30-1。

[8] 新晚报:《1954年度业务情况说明书》,1954年,天津市档案馆:X199-Y-1-77-73~75。

[9]《今晚报大事记》,《传媒》2011年第9期。

与《天津青年报》、《天津工人报》三报合并，改出《天津晚报》，[1] 销量高峰逾20万份。1967年，全国报界掀起夺权的"一月风暴"，《天津晚报》未能幸免，于1月7日停刊。直到1984年7月1日《今晚报》创刊，历史才得以接续。今天的天津《今晚报》即以民营的《新生晚报》为自己的前身。[2]

（三）《联合报》改组为《广州日报》

广州是解放最晚的特大城市，这座城市的管理者有机会从其他城市借鉴管理经验，并形成了与众不同的新闻管理模式。比如在允许民营报纸出版方面，广州既未像北京那样，通过严格的登记准入制度只保留了《新民报》一家民营报纸，也未像上海那样，同期保有多张同质化报纸，导致彼此之间竞争惨烈。早在广州刚刚解放时，中共中央华南分局已经做好了报纸出版的规划，大致结构是：党报《南方日报》，必要时下设广州市小报；民盟出一份报纸；工人或工、青、妇出一份报纸；[3] 对于能够改造利用的民营报纸先不着急令其停刊，而是适当地安置民盟的人进入，适时改组，从而实现广州报纸的参差性结构。《联合报》即是上述规划的产物。《联合报》创刊于1950年8月22日，是在原民营大报《越华报》的物质基础上成立的。之所以称作《联合报》，皆因该报"为华南各民主党派无党派民主人士、工商界与海外华侨所联合创办"[4]。《联合报》社长李章达（广州市副市长、民盟），副社长萧隽英（广东省文教厅副厅长、民革），总编辑李子诵（民革），主笔杨奎章（民盟），经理梁若尘（民盟）。[5] 从这份社务名单上可以看出，该报是典型的民主党派报纸，但是在运营方面，走的却是民营化之路。

筹办之初，《联合报》在民主党派、民主人士、工商业家、华侨领袖间推出25人为董事，其中，李章达为董事长，司徒美堂、杜国庠为副董事长，公开以每股五十万的额度向全社会招募共五千股。该报对《越华报》的接管也完全遵照商业化的兼并模式，合理解决了《越华报》的人员去留和财产的有效

---

[1] 张道梁：《〈新生晚报〉小报大办》，载《天津报海钩沉》，第159页。
[2] 《今晚报大事记》，《传媒》2011年第9期。
[3] 《华南分局关于文艺宣传问题讨论纪要》，1949年11月1日，载《中共中央华南分局文件汇集》（1949.4—1949.12），第281-282页。
[4] 《发刊词》，《联合报》1950年8月22日。
[5] 《广东省志·新闻志》，第379页。

利用。[1]《联合报》初办时只有七八十人，包括编采、经营、印刷、杂务人员，都挤在200平方米的三层楼房中。在人员少、物质条件差的情况下，《联合报》从发刊初期的12000份发行量起步，[2] 到了1952年，发行量稳固在28000份左右。尽管这张报纸的发展势头不错，但其自身结构有致命弱点。报社的核心层党派云集，各党派都有各自的打算，相互倾轧、争名逐利现象屡见不鲜，团结问题始终难以解决。[3] 1952年5月，《联合报》社委会提出，希望由广州市委接管该报，这与中共中央华南分局最初的报业结构设想以及广州市委想要创办一张机关报的目标不谋而合。1952年11月15日，《广州日报》编辑委员会成立，广州市长叶剑英请毛泽东主席题写了报纸刊头。[4] 1952年12月1日，《广州日报》正式出刊，《联合报》同日停刊，该报几乎全部人马共108人并入《广州日报》。《联合报》结束时，尚有两三亿元的盈余以及先前购置的宿舍，皆都献给了国家。[5]

表 3-3：联合报社 1952 年 1-8 月发行情况 [6]

1月	2月	3月	4月	5月	6月	7月	8月
27580	27355	28997	29873	27922	26031	28701	26670

（四）《广州标准行情》并入《广州工商》

《广州标准行情》的停刊也是广州市新闻管理部门有规划地调整报纸结构的结果。《广州标准行情》于1950年3月16日创刊，由香港经济导报广州分社创办，负责人林玲、陈展谟。1950年底，该报曾销行4569份，[7] 达到其发行量的巅峰。《广州标准行情》的发行范围除广州市外，还销往广东省内各城镇及省外上海、天津、汉口、长沙、南昌等地。这张报纸的存在对政府掌握物价，管理市场，进行工商业改造及开展物资交流，起到过一定的作用。自1952年起，

---

[1] 杨繁：《处理越华报停刊和筹备联合报出版的工作报告》，1950年8月21日，广东省档案馆：204-3-5-072～080。

[2] 广东省、广州市人民政府新闻出版处：《广东省暨广州市报纸（1950年）八、九、十、十一、十二月份发行数概况》，1951年2月14日，广州市档案馆：179-1950-长久-003-83。

[3] 杨繁：《处理越华报停刊和筹备联合报出版的工作报告》，1950年8月21日，广东省档案馆：204-3-5-072～080。

[4] 《广东省志·新闻志》，第214页。

[5] 《广东省志·新闻志》，第380页。

[6] 《联合报社1952年发行情况》，1952年，广州市档案馆：179-1952-长久-081。

[7] 广东省、广州市人民政府新闻出版处：《广东省暨广州市报纸概况表》，1950年12月7日，广州市档案馆：179-1950-长久-003-79。

由于全国财经统一，物价稳定，城乡内外贸易工作在国营经济领导下逐渐走向计划化，该报的作用逐渐减小，销数也减至1500份左右。[1]

表 3-4：《广州标准行情》发行份数（1952年1-10月）[2]

1月	2月	3月	4月	5月	6月	7月	8月	9月	10月
3945	2522	2160	1800	1720	1783	1531	1522	1504	1493

1952年10月，经济导报广州分社原本想突破"行情"局限，将《广州标准行情》更名为"导报"，以服务大规模的经济文化建设。此时，广州正重新进行报纸登记，中共中央华南分局统战部第一处的调查意见函对《广州标准行情》的存废起到了关键作用。这份调查意见函称：经济导报广州分社"三反前经营陷于无政府状态，贪污泄密，人员复杂"，建议取消其庞大的广州机构，并将《广州标准行情》停刊，取消出版业务，印刷厂独立经营。[3] 根据这份意见，中共中央华南分局宣传部委托广州市新闻出版处与华南分局统战部的派出人员共同协调《广州标准行情》的停刊事宜。1952年10月22日，广州市新闻出版处发出穗处字第284号通知，限定《广州标准行情》于1952年11月15日停刊，停刊原因是："《广州标准行情》自刊行以来，对价格报导工作，向无遵照中南军政委员会财政经济委员会华南分会1950年3月25日财经总字第529号批示办理；编辑部亦不健全，无编辑计划。根据此次书刊出版业、印刷业、发行业核准营业及期刊登记条件精神，我处认为该刊无继续编行的必要。"[4] 以两年前的一份批示作为一张报纸的停刊理由，此事不免令人诧异，甚至连出版总署都不明就里。1952年12月22日，出版总署破天荒地就《广州标准行情》停刊一事致函广州市新闻出版处，明确表示该处"未将《广州标准行情》停刊的理由讲清楚"，对引致报纸停刊的"中南军政委员会财政经济委员会华南分局1950年3月29日财经总字第529号内容"也未做说明。出版总署希望广州方面"重行写一专题

---

[1]《经济导报广州分社出版计划》，1952年，广州市档案馆：179-1952- 长久 -087-1~3。

[2]《广州标准行情报社月报表》（1952年1月至10月），1952年，广州市档案馆：179-1952- 长久 -087。

[3] 广州市新闻出版处：《处理广州市行情及经济导报广州分社的原因及经过》，1953年1月10日，广州市档案馆：179-1953- 长久 -123-62~64。另见《关于经济导报广州分社重新登记问题》，1952年10月8日，广州市档案馆：179-1952- 长久 -087-48~49。

[4] 广州市新闻出版处：《对广州标准行情期刊出版计划意见》，1952年10月22日，广州市档案馆：179-1952- 长久 -087-43。

报告，详细说明停刊理由"。[1] 那么，令《广州标准行情》停刊的这个529号批示究竟是何内容？根据广州市新闻出版处提供的信息，这一批示主要关系到自由市场的价格报道问题，批示规定，不得报道黑市价和自由市价。[2] 这样的批示在1950年尚显合理，但在物价已基本稳定的1952年底，显然不合时宜。由此可见，对《广州标准行情》的停刊处理不能不说明广州市新闻管理部门急于完成报纸转制的迫切。在某些管理人员看来，那些小型刊物中不免有些"不必要的乱七八糟的东西"，[3]《广州标准行情》显然被划分到这一行列。

当然，报纸间的并合并非只针对民营报纸。以广东省为例：1952年全省共有报纸17家，1953年合并为13家。其中影响最大的是农民报，1952年有9家农民报，次年调整为5家。[4] 民营报纸因基数小，一旦发生合并重组，即宣告消失的进程加快。随着1952年11月16日《广州标准行情》停止出版，该报的印刷设备由广州市工商业联合会承接，用作出版《广州工商》，[5]《广州标准行情》的主办单位经济导报广州分社也于1953年2月并入《广州工商》，原社长叶廷英出任《广州工商》总编辑，[6] 广州自此完成了全部民营报纸的改造与重组。

（五）《经济快报》改组为《西安日报》

1949年5月20日，古城西安获得解放。解放前夕，随着胡宗南部队的撤离，大部分报纸跟着迁移，工商类的《经济快报》是为数不多留在西安的报纸，也是准予复刊的两份民营报纸之一。该报由中共中央西北局下属的新闻局主管，鉴于复刊初期的经营困境，新闻局曾给予该报必要的资金及物质资助。1953年3月，西安由西北行政区辖市升为中央直辖市，为全国12个中央直辖市之一。为了更好地反映市区的工业和其他建设状况，中共西安市委决定在《经济快报》

---

[1]《中央出版总署对广州新闻出版处关于停止"广州标准行情"编行原因经济导报分社已结束业务报告的意见》，1952年12月22日，广州市档案馆：179-1952- 长久 -087-40。

[2] 广州市新闻出版处：《处理广州市行情及经济导报广州分社的原因及经过》，1953年1月10日，广州市档案馆：179-1953- 长久 -123-62~64。

[3]《关于经济导报广州分社重新登记问题》，1952年10月8日，广州市档案馆：179-1952- 长久 -087-48~49。

[4] 广东省（广州市）新闻出版处：《广东省、广州市1952年各报发行份数统计表》，1953年10月23日，广州市档案馆：179-1952- 长久 -078，第26页。

[5] 经济导报社广州分社社长叶廷英：《经济导报社办理结束报告》，1952年11月13日，广州市档案馆：179-1952- 长久 -087-12~13。

[6]《广州工商申请登记表》，1953年1月21日，广州市档案馆：179-1953- 长久 -123-77。

的基础上创办《西安日报》。《经济快报》在1953年6月30日出版了最后一期报纸，部分采编人员进入《西安日报》，从而完成了由民办到公营的转制。《西安日报》于1953年7月1日创刊。

（六）《当代日报》改组为《杭州日报》

解放后，杭州《当代日报》一直受中共杭州市委领导。由于该报系民营报纸，不能发挥市委机关报的作用，杭州市委便开始酝酿创办《杭州日报》，并于1954年底派干部到《当代日报》掌管人事工作，以便为《杭州日报》的创刊遴选人员。1955年4月18日，杭州市委成立《杭州日报》筹备委员会，9月16日，决定借《当代日报》试刊一个半月。部分《当代日报》的经营、印刷、采编人员被抽调过来参与了《杭州日报》的试刊工作。随着1955年11月1日《杭州日报》正式创刊，《当代日报》亦即结束了其历史使命。[1]

（七）《工商导报》改组为《成都日报》

成都《工商导报》的社会主义改造起步于1954年。当年8月13日，四川省委决定将《工商导报》改组为成都市委机关报。[2] 但因受制于"钱从哪出"、"人往哪去"的双重难题，《工商导报》的改制一度搁置。1956年1月27日，四川省委常委会议决议，由四川省委宣传部协调解决《工商导报》的善后工作，争取尽快实现改制。[3] 同年3月，张烈夫受命组建《成都日报》编辑部，约三分之二的《工商导报》编采人员获邀留职。筹备就绪的《成都日报》编辑部从4月1日起已开始负责《工商导报》的编辑工作，以便与《成都日报》的创刊相衔接。[4] 1956年4月30日，《工商导报》出版最后一期报纸，第二天，《成都日报》创刊，成都的民营报纸历史就此结束。

从民营报纸并合的种种方式来看，无论此种工作是以没收官僚资本的形式实施，还是通过集约资源实现整合，或者直接达成从民办到公营的转制，其结

---

[1] 徐成功口述、傅一览整理：《你知道〈杭州日报〉是怎样诞生的吗》，《杭州日报》2009年5月22日。

[2] 中共四川省委：《决定将工商导报交成都市委接办》，1954年8月28日，成都市档案馆：54-1-312。

[3] 中共四川省委：《关于将私营"工商导报"改组成为市委机关报》，1956年1月27日，成都市档案馆：54-1-621。

[4] 白紫池、张烈夫致中共成都市委的函：《关于成都日报准备工作情况和今后意见的简报》，1956年3月30日，成都市档案馆：140-1-1。

果都是对民营报纸存在形式的瓦解，从而造成其数量的锐减。值得注意的是，新政权对民营报纸的社会主义改造并非如一部分学者的想象，完全出于管理者的先验设计，而是受制于经济、社会影响乃至不同地区的行政管理风格。这便导致民营报纸的转制并非在1952至1953年间一蹴而就，而是分散地以不同方式在新中国渐次上演。

第四章　民营报纸的公私合营

马克思、恩格斯在《共产党宣言》中有一句提纲挈领的文字："共产党人可以把自己的理论概括为一句话：'消灭私有制'。"[1] 这是因为，建立在私有制基础上的资本主义"把人的尊严变成了交换价值，用一种没有良心的贸易自由代替了无数特许的和自力挣得的自由"，"它用公开的、无耻的、直接的、露骨的剥削代替了由宗教幻想和政治幻想掩盖着的剥削"。[2] 在私有制的框架下，资本"在它被我们使用的时候，才是我们的"，[3] 人只能通过自己同对象的关系达成对对象的占有，对现实的占有，从而人"变成异己的和非人的对象；他的生命表现就是他的生命的外化"。[4] 这是马恩哲学中著名的"人的异化"的观点，它所反思的是，人何以为自己所生产的物质所奴役。如何摆脱这种奴役？1844年，马克思在他的《1844年经济学哲学手稿》中写到，人这个存在物必须被归结为绝对的贫困，"他才能从自身产生出他的内在丰富性"，"因此，对私有财产的扬弃，是人的一切感觉和特性的彻底解放"。[5] 那么，怎样的一种社会现实可以完成人向自身的合乎人性的回归？作为"历史之谜"的解答，马恩哲学认为，惟有共产主义"是人和自然界之间、人和人之间的矛盾的真正解决"。[6]

人类社会必然向"消灭私有制"的共产主义社会过渡，这一马克思主义的终极理论，是中国无产阶级革命的理论基石，其实践契合着为实现共产主义而不断革命的两个必经阶段：先是保证资产阶级民主革命的胜利，然后保证民主主义革命向社会主义革命转变。有关这一点，毛泽东在1939年12月就已经阐

---

[1] 马克思、恩格斯：《共产党宣言》，第41页。
[2] 马克思、恩格斯：《共产党宣言》，第30页。
[3] 马克思：《1844年经济学哲学手稿》，人民出版社，2000，第85页。
[4] 马克思：《1844年经济学哲学手稿》，第85页。
[5] 马克思：《1844年经济学哲学手稿》，第85-86页。
[6] 马克思：《1844年经济学哲学手稿》，第81页。

明:"完成中国资产阶级民主主义的革命(新民主主义的革命),并准备在一切必要条件具备的时候把它转变到社会主义革命的阶段上去,这就是中国共产党光荣的伟大的全部革命任务。"[1] 毛泽东为此宣告:"一切共产主义者的最后目的,则是在于力争社会主义社会和共产主义社会的最后的完成。只有认清民主主义革命和社会主义革命的区别,同时又认清二者的联系,才能正确地领导中国革命。"[2]

正因为有如上的理论认识,1949年新中国成立时,新政权秉持的是新民主主义的施政纲领,在经济管理方面,基本按照《共同纲领》的方针,采取"公私兼顾、劳资两利、城乡互助、内外交流"的方式,主张"凡有利于国计民生的私营经济事业,人民政府应该鼓励其经营的积极性,并扶助其发展"。[3]

新中国成立初期,私营经济在国民经济中的比重非常大。1949年,全国共有资本主义工业企业12.3万余家,职工164万余人,占全国工业职工总数的54.6%,产值占比高达63.2%。[4] 私营商业所占比重更大,相当于社会商品总批发额的67%,社会商品总零售额的83.5%。[5] 为了扶植私营经济的发展,1949年,各大城市对资本主义工商业的贷款占到国家对工商业贷款总额的20%到25%,其中上海达到52.3%,天津是46.9%。借此国家政策,私营工商业逐步克服了因战争破坏带来的经济困境,仅以天津市为例,该市1949年全年,私营工业企业由9873户发展到12311户,职工由71863人增加到85385人,110个机器工厂的产量较1948年提高88%。[6]

1950年3月以后,针对因市场萎缩、产品滞销而带来的资本主义工商业的新的困难,毛泽东在中央人民政府委员会第七次会议上,第一次将合理调整工商业列为实现国家财政经济状况根本好转的基本条件之一。这次会议之后,各地有组织地扩大加工订货和收购成品的数量,解决私营工商业在原料、资金和产品销路等方面的困难。如为了维持私营棉纺业的生产,新生政权不惜以很

---

[1] 毛泽东:《中国革命和中国共产党》,1939年12月,载《毛泽东选集》第2卷,人民出版社,1991,第651页。

[2] 毛泽东:《中国革命和中国共产党》,1939年12月,载《毛泽东选集》第2卷,第651-652页。

[3] 中国人民政治协商会议第一届全体会议:《共同纲领》,1949年9月30日。

[4] 庞松:《中华人民共和国史(1949—1956)》,第158页。

[5] 林蕴晖、范守信、张弓:《1949—1976年的中国:凯歌行进的时期》,人民出版社,2009,第88页。

[6] 林蕴晖、范守信、张弓:《1949—1976年的中国:凯歌行进的时期》,第88页。

高的代价统筹棉花，仅外棉进口和棉纺加工一项，1950年国家亏损额相当于8亿斤小米。对机械行业的订货，有70%以上的并非市场所需产品，此举意味着由国家来承担私营企业的亏损。政府还通过降低放款利率、扩大贷款等方式缓解私营企业在资金周转方面的困难，国家银行对私总贷款额从1950年5月的2186亿元增至9月份的4963亿元。借此次调整，生产得以复苏，市场再度活跃，1950年下半年，私营工商业开业的共有32674家，歇业的只有7451家。[1]资本主义工商业获得了空前的发展，1951年更成为私营工商业发展的"黄金年"。

但一个不可回避的现象是，国家通过加工订货、统购包销等手段扶植私营工商业，其结果是，资本主义工商业逐渐被纳入到国家资本主义的轨道中去，私营企业的性质开始发生变化，其对国营经济的依赖日益增加。截至1952年，由国营经济主导的加工、订货、统购、包销、收购等形式已占大型私营工业中的60%—70%，[2]私营企业正日益演变成在人民政府管理下，同社会主义经济相联系并受工人监督的国家资本主义企业。这一情形显然超出了新中国成立初期国家领导人对何时转入社会主义的保守估计。按照毛泽东在1950年6月的初步估算，实行私营工业国有化和农业社会化，"这种时候还在很远的将来"，估计至少要10年，多则15年或20年。[3]而经过三年的国民经济恢复时期，不仅国营工业的比重超过50%，且重要的工矿企业、铁路、银行等国民经济的命脉已然掌握在国家手里。这三年，新中国的政治面貌以及所置身的国际环境也发生了根本性变化：土地改革、镇压反革命、"三反"、"五反"等一系列民主改革和社会政治斗争，巩固了人民民主专政的政治基础；抗美援朝战争取得了决定性战果，西方国家短期内难以再次发动大规模战争。[4]上述情形为新中国进行社会主义改造提供了难得的机遇。

1953年5月，统战部部长李维汉向中共中央提交了关于资本主义工业中的公私关系问题的调查报告，报告中提出了公私合营是高级形式的资本主义，在公私合营企业中，企业的利润可分为国家的税收、资本家的股息和红利、工人的奖金和福利、企业的公积金四部分，依据"四马分肥"的原则，工人阶级得其大半。如此一来，国家资本主义企业中的工人，已经不是单纯地为资本家生

---

[1] 林蕴晖、范守信、张弓：《1949—1976年的中国：凯歌行进的时期》，第92-94页。
[2] 庞松：《中华人民共和国史（1949—1956）》，第272页。
[3] 毛泽东：《在全国政协一届二次会议上的讲话》（1950年6月14日、23日），载《毛泽东文集》第6卷，人民出版社，1999，第80页。
[4] 薄一波：《若干重大决策与事件的回顾》（上），中央党史出版社，2008，第152-153页。

产,而同时是在为国家生产。[1] 报告在结语中明确建议,应该通过国家资本主义,特别是公私合营这一主要环节,实现对资本主义所有制的变革。

李维汉的这一报告,"系统地解决了私人资本主义企业向社会主义转变的路径问题"。[2]1953年6月15日,中共中央政治局会议讨论并通过了李维汉所做《资本主义工业中的公私关系问题》的报告,在这一天的会议上,毛泽东第一次完整表述了过渡时期总路线的内容,提出"要在十年到十五年或者更多一些时间内,基本上完成国家工业化和对农业、手工业、资本主义工商业的社会主义改造"。自此,新中国从新民主主义到社会主义的步骤和政策,从新中国成立伊始主张10到15年后的突变,转变为从现时起的渐变。这种理论范式的转变快速推进了生产资料所有制的社会主义改造进程。公私合营,作为这一改造的理想路径,开始在中华大地上遍地开花。

将公私合营定为国家资本主义的最高形式始于1953年,但民营报纸的公私合营实践早在1949年接管特大城市时已经开始。最早的一批公私合营报纸源于没收官僚资本时保护私营股本的需要,像从《申报》改组而来的《解放日报》,名义上为党报、机关报,但其经营性质却是公私合营的,史泳赓的43.3333%私人股本一直跟随到1954年。[3] 由《新闻报》改组而来的《新闻日报》,则是新中国最早以公私合营身份亮相的报纸,其私人股本高达73.2%。[4]

新中国伊始,公私合营经济所占比例极低,直至1952年国民经济恢复时期结束时,仅占比0.7%。[5] 随着过渡时期总路线的提出,各行各业的公私合营进程明显加快,报纸行业更是转制的排头兵。经本书作者查证,在新中国成立初期总计72份民营报纸中,共有7份报纸历经公私合营,其中3份是在过渡时期总路线提出之前已转制为公营;另外4份报纸是在1953年以后才开始公私合营。

一、过渡式公私合营的报纸

经由公私合营,并于1953年之前变身为公营报纸的,包括汉口《大刚报》、重庆《大公报》和北京《新民报》。

---

[1] 李维汉:《李维汉选集》,人民出版社,1987,第266-267页。
[2] 庞松:《中华人民共和国史(1949—1956)》,第272页。
[3] 解放日报报史办公室编《解放日报、新闻日报报史资料》②,第114-115页。
[4] 《新闻日报社资方情况(大私股)》,1955年,上海市档案馆:B167-1-97-75。
[5] 中共中央文献研究室编《关于建国以来党的若干历史问题的决议注释本(修订)》,第196页。另见林蕴晖、范守信、张弓:《1949—1976年的中国:凯歌行进的时期》,第511页。

（一）汉口《大刚报》的公私合营

汉口《大刚报》是最早完成公私合营的一张民营报纸。该报1937年11月9日创刊于河南郑州，随后迁往信阳。随着战局的变化，《大刚报》先后撤退到湖南衡阳、广西柳州和贵州贵阳，虽两度遭轰炸、四次搬迁，仍坚持出版。其"愈炸愈奋，至大至刚"的精神由此驰誉报坛，成为西南后方有较大影响的民营报纸之一。抗日战争胜利后，《大刚报》于1945年底及1946年初先后开办了汉口、南京两地版本。南京《大刚报》后被国民党CC派掠夺，汉口《大刚报》仍坚持民营报纸的立场。由于汉口《大刚报》在武汉解放之前已处于共产党领导之下，属于进步报纸，1949年8月8日，武汉市军管会为其颁发了新字第7号登记证，汉口《大刚报》成为整个武汉地区惟一一家获准继续出版的民营性质的综合性日报。[1]

在允许汉口《大刚报》继续出版之前，武汉市委已对困难重重的《大刚报》施以援手。最早一次是在1949年6月，此后半年时间内，大刚报社获得2.4亿元政府贷款，用于购买新闻纸张等生产原材料。中南局宣传部还无偿调拨一部轮转机用以替代报社陈旧的对开平版印刷设备。1949年10月2日，武汉市政府又将交通路和江汉路两处房产拨给报社。从政府获益良多的《大刚报》考虑到以自身之力难以维持生存，遂主动提出公私合营的要求。1950年8月12日，武汉市委发出《关于大刚报改为公私合营的指示》，半个月后，武汉市政府和报社签订了《大刚报公私合营合同》，《大刚报》于当年9月1日正式进入公私合营阶段，中共武汉市委宣传部长李尔重任该报董事长兼社长。此后一年，《大刚报》的办报方针、群众基础都有了新的变化，已具备转变为机关报的各项条件。1952年1月1日，经中共武汉市委批准，报纸改名为《新武汉报》，正式作为中共武汉市委机关报，由梁斌任社长。[2] 至此，《大刚报》的历史使命宣告完成，终刊号第5072期。[3]

---

[1] 李理：《从合作社性质的民营报纸到共产党的党报——汉口〈大刚报〉史研究》，华中科技大学博士论文，2011年。

[2] 欧阳柏：《大刚报史话（续）》，《新闻研究资料》1984年第3期。

[3] 李理：《从合作社性质的民营报纸到共产党的党报——汉口〈大刚报〉史研究》，华中科技大学博士论文，2011年。

（二）重庆《大公报》的公私合营

在汉口《大刚报》的史料被挖掘出来以前，重庆《大公报》一直被视作"公私合营的先行者"。[1]关于重庆《大公报》实行公私合营的时间，学界多有争议，第一种看法是《大公报》于1950年7月实行公私合营，孙旭培在《解放初期对旧新闻事业的接收和改造》一文中谈及"当时新闻总署指示，不正式对外宣布也不故意否认这一改变，但在《大公报》内部是公开的"；第二种看法是王文彬在《建国初期的重庆〈大公报〉》中提出的"1950年10月，党派雷勃同志担任《大公报》编辑部主任，算是重庆《大公报》正式公私合营开始"；第三种看法来自李纯青的《为评价大公报提供史实》"重庆大公报于1951年12月12日宣布为公私合营"；第四种看法出自方汉奇等著《〈大公报〉百年史》，认为"1952年1月，重庆《大公报》改为公私合营"。提出第二种看法的王文彬时任重庆《大公报》负责人，其说法本应具有一定的权威性，但按照报纸公私合营程序，一般以签署合同时间为正式公私合营开始。1951年12月1日，曹谷冰代表上海《大公报》总管理处宣布，即日起《大公报》渝馆与中共重庆市委联合经营，但未提及合同签署日期。因李纯青全程参与了公私合营的谈判过程，笔者认为，李纯青有关重庆《大公报》正式公私合营时间的论定更具合理性，即正式合营时间系1951年12月12日。

重庆《大公报》为什么没有和上海《大公报》一并转制，而是先期实现公私合营？这不仅关乎新中国成立以后报纸的属地管理政策，也和重庆《大公报》的历史特殊性息息相关。重庆《大公报》于1938年12月1日发刊，日出对开纸一张。抗日战争时期，日销最高达到97000余份。[2]1949年9月，国民党重庆当局认为该报有配合人民解放军南下之举，派人强行占据重庆《大公报》馆址，由曾任国民党中宣部新闻处长的彭革陈任发行人兼社长，原国民党中央通讯社编辑主任唐际清为总编辑。直至1949年11月30日重庆解放，出版了74天的伪《大公报》和《大公晚报》才宣告终结。[3]12月1日之后，《大公报》继续出版，《大公晚报》停刊。突然之间，两张报纸的人靠一张报纸养活，不免产生人事臃肿问题。而且，重庆《大公报》人员众多也有一定的历史原因。解放前，重庆《大公报》销数较多，始终有盈余。因此，报馆机构庞大，职工多达500人。加上

---

[1] 孙旭培：《解放初期对旧新闻事业的接收和改造》，《新闻研究资料》1988年第3期。

[2] 王文彬：《建国初期的重庆〈大公报〉》，《新闻研究资料》1987年第4期。

[3] 方汉奇等：《〈大公报〉百年史》，第323页。

重庆经常电力紧张，多部平版对开印刷机常常靠人力摇动，又额外增加100多个勤杂工人。[1]刚解放那会儿，就业形势不好，这么多人都得靠报纸养活，重庆《大公报》自然难堪重负。中共重庆市委得知此一情况后，分两次调走百余人用以支援新华印刷厂和邮局，仍未能缓解报社的经营困境。1950年，《大公报》渝馆经理王文彬开始向中共中央西南局宣传部和重庆市委宣传部口头申请公私合营，这年年终，《大公报》总管理处代理总经理曹谷冰和社评委员李纯青也从上海来到重庆谋求公私合营事宜，直至1951年年底，此项动议才转为现实。

重庆《大公报》在公私合营后又出版至1952年8月4日，在此期间，不仅做到了收支平衡，还略有盈余，没有出现亏损局面。[2]1952年，重庆市委酝酿成立市委机关报《重庆日报》，周恩来总理在请示报告中予以批示，要求"做好党外人士的安排工作，处理好私营《大公报》时期的财务账目"。[3]听闻报纸将改组为《重庆日报》，大多数报社职工认为，"调到国营企业或参加党报工作，比较稳妥可靠，没有政治上、经济上的种种风险，而且工资福利也比私营报纸好得多"。[4]只有少数人希望保存所谓"同人报"，但没有把握，深恐发生经济赔累问题。因此，重庆《大公报》的停刊改组非常顺利。《重庆日报》于1952年8月5日创刊后，《大公报》渝馆职工都得到统一安排，原《大公报》经理王文彬也获任《重庆日报》经理一职。

（三）北京《新民报》的两次公私合营

在所有公私合营报纸中，最曲折的是北京《新民报》，先后经历了两次公私合营。第一次合营是与民革中央。民革中央一向对《新民报》有所期待，早在1948年，李济深就动过念头，想把《新民报》变成民革的报纸。他曾交代张平江发展《新民报》女掌门人邓季惺参加民革。1951年，当民革中央发现陈铭德与邓季惺执意想交出《新民报》，便充分利用这一契机，于1951年5月24日与《新民报》签订合同，并从6月1日起开始公私合营，合营的规模涵盖北京、上海、重庆三社。[5]政府对此次合营予以经济上的支持，除原有股份外再投资15亿元，

---

[1] 王文彬：《建国初期的重庆〈大公报〉》，《新闻研究资料》1987年第4期。
[2] 王文彬：《建国初期的重庆〈大公报〉》，《新闻研究资料》1987年第4期。
[3] 方汉奇等：《〈大公报〉百年史》，第325页。
[4] 王文彬：《建国初期的重庆〈大公报〉》，《新闻研究资料》1987年第4期。
[5] 新民报北京社：《1951年经营情况》，1951年，北京市档案馆：114-1-9-20~24。另见中国国民党革命委员会中央委员会通告：《关于我党中央与新民报进行公私合营成立新董事会完成合营程序的通告》，1951年6月16日，上海市档案馆：G21-1-157-2。

由民革中央代表政府行使股权,改组了董事会。李济深任董事长,邵力子任副董事长,陈铭德仍然为总经理,黄苗子为公方代表兼副总经理。只是这次合营前后不足一年。[1]1952年3月1日,民革中央与新民报社签订协议书,双方的公私合营关系正式解除,[2] 先期投资的15亿元股款予以收回。[3]

第二次公私合营的对象是北京市人民政府。1952年3月27日,北京市政府与《新民报》签订协议书,收购新民报北京社和新民报股份公司总管理处的全部财产,并从4月1日起接管该报编、经两部的业务。《新民报》在北京的全部财产估价约29亿元,扣除政府代民革中央公私合营期间投资的15亿元、交通银行代管的公股3亿余元以及私股中应予没收的反革命分子的投资,实付给《新民报》的款项大致六七亿元。[4]

与北京市政府公私合营后,《新民报》继续出版了半年,为改组成为《北京日报》做准备。在此期间,北京市政府将原有的《北京晚报》筹备处与《新民报》合并,绝大部分《新民报》人员得以留用,小部分政治上有问题或工作能力差的,由政府帮助其转业。1952年10月1日,《北京日报》创刊,《新民报》提前一天停刊,[5] 结束了其在北京六年半的生涯。

二、契合社会主义改造的公私合营报纸

1952年底,新闻总署发布1953年至1955年全国报纸规划,规划中显示1953年私营报纸数量为零。为此,全国各地新闻管理机构展开了对现有民营报纸的清理。有研究据此指出,至1952年底,报纸全行业完成社会主义改造。虽然这种论断缺乏事实依据,并已经被不断涌现的新材料推翻,但是,1952年底,大量民营报纸停刊或转制为公营,却也是不争的事实。其中,部分报纸是经由"四马分肥"式的公私合营完成了社会主义改造。

与1952年以前经由公私合营转为公营报纸的汉口《大刚报》、重庆《大公

---

[1] 蒋丽萍、林伟平:《民间的回声:新民报创始人陈铭德邓季惺传》,新世界出版社,2004,第306页。

[2] 新民报管理委员会:《关于同意解除新民报公私合营关系的函》,1952年3月1日,上海市档案馆:G21-1-157-12。

[3] 《中国国民党革命委员会中央委员会与新民报私股股东解除双方公私合营合同协议书》,1952年3月1日,上海市档案馆:G21-1-157-13。

[4] 北京市委宣传部:《关于收购新民报财产情况向周恩来总理的报告》,1952年4月12日,北京市档案馆:1-12-97-1~4。

[5] 《〈新民报〉过渡时期》,《北京日报》2012年10月31日。

报》、北京《新民报》不同，1953年及之后实现公私合营的报纸，基本按照公私合营企业"四马分肥"的原则分配利润，严格遵照国家的相关规定。能够坚守到这一时段实现公私合营，基本需要具备两个条件：一是管理经营良善，营业收入与支出大体平衡；二是出版有优良成绩，且已有明确的出版方向。[1] 这是新闻出版行业早在1950年即定下的规则。新中国成立以后获准出版的民营报纸本就数量有限，且大多白手起家，资金及人员系临时拼凑，很多报纸在1950年的紧缩时期即自行消失。能够同时满足上述两个条件的报纸，首先要有规模，且有稳定的资金及人力储备，还要有盈利的历史。1952年底，在尚存的民营报纸中，与上述条件搭边的均集中在上海，那就是《文汇报》、《新民报》、《大公报》，以及以公私合营面目出现，实际上仍然按照民营报纸运营的《新闻日报》。

（一）上海《新民报》的公私合营

上海《新民报》创刊于1946年5月1日，经理邓季惺、总主笔赵超构、总编辑程大千。自上海版问世后，《新民报》"五社八版"的托拉斯阵营终于形成。上海版虽最后问世，阵容却最为鼎盛，从其名家荟萃的作者队伍可见一斑。当时坊间有传："名作如林郭沫老，茅盾老舍叶圣陶。上下古今张恨水，今日论语超构赵。新闻旧闻说夏衍，冰兄龙生漫画妙……"[2] 1947年5月20日，国民党在南京镇压学生，制造了"5·20"血案，《新民报》以大量篇幅报道和支持学生斗争。五天后，国民党当局以"为共党张目"之借口，查封上海《新民报》，待该报接受部分屈辱条件后才允其复刊。1949年上海解放后，《新民报》获准继续出版。但因市场低迷，报纸间竞争激烈，发行量从登记时的两万份下跌到几千份，最低一天仅有2700份。《新民报》只能靠向《解放日报》求借纸张，到银行借贷，以维持生存。滚动到1952年，《新民报》外欠债务已高达7.5亿元。[3] 此时，北京的《新民报》经由短暂的公私合营改组为公营的《北京日报》，上海《新民报》有意效仿之，愿意把上海新民报社献给国家。而上海新闻出版管理部门的通盘考虑是先压缩上海现有的报纸数量，解决报纸间的恶性竞争及彼此分工问题。一个重要的举措即将《大报》先并入《亦报》，再将《亦

---

[1] 胡愈之在京津出版工作会议开幕式上的报告：《出版事业中的公私关系和分工合作问题》，1950年7月10日，载中国出版科学研究所、中央档案馆编《中华人民共和国出版史料（1950）》，第405-406页。

[2] 杨雪梅：《报人时代：陈铭德、邓季惺与〈新民报〉》，中华书局，2008，第93页。

[3] 《新民报上海社情况》，1950年4月，上海市档案馆：S314-4-5-1。另见《新民报上海社1952年损益表》，1952年12月31日，上海市档案馆：G21-1-284-4。

报》并入《新民报》。1952年11月20日，上述合并工作最终完成，[1]因原《亦报》订户的转入及著名报人唐云旌等人的加盟，《新民报》销量迅速增至两万份以上。此时，《大公报》已决定北迁与《进步日报》合并，上海报纸的竞争状况得以缓解，各报分工也已确定。《新民报》被定位为市民报，"以发展与提高人民文化生活为主要宣传内容"。[2]鉴于上海市仅此一家晚报，为了扩大《新民报》的政治影响，上海市人民政府文化教育委员会接纳了新民报股份有限公司提出的公私合营的要求，由政府投资21亿元，并于1952年底拨款到位。[3]1953年1月1日起，新民报社正式进入公私合营阶段，并以此为经营属性持续到1958年4月。此后，《新民报》晚刊改名为《新民晚报》，成为完完全全的公营报纸。[4]

（二）上海《文汇报》的公私合营

《文汇报》1938年1月25日创刊于日军盘踞的"孤岛"上海，由严宝礼等爱国人士集资创办。该报"首先突破了'洋商'报'中立'的界限，热情地歌颂抗战，反对投降卖国"，[5]曾刊登周恩来、朱德、彭德怀、贺龙、叶剑英、刘伯承、林彪、任弼时的访问记和报道，连载史沫特莱的长篇报告文学《中国红军行进》，全文登载了毛泽东的《论持久战》。[6]这些抗日宣传，在上海和沦陷区人民群众中产生了广泛的影响，该报创刊仅四个月，发行量已超过5万份，成为当时上海发行量最高的一张报纸。[7]在日据区宣传抗日，其结果可想而知。1939年5月18日，在英租界与日本侵略者的共同压制下，《文汇报》被迫停刊。

抗战胜利后，《文汇报》于1945年9月6日在上海复刊，《复刊词》声明"为

---

[1]《新民报社关于合并出版新民报（晚刊）问题的函》，1952年11月20日，上海市档案馆：G21-1-157-16。

[2]《上海市人民政府文化教育委员会新闻处关于建议各机关今后如有重要公告及有关市民文化生活与日常生活的广告请发刊新民报的函》，1953年8月27日，上海市档案馆：B52-2-8-75。

[3] 上海市文化教育委员会、新民报股份有限公司：《上海新民报公私合营协议书》，1952年12月31日，上海市档案馆：G21-1-157-17；另见《新民报社社务委员会关于经营管理的工作报告》，1954年6月8日，上海市档案馆：G21-1-17-13。

[4] 1966年8月23日起，受"文化大革命"影响，《新民晚报》又短暂改名为《上海晚报》。

[5] 徐铸成：《文汇报的诞生》，载《文汇报回忆录1：从风雨中走来》，第12页。

[6] 上海市地方志办公室：《上海新闻志》，http://www.shtong.gov.cn/node2/node2245/node4522/node5501/node5526/node63723/userobject1ai8672.html。

[7] 徐铸成：《文汇报的诞生》，载《文汇报回忆录1：从风雨中走来》，第10-11页。

无党派色彩商业性报纸，以言论自由为最高原则，矢志保持高尚的报格"。[1]复刊后，发行人仍为严宝礼，徐铸成也于1946年3月回到报馆任总主笔。按照徐铸成的看法，这一阶段的《文汇报》正值"黄金时代"，"阵容整齐，团结一致，确实形成了一个坚强的战斗集体，得到进步民主人士的热情支援和广大读者的关怀爱护"。[2] 1947年5月，上海40所大中学校学生以罢课形式抗议国民党在南京制造"5·20"血案，《文汇报》做了如实报道。国民党淞沪警备司令部罗织所谓"连续登载妨害军事之消息，及意图颠覆政府，破坏公共秩序之言论与新闻"的罪名，《文汇报》于5月24日再遭封门，部分编采人员无奈转战香港创办港版《文汇报》。

1949年5月上海解放后，《文汇报》迅速于6月21日复刊，社长兼总主笔徐铸成，副社长兼总编辑、副总主笔柯灵，副社长兼总经理严宝礼。在解放后复刊或继续出版的各大报纸中，《文汇报》虽人才济济，但因多次被迫停刊，它的物质基础最为薄弱，在所有民营报纸中的起步也是最为艰难。至1950年，《文汇报》已亏损39.1亿，甚至超出负累沉重的《大公报》13个亿。[3] 1950年9月，上海市政府和报社订立协议，援助8亿再贷款10亿，前提是《文汇报》必须在半年内做到收支平衡。经过一番努力，报纸销路有所回升，1951年初突破了两万的关口，收支也基本平衡。但随之而来的"三反"、"五反"等一系列政治运动，令传统的民营办报思维受到极大冲击，报纸主旨不明，读者对象游移，骨干成员陆续调离，发行量不断下跌。到了1951年底，发行量仅剩下12000多份，亏损累计74亿元。[4] 1952年起，《文汇报》开展"起死回生"的救报运动。当年3月，该报确立了以教师为主的中小知识分子为发行对象，走专业化（教育教学）、杂志化（副页都是专刊）的发展方向，主副页分别发行。4月1日，《文汇报》又放下大报架子，改为四开两张，并在中小学大力发展通讯员和读报组。此次改革为《文汇报》带来生机，到10月份，报纸发行量已较改版初期翻一番，1952年底更是达到4.6万份，[5]且在11月份实现了4千万元的盈余。[6]在上海报业

---

[1]《文汇报》，1945年9月6日。

[2] 徐铸成：《新闻丛谈》，第69页。转引自李伟：《报人风骨：徐铸成传》，广西师范大学出版社，2008，第137页。

[3]《上海市报馆同业公会会员报社一般情况调查表》，1952年，上海市档案馆：S314-4-5。

[4] 庄人葆：《忆"救报运动"》，载《文汇报回忆录1：从风雨中走来》，第111-112页。

[5] 文汇报社：《一九四九至一九五二年以前文汇报及文汇报副页逐月报纸发行情况》，1955年，上海市档案馆：B167-1-4-18~20。

[6] 庄人葆：《忆"救报运动"》，载《文汇报回忆录1：从风雨中走来》，第115页。

普遍萧条的情况下,《文汇报》的这番作为使其成为真正的黑马,与其进行公私合营的条件已然成熟。1952年12月31日,上海市人民政府文化教育委员会和文汇报社签订了公私合营协议书,报社欠《解放日报》约20亿纸款全部作为公股投资,加上政府另外投资的12亿,以及没收或接管的2亿7千多万股,公股数已占全部股本的80.68%。[1] 从1953年1月1日起,文汇报社更名为公私合营上海文汇报社股份有限公司。直至1956年4月28日,《文汇报》过渡到北京的《教师报》,性质转为公营,其公私合营的身份才宣告结束。

表4-1:1949年6月至1952年上海《文汇报》(含副页)发行情况[2]

1949年		1950年		1951年		1952年	
月份	平均数	月份	平均数	月份	平均数	月份	平均数
1		1	30708	1	24695	1	33970
2		2	29067	2	21206	2	19994
3		3	23240	3	21499	3	20911
4		4	18152	4	22910	4	23882
5		5	16342	5	23269	5	25920
6	53220	6	17456	6	23338	6	28087
7	28990	7	19091	7	22784	7	30014
8	23125	8	18424	8	21987	8	32750
9	35081	9	17913	9	21949	9	34576
10	59486	10	20662	10	23262	10	38923
11	52628	11	23901	11	23620	11	42915
12	37938	12	26406	12	22993	12	46301

(三)《新闻日报》的公私合营

改组自《新闻报》的上海《新闻日报》原本在1949年6月29日创刊之际已

---

[1]《文汇报社关于1953年起公私合营后股份的情况》,1954年9月13日,上海市档案馆:G20-1-72-1。

[2] 笔者根据《一九四九至一九五二年以前文汇报及文汇报副页逐月报纸发行情况》整理,1955年,上海市档案馆:B167-1-4-18~20。

被确定为公私合营报纸,且是1950年3月之前的惟一一份公私合营报纸。[1] 但在1953年以前,由于公私合营企业利润分配的政策不甚清晰,《新闻日报》一直按照民营报纸的性质运营,其高达73.2%的私营股本也限制住了它的转制步伐,尤其在这些私营股本中,还包括杜月笙在内的7户私股未曾在解放后登记。直到1953年资产清点,按照中央财经委员会"关于公私合营企业逾期未来登记的股份可由企业申请政府由交通银行暂行代管"这一政策,杜月笙等未登记股份共计31000股被发往交通银行,从此与《新闻日报》无关,该报才于1953年7月正式公私合营。[2]

(四)《大公报》的公私合营

上海各大报纸中,公私合营过程最为坎坷的是《大公报》,该报曾第一个提出公私合营的申请。1949年12月11日,《大公报》副总编辑、共产党员李纯青写信询问新闻处负责人陈虞孙:"大公报资产已计算出来,奉上。公私合营何时讨论?"[3] 这是《大公报》动议公私合营的开始。此后《大公报》的经营形势每况愈下,1950年6月,其发行量只剩下4.66万份,[4] 广告比1949年1月"减少了三分之二以上"。[5] 这一年的头7个月,报社的亏损总额达到了16.55亿元。[6] 作为中国惟一获得过密苏里学院奖的民营报纸,《大公报》的经营困境如若继续下去,很可能造成恶劣的政治影响。因此,解决《大公报》的问题,已不仅仅是上海一地的事情,而是牵涉到中国新生政权的整体形象。1950年6月26日,新闻总署专门召开会议,商讨《大公报》的未来方向。这次会议,明确敲定了《大公报》走公私合营之路,政府不仅派代表参加该报的管理机构,还将以入股或其他补助方式解决该报的生存困境。只不过"为考虑政治上的可能影响,暂不公开宣布"。[7] 上述会议所指称的公私合营实际上变成了私营公助。

---

[1] 中国新闻学会联合会、中国社会科学院新闻研究所编《中国新闻年鉴(1988)》,第525页。

[2] 蔡星华:《关于新闻日报股东等问题》,1955年12月15日,上海市档案馆:B167-1-97-6。

[3] 李纯青:《关于上海大公报馆公私合营时间、没收吴鼎昌股权派公股代表等问题的请示报告》,1949年12月,上海市档案馆:B35-2-108-13。

[4]《上海各报发行数量统计表》,1950年11月,上海市档案馆:A22-2-11-7。

[5] 李纯青:《大公报整编工作报告》,1950年9月24日,上海市档案馆:B35-2-108-57。

[6] 李纯青:《大公报工作人员的思想状况》,1952年1月3日,上海市档案馆:A22-2-1532-22。

[7]《关于大公报问题商定要点》,1950年,上海市档案馆:B35-2-108-23。

1950年10月，上海大公报馆接受了政府投资的200吨白报纸，折实旧币为23亿元。政府的上述投资加上报社的未名身份股款，总计约59亿元，而此时上海大公报馆的商股多达185亿余元，[1] 民营资本依然占据资本构成的主要份额。然而，《大公报》庞大的民营资本仅仅是一串虚拟的数字，该报的实际款项来源仅能依靠政府。到了1951年，"政府的借款总额已经超过《大公报》总资本一半以上"，[2] 但报纸丝毫不见起色，发行量维持在4.6万份，亏损总数在1952年5月已达到41.58亿元。[3] 经王芸生争取，在毛泽东的亲自部署下，中共中央决定《大公报》北迁与天津《进步日报》合并，正式公私合营，嗣后迁京出版。1953年1月1日，合并后的《大公报》在天津出版，这应视作《大公报》公私合营的开始。1953年1月14日及1954年10月6日，中共中央两度发放红头文件，言明《大公报》虽"对外仍保持私营的面目"，"实际已是党领导的公私合营的报纸"，[4] 指示各地党委予以重视。这一事实说明，经过公私合营的《大公报》已从上海的地方性报纸升级为全国性大报。1956年10月1日，《大公报》迁京出版，这本应成为该报从公私合营转为公营的开始。而历史的吊诡之处在于，尽管《大公报》获得了一系列口头许诺，却始终未获得公营的正式文件。直到1958年12月9日，时任《大公报》负责人的常芝青还在向中共中央及文化部提交申请，希望《大公报》转为公营。[5]

三、公私合营报纸的股本构成及股息分配

1953年以前转制为公营报纸的汉口《大刚报》、重庆《大公报》、北京《新民报》，因公私合营仅系短暂的过渡，股份处理相对简单。

《大刚报》公私合营时，资产总额估价为74.8亿，一股计价50万元，资产被分作1496股。武汉市人民政府作为公方投资20亿元，占其中400股，私人资

---

[1] 上海大公报馆：《关于执行政务院发布的公股公产清理办法的函》，1951年6月，上海市档案馆：B35-2-107-5。

[2]《新闻界改造情况》（二），1952年8月7日，上海市档案馆：A22-2-1551-l2。

[3] 陈虞孙：《关于上海私营报纸调整办法给中共上海市委宣传部的报告》，1952年5月29日，上海市档案馆：A22-1-47-3。

[4]《中央给各地指示电关于重视运用光明日报和大公报的通知》，1953年1月14日；《中央宣传部关于大公报若干问题的通知》，1954年10月6日，北京市档案馆：043-001-00022-1、4~5。

[5] 常芝青：《关于确定与改变大公报的领导关系，明确大公报为国营企业向中央及文化部的报告》，1958年12月9日，北京市档案馆：043-001-00033-15~16。

本54.8亿元，占1096股。在改组为公营的《新武汉报》时，政府欲退还54.8亿元私人股金，因持股人主要是《大刚报》职工，所有股权人均未领取股金，而是全部捐献给国家。这笔原本属于私人的资金被存入银行，设置为《新武汉报》的福利基金。[1] 重庆《大公报》的公私合营更为简单，目前尚未有材料证明政府曾经入股资金，政府所做工作系帮助解决报社冗员及派员加强报社领导。该报从1951年12月起开始公私合营，1952年8月5日改组为公营的《重庆日报》，在此期间，不仅收支平衡，还略有盈余，[2] 转制可谓波澜不惊。北京《新民报》公私合营时，北京市政府乃一次性收购新民报社资产，对私股也是一次性赎买，不再牵涉公私股的比例问题。

股本问题比较复杂的是1953年以后公私合营的上海《新民报》、《文汇报》、《新闻日报》和《大公报》。从这四张报纸的董事会构成、公私股本分配上，可以大致了解民营报纸如何被改造、限制和利用。

表4-2：上海公私合营报纸1955年公、私股董事名录[3]

	新闻日报	文汇报	新民报
公股董事	刘思慕（新闻日报副社长，民主人士） 许彦飞（新闻日报经理，党员） 华春（交通银行） 徐里平（上海市新闻出版处副处长）	夏其言（解放日报管理部主任） 彭泽华（交通银行） 潘惠霖（工商局） 张映吾（华东新闻出版局）	张映吾（华东新闻出版局） 陈落（华东新闻出版局） 潘惠霖（工商局）
私股董事	马荫良（公私合营五洲大药房总经理） 秦润卿（公私合营银行董事） 严独鹤（新闻图书馆）	严宝礼（文汇报社） 徐铸成（文汇报社） 张乾若（北京文史馆） 虞顺懋（鸿安轮船公司）	吴晋航（公私合营银行） 陈铭德（新民报副社长） 赵超构（新民报社长） 席文光（进出口工会主席）

---

[1] 长江日报报史编委会：《长江日报50年》，武汉出版社，1999，第27页。转引自丁骋：《中国大陆民营报纸退场的探究：1949—1954》，华中科技大学博士论文，2012年，第25-26页。本书对原文中的一处计算错误已做纠正，《大刚报》资产总额估价应为74.8亿，而非74亿。

[2] 王文彬：《建国初期的重庆〈大公报〉》，《新闻研究资料》1987年第4期。

[3] 笔者根据《新闻日报、文汇报、新民报董事名单》整理，1955年，上海市档案馆：B167-1-97-55。

(一)《新民报》的股东与股本

1953年1月1日,上海《新民报》公私合营。自1952年底《亦报》并入《新民报》之后,该报公私合营已成定局。首先确定的是公股董事,由上海市人民政府文化教育委员会的张映吾担任,私股董事为吴晋航、陈铭德、赵超构和席文光。1952年12月23日,公私合营新民报公司董事会首次座谈会在上海九江路和成银行楼上的和燊公司召开,会议推举吴晋航为董事长,赵超构为社长,陈铭德为副社长,蒋文杰为总编辑。赵超构、陈铭德、蒋文杰、欧阳文彬、曹仲英五人组成社务委员会,以赵超构为主任委员。与此同时,社长赵超构、总编辑蒋文杰提请以赵超构、程大千、唐云旌、张慧剑、梁维栋、钱谷风、欧阳文彬、蒋文杰为编辑委员,组织编辑委员会,以欧阳文彬为编辑委员会办公室主任。[1] 1953年3月1日,新民报社董事会第一次会议核定了报社资本总额为27亿元,其中包含上海市文化教育委员会一次性投资的21亿元[2]以及原私营新民报公司投资的6亿元。按照每股一万元计,共折合27万股。[3]根据公私合营规划,私股部分,由交通银行代管四川省银行等19户73012股;和成银行、民生公司、华康银行、四川畜产公司、重庆书源公司、重庆牛奶场、大康公司、怡益银行等8家54772股,以及个人股东陈铭德、邓季惺、罗承烈、何北衡、席文光、胡仲实、李奎安、石体元、张志渊、杨典章等10户86744股全部加入公私合营上海新民报股份有限公司;张恨水等59户90382股待公司财产处理完毕后,按现股值核算,或据公司股票、缴款收据以现金退还股款,或用于捐献或其他用途。[4]

---

[1]《公私合营新民报公司董事会座谈会议记录》,1952年12月23日,上海市档案馆:G21-1-17-5;另见赵超构:《合营后工作报告》,1954年6月8日,上海市档案馆:G21-1-17-18。

[2] 政府入股《新民报》的21亿元包括代还报社7.5亿元的债务,另给流动资金13.5亿元。参见《上海市人民政府文教委员会关于各报公私合营的指示》,1952年,上海市档案馆:B34-1-37。

[3]《新民报社社务委员会关于经营管理的工作报告》,1954年6月8日,上海市档案馆:G21-1-17-13。

[4]《上海市人民政府文教委员会关于各报公私合营的指示》,1952年,上海市档案馆:B34-1-37。

表4-3：1955年新民报社资方情况表[1]

大股东		未登记私股		怀疑股		冻结股	
陈铭德	6517	蓉记	1661	庄雨灵	343	解宗元	412
重庆自来水公司	1562	杨礎生	687	黄仲翔	183	张君鼎	365
西南蚕丝公司	1903	大康银行	532	张明炜	16	曾扩情	914
重庆轮渡公司	796	怡益银行	532	姜绍漠	302	方治	302
四川畜产公司	3123	杨典章	687	崔心一	183		
合营银行股	12464			陶馥记	276		
席文光	312			张廷休	183		
				梁寒操	183		
				邓建侯	183		

此规划发布后，《新民报》发生90%的董事"声明退股、捐献或辞去董事职务"，"股东也纷纷退股或捐献"。[2]到了1955年，私股已所剩无几，且以未登记股、怀疑股和冻结股居多。[3]《新民报》创始人陈铭德虽然被任命为副社长及私股董事，但自接受了聘书之后久居北京，再未过问报社事情，连日后支付给他及邓季惺的股份利息都未曾领取。[4]1955年11月14日，新民报社致电上海市人民委员会文教办公室，言称报社董事长吴晋航原为公私合营银行股份代表人，"现公私合营银行股份既然已转移交通银行上海分行代理，则新民报社的董事长一联拟建议由交通银行的代表担任"[5]。此举进一步表明私股持有者寻求全身而退的心态，私股的式微呈现不可逆转之势。

（二）《文汇报》的股东与股本

《文汇报》与《新民报》一样，也是自1953年1月1日起公私合营。文汇

---

[1] 笔者根据《新民报社资方情况》整理，1955年，上海市档案馆：B167-1-97-76。
[2]《陈铭德致赵超构》，1952年11月4日，上海市档案馆：A22-2-1545。
[3]《新民报社资方情况》，1955年，上海市档案馆：B167-1-97-76。
[4] 转引自丁骋：《中国大陆民营报纸退场的探究：1949—1954》，华中科技大学博士论文，2012年。
[5] 上海市出版事业管理处：《关于公私合营新民报社股份有限公司更换董事长的请示报告》，1955年11月14日，上海市档案馆：B167-1-46-43。

报公私合营期间，总计股数700万股，每股股值500元，总股值35亿元。其中，公股6444100股，股值32.2205亿，占92.06%；合营股1200股，股值60万，占0.02%；私股529752股，股值2.64872亿，占7.56%；其他股24948股，股值12474000，占0.36%。[1] 以上股份结构表明，截至1954年9月，《文汇报》的私股不及10%，几乎到了可以忽略不计的程度。1956年4月28日，《文汇报》出版终刊号，过渡到北京的《教师报》。其私股部分计552498股，合人民币27675.10元（新币，下同），亟待处理。[2] 私股中最大一笔为虞顺懋持有的13200元，因虞开办的鸿安轮船公司在公私合营时被认定为严重倒挂户，资不抵债，[3] 虞在《文汇报》所持股份由上海轮船股份公司收回[4]；徐铸成持有的750元股金要求捐献，严宝礼等人的股份则转投资到《新民晚报》。由于《文汇报》在1946年冬因资金匮乏曾募集读者入股，去除怀疑股后，读者股共计896户，股金计4848.30元。新中国成立后，已办理登记的读者股仅235户，合计3077.40元。这部分股票的处理分成三种方式：愿退股的发还现金，愿捐献的可以接受，不愿收还现金的代订同等价值的报纸。未登记的读者股，则由交通银行代为收存。而私股中的冻结股和怀疑股同样交由交通银行代管。[5]

表4-4：《文汇报》1955年资方情况（新币值）[6]

股东姓名	股数	金额	1954年股红息	备注
虞顺懋	264000	13200	5940	文汇报董事，公私合营上海长江轮船公司资方之一

---

[1]《文汇报社1953年起公私合营后股份情况》，1954年9月13日，上海市档案馆：G20-1-72。

[2] 上海市出版事业管理处：《请示关于文汇报社股份的处理原则》，1956年5月11日，上海市档案馆：B167-1-133-86。

[3] 公私合营上海轮船股份有限公司：《为上海文汇报社副社长严宝礼代鸿安公司资方虞顺懋投资文汇报问题报请研究处理由》，1956年1月10日，上海市档案馆：B167-1-133-75。

[4] 1951年，虞顺懋以空地约5亩的地契做抵押，向《文汇报》商借20筒白报纸，再将白报纸抵押给盐业银行，获得1万元（新币值）借款。公私合营时，白报纸由上轮公司赎回并拍卖。虞顺懋在《文汇报》所持股票，扣除白报纸价值后，所余2666.68元划为上轮公司所有，以偿还虞顺懋的对公债务。参见虞顺懋：《我与文汇报及该报董事长严宝礼的公私关系》，1955年12月21日，上海市档案馆：B167-1-133-79。

[5] 上海市出版事业管理处：《请示关于文汇报社股份的处理原则》，1956年5月11日，上海市档案馆：B167-1-133-86。

[6]《文汇报社资方情况》，1955年，上海市档案馆：B167-1-97-74。

续表

股东姓名	股数	金额	1954年股红息	备注
任筱珊	81360	4068	1830	原文汇报董事长,病逝美国,其子任家桂继承此笔股份
严宝礼	51624	2581.2	1161.54	文汇报副社长兼管理部主任
龙云	33000	1650	742.5	即龙志舟,全国政协委员(读者股)
徐铸成	15000	750	337.5	文汇报社长(劳绩股,申请捐献)
徐子为	9000	450	202.5	北京某纱厂老板(读者股)
张乾若	6000	300	135	北京文史馆工作,不承认持有此笔股票
许资新	3900	195	87.75	上海居民(读者股)
周?	3000	150	67.5	爱皮西糖业厂资方(读者股)
朱云光	2400	120	54	上海复旦中学教员
备注	尚有许多读者股,股金最大不足100元,最小0.3元,另有冻结怀疑股9户			

如此这般,始创于1938年的上海《文汇报》在18年后彻底清除了资本中的民营成分,当它于1956年10月1日复又在上海出版后,已经完全变成一张由国家出资的报纸,其纸张、房屋、印刷、经费等问题均在中宣部、上海市委、文化部甚至中共中央的直接控制下解决。[1]

(三)《新闻日报》的股东与股本

《新闻日报》名义上是在1949年6月29日开始公私合营。因有解放前发行量第一的《新闻报》的底子,它是新中国成立初期上海惟一不亏损的综合性大报,1949年底日均销量达到13万份。1949年冬,《新闻日报》获重新估值,资产定为40亿元,分作40万股,每股1万元。股份方面经审查后,确定接管官僚资本107126股,占全部股份的26.784%。《新闻日报》的经营状况一直很稳定。1951、1952年均有盈余,两年总盈利187亿元。1953年,经交通银行、工商局、上海市文委、新闻处及《新闻日报》五方协商,决定补发前两年的红利,按每

---

[1]《文汇报》复刊所需房屋及印厂未建立前的印刷问题由上海市解决,须向国外订购机器的资金由文化部调拨,4个月的用纸储备由出版局调剂,开办费22万元及可能的3个月亏损9万元报中央专案解决。参见文化部出版事业管理局:《关于文汇报复刊必须解决的几个问题商谈结果汇报》,1956年7月31日,上海市档案馆:B167-1-133-47。

股每年600元计算，总计两年的股息、红利为9亿6千万元。[1]

表 4-5：《新闻日报》大股东名录[2]

户名	股数	金额
史泳赓（香港）	540000	540000
沈双清（史泳赓母亲）	240000	240000
史明明（上海）	55920	55920
汪仲伟（上海绢丝公司）	70320	70320
汪伯奇（香港中华书局）	17160	17160
秦润卿（公私合营银行董事）	36000	36000
吴麟坤	30024	30024
沈柏年	56640	56640
宋冠英	24000	24000
马荫良	少数股金	不详

从表4-2《上海公私合营报纸1955年公、私股董事名录》中可以看到，《新闻日报》的公股董事为4人，分别是新闻日报社副社长、总编辑刘思慕，新闻日报社经理许彦飞，交通银行代表华春和上海市新闻出版处副处长徐里平。不像《文汇报》和《新民报》的公股董事以政府人员居多，《新闻日报》的公股人员基本由《新闻日报》管理层兼任，这意味着政府职能部门的干预相对较少，报纸的自我管理更趋稳定。据新闻主管部门掌握的资料，在《新闻日报》的董事会中，主要是公股在起作用，私股董事中，因马荫良比较靠近政府，"他在私股股东中有代表性"。"股东们一般不过问社务，只要每年有股息、红利分就行了。"[3] 因动机单纯，加之《新闻日报》始终盈利，该报的私股反而在三张报

---

[1] 蔡星华：《关于三公私合营报社盈余分派等问题》，1955年3月3日，上海市档案馆：B167-1-97-51。

[2] 资料来源：《新闻日报社资方情况（大私股）》，1955年，上海市档案馆：B167-1-97-75。表格中马荫良的股份不详，马荫良本人做出过解释。《新闻日报》并入《解放日报》后，马荫良于1960年12月20日致信《解放日报》，声称其所持《新闻日报》500股系由史泳赓股权中临时转让出来。上海解放时，因《新闻日报》确定为公私合营，马荫良被任命为私股董事。因其并无股份，才有上述股票转让之举。马荫良请求仍将股权转回史泳赓所有。见《马荫良致解放日报经理部负责同志的信》，1960年12月20日，上海市档案馆：A73-1-419-4。

[3] 蔡星华：《关于新闻日报股东等问题》，1955年12月15日，上海市档案馆：B167-1-97-4。

纸中比例最高。

表 4-6：1954 年上海公私合营报纸股份情况[1]

	新闻日报		文汇报		新民报	
公股	916016	35.23%	6444292	92.06%	229654	85.06%
代管或冻结股	186000	7.16%	24948	0.36%	2176	0.8%
私股	1497984	57.16%	530760	7.58%	38170	14.14%

《新闻日报》的公私合营身份一直持续到1960年6月1日，这一天，《解放日报》与《新闻日报》合并，《新闻日报》共351人调入党报，其中包括刘思慕、乐静、郑拾风等77名编辑部人员，朱幼孙等34名行政人员，梁古今等84名管理部人员以及190名工人。35人支援到其他部门，其中陈迟等3人进入新华社，胡中瑾等7人去了《文汇报》，冯英子等7人到了《新民晚报》，尚有18人去了国际问题研究所、摄影学会、电台等部门。[2]

（四）《大公报》的股东与股本

《大公报》产生公私合营的想法始于1949年底。当年12月11日，《大公报》副总编辑李纯青致信新闻管理部门负责人陈虞孙，详细说明了大公报社的股份组成：《大公报》股份有限公司股份总额为6万股，其中吴鼎昌（在股权登记时他以吴达诠和吴前溪两个名字分别入股，所以拥有两个户头）一人就拥有9750股，占全部股份的16.25%。[3]

按照政府处理股权的方法，吴鼎昌因名列中国共产党1948年发布的国民党"战犯"名单，[4]他的9750份股票应列入官僚资本予以没收，上海大公报馆的公股份额一下子提升了16.25%。其余各股份分别属于胡政之、张季鸾、曹谷冰等43人。[5]如此算来，1950年上海《大公报》的资本构成是：政府资本23亿，

---

[1]《公私合营三报社股份情况》，1955年，上海市档案馆：B167-1-97-57。

[2] 解放日报社：《关于1960年6月1日新闻日报与解放日报合并后全部职工的分配名单》，1960年，上海市档案馆：A73-1-413-1。

[3] 李纯青：《关于上海大公报馆公私合营时间、没收吴鼎昌股权派公股代表等问题的请示报告》，1949年12月，上海市档案馆：B35-2-108-13。

[4] 1948年12月25日，新华社发布了43名国民党战犯的名单。这一名单基本上囊括了当时"国民党政府"的党政军大员。吴鼎昌因曾任国民政府文官长兼国民党中央设计局秘书长、总统府秘书长等职，位列"战犯"名单第17位。

[5] 李纯青：《关于上海大公报馆公私合营时间、没收吴鼎昌股权派公股代表等问题的请示报告》，1950年12月，上海市档案馆：B35-2-108-13。

商股资本221亿，合计244亿。[1]

表 4-7：大公报社股份有限公司主要股东姓名暨股权清单（1950年9月）[2]

股东姓名	股权（股）	股东姓名	股权（股）	股东姓名	股权（股）
吴鼎昌	9750	李国钦	5000	王宽诚	2000
胡政之	100	王芸生	3000	周作民	1500
顾俊琦	6400	李子宽	3000	胡荟春	1200
胡燕	1000	金诚夫	3000	王孟钟	1200
张季鸾	5000	曹谷冰	2000	黄洛沂	1000

1952年底，上海《大公报》北迁以前，6万股分作四种情况处理：一是可以确定为公股的有22000股，其中没收吴鼎昌9750股；二是王芸生、曹谷冰、金诚夫、李子宽等愿意交出共计16000股"劳绩股"；三是私股部分的19500股中，李国钦、王宽诚所占的7000股，在香港《大公报》股权未清理前暂不处理；四是胡政之及其家属以及张季鸾所占的12500股，由上海《大公报》按月给家属不等的生活补助费。[3] 自此，《大公报》公私合营之前的股份得以妥善处理。报纸迁京出版后，私股只剩下17%。[4] 在执行1952年所定股份处理计划时，该报方案稍有所变动，即张季鸾家属每月由报社给予生活费200元，还有三个持劳力股的1957年以前退职的老职工，亦因生活困难，每月发给20元到50元的生活费。至于不愿意放弃股票的胡政之妻女等，直至1958年，他们的股本问题尚处于悬置状态。总之，除以生活费形式支付少量报酬外，解放后，《大公报》"从来没有计算，分发过股息和定息"。[5]

四、公私合营后的报纸效益

上述报纸在公私合营后，经营状况全面转好。《新闻日报》在1953年7月正

---

[1] 上海大公报馆：《关于资本总额情况的汇报》，1950年，上海市档案馆：B35-2-108-15。
[2] 笔者根据上海市档案馆档案整理，参见《大公报社股份有限公司股东姓名暨股权清单》，1951年6月，上海市档案馆：B35-2-107-5；另见王鹏：《〈大公报〉的资金与股份变动情况》，《百年潮》2001年第8期。表格中的顾俊琦为胡政之继弦，胡燕为胡政之的女儿。
[3] 方汉奇等：《〈大公报〉百年史》，第350页。
[4] 常芝青：《关于确定与改变大公报的领导关系，明确大公报为国营企业向中央及文化部的报告》，1958年12月9日，北京市档案馆：043-001-00033-15~16。
[5] 常芝青：《关于确定与改变大公报的领导关系，明确大公报为国营企业向中央及文化部的报告》，1958年12月9日，北京市档案馆：043-001-00033-15~16。

式公私合营后，盈利能力进一步提升，全年盈余115亿元。《文汇报》1953年也实现转亏为盈，盈余48亿元。只有《新民报》尚亏损6.2亿。

1954年，在上海市新闻处的统筹安排下，按照股息、红利及股董酬劳约占盈余总额20.5%的比例，《文汇报》率先发放了1953年的分红，总计9.9亿元；《新闻日报》在扣除纸张差价后，分发股息、红利共计19.2亿元。[1]

1954年，在扣除纸张差价后，《新闻日报》全年盈余99.2亿元，《文汇报》盈余83.6亿，《新民报》也终于转亏为盈，获利12亿零3百万元。[2]

表4-8：1954年上海公私合营报纸收益情况分析 [3]

			第一季度	第二季度	第三季度	第四季度	全年
新闻日报	总收入		81.62亿	83.51亿	78.42亿	74.45亿	381亿
	其中	发行	48.87亿	51.31亿	50.36亿	46.24亿	196.84亿
		广告	28.97亿	27.63亿	23.57亿	22.54亿	102.71亿
	盈余		22.58亿	32.62亿	21.79亿	22.22亿	99.21亿
文汇报	总收入		88.12亿	96.64亿	78.81亿	83.56亿	347.13亿
	其中	发行	82.19亿	89.08亿	71.20亿	76.77亿	319.24亿
		广告	5.83亿	5.14亿	5.22亿	4.37亿	20.56亿
	盈余		28.43亿	30.44亿	16.71亿	8.02亿	83.60亿
新民报	总收入		19.07亿	21.83亿	22.92亿	19.41亿	82.63亿
	其中	发行	14.94亿	16.54亿	17.09亿	14.16亿	62.74亿
		广告	3.70亿	4.92亿	5.09亿	4.83亿	18.54亿
	盈余		2.68亿	4.56亿	3.91亿	0.88亿	12.03亿

呼应上海的好消息，北上的《大公报》也迅速摘掉了亏损大户的帽子，从1953年起已有盈余，[4] 到了1954年，销售利润10.5亿，广告利润23.2亿，其他副

---

[1] 蔡星华：《关于三公私合营报社盈余分派等问题》，1955年3月3日，上海市档案馆：B167-1-97-51。

[2] 蔡星华：《关于三公私合营报社盈余分派等问题》，1955年3月3日，上海市档案馆：B167-1-97-51；蔡星华：《关于新闻日报股东等问题》，1955年12月15日，上海市档案馆：B167-1-97-6。

[3] 笔者根据《一九五四年三报收益情况分析》整理，1955年，上海市档案馆：B167-1-97-62。

[4] 常芝青：《关于确定与改变大公报的领导关系，明确大公报为国营企业向中央及文化部的报告》，1958年12月9日，北京市档案馆：043-001-00033-15~16。

业利润1.5亿。忽略部分计算失误，总计盈利32亿元。[1] 1956年，该报发行量达到有史以来的最高数额：28.7万份。[2] 到了1958年，《大公报》广告收入共计64.12万元（新币值），全年收入较1957年又增加135.7%，上缴利润42.5万元（新币值）。[3] 此后，《大公报》又陆续兼并了《粮食报》和《商业工作报》。直到1966年9月10日被迫停刊前，《大公报》再未有过亏损时日。

表4-9：《文汇报》、《新闻日报》及《新民报》1954年利润分配详目[4]

盈余总额（新币/元）			文汇报		新民报		新闻日报	
			809991.76		120295.06		992070.75	
其中	所得税		248090.87	30.63%	38107.39	31.68%	310698.54	30.78%
	公积金		313751.72	38.73%	9623.6	8%	360526.78	35.72
	福利或奖励金		85049.17	10.5%	9623.6	8%	106000	10.50%
	股息红利	股息	21000	20.14%	24300	20.21%	193907.94	23.00%
		红利	136500				28758.27	
		股董酬劳	5600		无	无	9500	
	弥补1953年亏损		无		38640.47	32.11%	无	无

---

[1] 大公报：《1954年度销售利润（亏损）明细表》，1954年，天津市档案馆：X199-Y-1-77-84。

[2] 大公报党组：《大公报历年发行情况（1953—1965）》，1960年1月25日，北京市档案馆：043-001-00026-5~6。

[3] 《大公报1958年行政部门工作总结》，1958年，北京市档案馆：043-001-00067。

[4] 公私合营上海文汇报社股份有限公司：《为呈请核准本公司一九五四年度利润分配及发放日期由》，1955年5月25日，上海市档案馆：B167-1-97-65；上海新民报社：《为拟定我社一九五四年度盈余分配办法，当否？请核示由》，1955年5月28日，上海市档案馆：B167-1-97-69。表格中新闻日报社1954年度股息共计193907.94元（新币值），其中76989元用以认购公债，占私股所得的68.91%。红利28758.27元为已扣还报社垫付进口纸款尾数及利息的余额。参见新闻日报社：《报告我社董事会决议案》，1955年5月24日，上海市档案馆：B167-1-46-48。表格中文汇报股董酬劳5600元，分别为：严宝礼、徐铸成各1000元（新币值）；张映吾、谢光弼、夏其言、潘惠霖、张乾若、虞顺懋各600元。参见《为呈请核准本公司一九五四年度利润分配及发放日期由》，1955年5月25日，上海市档案馆：B167-1-97-65。

第五章　民营报纸的停刊

新中国社会主义社会基本建立，这是1956年9月15日中国共产党第八次全国代表大会的重大宣布。社会主义社会的政治标志是人民民主专政，而其经济结构是单一的公有制和计划体制。这是由理想与现实共同推动的历史选择，在任何民营经济皆不具备合法性的前提下，身处意识形态前沿的新闻界，不可能保留民营报纸的生存空间。"作为阶级斗争的重要武器的文化出版事业，要比旁的东西先进入社会主义，也就是首先进入国营。"[1]这是新中国伊始已然形成的一种思路，在这种思路下，民营报纸的退场并非一个悬念，而何时退场才是关键。

客观来讲，新中国民营报纸的退场虽有官方的政治预设，但亦是一个多因驱动的复杂过程，应该从更多层次、更多角度展开和消化那段历史。首先，中共中央在新中国伊始并没有背弃早前的新民主主义承诺，否则也不会任由上海的四张民营大报掌控在五位民主人士手中，[2]更不会在报纸穷途末路的时候施以援手。此一现象不宜用"阳谋论"简以蔽之；其次，在全国范围内，各地政府首先遵照的是对民营企业利用、限制、改造的节制资本政策，对有利用和改造价值的民营报纸基本实现了"民转公"或公私合营，对大多数民间报人做了妥善安置，这在上一章报纸并合及报纸公私合营的两个小节已有详细陈述。经由上述过程，天津的《新生晚报》、《进步日报》、《星报》，上海的《新民报》、《大公报》、《文汇报》、《大报》、《亦报》，杭州的《当代日报》，宁波的《宁波人报》，厦门的《江声日报》，武汉的《大刚报》，西安的《经济快报》、《工商晚报》，重庆的《大公报》，成都的《工商导报》都获得了新的发展契机。另有

---

[1] 黄洛峰：《在新华书店出版工作会议第四次大会上的报告》，1949年10月5日，载中国出版科学研究所、中央档案馆编《中华人民共和国出版史料（1949）》，中国书籍出版社，1995，第277页。

[2] 此处是指王芸生主持《大公报》，徐铸成主持《文汇报》，赵超构主持上海《新民报》，金仲华、刘思慕主持《新闻日报》。上述五位都是著名民主人士。

广州的《现象报》、《越华报》、《国华报》、《广州标准行情》，其物质、人力资源，也在停刊后得到充分利用；再次，新中国最后一张民营报纸消失于1957年12月31日，在此前的各个年份，均有民营报纸陆续完成改造，而并非于新中国成立前三年戛然而止。这一事实表明，新中国的新闻管制政策虽严格却也有弹性，存在宽严间的不断震荡。不管此种情况出于管理经验不足还是管理层不同的意见倾向，其结果都体现出新中国的政治演进存在集权与民主、统制与包容之间的博弈。

因此，在考察民营报纸的退场因素之前，有必要对民营报纸的退场原因做简单归类。一个可见的结果是，民营报纸的退场分为两种：一种完成了改造，另一种彻底消失。前述章节已清晰列举了业经改造的民营报纸名录及改造过程。而那些彻底消失的报纸又是因何种原因退场？经由梳理史料，对这些报纸可做三种归类：一种是自动停刊，完全受制于市场环境，体现的是物竞天择的生存规律；一种是勒令关闭，因有违官方的政策法令，不容于执政方的新闻政策；还有一种是奉命停刊，来自于官方的调节机制，体现出新闻管理者对此类报纸政治或经济风险的隐忧。无论民营报纸因何种原因退场，都有必要尽量多地还原其消失过程。只有这样，才能更为立体地呈现新中国对都市社会舆论空间的统合路径。

一、自动停刊的民营报纸

民营报纸本是市场催生的产物，资金主要来自民间，经济环境对其制约尤为显著。那么，在新中国成立之初，民营报纸面对的是怎样的经济环境？

据资料显示，从1949年4月到1950年2月，全国共出现四次涨价风。以上海为例，批发物价指数如果以1949年6月为100，到了1950年2月则达到2097.9，上涨了近20倍。[1] 物价上涨的原因，一方面系国民党统治时期通货膨胀的延续；一方面也由于军费开支、负担旧的公教人员、开展重点建设等，导致新政府出现较大亏空，只能通过增发货币来弥补财政赤字。截至1949年11月，人民币发行额较1948年增加11倍，1950年1月又比1949年11月增长1倍。国家经济困难之际，一些投机分子囤积居奇，倒买倒卖，仅上海一地就有二三十万人从事投机活动，包括360家纱号、2371家棉布号、644家糖号，以及数以百计的地上、地

---

[1] 林蕴晖、范守信、张弓：《凯歌行进的时期：1949—1976年的中国》，第69-70页。

下钱庄。[1] 时任民营大中国图书局编辑所长兼总经理的历史学家顾颉刚在1949年7月18日记载："大中国每日营业，约自四万至十万。然以米价之高，薪水之涨，不敷开销远甚。如物价犹做波动者，不过支持两个月耳。"[2] 顾颉刚的记载反映了民营出版业在物价波动时期的生存困境。

1949年6月起，为了扼制投机资本，中财委整合全国资源，成功发动"银元之战"和"米棉之战"，又通过统一全国财经，控制了物资和现金管理，于1950年中旬结束了旧中国遗留下来的连续12年的通货膨胀。然而，由于打击投机用力过猛，抑制物价刹车过急，虽遏止了通货膨胀，却也导致社会购买力消失，出现经济"后仰"现象。从1950年4月始，全国各大中城市出现市场萧条、商品滞销状况，14个城市中有2945家工厂关门，16个城市中有9347家商店歇业，全国多出一百多万失业半失业工人。[3] 新中国第一批自动停刊的报纸即出现在此一阶段。

（一）1950年市场萧条中的停刊报纸

1. 上海《剧影日报》

上海的《剧影日报》是第一个无力经营、自动停刊的民营报纸。该报位于圆明园路149号，于1949年10月1日创刊，4开4版一张，日报。社长刘厚生，总编辑姚苏凤，主要报道娱乐界尤其是剧影界的活动。报纸出版后销路不广，经营不善，仅维持3个月，便于1950年元旦休刊，以后也没有复刊，最后一期为1949年12月31日第92号。[4]

2. 兰州《新经济报》

兰州的《新经济报》创刊于1949年12月14日，[5] 坚持不及两个月，也因经济困顿于1950年2月10日停刊。[6]

3. 上海《商报》

上海《商报》曾系民国时期的民营大报，1921年1月24日创刊，创办人汤

---

[1] 林蕴晖、范守信、张弓：《凯歌行进的时期：1949—1976年的中国》，第70-71页。
[2] 《顾颉刚日记：1947—1950》第六卷，联经出版社，2007，第488页。
[3] 庞松：《中华人民共和国史（1949—1956）》，第159-160页。
[4] 上海市地方志办公室：上海新闻志。http://www.shtong.gov.cn/node2/node2245/node4522/node5501/node5526/node63723/userobject1ai8675.html。
[5] 李文：《甘肃新闻事业的更替》，《兰州大学学报（社会科学版）》2001年第1期。
[6] 转引自丁骋：《中国大陆民营报纸退场的探究：1949—1954》，华中科技大学博士论文，2012年，第48页。

节之，总编辑陈屺怀，编辑人员有潘公展、沈仲华、朱宗良等。陈布雷作为该报实际上的主笔，以"畏垒"之笔名发表时评，一时洛阳纸贵。1926年，报纸主持人易手，该报投靠军阀，自此一蹶不振，于1927年12月31日停刊，1928年又复刊数月。[1] 上海解放后获准出版的《商报》，已与老《商报》关联不大，而是延续自上海商社创办的《商报》。1932年，原上海沪商俱乐部改名为上海商社，该社向各业同业公会集资创办了上海《商报》，作为工商各业公会的舆论机构，由王延松任社长，孙鸣歧任经理。抗日战争全面爆发时，1938年上海商社改由骆清华担任社长，聘任杜月笙为名誉社长，积极劝募救国公债，推动工厂内迁。是年底，因淞沪守军西撤，上海商社被迫停止公开活动，《商报》一并消失。直至1946年10月，骆清华由重庆返回上海，担任上海商运指导专员，恢复了上海商社，上海《商报》也旋即复刊，并对上海市各商会会务颇有影响。[2] 上海解放前夕，骆清华避走香港，上海商社也停止了活动，但上海《商报》并未停刊。据上海市新闻主管部门认定，《商报》解放前虽由"杜月笙的得意门生"[3] 骆清华所控制，并与CC系的潘公展有所瓜葛，但该报的机器，系以"伪法币五万元向立报盘来。股本则由前市商会所控制之本市各工商业同业公会征募得来"。在"查明其中官僚股本收归人民所有"后，允许该报重新登记，由政府指派代表参加董事会，撤换部分反动编采人员，加强该报内部党的领导力量，"使该报成为新的商业团体所办的报纸，供一般经商的市民阅读"[4]。但在报业竞争十分惨烈的上海，实力并不雄厚的《商报》仅仅是昙花一现，该报于1950年3月9日最终停刊。

4. 成都《新民报》

成都《新民报》位居西南重镇，创刊于1943年6月18日。[5] 当京沪等大城市业已解放时，成都还在国民党的统治之下，白色恐怖尤甚。1949年6月，成都《新民报》拒绝刊载国民党中央社所发布的"联合社论"，国民党四川省主

---

[1] 王桧林、朱汉国主编《中国报刊辞典（1815—1949）》，书海出版社，1992，第98页。

[2] 上海市地方志办公室：专业志—上海工商社团志—专记—上海商社，http://www.shtong.gov.cn/node2/node2245/node4538/node57089/node60337/index.html。

[3] 上海市军管会新闻出版处：《处理商报意见书》，1949年，上海市档案馆：Q431-1-75-29。

[4] 上海市军管会新闻出版处：《处理商报意见书》，1949年，上海市档案馆：Q431-1-75-29。

[5] 南京新民报股份有限公司成都社：《晚报创刊与遭受国民党反动政府压迫摧残及篡夺之经过》，1950年1月5日，四川省档案馆：建西34-59-82。

席王俊基立即取消该报的"新闻米"。[1] 当时成都的通货膨胀十分严重，报社的困境可想而知。1949年7月23日，国民党四川省党政军干部联席会捏造成都《新民报》为"共产党谍报机关"，出动军警特务五六百人将报社包围，逮捕了经理赵纯继、总编辑张先畴、副经理侯辅陶、主笔周绶章、编辑白君仪、记者朱正之。全社职工89人被集中禁闭达五天之久。[2] 经过这般折腾，报馆元气大伤。成都解放后，《新民报》晚刊获得成都市军管会颁发的新字第2号新闻纸临时登记证，并于1950年1月18日复刊。[3] 解放前，成都《新民报》日刊最高销数曾逾一万份，晚刊更是高达三万份。[4] 解放之后，"如何适应新的形势，办法不多，报纸销路无法打开，加上报社原有资财又被国民党反动派耗尽，元气大伤"，[5] 而远在北京的新民报总管理处此时已无力顾及成都社的工作，不仅不能追加投资，还函电成都方面办理结束，以"集中力量，办好北京、上海、南京、重庆四地新民报"。[6] 1950年4月11日，成都《新民报》全体员工表决，决定遵照总管理处建议申请停刊。4月13日，报社向军管会新闻处递交了停刊申请，[7] 此时距其复刊时间不足三个月。

5. 广州《每日论坛报》

广州《每日论坛报》曾在解放前遭国民党封杀，属于进步报纸。该报原定1950年2月1日复刊，后因资金短缺延迟至2月28日出版，所需资金由广州市工

---

[1] 自抗战起，国民党四川省政府面向成都各报社及通讯社分拨所谓的"新闻米"。按规定是每月配售一次，但往往拖延数月。成都新民报日晚刊每月配售数量为中熟米50市石零八斗。参见南京新民报股份有限公司成都社：《日晚刊受难离社负责同仁代表本公司总管理处申请登记表》，1950年1月5日，四川省档案馆：建西34-59-91~92。

[2] 南京新民报股份有限公司成都社：《晚报创刊与遭受国民党反动政府压迫摧残及篡夺之经过》，1950年1月5日，四川省档案馆：建西34-59-82。

[3] 新民晚报史编纂委员会主编《飞入寻常百姓家：新民报——新民晚报七十年史》，文汇出版社，2004，第176页。

[4] 南京新民报股份有限公司成都社：《日晚刊受难离社负责同仁代表本公司总管理处申请登记表》，1950年1月5日，四川省档案馆：建西34-59-91。

[5] 新民晚报史编纂委员会主编《飞入寻常百姓家：新民报——新民晚报七十年史》，第176页。

[6] 南京新民报股份有限公司成都社：《请军管会新闻处准予停刊结束申请书》，1950年4月13日，四川省档案馆：建西34-59-80~81。

[7] 南京新民报股份有限公司成都社：《请军管会新闻处准予停刊结束申请书》，1950年4月13日，四川省档案馆：建西34-59-80~81。

商业界林志澄、黄兴亚及民主人士李民欣、邓瑞人、冯祝万等负责募集。[1] 截至1950年5月终刊，该报仅有陈秋安等四名股东，共269股，每股港币100元，总投资额为港币26900元。[2] 由于经济基础薄弱，该报自1950年1月筹备出版迄停刊止，并未正式发薪，仅于2月16日准予每位员工暂借白米两担，3月初旬每个技工暂借白米一担，3月下旬每个技工暂借白米150斤。鉴于《每日论坛报》的经营困境，广州市新闻出版处曾召集该报的筹委会座谈，建议成立社委会，以发扬民主合作精神，实行集体领导及分工合作。该报于1950年3月推出社务委员7人，并于15日召开第一次社委会。岂料在开会之前，总编辑李子诵突然提出拆股说。按照社长章导的理解，《每日论坛报》面临"要就他做，要就我做"[3]的分裂局面。1950年3月15日，在该报副总编辑龙劲风、采访部主任陆雨的见证下，章导与李子诵签订了《拆股合同》，合同第一条规定，"乙方（李子诵）所募之股，除亏折者外，所余之数，由甲方（章导）负责于1950年4月20日前清偿乙方，不得逾期"[4]。此时距离《每日论坛报》正式复刊仅15天，社长与总编辑之间的决裂无疑加速了这张报纸的死亡。1950年4月20日，是章导偿付李子诵所募之股的最后期限，也就是在这一天，章导单方面呈报广东省文教厅，宣布《每日论坛报》停版。[5]

6. 南京《新民报》

南京《新民报》的生存之艰尤甚。1948年7月8日，蒋介石亲自下达手令，声称该报存在"散布谣言、煽惑人心、动摇士气及挑拨离间军民及地方团队情感之新闻通讯及言论"，予以该报永久停刊处分。[6] 待南京解放时，这张报纸已停刊将近一年，没有什么物资储备。在这种情况下，该报于1949年6月复刊。由于复刊时资金不足，此后一直入不敷出，原本设在南京的新民报总管理处又

---

[1] 章导：《每日论坛报复刊、资本、器材及主要人员表》，1950年1月24日，广州市档案馆：179-1950-长久-12，第6-7页。

[2] 《广州市人民法院民事判决》，1950年7月，广州市档案馆：179-1950-长久-12，第53-55页。

[3] 章导：《致广东省人民政府文教厅文化事业管理处函》，1950年3月19日，广州市档案馆：179-1950-长久-12，第58-59页。

[4] 《每日论坛报章导、李子诵拆股合同》，1950年3月15日，广州市档案馆：179-1950-长久-12，第60页。

[5] 龙劲风：《致广东省人民政府文教厅函》，1950年4月21日，广州市档案馆：179-1950-长久-12，第61页。

[6] 转引自杨雪梅：《报人时代：陈铭德、邓季惺与〈新民报〉》，第45页。

在1949年10月1日迁往北京，无法对该报予以经济上的调剂。1950年4月30日，南京《新民报》宣布停刊，大部分人员调到上海新民报社工作。[1]

7. 南京《南京人报》

《南京人报》是一张民营小型报纸，1936年4月8日创刊于南京，由张恨水出资并担任社长，张友鸾任副社长兼经理。1937年12月9日，战火日益逼近，《南京人报》被迫停刊。抗战胜利后，张恨水选择赴北平复刊《新民报》，遂以200万法币将《南京人报》盘给张友鸾，[2] 张友鸾自任总经理，于1946年4月6日在南京复刊该报。因《南京人报》反对独裁与内战，并与国民党《救国日报》展开一年多的论战，国民党特务在1949年2月捣毁报社，报纸被迫再次停刊。南京解放后，经市军管会批准，《南京人报》于1949年7月7日复刊，张友鸾担任社长。但因经济凋敝、市面萧条，报社经济不能自给自足，纸张依靠有关部门供应，纸款也是来自人民银行的贷款，连每月经费都要靠《新华日报》支持。[3] 因无力偿还如上债务，1950年5月，《南京人报》直接改为公营报纸。[4] 虽然公营的《南京人报》迟至1952年4月才最终停刊，但它的"民营"身份已于1950年彻底消失。

8. 绥远《奋斗日报》

《奋斗日报》是1938年傅作义将军任二战区北路军总司令时创办的，后从山西河曲迁移到离河套陕坝约五华里的元昌义圪旦。[5] 报社负责人开始是景昌之，以后换做崔载之、阎又文等。1947年，阎又文随傅作义军队进入张家口后，又负责筹办张家口《奋斗日报》，他同时兼任原绥远《奋斗日报》社长。[6] 以董其武将军为首的"九·一九"起义通电发布后，绥远和平解放，《奋斗日报》遂成为绥远军政委员会和绥远人民政府的机关报，但其名义上作为民营报纸存在。傅作义派前国民党中央社宁夏分社主任吴希圣任社长，一直办到1950年12

---

[1] 新民晚报史编纂委员会主编《飞入寻常百姓家：新民报——新民晚报七十年史》，第174页。

[2] 张恨水：《山窗小品》，东方出版社，1994，第262页。

[3] 张健秋：《张友鸾与南京人报》，载南京市白下区政协文史资料工作委员会《白下文史第6辑》，1989年，第129页。转引自丁骋：《中国大陆民营报纸退场的探究：1949—1954》，华中科技大学博士论文，2012年，第28页。

[4] 1952年4月，公营的《南京人报》也正式宣告停刊。参见江苏省地方志编纂委员会编《江苏省志第80卷：报业志》，江苏古籍出版社，1999，第71页。

[5] 高剑夫：《也谈〈奋斗日报〉——怀念景昌之同志》，《新闻与传播研究》1987年第2期。

[6] 苗平章：《绥远起义前后的奋斗日报》，《新闻与传播研究》1981年第5期。

月31日结束。[1] 报社部分人员和全部财产移交给由绥远起义部队改编的解放军廿三兵团，随起义部队开赴河北整训，[2] 后改该报名为《进步日报》。[3]

9. 上海《字林西报》

上海《字林西报》是新中国仅存的两份外人创办的英文报纸之一。鉴于另一张英文报纸《密勒氏评论报》有一定的亲共背景，中立性质的《字林西报》能够在新中国成立后继续出版实属不易，但它还是没能坚持多久。1951年3月19日，该报因营业清淡，无意继续经营，向上海市人民政府工商局申请歇业，并获核准。[4]《字林西报》突然宣布停刊，令很多报社员工难以接受，正如新闻出版印刷分会字林西报委员会1951年4月19日致资方的一封信所说，"字林西报开设到现在已逾百年，自一幢小房子做起，发展到现在的八层高楼大厦，我们极大多数职工为本报已服务了一生"，"许多老年工人已头发雪白了"。[5] 字林西报馆发布解散的消息时，只答应给员工三个月工资的遣散费和一个月工资的通知费，这在很多老员工看来，"似乎太不近人情了"。[6] 在劳动局的协调下，劳资双方经过了11次协商，终于达成一致。资方除付给劳方一个月前期通知费，还根据服务时间长短，支付一至三个月的解散费。最重要的是劳积金协议的达成：工龄在1—10年者每年30天工资；10—20年间每年20天工资；20—30年间每年15天工资；超出30年者，超出部分每年15天工资。根据上述协议，字林西报馆在1951年8月1日总计支付人民币21亿9993万9786元。[7] 自此，这家已有101年[8] 历史的英商报馆在中国销声匿迹。

---

[1] 刘映元：《傅作义将军的喉舌——奋斗日报》，《新闻与传播研究》1981年第5期。

[2] 苗平章：《绥远起义前后的奋斗日报》，《新闻与传播研究》1981年第5期。

[3] 刘映元：《傅作义将军的喉舌——奋斗日报》，《新闻与传播研究》1981年第5期。

[4]《字林西报馆职工解雇协议书》，1951年5月21日，上海市档案馆：B128-2-535-77；另见《上海市工商局关于准予字林西报馆歇业的通知》，1951年3月27日，上海市档案馆：B128-2-535-1。

[5] 中国新闻出版印刷工会上海字林西报分会：《致马立斯、熊成富的信》，1951年4月19日，上海市档案馆：B128-2-535-60~61。

[6] 中国新闻出版印刷工会上海字林西报分会：《致马立斯、熊成富的信》，1951年4月19日，上海市档案馆：B128-2-535-60~61。

[7] 字林西报馆：《关于自1951年8月1日照5409牌价付给解散费的呈》，1951年8月3日，上海市档案馆：B128-2-535-86。

[8]《字林西报》的创刊日期一般从英国商人奚安门1850年8月3日在上海创办英文报纸《北华捷报》周刊算起。

表 5-1：字林西报馆员工遣散费统计（部分）[1]

姓名	部门	入职日期			共计工龄			每月工资	劳积金		解雇金通知金	年终奖金
		年	月	日	年	月	日		月	天		
谈金海	机匠	1902			49			164650	31	12.5	4	0.25
贺衍才	印刷	1905	5	7	45	10	23	164650	29	20	4	0.25
张仕龙	职员	1906	4	9	44	11	21	749600	29	5	4	0.25
王石荪	打字	1910	6	14	40	9	16	179902	27	5	4	0.25
翁德鑫	杂勤	1914	2	1	37	1	29	164650	25	12.5	4	0.25
张绍良	排字	1917	10	12	33	5	18	207610	23	12.5	4	0.25
冯栋才	装订	1919	11	27	31	4	3	149398	22	12.5	4	0.25
傅志寿	铸字	1919	9	3	31	6	27	166024	22	20	4	0.25
周国桢	校对	1920	12	20	30	3	10	207610	21	27.5	4	0.25
潘作新	电梯	1924	5	1	26	10	29	138316	20	5	4	0.25
曹长林	炉子	1924	2	1	27	1	29	164650	20	12.5	4	0.25
孙瑞兴	外勤	1924	3	20	27	1	10	78820	20	12.5	4	0.25
龚志圣	内勤	1926	7	21	24	8	9	132774	19	5	4	0.25
郭松年	收账	1926	5		24	10		210680	19	5	4	0.25
邓瑞章	发报	1928	11	28	22	4		121942	17	27.5	4	0.25
蒋旺生	浇版	1933	5	15	17	9	15	179902	15	10	4	0.25
袁福庭	折报	1935	11	25	15	4	5	78820	13	20	4	0.25
蔡建华	职员	1937	1	18	14	2	12	224420	13		4	0.25
谢富林	木工	1945	11	12	5	4	18	179902	5	15	4	0.25
王炳荣	电气	1946	2	14	5	1	16	188192	5	15	4	0.25
吴东	摄影	1949	7	30	1	8		150000	2		3	0.25
杨其英	记者	1950	6	24		9	4	380000	1		2	0.25

从1950年初开始的市场萧条，到1951年四、五月间民营企业大体复元，此一时段，民营报纸消失的数量最多。1950年3月经新闻总署确认的民营报纸计58家，到6月底减为43家，11月底剩下39家，12月底34家。到1951年4月底为31

---

[1] 笔者根据《字林西报馆关于送上解雇职工协议书及名单的呈》整理，1951年5月21日，上海市档案馆：B128-2-535-76~82。

家,同年8月下旬,只剩下25家。[1]

10. 其他停刊日期不详的报纸名录及简况

对照1951年8月前后数据及据已有文献资料推断,天津的《商业译讯》,绥远的《绥闻晚报》,陕坝的《生产日报》,上海的《百货新闻》、《俄文公民日报》、《俄文晚报》,杭州的《西湖报晚刊》、《金融论坛报》,汉口的《戏剧新报》,长沙的《大众晚报》、《商情导报》,邵阳的《工商晚报》,哈尔滨的《社会新报》大致消失于1951年8月以前。[2] 上述报纸的文献资料极为罕见,笔者只寻到《商业译讯》、《绥闻晚报》、《生产日报》、《俄文公民日报》的些许信息。

《商业译讯》位于天津。1949年7月28日,该报领到天津市军事管制委员会报纸杂志登记证新字第10号证。[3]《商业译讯》系16开的小型英文报纸,主要登载商业行情,有时刊登一些与经济有关或与外侨生活有关的政府法令,每逢重大节日,如国庆节等,亦发表社论。该报没有严密的组织,只是天津民营北洋印书馆的几个职员自行创办。他们鉴于外国人在天津经商的很多,需要知道些行情,便摘录《天津日报》上的经济新闻,委托一两个外国人译成英文付印。原籍德国的吴禄夫(E.WOLFF)是该报雇用的助理编辑。吴的初中是在天津德国中学读的,高中毕业于德国格尔利次中学,后进入柏林大学学习法律,并在柏林法院实习过。国民党时期吴禄夫曾任南京卫生署办事员,开乐矿务局唐山及天津办事员,从1950年9月起,担任《商业译讯》助理编辑,擅长德、英、法、中文,以及简单日语。[4]《商业译讯》每周约出三期,每期一二页,发行数量极小,每期约140余份。主要的订户是外侨商人,最多的是英商,其次为法国、比利时商人及苏联商会。华商行庄的一些职员亦订有该报。这张报纸的

---

[1] 多位学者在引用上述数据时,标注信息来源为《1988年新闻年鉴》。经笔者查阅,《1988年新闻年鉴》并无上述数据,系误引。原始数据应来自孙旭培:《解放初期对旧新闻事业的接收和改造》,《新闻研究资料》1988年第3期。笔者曾于2012年广州的一次会议间隙咨询过孙旭培先生,据他回忆,有关新中国成立初期民营报纸的数据来自中央档案馆,他在1980年代获特批查阅相关资料。因当时研究方法尚不成熟,出处记录得不够翔实,原始记录也未予保存,殊为憾事。

[2] 据笔者统计,1951年9月以后仍在出版的民营报纸至少有34家。

[3] 天津市新闻出版处:《商业译讯登记证》,1949年7月28日,天津市档案馆:X57-Y-1-2-133。

[4] 天津市新闻出版处:《商业译讯助理编辑吴禄夫简历》,1950年10月19日,天津市档案馆:X57-Y-1-47-13。

大概收入为每月100多万元，除去开销，约可得到数十万元。[1] 停刊日期不详。

绥远的《绥闻晚报》系1937年3月由山西人贾汉卿在绥远出版，为8开2版小报，读者以一般市民为主。新闻版刊载军政大事和社会新闻，副刊则剪辑北平和上海报纸的趣事。该报刚创刊5个月就因时局动荡而停刊。1946年，绥远民众抗日自卫军的指挥官郭长春接办该报，他购买了新的机器并将报纸扩展为4开。[2]1949年9月19日，绥远和平解放，该报继续出版，停刊日期不详。

陕坝《生产日报》系由原《奋斗日报》陕坝版改名而来。1945年8月日本战败投降，傅作义率部东进后，《奋斗日报》陕坝版继续出刊，由高也彭负责。不久因绥远、张家口《奋斗日报》相继出刊，《奋斗日报》陕坝版遂成为第三专区（绥西）机关报，与奋斗日报社脱离关系，并于1947年春一度停刊。同年6月间，鉴于报纸停刊对消息的传递和文化的发展影响甚大，在专员陈国桢领导下，绥西六县每月补助256万元做经费，由温广厚具体筹办。7月11日，《奋斗日报》复刊，为8开5日刊。为适应绥西民众需要，该报又于8月4日改为3日刊，后改为日刊，中华人民共和国成立后改名《生产日报》，停刊日期不详。[3]

上海《俄文公民日报》解放后正确的称谓系《苏联公民报》。[4]它的前身是《俄文日报》，又译《俄文每日新闻》，1923年在哈尔滨创刊，[5]1933年3月23日迁往上海发刊，最初社址为霞飞路785号，1935年迁至福煦路620号。当时的主笔是奇利金，经理彼得列茨。该报每日8版，日销4000份左右，印刷之精美居上海俄文报纸之冠。[6]1936年起，该报转为亲苏报纸，第二次世界大战期间停刊，1948年始复刊，沿用《俄文日报》的称谓，直到1949年上海解放后，改名为《苏联公民报》，[7]停刊日期未详。

梳理上述报刊资料可见，1951年8月以前自动停刊的民营报纸，主要受制于市场萎缩，难抵通货膨胀及物价不稳的整体环境。经过这一轮的大浪淘沙，

---

[1] 天津市新闻出版处：《天津私营报纸情况综合报告》，1951年，天津市档案馆：X57-Y-1-48-25~39。

[2] 转引自丁骋：《中国大陆民营报纸退场的探究：1949—1954》，华中科技大学博士论文，2012年，第39页。

[3] 忒莫勒：《巴彦淖尔市（河套文化）报刊事业简史（1929—1949年）》，河套文化，http://htwh.lingd.net/article-4242038-1.html。

[4] 汪之成：《近代上海俄国侨民生活》，上海辞书出版社，2008，第329页。

[5]《大公报》1948年3月24日。

[6] 上海市通志馆编印《上海市年鉴（民国二十六年）》，1937，第334页。

[7] 汪之成：《近代上海俄国侨民生活》，第329页。

尚有34家民营报纸继续出版，但它们依旧面临着经济环境的又一轮震荡。这轮震荡的诱因是多元的，既有抗美援朝战争伴生的厉行节约的需要，也有"三反"、"五反"运动对民营资本合法性的彻底颠覆。对于民营报业来讲，生产所需的纸张、油墨等原材料已经由国家垄断，民营报纸位列资源分配的末席，且购买价格高于公营报纸；"三反"、"五反"期间，大规模群众运动的残酷性开始显现，资本家普遍受到震慑，逐渐丧失了控制企业的权力，"民族资产阶级事实上不可能再照旧生存下去，除了接受社会主义改造已没有别的选择"。[1]

民营报业的转制正是由此发轫。一部分较有根基的报纸经历了合并、公私合营、民转公等途径，身份逐渐合法化。而那些先天不足或定位边缘的报纸，其生存空间日益萎缩，只能选择自生自灭。

（二）1952—1953年原材料匮乏时期停刊的报纸

1. 上海《工商新闻》

上海《工商新闻》，由上海工商调查所创办，曾用名《征信新闻》，原位于上海中山东一路23号9楼，后迁往河南中路303号。在获得上海市军事管制委员会文化教育管理委员会新闻出版处核准后，获发讯字第3号登记证，于1949年9月1日出版新字第一期，主要面向工商各界人士。[2] 随着民营工商业的衰落，该报的市场需求随之萎缩，并于1952年1月1日起停刊。

2. 重庆《新民报》

重庆《新民报》的生存境况一如"新民报系"的其他成员，同样倍感艰难。这张报纸在1945年11月14日曾经首发毛泽东的《沁园春·雪》，其激进风格可见一斑。国共政争期间，该报屡遭国民党迫害。1949年7月19日，重庆《新民报》刊登根据自设电台抄收到的陈毅上海讲话，称陈毅为"陈毅将军"，21日上午，国民党特务便以此为借口冲进报社大骂，并进入排字房捣毁字架，使当天晚报无法出版，次日日报只能暂出半张。1949年11月27日，被关押在渣滓洞的重庆《新民报》员工陈丹墀、胡作霖、胡其芬、张郎生和刁侠平又不幸殉难，这张报纸的生存处境可想而知。比成都、南京两地的《新民报》稍为幸运的是，重庆《新民报》一直在出版，设备得以保存，人员相对稳定，尚有一批固定的读者。因此，在解放后的一段时间，该报仍能坚持出版，并挨过了通货膨胀时期。

---

[1] 薄一波：《若干重大决策与事件的回顾（上）》，第129页。

[2] 上海工商调查所：《本所启示》，《工商新闻》，1949年9月1日。参见上海市档案馆：Q78-1-28。

但这张报纸的经济问题未能得到根本解决,员工薪酬经常拖延,所需纸张无力储备,终在1952年1月11日因经济困难自行停刊。

3. 江门《恩典报》

由广东江门恩典研经社出版发行的《恩典报》系于1949年7月创办,它于1952年1月停刊的理由是教会工作事务繁忙,未能兼顾。对此,广东省新闻出版处除准予其停刊外,对该社出版的《永不灭亡》、《恩典福音》、《恩典的训练》、《属灵的人》、《这么大的救恩》等书亦提出要求,限其售完存书为止,如需再版,须先行呈报核准。[1]

4. 上海《俄文新生活报》

上海《俄文新生活报》创刊于1941年6月23日,这一天系法西斯德国发动侵苏战争的第二天。该报由上海苏侨协会创办,发行人顾力士,主笔谢戈廖夫,前身为《回祖国报》。[2]《俄文新生活报》的创刊目的是向旅居上海的侨民介绍苏联卫国战争的情况,战争结束后,其报道内容转向,主要跟进中国境内的大事件。[3]上海解放后,该报继续出版,但此时的办报环境已发生变化。按照该报经理拉勃可夫的说法,"俄籍的人出境每月增加,苏侨在中国失业人口很多,大都订不起报纸,故本报订户有减无增","如果提高报纸价格,那就要减少订户了,收支相差太大"[4]。1952年3月1日,《俄文新生活报》获得工商局批准正式停刊。[5]

5. 天津《华北汉英报》

《华北汉英报》,位于天津市第一区陕西路83号,系中国人创办的八开中英双语日报,负责人宗基友。宗氏系北京民国大学英文系毕业,曾赴英国伦敦大学选科一年,归国后担任青岛英文专校校长、天津耀华中学英文系主任等职。《华北汉英报》首创于1947年9月,按照宗基友的说法,该报为一研究学术之日

---

[1]《恩典报停刊》,1952年1月4日,《广东省人民政府新闻出版处对恩典报停刊的回复》,1952年1月10日,广州市档案馆:179-1952-长久-089,第52页。

[2]《回祖国报》系上海归国者联合会的机关报,创办者兼主笔为俄侨报人及诗人斯韦特洛夫,1937年11月7日出版第一期。

[3] 汪之成:《近代上海俄国侨民生活》,第332页。

[4]《俄文新生活为资方提出停刊并召集谈话》,1952年2月3日,上海市档案馆:B128-2-1027-28。

[5]《俄文新生活报劳资谈判经过》,1952年3月,上海市档案馆:B128-2-1027-29。

报，内容汉英对照以辅助青年课余或公暇研究中外学术为宗旨。[1]1949年初，由于时局混乱，报纸暂时停刊，1949年3月15日复刊。[2]刚复刊时暂为二日刊，收入不足，经济非常困难，直至1949年8月5日起恢复日刊。《华北汉英报》完全是翻译的报纸，本身没有记者独立采访消息，新闻来源主要靠摘要翻译《人民日报》、《天津日报》上的重要消息。该报得以生存的主要原因是天津的外商及华商公司需要了解一些商业行情及进出口动态，其次，一些公务员及学生想从该报学习一点英文翻译的技术。根据新闻管理部门1951年的调查，《华北汉英报》日销365份，外侨行商占123份，华商公司银行占70份，公务员职员占62份，学生占110份。因发行量小，发行收入每月仅400余万元，广告收入每月700余万元，每月各项开支约1100余万元，经营情况不好，在纸张和机器耗损方面都没有办法解决，纸张一向都是零购，无力储备。[3]据国家图书馆保存本记录，该报终刊时间是1952年4月23日。创办人宗基友在报纸停刊后转至天津市第33中学担任语言教师。[4]

6. 镇江《大众日报》

镇江《大众日报》于1950年2月6日创刊，社址位于镇江中央饭店（现旅游饭店）三楼。创刊伊始，中共镇江地委宣传部曾将原《前进日报》的电台及电台工作人员借调给该报使用。《大众日报》4开4版，除转发新华社电讯、《人民日报》社论外，还转载《中国青年报》、《苏南日报》，苏联《真理报》的社论和专文等；副刊有"大众园地"、"大众文艺"、"通讯工作"、"大众科学"、"大众卫生"、"科学与图书"、"镇江文教"、"镇江学生"、"中苏友好"等。截至1952年，该报有职员30多人，发行量仅1000份，经费主要来源于商界资助和营业收入，经营两年多不见起色。1952年12月31日，该报因纸张供应困难而终刊。[5]

7. 上海《密勒氏评论报》

《密勒氏评论报》于1917年6月9日在上海创刊，创办人是美国《纽约先驱

---

[1] 天津市新闻出版处：《华北汉英报申请登记表》，1949年4月6日，天津市档案馆：X52-Y-1-2-20~25。

[2] 天津市地方志编修委员会：《中国天津通鉴》（上卷），中国青年出版社，2005，第294页。

[3] 天津市新闻出版处：《天津私营报纸情况综合报告》，1951年，天津市档案馆：X57-Y-1-48-25~39。

[4] 天津市地方志编修委员会：《中国天津通鉴》（上卷），第294页。

[5] 《镇江市志第五十九卷：报刊广播电视》电子版，http://szb.zhenjiang.gov.cn/htmA/fangzhi/zj/5901.htm。

论坛报》驻远东记者汤姆斯·密勒,这份以他名字命名的周刊每周六出版,16开本,每期50页左右,以报道、评论中国和远东的政治经济时事为主。《密勒氏评论报》一半以上的发行量是在海外,中国政界人士和知识阶层也经常阅读。1922年11月,约翰·本杰明·鲍威尔收购《密勒氏评论报》产权,自任主编和发行人。1936年11月,该报发表斯诺陕北之行的消息及与毛泽东会见记,反响巨大。太平洋战争爆发后,日军占领上海租界,《密勒氏评论报》遭查封,鲍威尔亦被日军投入监狱。1945年10月,《密勒氏评论报》在上海复刊,因鲍威尔病残,其子约翰·威廉·鲍威尔担任主编和发行人。1949年5月上海解放后,该报继续出版,成为惟一仍在中国大陆发行的美商媒体。1950年6月,朝鲜战争爆发,美国国内麦卡锡主义甚嚣尘上,中美关系日趋紧张。主要依靠海外发行的《密勒氏评论报》受美军舰队及国民党封锁海岸线的影响,遭致海外分销及海外汇款双重障碍。1950年7月15日,《密勒氏评论报》刊登了停刊词,但在读者的强烈建议下,改为月刊继续出版。[1] 抗美援朝战争期间,该报曾揭露美军在朝鲜战场施用细菌武器等罪行,美国政府遂对其实行禁邮,报纸的主要经济来源被截断。受制于政治与经济双重困境,《密勒氏评论报》于1953年6月停刊,结束了其36年的历史。

　　经过新中国成立伊始市场极度萎缩及1952至1953年纸张等原材料匮乏这两次主要危机,一部分民营报纸在政府的资助下渡过难关,但也随之完成了民转公或公私合营的转制,另一部分报纸自动停刊。截至1953年12月底,全国仅剩下8家民营报社,分别是天津市《俄文新语报》、松江省《俄语报》、哈尔滨市《哈尔滨公报》、杭州市《当代日报》、无锡市《晓报》、常州市《常州民报》、成都市《工商导报》、西安市《工商经济晚报》。[2] 其中,《当代日报》、《工商导报》日后转为为公营的《杭州日报》和《成都日报》,《常州民报》、《晓报》、《工商经济晚报》奉命停刊,松江《俄语报》资料散佚,《俄文新语报》和《哈尔滨公报》则要归于自动停刊序列。从这几张报纸的命运可见,1953年以后,民营报纸的自主性愈发降低,更多受制于国家宏观调控的影响。

---

[1] 沈荟、程礼红:《〈密勒氏评论报〉报道成立伊始的新中国》,《新闻记者》2009年第10期。

[2] 出版总署出版管理局编《全国私营出版社、杂志社、报社名单》(截至1953年31日)。参见中国出版科学研究所、中央档案馆编《中华人民共和国出版史料(1953)》,中国书籍出版社,1999,第690页。在上述名单中,《晓报》与《常州民报》未在列。因二者于1954年2月停刊,晚于1953年12月31日的截止日期,本书予以增补。

(三) 1953年以后国家宏观调控时期停刊的报纸

1. 天津《俄文新语报》

《俄文新语报》原名《俄文每日新闻》，创刊于1946年5月，天津解放后，曾一度停刊。1949年6月22日，该报领到天津市军管会新字第9号报纸杂志登记证，并于1949年7月1日复刊，更为现名。《俄文新语报》位于天津市建设路95号，日刊，每期四版，发行范围主要是北平、天津、青岛、沈阳四城市。该报由发行人与总编辑合资经营。发行人吴铭濬，北平人，圣彼得堡天尼斯商业高等学校毕业，曾任哈尔滨中东铁路局商务委员、技术传习所教员、交通大学俄文教授、外交部俄文法政专门学校教务长、北平苏联文化协会主任等职。总编辑拉赤澜夫司吉，苏联人，毕业于莫斯科大学法学系，曾任哈尔滨中东铁路局经济调查局编辑，天津俄文日报社主笔。[1] 该报是华北惟一的俄文报纸，为在华的苏联专家及其领馆人员、侨民所重视。日销1200份左右，苏联专家占订户的48%，使领馆人员占10%，情报总署占10%，各地苏侨占20%，赠送10%。因语言关系，该报在中国社会影响很小。经营方面，《俄文新语报》始终捉襟见肘：销量少，发行收入不高，又因编辑翻译等工作非两三人所能胜任，非多用人员不可，设备也亟需改良及增加。1950年上半年该报营业总额2652万元，应纳工商税600余万元，除却成本，报社所剩无几。为此，该报负责人及苏联驻津副领事唐平科曾向外事处要求给予照顾，请免上半年应纳之工商税，天津市人民政府准予减半征收。[2] 但靠此种办法维持生存并非长久之计。《俄文新语报》其后几年的生计并无后续资料呈现，但在上海最后一份俄文报纸《俄文新生活报》1953年停刊并结束劳资仲裁后，劳动局曾将仲裁决议抄转天津市外事局参考，[3] 足见《俄文新语报》的内部情况也应像《俄文新生活报》一样不容乐观。该报应于1954年停刊，具体停刊日期未详。

2. 哈尔滨《哈尔滨公报》

《哈尔滨公报》始创于1926年12月1日，报馆设在哈尔滨市道里军官街（现

---

[1] 天津市人民政府新闻出版处：《俄文新语报申请登记证》，1949年6月15日，天津市档案馆：X57-Y-1-2-65~66。

[2] 天津市新闻出版处：《天津私营报纸情况综合报告》，1951年，天津市档案馆：X57-Y-1-48-25~39。

[3] 上海市人民政府劳动局：《接电嘱抄送俄文新生活报解雇协议案将转往天津外事处事函复查照由》，1952年6月3日，上海市档案馆：B128-2-1027-35。

霓虹街），经办人关鸿翼[1]，编辑长杨墨轩（后由高崇民担任），编辑有崔铁肩、张林肯、苏子元等。[2]1926年12月7日，该报附出俄文版，每日两大张，8版，《哈尔滨公报》于是成为同时拥有中、俄文版的民办大报。该报发表了不少进步文章，九一八事变后，曾以大量篇幅报道抗日义勇军的活动。该报文艺版《公田》是当时进步作家金剑啸、萧军、萧红、舒群、罗烽等发表作品的阵地。[3]萧军的《故巢的云》、《读书漫记》，萧红的《看风筝》就是1930至1933年在《公田》上发表的。[4]1937年11月1日该报停刊，与《国际协报》、《滨江时报》合出《滨江日报》，1945年12月1日起复刊，解放后继续出版。从现有文献资料来看，《哈尔滨公报》在新中国初期的办报经历并不顺畅，它是在哈尔滨民营报纸中较早受到黄牌警告的。1950年3月10日，中共哈尔滨市委宣传部发出《关于〈哈尔滨公报〉所犯政治错误的报告》，责令该报建立责任制。1951年6月8日，另外一家民营报纸《建国日报》因屡犯政治错误，被政府查封。鉴于哈尔滨市只有两张民营报纸，同时停刊政治影响不好，[5]《哈尔滨公报》才得以存留。1954年2月1日，该报社长关鸿翼逝世，报纸无力出版，于同年2月自动停刊。[6]

---

[1] 关鸿翼：1892—1954，字宾如，别名玉珂，沈阳市人。1910年奉派到哈尔滨俄国商务学堂学习8年，后毕业于哈尔滨法政大学。精通俄语及商业法律，被委任为中东铁路理事会俄文秘书。1925年，随中国官银号董事长等赴苏联、东欧及德法等国考察，翌年兼任哈尔滨估捐委员会委员，成为哈埠知名人士。1926年底，《松江日报》因受郭松龄事件牵连被迫出卖，他以4000卢布收买后，创刊《哈尔滨公报》，自任社长。1929年5月16日，当时身为国民党中央执委的宋庆龄离开莫斯科回国抵哈，为其拍照的即关鸿翼。哈尔滨沦陷后，关鸿翼仍在中东铁路任职，还兼任哈尔滨长绥印花税处长。1935年中东铁路被日伪收买后，关停职，并集中精力办报。1937年10月31日，《哈尔滨公报》停刊，与《国际协报》、《滨江时报》合并，出版《滨江日报》，作为该报股东之一，关鸿翼被任命为报社理事会理事，1943年被任命为马家区区长，直到日本投降。1945年8月下旬，在苏联红军军事管制下，哈尔滨市政会成立，关就任副市长。1946年7月31日，哈尔滨市记协召开第二次大会，关鸿翼当选理事长。新中国成立后，关鸿翼继续出版《哈尔滨公报》，直至1954年2月1日逝世。

[2] 东北网：《建党90周年专题·1926年》，http://special.dbw.cn/sy-tem/2011/06/13/053222353.shtml。

[3] 东北网：《建党90周年专题·1926年》，http://special.dbw.cn/sy-tem/2011/06/13/053222353.shtml。

[4] 哈尔滨市地方志编撰委员会：《哈尔滨市志：报业广播电视》，黑龙江人民出版社，1994，第34页。

[5] 《关于哈尔滨公报、建设日报问题的批示报告》，1951年，哈尔滨市档案馆：XD48-1-2-152~153。

[6] 哈尔滨市地方志编撰委员会：《哈尔滨市志：报业广播电视》，第34页。

二、违规停刊的民营报纸

早在1948年11月,中共中央在指导如何处理新解放城市中的中外报刊及通讯社时,已经树立了非常明确的思路:"报纸、刊物与通讯社,是一定的阶级、党派与社会团体进行阶级斗争的一种工具,不是生产事业,故对于私营报纸、刊物与通讯社,一般地不能采取对私营工商业同样的政策,除对极少数真正鼓励群众革命热情的进步报纸刊物,应扶助其复刊发行以外,对其他私营的报纸刊物与通讯社,均不应采取鼓励政策。"[1] 为了杜绝反动政治势力利用民营出版物联系与影响群众,新中国成立后的新闻政策利用登记制度审查旧有报刊过去的政治态度,那些曾积极"反苏反共、反人民民主、反人民解放战争"的报刊,绝无出版可能。

此外,经过登记制度得以出版的新老报刊还要遵从约法四章:不得有违反人民政府法令之行动;不得进行反对人民解放战争,反对土地改革,反对人民民主制度的宣传;不得进行反对世界人民民主运动的宣传;不得泄露国家机密与军事机密。[2] 是凡认可这一登记制度,并通过严格审查的民营报纸,无疑与新政权达成了一项契约,双方更倾向于从属关系而非站在对立立场。《大公报》总编辑王芸生发表于1949年4月10日的《我到解放区来》,即是民营报纸合作态度的典型代表。王芸生称自己到解放区来,"乃是向革命的无产阶级领导的中国新民主主义的人民阵营来投降"。他决计抛掉"从古老的圣经贤传到近代资本主义哲学等知识分子的各种大包袱","一切重新学习,一切从头干起"[3]。《大公报》向以"不党、不卖、不私、不盲"著称,作为这张报纸的总编辑,王芸生常以"诤臣"自居,以"国士"自许,他尚有"向人民投降"的语词,遑论其他报纸。因此,新中国的民营报纸,鲜有公开挑战执政一方的激进案例。那些被政府予以停刊处分的报纸,多是初生牛犊不怕虎的新面孔,它们往往来不及适应新政权的行事规则,便匆匆触雷,体验了错误面前"一票否决"的刚性执政风格。

---

[1]《中共中央关于新解放城市中中外报刊通讯社的处理办法》,1948年11月8日。参见《中国共产党宣传工作文献选编(1937—1949)》,第745页。

[2]《中共中央关于新解放城市中中外报刊通讯社的处理办法》,1948年11月8日。参见《中国共产党宣传工作文献选编(1937—1949)》,第747-748页。

[3] 王芸生:《我到解放区来》,《进步日报》1949年4月10日。

（一）因经营违规而停刊的报纸

1. 北京《影剧日报》

最早接受政府勒令停刊处分的是北京《影剧日报》。由于出刊时间太短，几无社会影响，它在新闻史上未留下只鳞片爪，笔者爬梳档案时才发现它的影踪，从而颠覆了北京只保留《新民报》一份民营报纸的现有结论。《影剧日报》系原《天津卫报》总编辑陈逸飞申请登记的民营报纸，经军管会批准，自1949年5月21日出刊。它是一张游艺类报纸，八开一小张，只出了6天，即于5月26日停刊。按照当时北京市人民政府新闻处的评价，"从它出刊6天的报面上看，内容很空洞，消息来源均为该报记者所写。旧剧消息占篇幅最多"。经营方面，"广告篇幅占二分之一，内容除游艺广告外，全部为卖药的广告"。[1]《影剧日报》获得的本是日报的登记证，然而在出刊6天后，即告"所备经费24万元现已用罄，询之原股东不愿继续出资且愿退出"，陈情改出七日刊，"俟经济来源有着，日报再行恢复"。[2] 此举背后实则隐含着一种投机行为。在未经报告新闻处的情况下，陈逸飞即另出《影剧日报增刊》（周刊），与已令行停刊的解放前民营报纸《戏世界》内容与形式大体相同，并套用《影剧日报》的登记证。[3] 据知情人透露，原《戏世界》里的舒舍予、景孤血、苍卓如、李燕声等七人，已全部参加《影剧日报》做编辑，并与陈逸飞订了长期合同。《影剧日报》之印厂即原《戏世界》之印厂（大成印刷所），《影剧日报》之小版头也都是过去《戏世界》用过的。据说，舒舍予等七人每期给陈逸飞500元。[4] 这种擅自发行增刊并套用日报登记证的行为当然不为主管部门所允许。不仅发出去的981份增刊被收回，《影剧日报》的登记证也告失效。[5] 这张只出版了6天日报兼一日增刊的民营报纸可谓是昙花一现。

---

[1] 沈予：《影剧日报研究报告》，1949年6月6日，北京市档案馆：008-002-00030-7~8。

[2] 陈逸飞：《影剧日报改出七日刊申请》，1949年5月30日，北京市档案馆：008-002-00030-26~27。

[3] 北京市人民政府新闻处：《为影剧日报出版后连续发生违法行为并擅自发行增刊套用日报登记证报请撤销其登记证由》，1949年6月20日，北京市档案馆：008-002-00030-34~37。

[4] 北京市人民政府新闻处：《戏世界报社广告部主任来谈情况》，1949年，北京市档案馆：008-002-00030-9。

[5] 周游：《为影剧日报出版后连续发生违法行为并擅自发行增刊套用日报登记证报请撤销其登记证由》，1949年6月20日，北京市档案馆：008-002-00030-34~37。

2. 广州《经济报单》

广州《经济报单》属于一张未获登记但允许其继续出版的报纸。因其主持人解放前已离粤赴港,并在香港操纵报纸出版,往往以港币报价,此举涉嫌"破坏金融,扰乱经济秩序",广州市军管会于1950年5月10日明令该报即日停刊。[1]

(二) 因办报人问题或内容违规而停刊的报纸

1. 星系报纸:福州《新闽日报》与汕头《星华日报》

福州《新闽日报》与汕头《星华日报》的停刊属于同种原因。这两张报纸均为著名侨领胡文虎创办的星系报纸。《新闽日报》的前身为1947年7月1日创刊的《星闽日报》,董事长胡文虎,社长胡梦洲,总编辑郑书祥,每天出版1张半,1948年11月起缩为1张。该报时常揭露社会黑暗与人民苦难,抨击官僚资本与豪门贪官,尤其在沟通侨情,维护侨胞利益方面做了大量宣传报道。福州解放后,《星闽日报》改名为《新闽日报》继续出版。解放前为逃避国民党特务捕杀而去香港的郑书祥,1950年返回福州,担任该报总编辑,直至1950年10月停刊。[2]

汕头《星华日报》创刊于1931年,也是胡文虎任董事长。该报辟有社论、专电、国内、国际、华侨、岭东、市闻、流星8个专栏,是当时汕头两大报纸之一。其旧社址在万安街,1933年4月迁至新马路自建新馆,1935年1月又迁至韩堤路46号(现为民权路2号)。1945年秋,汕头光复,《星华日报》复办,直至1951年1月1日停刊。

新中国成立后国内仅存的两张星系报纸缘何在三个月内相继停刊?这和国家意识形态对星系掌门人胡文虎的身份界定有关。胡文虎被视作"伪装中立,本质反动"[3],他旗下的报纸自然难免受其牵连。不仅"新闽"、"星华"被叫停,胡文虎所拥有的海外星系报纸均被禁止进口。

2. 哈尔滨《建设日报》

《建设日报》前身系《哈尔滨午报》(简称《午报》),1921年6月创刊,[4]1936年为日伪强制低价收买,仍以《午报》名义出版,但附属于伪《大北新报》。

---

[1] 梁群球主编:《广州报业(1827—1990)》,中山大学出版社,1992,第188页。
[2] 福建省地方志编撰委员会编《福建省志·新闻志》,方志出版社,2002,第92-93页。
[3] 广州市人民政府新闻出版处:《禁止入口书报刊目录》,1951年5月1日,广州市档案馆:179-1951-长久-069-1~11。
[4] 建设日报社:《本报一九四九年工作总结》,1949年,哈尔滨市档案馆:XD48-1-1-69。

抗战胜利后，《午报》于1946年7月27日复刊，直至1950年1月改为《建设日报》。[1]《午报》的创办人赵郁卿在报纸更名时已故去，《建设日报》时期的社长为赵郁卿之子赵展鹏。该报系独资经营，并附设印刷厂。比之《午报》，《建设日报》的发行数字日渐减少，1949年，《午报》尚有3658份的日发行量，[2] 到了1951年2月，《建设日报》最高发行数字仅为2244份，读者以私营工商业和一般市民为主，二者各占发行量的43%和43.2%。广告以文娱广告为主，约占50%。[3] 由于报社只有18名职工（职员10名，工人8名），运营负担较轻，截至1951年初，每月盈利约两三千万元。

《午报》之所以更名为《建设日报》，和其新中国成立初期屡次发生政治性报道错误有所关联。如该报曾将"总理"印成"周经理"，把"罗申大使"印成"罗申大便"，把"反对国际帝国主义"印成"反对国际主义"。虽然均属排字和校对上的错误，但政治影响不容小觑。自改为《建设日报》之后，差错明显减少，仅在1950年8月29日，将"苏联从未试图用武装侵略消灭英国及美国"中的"从未"排成了"从来"，导致意思完全相反。[4] 1951年5月17日，较少出现问题的《建设日报》发生了一例致命错误，该日刊载的"总工会号召职工协助政府镇压反革命"稿件，将"我们工人阶级不但拥护政府镇压反革命"一句之"但"字印成空白。事故发生后，该报有所察觉，重新印制了数百份无错误的报纸，并将无错报纸发行道里区（党政机关所在地），有错误的报纸并未回收，而是发行到其他区域（共发行1400余份）。此一情形，被主管部门——哈尔滨市文教局视为有意进行反革命宣传。[5] 6月8日，文教局、劳动局、公安局、法院及市总工会联合行动，对该报予以查封。[6]

3. 自贡《工商周报》

四川省自贡市的《工商周报》，属于报道内容与事实不符，且有违新闻政策而被勒令停刊。该报于1950年9月7日第四版刊登贡井场票盐垣商业同业公会启事一则，本意是对四川盐局书面说明及票盐入营业所问题的解释。问题在于，这个时候正值新政权统一盐政的攻坚阶段，早在1950年1月20日，周恩来就签

---

[1]《建设日报情况》，1951年，哈尔滨市档案馆：XD48-1-2-177。

[2] 建设日报社：《本报一九四九年工作总结》，1949年，哈尔滨市档案馆：XD48-1-1-69。

[3]《建设日报情况》，1951年，哈尔滨市档案馆：XD48-1-2-177。

[4]《建设日报情况》，1951年，哈尔滨市档案馆：XD48-1-2-177。

[5]《关于哈尔滨公报、建设日报问题的批示报告》，1951年，哈尔滨市档案馆：XD48-1-2-152~153。

[6]《关于建设日报案件的消息报道》，1951年6月，哈尔滨市档案馆：XD48-1-3-23。

署了《中央人民政府政务院关于全国盐务工作的决定》,指出"我国历代财政,盐税为主要收入之一。又因盐产丰富,故运销一向重于生产,过去生产、运销、税收均统一于盐务机关管理",[1] 这句话意味着新中国的盐业管理也将由国家统一管控。四川自贡是盐业重镇,有着"千年盐都"之称,解放前的川康盐务局便设在自贡,供给川、湘、鄂等6省5000多万人的食盐需求。此外,盐税也是保证政府稳定收入的不二之选。因此,控制产盐区的盐务势必成为新政权地方政府的重要任务。1950年下半年,自贡地区遇到了私营售盐处影响国营盐业公司食盐销售问题,为了保证统购包销政策的顺利进行,川南盐务管理局决定取消私营售盐处,由盐务管理局设立的营业所代替。此举涉及公、私利益之争,社会反响很大。《工商周报》在这个时候触碰敏感问题,且在接受私商的启事之际未送请审核,自然被管理部门认定为解释与事实不符,系扰乱经济秩序之举。[2] 该报为此停刊。

三、奉命停刊的民营报纸

奉命停刊与违规停刊的区别在于,后者尚未纳入到新中国缔建的报业统制结构中去,民营资本较为纯粹,均为自给自足,几无政府方面人员及资金的流入。这样的报纸一旦发生错误,管理部门无需顾及债务及人员安置问题,处理起来较为简单。而那些奉命停刊的报纸,多有与新政权在人员和资金方面的交互,背后关联千丝万缕,且在一定程度上已担纲政府宣传体系中的某一环节。对这类报纸的停刊往往要经历较长时间的论证,调和各方关系,以期将影响减至最低。

(一)内部矛盾或异地迁移引发的停刊

1. 上海《人民文化报》

上海的《人民文化报》是新中国第一张奉命停刊的报纸。该报于1949年8月1日创刊,1950年7月8日停刊,前后出版11个月。中间还有一个月因经济困难,一度停刊。[3] 因该报由叶以群等文化名人及一众民主人士举荐成立,创办之初

---

[1]《中央人民政府政务院关于全国盐务工作的决定》,载《统一国家财政经济工作》,新华书店华东总分店1950年版,第39-43页。

[2] 自贡市人民政府:《为本市工商周报刊登启事违背政策我府拟予该报长期停刊处分是否适当请核示由》,1950年9月16日,四川省档案馆:建南030-9-32。

[3] 人民文化报:《股东成立会议记录》,1949年12月31日,上海市档案馆:B1-1-1922-6。

即具备了统战色彩。但毕竟这张报纸先天不足,各董事对所认购股款未能如期缴足,报社需靠贷款度日。截至1950年1月6日,总计向人民银行贷款5000万。[1]因一时无法清偿,报社曾数度致函文管会的新闻出版处,希望该处能将报社的特殊困难转知银行,延期偿付。[2]显然,这只能是报社的一厢情愿。这笔贷款到1950年6月底本利合计已滚动到9300万元。但凡先天不足的报纸,往往在管理方面千疮百孔。《人民文化报》因经费匮乏,只能使用与报纸仅有掮客关系的广告员及推销业务员。部分广告员以谎报广告价目的方式向美商美隆洋行等欺诈,或假借《人民日报》名义兜揽广告,却在《人民文化报》上刊登。还有发行业务员谎称《人民文化报》系华东军政委员会文化部之机关报。[3]这些不法之举对报纸的信誉造成了恶劣影响。1950年6月29日,《人民文化报》所在地虹口区的党政领导,新闻出版处、报社、银行方面的负责同志,以及当初举荐《人民文化报》的叶以群等共同参与了一次党内会议,会议决定,《人民文化报》于7月8日起停刊。[4]简日达等两位董事长补贴了清理费1200万元,其他债务则与债务人协商打折支付,如百宋印刷费7.5折,稿费4折等。而所欠银行本息,银行方面提出,由担保方群益出版社代为赔偿。[5]

2. 广州《周末报》

《周末报》是一张在香港创刊的报纸,创刊于1949年5月25日,是由夏衍提议创办的。1949年全国各大城市陆续解放后,大批国民党上层人士逃到香港,相继出版了多张报纸,并以诋毁共产党为能事,此时中国共产党亟需一张能进行舆论对抗的民间报纸。在此背景下创办的《周末报》,系由聂绀弩找到同乡投资3000元港币作为保证金,龙云、张稚琴各资助了1000元港币,始在香港干诺道65号得以出版。该报以夏衍、聂绀弩、邵荃麟、胡希明和冯英子为社务委员,胡希明任总主笔,冯英子为总经理兼总编辑。初创时预计每月亏损500元港币,由夏衍负责支付3个月的亏损。[6]不承想,《周末报》出刊之后,销路甚好。

---

[1] 人民文化报:《第二次股东会议记录》,1950年1月18日,上海市档案馆:B1-1-1922-14。

[2] 人民文化报:《关于合法清偿贷款、拟请准予折合折实陆续清偿的函》,1950年4月5日,上海市档案馆:B1-1-1922-19。

[3] 丰村:《人民文化报社结束工作总结》,1950年9月11日,上海市档案馆:B1-1-1922-54。

[4] 丰村:《人民文化报社结束工作总结》,1950年9月11日,上海市档案馆:B1-1-1922-54。

[5] 上海新闻出版处:《关于人民文化报社贷款未还处理办法的请示》,1950年8月17日,上海市档案馆:B1-1-1922-110。

[6] 冯英子:《劲草——冯英子自传》,华东师范大学出版社,1999,第326-327页。

第一期5000份，第二期8000份，第三期即超过1万份。[1] 在当时的香港，周刊发行量超过1万份是非同小可的事，因此，三期过后，《周末报》并未停刊，而是继续坚持下去。1949年10月广州解放后，《周末报》迎来了更大的发展机遇。因其是周刊，进口到内地的限制小些，该报迅速在内地打开了销量，1951年9月发行量增至63000份，[2] 最高发行数字曾达到78000份。[3]《周末报》借此发展势头，收购了章乃器等人创办的大千印刷厂，不仅可以自给自足，且收益颇多。没承想1951年9月开始，华南财经委员会停止准给外汇，《周末报》迅即陷入空前危机。以往，该报是以国内发行盈利弥补海外发行的亏损，国内营业收入除广州分社营业开支外，按月均由广州分社报请华南财经委员会批准转汇至香港总社，以供生产之用。一旦停批外汇，香港总社必告崩溃。为了能够维持报社的正常运转，1951年9月，《周末报》致函广东省暨广州市新闻出版处，商请大部分业务转移至广州事宜。[4] 新闻处对《周末报》所请的初步回复是，可以发给登记证，并协助获得报纸配额。[5] 但对于香港报纸内迁这一较为复杂且敏感的问题，广州市新闻处显然不敢妄自做主。经逐级请示，1951年11月17日，新闻总署做出了回应："该报原则上应以向海外发行为主，国内发行应逐步收缩，如迁至内地发行，结果将适得其反。"[6] 新闻总署显然拒绝了《周末报》内迁的请求，但国内发行量如此巨大的一份报纸如因外汇管制问题迅速倒闭，必然会产生不良影响。1951年12月11日，中南军政委员会新闻出版局的意见有了一定程度的折中，即"周末报原则上应以向海外发行为主，国内发行逐步收缩"，"该报如迁广州，在国内发行，应加改组"。[7] 1952年3月14日，大部分《周末报》工作人员从香港抵粤，大千印刷厂也随迁至内地，内迁员工被要求参加含有"三反"内容的思想改造运动。不承想在此过程中，曾经"团结合作、共同

---

[1] 冯英子：《劲草——冯英子自传》，第328页。

[2]《周末报社社长胡希明致新闻处函》，1951年11月10日，广州市档案馆：179-1951-长久-050，第56页。

[3] 冯英子：《劲草——冯英子自传》，第337页。

[4]《香港周末报业务调整草案》，1951年9月，广州市档案馆：179-1951-长久-050，第52-54页。

[5]《新闻处意见》，1951年10月17日，广州市档案馆：179-1951-长久-050，第55页。

[6] 新闻总署：《请对香港周末报请求在广州印行报纸并要求配纸案提出意见的回函》，1951年11月17日，广州市档案馆：179-1951-长久-050，第68页。

[7]《中南军政委员会新闻出版局意见》，1951年12月11日，广州市档案馆：179-1951-长久-050，第67页。

奋斗的集体，忽然变成了一个四分五裂、互不服帖的场所"[1]。1953年2月，全国报刊会议决定，广州《周末报》完成了历史任务，需停止出版，香港《周末报》可以继续出版。1953年3月25日，广州《周末报》出满200期后，宣布停刊。[2]香港方面则由王家桢出任总编辑，直至1979年才宣布停刊。[3]

3. 广州《快活报》

《快活报》同《周末报》一样，也是周刊。它的创办人本是《周末报》的总经理田苏东，因见《周末报》模式有发展前景，遂创办《快活报》。[4]《快活报》是否曾在香港出版现无实证资料，但国家图书馆的收藏起始期号为第18期，此前各期很可能在香港出版。根据现存档案，《快活报》于1950年4月16日获得广东省人民政府文教厅颁发的登记证，此后始在广州出版，其登记时的负责人为谢加因。[5]谢在1949年后历任广州军管会行政组长，《广东文艺》执行编辑。该报总编辑为著名漫画家廖冰兄，社址位于广州市惠福东路38号，每周三出版。截至1951年1月，每期发行量约11000份。[6]该报在广州出至第40期，终刊时间为1951年5月9日。[7]1951年5月23日及同年9月6日，广州市新闻处在回应读者有关《快活报》的问题时，提到该报已迁往汉口出版，并易名为《大家看》周刊。[8]根据国家图书馆馆藏目录，《大家看》确系接续《快活报》，并从第41期起刊，馆藏期数截至1951年第56期，终刊时间及终刊原因不详。

（二）调整报业格局引发的停刊

1. 上海《烟业日报》

上海《烟业日报》奉命停刊并非源于该报的赔累，而是出于新闻主管部门对行业萎缩趋势的预判。《烟业日报》创刊于1947年1月1日，由旧卷烟皂烛火

---

[1] 冯英子：《劲草——冯英子自传》，第346页。
[2] 冯英子：《劲草——冯英子自传》，第350页。
[3] 冯英子：《劲草——冯英子自传》，第347页。
[4] 冯英子：《劲草——冯英子自传》，第339页。
[5] 广东省人民政府文教厅：《快活报登记证》，1950年4月16日，广州市档案馆：179-1951-长久-050，第82页。
[6] 《广州快活报周刊社每月发行数目报告表》，1951年1月31日，广州市档案馆：179-1951-长久-050，第79页。
[7] 广州市新闻出版处：《请示快活报批准迁汉口是否属实》，1951年5月4日，广州市档案馆：179-1951-长久-050，第83页。
[8] 广州市新闻出版处：《请示快活报批准迁汉口是否属实》，1951年5月4日，广州市档案馆：179-1951-长久-050，第83页。

柴商业公会理监事会议决议,推选刘颐和为经理,聘请王天方任总编辑。创刊之初,由公会拨款伪法币1000万元,规定以发行和广告为主要经费来源,出版方针不涉及政治。[1] 由于解放前卷烟投机市场猖獗,《烟业日报》业务兴盛,最高发行量达到6000份,1948年秋职工工资普遍提高一倍。[2] 上海解放后,新的同业公会尚未成立前,《烟业日报》继续出版,直到1950年6月,卷烟皂烛火柴商业同业公会筹备委员会成立,该报才复由公筹会领导,社长由公筹会主委施永顺兼任。[3]《烟业日报》的主要内容除宣传政府法令及工商联合会的指示和通告,还承担组织同业和教育会员的任务。为适应行业要求,凡有关烟业的业务经营、生产技术、产品介绍、经验交流等信息,都予以重点介绍。该报读者主要是卷烟商业公会筹备会会员以及与卷烟商业有关的厂商,这部分读者占总发行量的93%。此外,机关读者占1.43%,团体订户占1.27%,职工订阅占4.3%。[4]《烟业日报》的经营以发行和广告为主要经济来源,发行占收入的60%强,发行区域虽然以上海市及其郊区为主,但辐射面较广,南京、杭州、沈阳、福州、广州、长沙、柳州、汕头、青岛、厦门、南昌、郑州、天津、贵阳、兰州、西安等地均有订户,新中国成立后最高发行量达3000余份。《烟业日报》的广告业务极具行业特点,主要由各厂牌价广告及售货广告构成。其中,牌价广告每月约2500万元,其他临时广告月收入约1500万元。[5] 该报除1950年底一段时间有所赔累,由公筹会予以补贴外,[6] 其余时间尚能做到收支平衡。直至1951年底该报奉命停刊,还有库存金额9000余万元。[7] 但一个不争的事实是,新中国成立后,投机市场逐渐被消灭,物价日趋稳定,《烟业日报》借以维系的卷烟皂烛火行业已成为亟待改造且日益萎缩的行业。新中国成立前,上海卷烟皂烛火柴商业同业公会拥有批发商会员达1300余家,至1951年8月仅剩下140

---

[1] 烟业日报:《对内刊物登记报告书》,1951年8月,上海市档案馆:S415-4-6-1。

[2] 上海市卷烟皂烛火柴商业同业公会筹备委员会:《关于与烟业日报职工协商解雇的意见书》,1952年4月9日,上海市档案馆:B128-2-864-34。

[3] 上海市卷烟皂烛火柴商业同业公会筹备委员会:《关于与烟业日报职工协商解雇的意见书》,1952年4月9日,上海市档案馆:B128-2-864-34。

[4]《烟业日报经理业务情况》,1951年,上海市档案馆:S415-4-6-28。

[5]《烟业日报经理业务情况》,1951年,上海市档案馆:S415-4-6-28。

[6] 上海市卷烟皂烛火柴商业同业公会筹备委员会:《关于送1950年本会与烟业日报的协议书的函》,1950年10月18日,上海市档案馆:B128-2-864-84。

[7] 上海市卷烟皂烛火柴商业同业公会筹备委员会:《关于烟业日报职工协商解雇事件之经过的函》,1952年4月10日,上海市档案馆:B128-2-864-122。

家,并呈现日益减少的状况;该公会的零售商会员,解放前为11000户,也减至8000余户,且拖欠会费者为数众多。[1] 鉴于上述情况,《烟业日报》已无继续存在之必要。1951年12月18日,经卷烟皂烛火柴商业同业公会第45次筹备会讨论,决定接受上海市新闻出版处于12月11日做出的即日停刊的建议,《烟业日报》于1951年12月31日终刊。[2]

  2. 昆明《正义报》

  昆明《正义报》创刊于1943年10月1日,因在工商、财政和市场行情方面的信息量大且报道及时,逐渐引起工商界的重视,成为云南发行量第一的日报。抗日战争胜利后,在中共地下党的影响下,报社员工思想十分活跃,设立了党的外围组织——民主青年同盟,报纸还经常刊发根据新华社广播稿改编成的消息,一些揭露国民党黑暗统治及腐败现象的新闻也时常刊出,引起国民党特务组织的注意。1949年9月9日新中国诞生前夕,国民党发布了"九九整肃令",解散了云南省参议会,逮捕了社会各界民主进步人士,《正义报》被查封,包括总编辑、主笔在内的72人被逮捕。直至12月初云南和平起义前夕,昆明政治气候发生变化,《正义报》被捕的70多名职工才被分批释放。12月9日云南省政府主席卢汉宣布起义,云南和平解放。《正义报》即于12月10日恢复出版,并以号外的形式刊登了卢汉起义宣言以及向毛泽东主席、朱德总司令的致敬电。云南和平解放后,云南省委认为需要保留一张"民办"报纸,以加强与工商界和知识分子的联系,而《正义报》在几家"民办"报纸中发行量最大,所以保留了《正义报》"民办"的面貌,将原《申报》记者、地下党员陈赓雅调至《正义报》任社长,任命原《平民日报》总编辑、地下党员李鉴钊为《正义报》总编辑。为了保证《正义报》在党的绝对领导之下,云南省委将《正义报》的党员陈赓雅、李鉴钊、章国昌、王松、龙显寰、王嘉德编为一个党小组,直属省委宣传部领导。报社经费则采取以报养报的办法,政府不拨经费,报社职工的工资、印报用的纸张以及其他一切开支,均在广告和发行收入中解决。1951年,《正义报》改由昆明市委直接领导,对内为中共昆明市委的报纸,对外仍保持《正义报》名称。1953年5月,昆明市委常委曾计划将《正义报》改为公开的市委机关报,更名为《昆明日报》,但出刊《昆明日报》的报告未获中共中央西

---

  [1] 上海市卷烟皂烛火柴商业同业公会筹备委员会:《关于与烟业日报职工协商解雇的意见书》,1952年4月9日,上海市档案馆:B128-2-864-34。
  [2] 上海市卷烟皂烛火柴商业同业公会筹备委员会:《关于烟业日报停刊解雇职工请调解的申请书》,1952年1月21日,上海市档案馆:B128-2-864-9。

南局批准,《正义报》遂于1953年8月1日起奉命停刊。[1]

3. 无锡《晓报》

无锡《晓报》创刊于1950年1月1日,由赵寅生自筹资金,聘请20多名员工创办。社址初设无锡市中市桥巷33号,后迁至观前街117号,再迁至崇安寺15号。《晓报》谐音"小报",有无锡的"拂晓"之意。该报为日刊,4开4版,期发行量3500份左右,最高达1万份。1952年11月《工人生活报》停刊后,《晓报》一度成为无锡市惟一一份报纸。1954年1月7日,中共无锡市委机关报《工人生活》复刊,《晓报》于1954年2月1日奉命停刊,共出版1466期。[2]

4. 江苏《常州民报》

《常州民报》创刊于1950年1月5日,由地方文化名人顾峤若集资创办,日出4开2版,有工作人员65人。该报较早地设立了由7名中共党员组成的党支部,积极配合政府工作,对土改、镇反、"三反"、"五反"、抗美援朝等各项政治运动多有报道。1952年10月1日起,《常州民报》改出4开4版,设有生产战线、市场新闻、文化生活、学习文摘、卫生常识、群众体育、影剧、商情、读者来信、通讯与读报等专栏,对宣传、贯彻过渡时期的总路线等工作多有襄助。根据江苏省新闻主管部门的整体性部署,1954年2月1日,《常州民报》与该省另外一份民营报纸无锡《晓报》同时奉命停刊,共出版1407期。[3]

5. 西安《工商经济晚报》

西安《工商经济晚报》是在1953年7月由两张民营报纸《工商晚报》和《经济快报》合并而来。虽然挂靠在西安市工商联,并由工商联副主任刘光智兼任社长,但其属性依然是民营的。该报主要读者对象是"国营商业、合作社商业、各地工商联与行业公会等工作人员、公私合营企业私方人员与职工、手工业者、小商小贩和城市广大人民群众"。[4] 由于读者定位比较模糊,加之其重点服务的私营工商业大部分已于1956年完成社会主义改造,至1956年6月,报纸发行量下跌到4600份,广告接近全无,经营十分困难,需要工商联每月补助4000余元。与此同时,办报质量偏低,铅字磨损,字迹不清,读者意见很多。编辑部力量也很薄弱,"总编辑吴焕然系开除出党分子","4名编辑中,2人长期在敌

---

[1] 李大水:《云南解放前后的正义报》,《昆明党史》2011年第4期。

[2] 《无锡历史上的今天:1月1日》,江南晚报网站,http://www.jnwb.net/wlwx/2013/0104/53565.shtml。

[3] 丁骋:《中国大陆民营报纸退场的探究:1949—1954》,华中科技大学博士论文,2012年,第52页。

[4] 《工商经济晚报介绍》,1956年6月,西安市档案馆:315-1-0010-002~003。

伪报社工作（其中一人有特务嫌疑），2人长期在敌斗中任职","政治性事故经常发生"。[1]该报编辑部、经理部合计38人，工人22人。一些员工对报纸的民营属性意见很大，到处反映，希望改为"公私合营"或"国营"。鉴于上述综合情况，中共西安市委于1957年4月22日呈请陕西省委，提出停办《工商经济晚报》的三点意见：其一，市委机关报《西安日报》已经扩版，继续保留晚报的必要性不大；其二，《工商经济晚报》的困难，尤其是干部和设备问题，很难彻底解决；其三，也曾设想由其他方面接办或利用，但困难很多，而停办了可以节约纸张，符合增产节约的原则。中共西安市委在函中特别强调："鉴于该报系一私营报纸，在群众中特别是在党外民主人士和资产阶级分子中还有一定的影响，因此，在停办前，除做好肃反工作、人员安排和财产清理等工作外，还应经过党外人士的充分酝酿和协商，以免我们在政治上造成被动。"[2]1957年5月7日，陕西省委同意了西安市委的意见，停办《工商经济晚报》已无争议。1957年12月31日，《工商经济晚报》出版最后一期报纸，这也是新中国成立初期民营报纸的最后一次亮相。

---

[1] 中共西安市委致中共陕西省委：《关于工商经济晚报处理意见的请示报告》，1957年4月22日，西安市档案馆：1-1-0419-41~43。

[2] 中共西安市委致中共陕西省委：《关于工商经济晚报处理意见的请示报告》，1957年4月22日，西安市档案馆：1-1-0419-41~43。

第六章　国际环境对新中国民营报纸的影响

1949年9月21日，毛泽东在中国人民政治协商会议第一届全体会议上致开幕辞，这篇著名的讲话稿即《中国人民站起来了》。文中，毛泽东将对内人民民主专政，对外团结国际友人，作为新中国繁荣昌盛的两个先决条件。他说"占人类总数四分之一的中国人从此站立起来了"，这是一个非常明确的意指，其对应的语意是"我们的民族将再也不是一个被人侮辱的民族了"，"不允许任何帝国主义者再来侵略我们的国土"。[1]

以毛泽东为代表的新执政党显然清楚，新中国的命运受制于国际环境的风云变幻。虽然国家的统一符合广大民众渴望和平的愿景，但如果不能振兴遭受严重破坏的经济，不能建立高效清明的政府，不能遏制蓄谋反攻的敌对力量，新政权很难维护民众对它的进一步支持。上述困境的存在，很容易推动执政党用快速见效的方式实现统制，即表现出对历史意识的某些延续性。比如，必须有一人高居众人之上，充当政策辩论的最后裁决者；必须控制独立政治力量的繁衍滋生，恢复中央权力，防止国家再次分裂；必须借用自战国时代既有的纵横捭阖之术，通过尽可能缩小敌对势力的办法来集合更多的盟友。这一切的实现，并不匮乏历史经验。最常见的经济控制，是对大规模的经济活动进行垄断和颁发特许证；在政治控制方面，则是注重对正统信仰的宣传和警惕异端思想，并将民众纳入到可供控制的范畴中来。这一点，毛泽东在其另一篇著名讲稿《中国人民大团结万岁》中说得很明白："我们应当将全中国绝大多数人组织在政治、军事、经济、文化及其他各种组织里，克服旧中国散漫无组织的状态，用伟大的人民群众的集体力量，拥护人民政府和人民解放军，建设独立民主和平统一富强的新中国。"[2]

民营报纸，面对重"集体"轻"个体"的政治结构，其退场自然不可避免，

---

[1]《毛泽东选集》第五卷，人民出版社，1977，第5页。
[2]《毛泽东选集》第五卷，第9-10页。

因依托民间的立身之本已被消解。然而,为什么它的退场并未引发大的政治波澜?这是因为,新中国将政治控制设置在实现民族尊严的国际化大框架之内。它是国家主义与民族主义的高度融合,契合爱国及厌战的大多数民众的情感诉求,一定程度上,也成为民营报纸在那个特定时段的自身诉求。

一、民营报纸与国家利益

按照中国共产党人的理想,中国将建成全新的社会主义社会,各行各业均需完成社会主义改造,民营报纸自然不能逸出这一宏大主题。如果说在民营报纸的退场过程中有一点儿悬念,那就是这一退场过程显得出奇的顺利。民营报纸,尤其是跨越了新旧政权的那些民营大报,几乎没有抵制这种改造,有些报纸甚至多次主动提出公私合营或转为公营。在蒋介石政府统治后期,一向与官方唱对台戏的民营报纸,何以在新中国表现得如此顺从?要对此做出论断,不能仅停留在官方对民营报纸进行社会主义改造的单一框架,还应考虑到民营报纸自身的能动作用。应清楚地意识到,民营报纸的退场,是一个双向互动的过程,促成这种互动的核心因素不外乎两个:国家意识和谋求生存的欲望。

(一)民营报纸服膺国家利益的世界级现象

主张"大"历史观的黄仁宇认为,治史者应有三重视野:下看基层组织、上看财政金融、外看世界大势。他说:"要将历史的基点推后三五百年才能摄入大历史的轮廓。"[1] 如果将历史自1949年推后340年,正是报纸在世界范围内累积信用的开始。信用始自报纸定期发行。1609年,作为世界上最早的周刊,德国《观察周刊》从不定期改为每周发行。这个时候,报纸还不能称为"新闻纸",顶多算是"新闻书",商业化也不成熟,谈不上有清晰的新闻思想。直到1644年,约翰·弥尔顿的《论出版自由》,廓清了自由主义新闻思想的大致眉目,即自由地持有主张,自由地抒发己见,是人类与生俱来的权利。然而,这一新闻思想未能马上付诸现实。此后两个世纪,无论在欧洲还是北美,几乎都是政论报纸大行其道,包括对法国大革命居功至伟的马拉《人民之友报》,也是以动员和宣传见长。在此期间,法国《人权宣言》于1789年8月26日诞生,宣言第11条主张:"自由传达思想和意见是人类最宝贵的权利之一;因此,各个公民都有言论、著述和出版的自由,但在法律所规定的情况下,应对滥用此项自

---

[1] 黄仁宇:《万历十五年》,生活·读书·新知三联书店,1997,第269页。

由负担责任。"[1] 法国《人权宣言》中有关新闻自由的条目，同约翰·弥尔顿的《论出版自由》一道，为西方自由主义新闻思想奠定了基础，但与之相同步的，是民族主义在媒介实践中的崛起。而不断助推民族主义风潮的，恰恰是标榜自由独立的民营报纸。

西方真正意义上的民营报纸大多诞生于19世纪上半叶。美国以《太阳报》（1833年）、《纽约先驱报》（1835年）、《纽约论坛报》（1841年）为代表，法国是《费加罗报》（1826）、《新闻报》（1836）、《世纪报》（1836）。英国《泰晤士报》在其本土一枝独大，创刊于1785年，比美、法商业报刊稍早些。分析西方民营报纸崛起之时代环境，都是在本土已无战争，经济获得高速发展时期。与此同时，也是各自国家大肆对外扩张阶段。在此之前，自由主义的新闻思想已经借由启蒙思潮深入人心，而席卷欧美的资产阶级革命促进了民族国家的巩固。例如在法国，拿破仑动员渴望为祖国而战的公民组成军队；规范了"中央的或国家的语言"；建立了公立小学网，教授孩子们法语和对国家的爱；创立了国旗、国歌等民族国家象征。[2] 这种背景下发端的民营报纸，对加强国家凝聚力、动员和集中国家资源、提高国家政治效率卓有贡献，成为安德森所说的"想象的共同体"的依托。正是现代印刷媒介的普及，人们才可能将互不相识的同胞想象为声气相通的国家"共同体"成员。报纸的这种作用可以从英国《泰晤士报》得到验证：《泰晤士报》派驻海外的记者被称作英国"第二大使"；"在维多利亚时代中期，《泰晤士报》的影响正接近顶峰。它是当时世界上势力最大的报纸，是短暂的新闻独立史上的一部无与伦比的宣传机器"[3]。

像《泰晤士报》这样标榜独立、自由的民营报纸都能成为国家的宣传机器，可知任何报纸的独立都有其相对性，尤其在国家利益受到影响的时候。而国家的执政者往往以"国家利益"为借口，对异己声音予以压制。二战时期的英国便是如此。1940年夏天，英国政府签署了特别许可令，授予内政大臣对报业实行全面控制的权力，其中最重要的是"2D法令"。依据该法令，内政大臣有权禁止任何"故意煽动反对女王领导的战争"的报刊出版，同时剥夺遭禁报刊向法院投诉或申诉的权利。1941年1月21日，共产主义报纸《劳动者日报》和《周

---

[1] 蒋相泽主编《世界通史资料选辑》近代部分（上），人民出版社，1972，第182页。转引自李彬：《全球新闻传播史（公元1500—2000年）》，清华大学出版社，2005，第136页。

[2] 斯塔夫里阿诺斯：《世界通史》，吴象婴等译，上海社会科学院出版社，1992，第355页。

[3] 约翰·霍恩伯格：《西方新闻界的竞争》，魏国强等译，新华出版社，1985，第67页。

报》被命令停刊。[1] 曾经当过记者，并以捍卫新闻自由著称的时任首相丘吉尔还差点让《每日镜报》和《星期日画报》停刊。战事期间，英国政府还试图推行新闻审查制度和根据报纸对战事的贡献而配给新闻纸的计划。后来，审查和配纸计划之所以流产，是因为报纸从整体而言表现得非常合作。包括不怎么听话的《每日镜报》，也开始"有意识地以牺牲客观报道为代价来提升公众士气"，自觉地进行自我审查。[2] 这些通过转变立场来配合政府的报纸并没有吃亏，对战时公共管制的服膺反而令报纸的发行量上涨。到了1945年，《每日镜报》、《星期日画报》、《每日先驱报》、《雷纳德新闻报》等激进报纸，整体发行量近900万份。[3]

19世纪末，美国大众报纸的高速发展也与美国的对外扩张政策相匹配。普利策的《纽约世界报》，赫斯特的《纽约日报》除了靠"黄孩子"争夺眼球，二者对1898年美国和西班牙战争的煽动也是不遗余力。此后，美国人普遍形成显然天命的战争心态，报纸的鼓动促成了这个国家相当程度的种族主义和社会达尔文主义，"他们寻求在必要时通过征服来向不那么幸运的民族扩展有益的文明"。[4] 美西战争换来了美国国旗从波多黎各上空延伸至菲律宾，美国不仅上升为泛太平洋大国，也成为世界级强国。美西战争后一年，时任国务卿的海约翰宣布了"门户开放"政策，开始了对亚洲事务的干涉，"并把中国当作推销美国广大中部地区剩余谷物的广阔而有利可图的市场"[5]。多年后，西奥多·罗斯福总统对美西战争的评价是，它"不是什么了不起的战争，但却是我们打得最好的战争"[6]。在这一点上，普利策、赫斯特这些民营报业的老板与

---

[1] 卡瑞、辛顿：《英国新闻史》，栾轶玫译，清华大学出版社，2005，第49页。

[2] 卡瑞、辛顿：《英国新闻史》，栾轶玫译，第53-54页。

[3] 卡瑞、辛顿：《英国新闻史》，栾轶玫译，第55页。

[4] Richard Dean Burns，ed.，*Guide to American Foreign Relations since 1700*, edited for the Society for Historians of American Foreign Relations（Santa Barbara，CA and Oxford，England：ABC-Clio，1983），pp.349-350。转引自迈克尔·埃默里等：《美国新闻史：大众传播媒介解释史》（第九版），展江译，中国人民大学出版社，2004，第199页。

[5] 迈克尔·埃默里等：《美国新闻史：大众传播媒介解释史》（第九版），展江译，第256页。

[6] John D.Hicks，*A Short History of American Democracy*（Boston：Houghton Mifflin，1943），p.605。转引自迈克尔·埃默里等：《美国新闻史：大众传播媒介解释史》（第九版），展江译，第250页。

美国政府同声一气，是他们在宣传动员方面"提供了战争"。[1] 尤其是赫斯特，在煽动公众战争情绪方面不遗余力，他在4个月中花了50万美元，一天出号外多达40次，以至于人们将美西战争称作是"赫斯特的战争"。

美国民营报纸对以政府为主导的社会动员的应和，更明显地体现在两次世界大战中。第一次世界大战期间，美国成立了以报纸主编乔治·克里尔领导的公共资讯委员会，该委员会共动员了15万人参与其中，并制定了一套以自愿为基础的新闻检查制度。根据这一制度，各家报纸都应避免刊登可能会对敌人有帮助的材料。这个纯粹的宣传机构，共发布了6000多条消息，以"省略"和掩盖消息见长。[2] 值得注意的是，绝大多数报纸都希望对战争有所帮助，他们的自我审查比公共资讯委员会的要求还要严格。这一次，赫斯特是个反例。他的报纸反对美国参战，结果人们谴责他不忠诚，赫斯特的肖像到处被"绞死"。

除了公共资讯委员会的软性动员，美国还在一战期间通过了《间谍法》，实施对反战和反协约国出版物的绞杀。根据该法案，44家报纸失去了邮寄权，另有30家报纸同意不再刊登反战的文章才保住了发行报纸的权利。[3] 第二次世界大战期间，美国再次恢复了新闻检查制度。执行这项工作的是新闻检查局，为此服务的工作人员达14462名之多。1942年1月15日，美国还公布了《报刊战时行为规范》，规定所有印刷品不得刊登有关军队、飞机、舰船、战时生产、武器、军事设施和天气的不适当消息。二战期间，麦克阿瑟在太平洋战区、艾森豪威尔在欧洲战区的新闻检查也是比较严格的，但显然获得了绝大多数媒体的认同，记者肯尼迪事件可作为例证。爱德华·肯尼迪是目睹德国投降的16名盟国记者之一，因为听说德国电台已宣布投降的消息，他在未经许可的情况下，传出了此讯息，使得美联社在欧洲胜利日的前一天发表了德国投降的报道。尽管肯尼迪辩称此行为是对新闻检查的抵制，但他在巴黎的54名同事却指责他犯了"新闻史上最可耻的、故意的和不道德的欺骗行为"[4]。肯尼迪为此停职一年才被恢复战地记者资格，但随后被自己的东家美联社扫地出门。

美国最严格的新闻检查还是在朝鲜战争期间。1950年10月，中国军队参战

---

[1] 1897年，被赫斯特派驻到古巴的漫画家雷明顿拍回电报说，那里不会有战争，请求返回。赫斯特的回电是："请留古巴，你提供图片，我将提供战争。" James Greeman, *On the Great Highway* (Boston: Lothrop Publishing, 1901), p.178。转引自迈克尔·埃默里等：《美国新闻史：大众传播媒介解释史》（第九版），展江译，第251页。

[2] 迈克尔·埃默里等：《美国新闻史：大众传播媒介解释史》（第九版），展江译，第320页。

[3] 迈克尔·埃默里等：《美国新闻史：大众传播媒介解释史》（第九版），展江译，第320页。

[4] 迈克尔·埃默里等：《美国新闻史：大众传播媒介解释史》（第九版），展江译，第438页。

首役，以美国为首的联合国部队溃不成军，一些记者著文批评麦克阿瑟在朝鲜半岛的战术，麦克阿瑟的回应行动是实行一种全面的、正式的新闻检查制度。这一制度在1951年1月开始施行，管制苛刻到像"撤退"这样的词都很难使用。但对前线记者来说，最有杀伤力的是，严重违反条例的记者将受到军事法庭的审判。[1] 然而，比军事法庭的审判更令人恐惧的是来自媒介内部的讨伐，以《时代》杂志为代表的美国保守派报刊，它们汇入麦卡锡主义的"反共"运动，对那些和中国共产党有过接触的记者大肆攻击。如同中国问题专家费正清所说，传播媒介"引起了公众异乎寻常的可以说是病态的关注"。[2] 西奥多·怀特和安娜利·雅各比因在1946年描述了毛泽东的实力而被美国媒体秋后算账；以《红星照耀中国》闻名的埃德加·斯诺在麦卡锡主义盛行时期被迫"逃"往瑞士；《密勒氏评论报》的鲍威尔被指控犯有煽动罪，只因他的报纸公布了朝鲜战争中美国战俘的名字；曾为美国广播公司报道1949年上海陷落的朱利安·舒曼，则经历了长达7年的指控和审判。[3]

本书的这份历史陈述，仅仅是选取了号称自由世界的英、美国家，尚未涉猎德国、苏联这样以宣传为立场，管制更为严格的媒体案例。由此可见，服膺国家利益是全世界民营报纸的惯常行为，并无国别与社会制度之分。

（二）新中国民营报纸对国家利益的服膺

按照哲学家冯友兰的说法，历史中的斗争，是靠实力进行的，没有实力，专靠理论，是不行的。理论只有在它和实力相配合的时候才能发生作用。[4] 解放战争即将结束的时候，国共双方无论军事实力还是民心所向均发生了彻底变化。伴随着上述变化，民营报纸从1948年起便集体"左转"，报纸的领头人陆续接受中国共产党的统战安排，参与到知识分子"知北游"行列。[5] 1949年2

---

[1] 迈克尔·埃默里等：《美国新闻史：大众传播媒介解释史》（第九版），展江译，第452-453页。

[2] 费正清：《费正清对华回忆录》，陆惠勤等译，知识出版社，1991，第406页。

[3] 迈克尔·埃默里等：《美国新闻史：大众传播媒介解释史》（第九版），展江译，第452-453页。

[4] 冯友兰：《三松堂自序》，第41页。

[5] "知"即知识分子，"知北游"意即文化人北上。1949年2月底乘"华中轮"北上途中，叶圣陶出了一个谜语，谜面为"我们一批人乘此轮赶路"，谜底为《庄子》篇名一，结果被宋云彬猜中，系"知北游"。遂有此称谓。参见宋云彬：《北游日记》，《新文学史料》2000年第4期。

月28日，有20多位民主人士乘坐悬挂葡萄牙旗的"华中轮"离港，包括陈叔通、马寅初、包达三、张伯、柳亚子、郑佩宜、胡墨林、叶圣陶、张志让、宋云彬、郑振铎、傅彬然、沈体兰、邓裕志、王芸生、徐铸成、曹禺、赵超构、刘尊棋等，其中，王芸生、徐铸成、赵超构分别扛鼎三大民营报纸《大公报》、《文汇报》和《新民报》。他们的集体回归，代表着民营报纸群体对中国共产党政权的基本信任，而信任是自觉服膺的重要前提。

  新中国成立之后，出于维护国家利益的需要，以民族主义推进的社会动员，民营报纸都有自觉参与，甚至比政府要求做的还多。分析此中根源，可见民营报纸有两点共同认知，一是承认共产党驱除了盘踞中国百多年的西方势力，结束了国共政争隔江而治的分裂局面，带领中国进入到了"大一统"时代；二是来自西方势力的敌对意识不曾歇止，并演化为经济上的全面封锁，这对几乎生活在焦墟上的六亿人民，绝非西方举倡的人道之举。这个时候，民营报纸是站在和新生政权一个立场，共谋自立图强，还是坚持独立、自由的思想，仿照1948年以后对蒋介石政权的瓦解？这个问题应该不难回答。

  当然，民营报纸并非毫无主见，它也需要被事实说服。说服《大公报》的是共产党政权对流氓势力的彻底剿灭。刚解放那会儿，上海的流行说法是：假如共产党的确能制服流氓的力量，那人民才是真的翻身了。为了获取民众的信任，时任上海市副市长的潘汉年找到了青帮首脑杜月笙的儿子杜约翰，让他给在香港的父亲带信，告诉他新政府欢迎他回上海。杜月笙最终以健康为由没有接受返沪邀请，但他答应不从事反共活动，不去台湾，并许诺让他留在上海的弟子们制约流氓，遵守政府政策。潘汉年也与另一位帮派头子黄金荣做了类似谈判。在新中国，像黄金荣这样的黑社会老大，不知会被枪毙多少次，但潘汉年却给了黄金荣性命承诺，最终与其达成"君子协定"：如果黄金荣得以制约手下的流氓，便可免除公审。后来黄金荣在报上发表公告，宣布退休，并不再对手下的任何行动担负责任。[1] 就这样，流氓势力的顽疾予以和平解决。对此，《大公报》在报道中使用了一个问号表达感叹：为什么只有共产党才能在这方面成功？这一问，代表着一种心悦诚服。

  中国共产党政权让民营报纸所信服的事情不只如此。在治理阻塞上海交通的自由摊贩问题上，新政权采取的方式是，召集全市街头摊贩开大会，通过众人投票，决定所有摊贩必须登记，领取执照，方可在合法的地点摆摊，并在他

---

[1] 陶柏康：《从驰骋疆场到失踪：蒙冤二十七载的潘汉年》，中国广播电视出版社，1989，第195-196页。

们中间组织摊贩小组，定期检查情况。此举解决了长久以来摊贩阻碍交通的难题。[1]《大公报》为此发表评论，言称"这个实践与过去国民党反动政府的追求不同。后者制定的政策和措施是建立在极少数一部分人的利益上的"[2]。《大公报》的这句评价点中了国民党和共产党处理社会问题时的区别。只要涉及动员，国民党的做法是：紧急会议，向下颁布法令，监督执行。共产党的宗旨是：到基层去，从底层开始组织，呼吁群众积极参加，让他们起到实际作用。对此，美国学者弗雷德里克在《新政权的建立和稳固》一文中，评价"共产党在巩固统治方面最初的成功关键因素是最大程度取得支持，把恐惧缩小到最小程度"[3]。

美国作家韩丁在《翻身》一书中，形象地记录了山西省一个村庄的土地革命细节：一是整个地区内共产党员的名单开始露白，所有党员都要在人民面前一一"过关"，凡是为村民否定者不得为共产党员；二是干部们所做工作之细致令人惊叹，他们将马克思的劳动力价值说教给村民，是为了让村民在重新分配土地时考虑到家庭已有的劳动力是否和土地相匹配；三是涉及土地分配的主要行动全部经过协定、详细规划、初步试验、修订、付之实施、重新检讨，直到第二次修正才能算数；四是为了体现民意，一次会议有1700名代表参加，共讨论了85天。[4] 历史学家黄仁宇评价此现象为，卢梭所谓"高尚的野蛮人"开始组织他们的"社会契约"。[5] 这不正是民营报纸一直追求的"民主"？

社会学家费孝通在1949年9月2日专门谈论了新社会的民主。他说："北平各界代表会议一共开了六天，对我说是上了六天课，这六天课里学到的抵过了过去六年，甚至三十多年。三十多年来我所追求的梦想，在这六天里得到了。这是什么呢？是民主。"当费孝通看到"穿制服的，穿工装的，穿短衫的，穿旗袍的，穿西服的，穿长袍的，还有一位戴瓜皮帽的——这许多一望而知不同的人物"，在一个会场里平等地讨论问题的时候，他相信中国从此已经有了民

---

[1] 上海市公安局公安史资料征集研究领导小组办公室：《摧毁旧警察机构　保卫人民政权》，《上海文史资料选辑》1984年第46期，第112页。

[2]《大公报》1949年6月8日。

[3] Frederick C. Teiwes, "The Establishment and Consolidation of the New Regime, 1949—1957", in Roderick Mac Farquhar, ed. The Politics of China, 1949—1989（Cambridge University Press, 1993）, p.26；转引自魏斐德：《红星照耀上海城：1942—1952》，梁禾译，人民出版社，2011，第123页。

[4] 转引自黄仁宇：《中国大历史》，北京：生活·读书·新知三联书店，1997年版，第299页。

[5] 黄仁宇：《中国大历史》，第299-300页。

主。[1]参加同一个会议的《新民报》老板陈铭德也说，国民党时代的民主都是假民主，在自己五十多年的生活经验中，"说到了出席真正人民民主的会议，这还是第一次"。[2]

从这些点滴细节来看，新中国初期，民营报纸对新政权是愿意辅而佐之的。像《大公报》就参与了国家对民众旧习俗的改造。该报曾发表移风易俗的文章，内容包括：禁止在全国节假日里交换礼物；红白喜事中的赠捐在3角5分钱之内，且局限在"很亲近"的亲友范围内；提倡以自费取代公款宴会，一概取缔生日庆祝会来抵制个人请客送礼的风气。[3]《大公报》也有响应政府号召，呼吁全社会禁绝打麻将。在报纸的动员下，社会生活开始变得严肃起来，包括舞厅和夜总会的舞女们都开始寻找丈夫，[4]而在国民党统治时期，这一群体曾经冲击过社会事务局，以抗议该部门对她们的制约。

冯友兰在探讨中国哲学的范畴时说过，公、私之分，就是义、利之辨。[5]民营报纸本来是"私"的代表，但在看到中国社会开始呈现聚沙成塔的气象，"私"和"利"便有主动服膺"公"与"义"的趋向。毕竟民营报纸不同于一般的私营企业，它不仅生产物质，同时也在生产精神。

这种精神生产是不能抽离时代背景的。新中国诞生之际，建立了一种威仪型的社会控制模式，即以仪式化的群众运动来实现观念传播。这种方式在其他国家的社会治理中也曾出现，例如英国社会历史学家汤普森在《辉格派与狩猎者》一书中这样描述："（英国）18世纪乡绅与贵族的霸权既不表现为武力，也不表现为把牧师的布道或者报刊神秘化，甚至不表现为经济的强制，而是表现在治安法官的就职仪式上，表现在按季开庭的初级法院上，表现在巡回审判的壮观场面和泰伯恩的行刑场上。"[6]这种展演的实质，是通过仪式性的内容不断地向下延伸，把"下层"文化或大众文化包括进来。从而，精英文化和大众文化并存的"双栖文化"开始消失，精英阶层逐渐地从大众文化的参与中退了出来。

---

[1] 费孝通：《我参加了北平各界代表会议》，《人民日报》1949年9月2日。

[2] 陈铭德：《对北平市各界代表会议的感想》，《光明日报》1949年9月8日。

[3] 魏斐德：《红星照耀上海城：1942—1952》，梁禾译，第110页。

[4] Robert Guillain, "China Under the Red Flag", transl. L. f. Duchene, in Otto B. Van der Sprenkel, ed., New China: Three Views 9 (London: Turnstile Press, 1950) p.104；转引自魏斐德：《红星照耀上海城：1942—1952》，梁禾译，第110页。

[5] 冯友兰：《三松堂自序》，第228页。

[6] 彼得·伯克：《什么是文化史》，蔡玉辉译，杨豫校，北京大学出版社，2009，第26页。

精英向大众靠拢，这也是新中国的显见文化现象。朱光潜先生在描述他参加土改的感受时，便清晰地再现了精英的"大众化"过程："我听到农民对地主诉苦说理，说到声泪俱下时，自己好像就变成那个诉苦的农民，真恨不得上前打那地主一下。有时诉苦人诉到情绪激昂时，情不自禁地伸手打地主一耳光。我虽记得这算违背政策，心里却十分痛快，觉得他打得好。如果没有这一耳光，就好像一口气没有出完就被捏住喉管似的。"[1]徐悲鸿和他的学生们，当听到几十个农民涕泪纵流地控诉恶霸的罪行时，也跟着放声大哭。[2]著名学者宋云彬在《西湖的春天》一文中，同样表现出对劳动者的信服。他说："过去的西湖是被那些大官僚、大地主管领着的。他们在西湖上买地皮，盖庄子，春秋佳日，就来游玩一番。那些大丛林像灵隐、天竺之类，也是靠地租收入来维持和尚们的生活的，所以和尚事实上也是地主。我们从前自命为'文人雅士'，一到春天，探梅孤山，泛舟六桥，或者到灵隐、天竺找和尚们谈禅说理，以为'高雅'得很，现在想起来，实在是愧不堪言。你想，西湖装点得这样美丽，这不是劳动人民的劳动成绩？所谓'苏堤''白堤'之类，还不是靠劳动人民动手筑起来的？过去我们坐享劳动人民的成果，自己不惭愧，还以为'高雅'，把劳动人民看作'俗人'，这不是愧不堪言吗？"[3]连朱光潜、徐悲鸿、宋云彬等"文人雅士"都服膺这种以基层民众为主体的新社会文化，何况向来以大众文化为依托的民营报纸。

新中国的报纸，不管是党属，还是民营，都十分看重群众动员。也因如此，报纸的影响力是十分巨大的。北京《人民晚报》有一天登了一条百字左右的新闻，从节约电力角度，提醒不要滥用霓虹灯。当时霓虹灯本来少得可怜，经此一提，第二天一个都没有了。一位经历过新旧社会的交通警察说："好厉害，你们的报纸比旧政府布告还管事。"[4]1951年1月20日，南京《新华日报》在一版头条位置发表了南京市军管会第7号布告《登记反动党团特务人员》，规定"本市或旅居本市之反动党、团、特务人员，应于本月23日起，迅速亲赴指定登记机关办理登记手续"。报纸配发了社论《贯彻镇压与宽大相结合政策，认真登记反动党、团、特务人员》，由此拉开了南京镇反宣传报道的序幕。布告经报纸登出两个月后，南京全市主动登记的反动党、团、特务人员共达6万余

---

[1] 朱光潜：《从土改中我明白了阶级立场》，《光明日报》1951年4月13日。
[2] 于风政：《改造》，河南人民出版社，2001，第50页。
[3] 宋云彬：《西湖的春天》，《新观察》1951年第7期。
[4] 丁香乐、李琴：《〈人民晚报〉创刊号答复57封读者来信》，《重庆晚报》2011年7月19日。

人，比公安部门原先掌握的情况多出了5000余人。

读报组也是新中国成立初期行之有效的宣传方式。截至1952年，仅广东珠江地委所辖区域就有1103个读报组。据当时的文献资料显示，基层群众"普遍麻痹大意，少数有变天思想，当读报组讨论了当时的报纸以后，很快的就扭转了这种偏向"。[1] 中山十区的农民看到报纸上的"五比教育"，知道台湾很小，于是有了"国民党重有得返"（不可能回来）的结论；南海南丫村读报组读到美机轰炸开城中立区的消息，村民们一致响应增产支援前线，当晚就发动了全村207户农民集体买肥料9000多斤。有些农民说："读一晚报纸比开三天会都有用。"[2]

为什么连基本不识字的农民都觉得读报有用？仔细回味新中国国家主导的宣传方针，其主题与中国人的"图强"之心相一致。像1951年中华人民共和国两周年的宣传重点是：强调我国对保卫世界和平民主的巨大贡献和我国国际地位的显著提高；推介民族团结、文化教育、卫生建设等方面的成就；展现社会道德风尚等各方面的变化。这种以正面宣传为宗旨的报道规划，其传播目的非常明确，是想"让全国人民体会到人民民主制度的优越性，认识到祖国的可爱，具体地了解到祖国的不可战胜的伟大力量的所在，并启发每个人对做一个中华人民共和国人民的光荣感和做国家主人翁的责任感"[3]。

在那样一个有着国族命脉的寄托，处处是累累伤痕的历史场景，民营报纸不可能不具有共和国子民的"原初的激情"。[4] 因此，无论从国家之图强，民族之振兴，经济之复苏，社会之稳定，乃至文化之下移，民营报纸都有与新中国使命相同的心理趋向。在这种心理状态下，民营报纸服膺于新政权，自觉地参与社会主义改造，已是顺理成章之事。

二、冷战背景与敌我意识

1949年5月20日，上海解放前夕，中共中央华东局下发《关于加强宣传工

---

[1] 中共珠江地委会：《珠江区读报组最近情况及问题》，1952年，广州市档案馆：179-1952-长久-078，第135页。

[2] 中共珠江地委会：《珠江区读报组最近情况及问题》，1952年，广州市档案馆：179-1952-长久-078，第135页。

[3] 《国庆节的报道提示》，1951年，四川省档案馆：建川054-61-9~10。

[4] 王德威：《狂言流言，巫言莫言》，载王德威、陈思和、许子东主编《一九四九以后——当代文学六十年》，第5页。

作纪律性的指示》，专门强调"非新华总社发布的新闻，不得用作宣传内容（包括军事消息，时事分析等）"，"有关外交问题及全国性的重大问题，均须事前请示中央及华东局，不得任意发表言论"[1]。这一指示的出台，首要针对的是部分解放军战士及中国共产党党报的记者。他们中间的一部分人，被指随意接受党外报纸的采访或供应党外报纸稿件。因为这些人对政策的解释五花八门，甚至出现"抽烟要杀头"等主观论断，一定程度上引发了新解放区民众的恐慌。1949年6月15日，中共中央宣传部批转了华东局的上述指示，并将其推广至中共中央各分局、各前委乃至报社、新华社。[2] 这一指令的直接效果是，统一口径的新闻发布机制在党、政、军系统进一步建立。与此同时，党外报纸显然成了严加防范的对象，而党外报纸主要以当时的民营报纸为主。

为何会对民营报纸择取及发布新闻如此警觉？这和当时日益形成的东西方冷战格局密切相关。由于两种秩序之间相对封闭，彼此获取信息的主要途径系通过对方公开发行的报纸，[3] 对于内忧外患的新中国来讲，控制报纸信息即被高度政治化了。新中国实行的是多党合作、政治协商的新民主主义政策，控制党报尚在情理之中，若要控制民营报纸，必须有一种合乎国家利益的意识形态框架。新执政党显然承袭了抗战及国共政争期间形成的划分敌我的斗争策略，而1950年代错综复杂的国际形势，也为这种简单的区隔提供了必要空间。

（一）敌我意识的生成背景

1945年二战结束。如同纳粹德国分裂成东、西德两个意识形态截然不同的国家，整个世界也被划分为东方、西方。它们并非地理词汇，而是一个政治术语。"西方"指的是"那些未曾被苏联占领、没有共产主义政府和仍将不受苏

---

[1]《华东局关于加强宣传工作纪律性的指示》，1949年5月20日，载中共中央宣传部办公厅、中央档案馆编《中国共产党宣传工作文献选编（1937—1949）》，第833-836页。

[2]《中央宣传部批转华东局关于加强宣传工作纪律性的指示》，1949年6月15日，载中共中央宣传部办公厅、中央档案馆编《中国共产党宣传工作文献选编（1937—1949）》，第832页。

[3] 有关这一点，美国学者傅高义（Ezra F. Vogel）在其著述的《共产主义下的广州》一书中有所描述。他说："还在1969年时，美国人是不允许前往中国的，极少数被允许访问中国的其他国家的公民也被很严格地限制着。当时几乎没有任何关于中国的可靠数据，除了我们能看得到的报纸外。"参见傅高义：《共产主义下的广州：一个省会的规划与政治（1949—1968）》，高申鹏译，广东人民出版社，2008，"序二"第1页。

联控制的国家",它以美国为首,系资本主义阵营。[1]"东方"恰恰与之相对,指的是以苏联为首的社会主义阵营。尽管双方具备军事冲突所需的情绪,却从未发生两个超级大国之间的正面决战。在1991年苏联解体之前,世界两大阵营相互对峙的局面,被称为"冷战"。

冷战维持的仅是相对的和平,对中国来说更是如此。在长达46年的冷战时期,两次最主要的热战都发生在中国边境,一次在朝鲜半岛,一次在越南。中国在东、西方对峙中的敏感地位不言而喻。

早在二战结束时,美、苏就深度介入了中国的国共政争。毕竟中国的选择,直接影响到东、西方阵营的力量对比。当时,美、苏与国、共之间,并非人们想象的美与国民党、苏与共产党的两两结对,而更像一种多角关系。1945年8月20日,当蒋介石致电毛泽东邀其赴重庆谈判时,斯大林也发来电报,建议毛泽东应赴重庆,与蒋共商和平发展道路。[2]按照毛泽东的理解,斯大林是想中国共产党在长江以北停下来,与国民党划江而治,从而复现"南北朝"的局面。[3]毛泽东有此想法并不奇怪,因为苏联在欧洲有此先例。这一社会主义阵营的领军者二战后援助了与己邻近的波兰、罗马尼亚、捷克斯洛伐克、匈牙利、保加利亚等国家,却对处于英国势力范围的希腊红色革命置若罔闻。法国共产党也是在斯大林的推动下主动放下武装,接受为英美所支持的戴高乐政府的改编,从军事对峙转入和平的议会斗争。[4]由此可见,冷战初期,苏联一以贯之的策略是,以巩固战后形成的东西欧现存局面为重点,保障苏联本土的安全和经济复兴。至于欧洲以外地区,则避免与美国的直接冲突。[5]具体到中国,斯大林主张国、共划江而治,一方面可以保障苏联在中国东北的既得利益,另一方面,可避免惹恼美国,引发后者的武装干涉。苏联的这种微妙心理直到1949年人民解放军挥师南渡还在发挥作用,该国驻华大使馆曾随南京国民政府孙科内阁迁往广州,还差点继续西迁重庆。而美国的做法恰恰相反,其驻华大使司

---

[1] 德瑞克·李波厄特:《五十年伤痕:美国的冷战历史观与世界》(上),郭学堂等译,上海三联书店,2012,第35页。

[2] 中共中央党史研究室:《中共党史大事年表》,人民出版社,1981,第78页。

[3] 沈志华主编《中苏关系史纲(1917—1991)》,新华出版社,2007,第93页。

[4] 1944年,斯大林与丘吉尔就战后欧洲苏联与美英势力范围的划分,达成了所谓的"百分比协定",规定苏联可以对邻近的东欧国家施加影响,而苏联则承认包括巴尔干半岛的希腊在内的欧洲其他地方的国家属于美英的势力范围。参见沈志华主编《中苏关系史纲(1917—1991)》,第84-85页。

[5] 庞松:《中华人民共和国史(1949—1956)》,第4页。

徒雷登继续留在南京，仅派公使衔参赞克拉克前往广州。[1]

在这错综复杂的关系图谱中，中国共产党采取怎样的外交政策显得至为关键。1949年1月19日，中共中央发出周恩来起草的《中央关于外交工作的指示》，文中提到："原则上，帝国主义在华的特权必须取消，中华民族的独立解放必须实现，这种立场是坚定不移的。但是在执行步骤上，则应按问题的性质及情况，分别处理。"[2] 此策略被毛泽东称作"另起炉灶"。1949年3月，毛泽东在七届二中全会明确指出中国共产党对历史遗留问题的态度："不承认国民党时代的任何外国外交机关和外交人员的合法地位，不承认国民党时代的一切卖国条约的继续存在，取消一切帝国主义在中国开办的宣传机关，立即统制对外贸易，改革海关制度。"[3] 与"另起炉灶"相并行的是"打扫干净屋子再请客"，即首先清除殖民主义的残余影响，再与西方资本主义国家建立外交关系。中国共产党的上述主张对西方世界的震动十分巨大，他们忧虑的不仅是在中国百多年的利益被清除，更担心附属的东南亚国家被共产主义控制。在这种情况下，英国加强了对其殖民地马来亚游击队的打击，并以遏制共产主义为幌子向美国讨要军事援助；法国也要求华盛顿提供更多武器，以帮助他们在越南组建新的军队。[4] 在英国外交大臣贝文的推动下，1949年4月4日，北大西洋公约组织在华盛顿宣布成立，美国、加拿大、比利时、法国、卢森堡、荷兰、英国、丹麦、挪威、冰岛、葡萄牙和意大利共同签署了《北大西洋公约》，该公约规定，对任一成员国的军事攻击都将被看作是对所有成员国的攻击。

北大西洋公约组织是美国第一次真正卷入军事联盟的创建，中国共产党对此事件相当敏感。根据时任美国驻华大使司徒雷登的记述，1949年4月6日，《北大西洋公约》签署后的第三天，中国共产党无线电广播曾两次提及他，将其视作美帝国主义的代表，与蒋介石并置为敌对的一方。此后，双方敌意愈演愈烈。4月25日，中国共产党部队开进南京的第二天，12名解放军战士进入司徒雷登的房间并将其唤醒，美国国务院为此事件严词抗议。尽管中国共产党承诺此类事件不会重演，但依旧在报纸社论里将司徒雷登描述为"太上皇"。1949年5月11日起，中国共产党突然增加反美宣传力度，13天后，北大西洋公约组织中的

---

[1] 李成浩、吴才兴：《1949年苏联驻华大使馆南下之谜》，《党史纵览》2009年第9期。
[2] 《中共中央文件选集》（第18册），中共中央党校出版社，1992，第44页。
[3] 毛泽东：《在中国共产党第七届中央委员会第二次全体会议上的报告》，1949年3月。
[4] 德瑞克·李波厄特：《五十年伤痕：美国的冷战历史观与世界》（上），郭学堂等译，第88-89页。

各国政府一致赞同"共同行动对付中国共产党"。[1]1949年6月30日,毛泽东在《论人民民主专政》一文中宣布了新中国对外政策的原则:"一边倒。"文中宣称:"中国人不是倒向帝国主义一边,就是倒向社会主义一边,绝无例外。骑墙是不行的。第三条道路是没有的。我们反对倒向帝国主义一边的蒋介石反动派,我们也反对第三条道路的幻想。"[2]自此,新中国外交思路已非常明确,完全站到了以苏联为首的社会主义阵营一方。随着1950年朝鲜战争爆发中国志愿军赴朝参战,美国总统杜鲁门将第七舰队派往台湾海峡阻止中国共产党解放台湾,中美双方都视对方为死敌。这种敌对思想不仅存在于军事层面,它更具备统合意识形态的抽象意义。通过对敌、我的二元区分,中国共产党成功唤起了民众对中国百多年屈辱历史的痛苦记忆。自此以后,几乎所有运动都在大众意识里强化了国民党复辟和美帝国主义幽灵的想象,使得各种各样的运动全部具有浓烈的国家主义性质。敌我意识的析出,不仅激起中国人敢于藐视世界强权的豪情,颠覆一贯的软弱和被动形象;另一方面,上下一体不断增强的革命热情和民族自豪感,也有助于新执政党清除国内残余反动势力,巩固新生政权的合法性。而在这种以反外主义尤其是反美为焦点的意识形态统合中,报纸自然被视作最为重要的动员工具。

(二)海峡两岸及美国报刊的各自敌我意识表现

美国汉学家魏斐德曾分析中国共产党为何能高速地在新中国成立初期取得整合的成功,而始于1927年一党训政的国民党却起步得异常糟糕。他将原因归结为鸦片战争后一系列"不平等条约"中"治外法权"的存与弃。共产党人进入的是已处于中国人控制下的城市与乡村,而国民党统治时期,西方殖民者的租界遍布中国。以近代上海为例,这座城市有三类市政机关,三个司法体系,四种司法机构(领事法庭、领事公堂、公审会廨与中国法庭),三个警察系统,三个公交系统,三个供水系统,三个供电系统。电压分为两种:法租界是115伏,公共租界是220伏,甚至连有轨电车的路轨宽度都分为两种。[3]这种错综复杂的城市管理必然导致人口多元、货币多元、教育多元、宗教多元,从而进一步

---

[1] 司徒雷登:《司徒雷登日记——美国调停国共争持期间前后》,陈礼颂译,黄山书社,2009,第103,121-122,133页。

[2]《毛泽东选集》第四卷,第1410页。

[3] 熊月之:《上海城市社会生活史丛书总序》,载葛涛、石冬旭《具像的历史:照相与清末民初上海社会生活》,上海辞书出版社,2011,"总序"第1页。

滋生出语言多元、饮食多元乃至报刊多元。由于租界受治外法权保护，中国地方政府不仅无权管辖其中的外国人，连对租界里居住的华人也不能随意征税、随意拘捕、随意审判。因此，中国近代著名的民营大报基本上都是在租界里运营，相对来说，言论较为自由。随着新中国否认治外法权，不仅统合经济成为可能，统合意识形态也没有了境内西方势力的制约。

根据现有文献资料，新中国对报刊的统合是卓有成效的。在外国研究者眼中，中国出版物公开承认为宣传服务，报纸所报道的"不是新闻，而是对当前政策的解释和来自模范单位的报道"，"报道外交事务，也倾向于恪守官方的政策"。[1] 到了1952年，反美机制的首要基层单位——居民委员会，已经习惯于通过读报小组来宣传党的政策，解释国际时事，并对具有政治热情的民众进行动员。[2] 这一现象说明，此一时期的报纸信息已经相当"安全"，几无政治隐患。

能够达成这般的统合效果，自然和政策层面的约束关联密切。比如在1952年8月27日，中共中央出台了有关国际时事宣传的规定，将对国际时事的报道和评论完全集中起来，统一由新华社和《人民日报》发表。涉及国际关系和外交的地方性事件，也统一由新华社发表消息。如果为了某种外交上的考虑，需要在地方报纸上单独发表报道和评论，则须呈报中央批准。该规定还细化到针对某些重大政治事件，如有必要发动群众团体表示拥护、同情或抗议，形成全国范围的社会舆论，也要统一由中央部署并通知各地。

政策方面的细则固然会对报纸内容形成约束，但这只能成为民营报纸服膺政治体制的外因。综合新中国民营报纸的表现，它们在反帝爱国方面非但不显被动，还积极承揽起宣传动员的职责。例如《文汇报》著名的副刊版面"社会大学"，积极拓展版面外服务，开辟了"社会大学讲座"，《文汇报》总编辑徐铸成曾主讲"怎样认识朝鲜战局和目前形势"，著名经济学家、民主人士沈志远讲的是《毛泽东〈实践论〉的基本观点》。[3] 这些内容与主流思潮的恰合不言而喻。《文汇报》记者崔景泰这样回忆徐铸成赴朝鲜慰问归来后在家乡宜兴演讲时的情形："面对静静地坐在广场上的上千位观众，他先不做报告，而是满怀激情地一遍又一遍的唱中朝两国人民喜爱的爱国歌曲。徐师完全用宜兴乡

---

[1] 米歇尔·奥克森伯格：《政治挂帅：略论1949年后的中国研究》，载 R. 麦克法夸尔、费正清编《剑桥中华人民共和国史：革命的中国的兴起1949—1965年》，中国社会科学出版社，1990，第507-508页。

[2] 魏斐德：《红星照耀上海城：1942—1952》，梁禾译，第191页。

[3] 郑心永：《当年我编〈社会大学〉》，载《文汇报回忆录2：在曲折中行进》，第149页。

音唱的，广场上的群众也用宜兴乡音跟着唱。"[1] 这种全国一心、同仇敌忾的情境，想必是作为民营报人的徐铸成感同身受，并愿意为之鼓与呼的。

以反美、反蒋为主旨的全民政治抵抗，因将中国被殖民的伤痛视为政治动员的象征资本，很容易形成全体认同。加之国民党在美国的军事援助下，又将新的伤害加诸大陆平民之上，进一步推动民众认可中国共产党的政治立场。以民营报纸最为集中的上海为例，蒋介石的飞机在1949年5月和6月轰炸了这座城市，毁坏了两座发电厂、水电厂。6月29日的空袭共投掷100—500磅炸弹，炸死155人，伤445人，造成2000人无家可归。[2] 1949年8月3日，6架"解放者"在晴朗的天气中扔下炸弹，把江南造船厂置入火海之中。[3] 国民党空军不仅持续轰炸上海，其主要目标还包括南京和广州。在1949年11月及此后3个月间，这些城市共遭遇76起飞机轰炸。最惨烈的一次是1950年2月6日，由12架"解放者"组成的空袭战队轰炸了美国人开办的上海电力公司江边发电厂，该厂占全市供电量的87%。此次空袭，1000座民房被毁，至少900人受伤或死亡，40%的发电力失效，工厂彻底停止运作。[4]

由于轰炸使用的是美制航空设备，反美舆论空前热烈，就像民营报纸《大公报》所评述的，几乎所有居住在上海的人"都团结起来仇恨美帝国主义，因为他们是煽动国民党残余帮匪和日本侵略者残杀中国人民的直接罪魁祸首"[5]。所有报纸都加入了反美宣传与鼓动，当六个月后朝鲜战争爆发时，对美国的仇恨已经燃遍整个中国。[6]

当然，对美国以及国民党的敌视并非新中国单方面在发酵。继国民党失守大陆退缩台湾之后，美国华盛顿随即展开了一场"谁丢掉了中国"的大辩论。[7] 影响力堪比国务卿的美国《时代》杂志发行人亨利·卢斯拒绝承认共产党治下的中国。这位在中国出生的传教士后代，通过当时最有影响力的《时代》周刊，将自己的观点推向美国公众。以1950年12月11日《时代》周刊为例，该期封面人物是毛泽东。毛泽东的脸被绘成古铜色，头发枯干，仿佛历经风吹日晒的农

---

[1] 李伟：《报人风骨：徐铸成传》，广西师范大学出版社，2008，第196页。

[2] New York Times，1/7/49，7。

[3] New York Times，5/8/49，2。

[4] Shanghai to Foreign Office，8/2/50，FO371/83224；转引自魏斐德：《红星照耀上海城：1942—1952》，梁禾译，第174-175页。

[5] 《大公报》1950年2月13日。

[6] 魏斐德：《红星照耀上海城：1942—1952》，梁禾译，第177页。

[7] 亨利·基辛格：《论中国》，胡利平等译，中信出版社，2012，第92页。

民。从毛泽东的颈部开始，红色蝗虫从大到小密密麻麻地甩向封面的右上角，用以暗示数十万中国军队正在毛泽东的指令下入朝作战。[1]该期报道的文字有意将毛泽东与明代将领张献忠相比较，例举张献忠在四川屠杀了三千万人（史书载三百万人），用以评价"毛有更多的血迹斑斑，即使疯狂的张献忠将军也难以超过"[2]。当报道新中国外交代表伍修权将军[3]1950年11月24日在联合国的发言时，《时代》周刊更是毫不掩饰自身的偏见，声称："数以百计的人们通过电视机和电台，看到或听到了伍宣泄共产主义无法停歇的仇恨，用从共产主义偏执狂词汇库里找来的谴责词汇，来掩饰共产主义的谎言和强硬。"[4]

不只是亨利·卢斯和他所代表的《时代》周刊，为数众多的美国精英也站在红色势力的对面。1949年，哈佛大学校长科南特与哥伦比亚大学校长艾森豪威尔在一次教育会议中提议，所有的共产主义者都"应该被排除在聘用的教师之外"[5]。被排斥的范围还扩大到了部分自由主义者身上，诺贝尔文学奖得主赛珍珠就是一例。她本来被邀请到一所黑人学校的毕业典礼发言，只因"非美行为调查委员会"[6]声称赛珍珠对蒋介石持怀疑态度，从而缺乏美国主义精神，不能成为美国黑人青年的榜样，她即被取消了发言资格，邀请她的学校校长还受到了训斥。[7]赛珍珠的遭遇，只是"麦卡锡时代"中的普通一例。

麦卡锡原本是美国威斯康星州的一名参议员。1950年2月9日，他在演讲中声称掌握国务院205名共产党员及间谍的名单，引起举国哗然，由此开始了长

---

[1] Time, 11/12/1950.

[2] 李辉：《封面中国2——美国〈时代〉周刊讲述的故事（1946—1952）》，长江文艺出版社，2012，第342页。

[3] 伍修权将军时任外交部苏联东欧司司长。作为中国政府特派代表，伍修权率团出席联合国大会。这是新中国与联合国的第一次正式接触。参见李辉：《封面中国2——美国〈时代〉周刊讲述的故事（1946—1952）》，第354页。

[4] Time, 11/12/1950.

[5] 德瑞克·李波厄特：《五十年伤痕：美国的冷战历史观与世界》（上），郭学堂等译，第97页。

[6] 非美行为调查委员会，也译作非美活动委员会或非美活动调查小组委员会，系美国众议院于1938年成立的一个委员会。它的主要调查对象是美国共产党的基层组织、研究会和来自共产主义阵营的间谍组织。委员会有权对上述组织展开调查，为立法提供依据，甚至可以直接采取行动，揭露所谓的罪恶行为。该委员会的存在为一些追求名利的野心家打开了方便之门。参见费正清：《费正清对华回忆录》，陆惠勤等译，第405页。

[7] 德瑞克·李波厄特：《五十年伤痕：美国的冷战历史观与世界》（上），郭学堂等译，第264页。

达四年的"麦卡锡时代"。受到麦卡锡指斥的不仅有美国对华事务专家欧文·拉铁摩尔、费正清、谢伟思、柯乐布以及时任国务卿艾奇逊等人,中国内战时期的调解人马歇尔将军也在其攻讦下主动辞职。在"麦卡锡主义"最猖獗时期,美国国务院、国防部、重要的国防工厂、美国之音、美国政府印刷局等要害部门都未能逃脱清查,仅1953年一年,麦卡锡的委员会就举行了大小600多次"调查"活动。在历次清查中,美国共产党领袖威廉·福斯特,左翼作家白劳德、史沫特莱等75人的书籍被列为禁书;著名历史学家小阿瑟·史莱辛格和幽默作家马克·吐温的作品也被列入"危险书籍";电影艺术家卓别林因被怀疑倾向共产党,只能长期逗留欧洲,告别了他在美国缔造的艺术辉煌。根据对华事务专家费正清的描述,五十年代初期,那种满腹怀疑、麻木不仁的气氛弥漫美国,公众心中普遍存在着恐惧感。"麦卡锡主义"灌输给人们一种病态的逻辑:"你的邻居可能是个间谍,正因为他看上去不像是间谍——难道那不正是一个间谍所要做出的伪装吗?"[1] 在这种逻辑下,人与人的交往变得小心翼翼。人们通过大骂苏联和共产主义来标榜自己的"忠诚",报纸文章的开头,逐渐形成一种定式,即用某些词句来表明作者明确的反共态度。[2]

张爱玲的《秧歌》和《赤地之恋》就是在上述背景下写就的。《秧歌》用现实主义手法描写了中国农村在土改以后的凋敝衰败,《赤地之恋》描写了中国农村土改以及城市"三反"运动的负面。张爱玲1952年从上海出走香港,受雇于美国新闻处。上述两本小说都是接受了美元资助,尤其是《赤地之恋》,写"土改"之邪恶是资助方既定的反共目标。作家水晶曾经采访过张,据她回忆,张爱玲主动告诉她:"《赤地之恋》是在授权(commissioned)的情形下写成的,所以非常不满意,因为故事大纲已经固定了,还有什么地方可供作者发挥的呢?"[3]

如果说美国的反赤运动尚留给异己者一定的生存空间,在海峡对岸——蒋介石退守的台湾,则是一片肃杀之气。用《纽约时报》的话来说,是"不分青红皂白的凶残暴虐"。据估计,仅1949年,就有1万名台湾人受到侦讯,军事法庭判很多人长期坐牢,超过1000人被枪决。[4] 通过总结失守大陆的教训,国民

---

[1] 费正清:《费正清对华回忆录》,陆惠勤等译,第404页。
[2] 费正清:《费正清对华回忆录》,陆惠勤等译,第412页。
[3] 陈思和:《六十年文学话土改》,载王德威、陈思和、许子东主编《一九四九以后——当代文学六十年》,第28页。
[4] 陶涵:《蒋经国传》,林添贵译,华文出版社,2010,第169页。

党以蒋经国为主导,通过改组情报及秘密警察体系,加强对台湾的控制。控制的手段还包括实施新闻检查,这项工作由警备总司令部执行。在台湾,冷战意识形态通过庞大的党、政、军官僚体系和它持续的暴力所维持。据统计,截至1958年春,台湾官方宣布的"颠覆案"达311320件,被审查、逮捕的人员多达130万人。[1] 思想检查与反共政策,伴随着红色肃清运动,对知识分子的精神伤害成倍于任何历史时期。具体到对大陆崇尚的鲁迅的批判,凡是研究鲁迅者,几乎都被认定是共产党的代理人,从而,反鲁迅运动竟持续三十年。先是介绍鲁迅思想与生平最力者,台湾省编译馆馆长许寿裳于1948年被刺杀;继而,为鲁迅逝世十周年撰写简短纪念文字的基隆中学国文教师蓝明谷,在1951年的"基隆中学事件"中被国民党枪决;另一位私淑鲁迅的木刻家黄荣灿,也在1952年被指控参加中国共产党外围组织而遭处决。在反鲁迅运动的支配下,中国三十年代左翼作家的作品一律成为思想禁区。而与鲁迅打过笔战的右翼作家,如陈西滢(陈源)、梁实秋、苏雪林等人的作品,则受到推举。[2] 这只是国民党反共政策的一个显例。

由此可见,敌我意识的建构并非中国共产党方面的单一想象。冷战意识形态下,即便在标榜民主自由的美国,一样出现过一元化意识形态的长时段强势,也存在人人噤声但求自保的国民脆弱心理。冷战旋涡中的各方,几乎都用控制媒介来完成意识形态的整合。台湾自1951年始即有报禁,由于海峡两岸的军事对峙,台湾当局对新闻传播事业发布多种法令与限制措施,主要包括五个方面:首先是"限证"。1951年6月10日,台湾"行政院"规定:"台湾省全省报纸、杂志已达饱和点,为节约用纸起见,今后新申请的报纸、杂志、通讯社,应从严限制登记。"因"限证"控制,在1960年之后,台湾日、晚报一直维持在31家,没有新报纸产生,一直到1988年1月1日取消报禁,台湾报业才逐渐兴盛起来;其次是"限张"。台湾当局于1950年12月底,规定各报减缩篇幅,最多以一大张(对开)为限。直到1967年4月,才放宽限制为两大半张;再次为"限印"。台湾当局于1961年6月规定:"新闻纸社必须在核准登记之发行所所在地发行,不得在印刷所所在地发行出版品。"此一规定,有效达成了对报纸的属地管理;此外还有"限价"和"限纸"。报纸不能自由决定售价,必须经由主管部门的

---

[1] 包恒新编《台湾知识词典》,福建人民出版社,1987,第158页;转引自王为:《台湾地区政治研究》,世界知识出版社,2011,第15页。

[2] 陈芳明:《台湾与东亚文学中的鲁迅》,载王德威、陈思和、许子东主编《一九四九以后——当代文学六十年》,第169-171页。

同意才能办理。报社也不能够自行决定购买白报纸的数量，必须通过主管机关统一核发。上述"五限"，实则将对报纸的管理权牢牢抓在官方手中，在报禁放开之前，台湾的报业基本行使着政治宣传的功能。

而像美、英等老牌资本主义国家，则将报纸言论置于国家安全的框架之下，以国家利益之名，行新闻控制之实。除美国曾历经长达四年的"麦卡锡时代"，左翼思潮受到极大破坏，英国及其所属殖民地也秉持右倾政策，遏制共产主义思潮在本土蔓延，且实施的手段极为隐蔽。例如1949年7月，被扣押的英国"紫石英"号军舰逃离南京，并与人民解放军炮兵交火，其间，造成双方及平民的重大伤亡。时任香港《文汇报》总主笔的刘思慕，针对"'紫石英'号事件"[1]发表社论加以谴责。报纸既出，港府卫生署忽然派人来查报馆厕所，指出人多厕所少，违反卫生条例，向法院提出控诉。《文汇报》工作人员通过香港政治部了解到，这是港府希望报社少和英国人正面冲撞。据了解，英国从19世纪到20世纪中叶，在香港颁布的法律多得不可胜数，平常执行并不严格，但一旦用得上就援引这些条例惩罚一通，给不安分者一点颜色看看。[2]

1949年完全独立的新中国，与其说面对严峻的战略封锁，不如说它所遭遇的舆论攻讦更为疯狂。在上述大环境下，新中国融入国际社会异常艰难。1949年10月1日中华人民共和国宣告成立后的三个月，只有11个国家同中国建立了外交关系，且都是来自社会主义阵营。[3] 在这种情况下，国内弥漫着或亲美、或恐美的心理。尤其是1950年朝鲜战争爆发后，一些长期生活在国民党统治区的人士，畏惧美国的经济和军事力量，对中国介入朝鲜战争抱持怀疑态度。

---

[1] 1949年4月20日，中国人民解放军第三野战军准备于次日在长江镇江段发起渡江作战。英国海军远东舰队"紫石英"号护卫舰未理会人民解放军公告中4月20日系外国舰船撤离长江的期限，闯入人民解放军前线预定渡江江段，且不听从警告，遭人民解放军炮击，"紫石英"号随即开炮还击。在炮战中，"紫石英"号重伤搁浅。20日下午至21日，人民解放军炮兵又将先后赶来增援的英国海军远东舰队"伴侣"号驱逐舰、"伦敦"号重巡洋舰、"黑天鹅"号护卫舰击退。此后，双方就事件责任及"紫石英"号被扣的问题展开接触和谈判，但一直未有结果。7月30日，"紫石英"号趁夜逃走，途中与人民解放军炮兵再度交火。31日，"紫石英"号逃出长江口，有关谈判随之终止。在"紫石英"号事件中，中国人民解放军伤亡252人，英国海军死45人、失踪1人、伤93人，"紫石英"号在出逃途中还造成平民的重大伤亡。

[2] 杨培新：《战斗在惊心动魄的岁月中》，载《文汇报回忆录2：在曲折中进行》，第39页。

[3] 最先与新中国建立外交关系的11个国家是：苏联、保加利亚、罗马尼亚、朝鲜、匈牙利、捷克斯洛伐克、波兰、蒙古、德意志民主共和国、阿尔巴尼亚、越南民主共和国。参见中共中央文献研究室编《周恩来传》，中央文献出版社，1998，第990页。

要想快速消除恐美心理，促使大多数人认清形势，最直接的办法便是展开大规模的宣传运动。自此，报纸的新闻功能进一步弱化，喉舌作用日益突出。在全国上下一心，誓以保家卫国的正义要求下，那种"对美帝国主义的仇视、鄙视、蔑视的态度"[1]逐渐在民众中养成。在这股潮流中，民营报纸自然不能置身事外，甚至其自身已经成为推动潮流的重要力量。

（三）民营报纸中敌我意识的确立

民营报纸，能够快速放弃独立、监督职能，嵌入口径归一的宣传体系，不仅是执政党的显在要求，也是新中国成立初期错综复杂的政治环境使然。曾任广东省人民政府主席兼广州市市长的叶剑英透露过敌我关系犬牙交错的局面："许多人反映'上层好，中层少，下层糟'，说明基层不纯。政策交代下去，不按你所交代的去做，结果出现'胸前戴红花，后面打屁股'的怪现象。还有更坏的，就是敌人冒戴了红花。如新会的'特等功臣'就有三分之一是敌人冒充的。"[2]

蒋介石曾提出过"七分政治，三分军事"的理论。[3]在他的"反攻大陆"实践中，并非强调军事上的斩获，而是通过派遣特务潜入大陆，制造国民党政府依然存在的印象，从而对中国共产党统治产生威胁。根据台湾"国家安全局"统计，1950年至1989年间，国民党派出的情报人员在大陆建立了3193个单位，组织成员9367人，因执行任务而丧生者达2168人。[4]这些人的威慑力并不在于自身，而是与滞留在大陆的匪特分子沆瀣一气。据不完全统计，1950年上半年，仅西南地区被匪特攻陷的县城即达100座以上，西康省会雅安市被匪特包围7天，其间杀害干部3000人；1950年底至1951年5月，广西省匪特组织暴乱52次，危害农会会员、民兵和干部达7219人；在安徽大别山区的14个县，匪特还一度建立了伪政权。从全国范围来看，1950年1至10月，全国共发生武装暴乱816起，有4万名干部和积极分子被杀。[5]

---

[1]《中共中央关于在全国进行时事宣传的指示》，1950年10月26日。

[2] 叶剑英：《在华南区组织宣传会议上的总结报告》，1951年7月，广东省档案馆：204-1-25-090。

[3] 金石：《我所认识的国民党特务谷正文》，载凤凰周刊编《机密档1：台海两岸未公开档案》，中国发展出版社，2011，第63页。

[4] 郭策：《台湾特务的苍凉悲歌》，载凤凰周刊编《机密档1：台海两岸未公开档案》，第35-36页。

[5] 庞松：《中华人民共和国史（1949—1956）》，第29-30页。

为了彻底清除反革命残余势力，中共中央于1950年10月10日发出《关于镇压反革命活动的指示》，要求全面执行"镇压与宽大相结合"的政策，克服已经发生的严重的右倾倾向，对证据确凿的反革命分子加紧进行处理；对那些首要的、怙恶不悛的、在解放后特别是经过宽大处理后仍继续作恶的反革命分子，应依照惩治反革命条例加以镇压。指示要求，对这些案件的执行，要在报纸显要位置发表消息，在群众中进行广泛的宣传教育。[1] 经过几个月大规模的镇反运动，截至1951年上半年，全国共逮捕反革命分子150万人，被判死刑者50万人，其中匪首、惯匪占44.6%，恶霸占34.2%，反动会道门头子、反动党团骨干分子占7.7%，特务地下军头子占13.5%。[2] 这些案件经过报纸的密集报道，在国人中形成了一种共识，即敌人无处不在。这种意识又进一步催生了来自民间的一股戾气。著名作家老舍的表述传达了社会基层对待那些"被命名了"的反革命残余分子的态度。1951年国庆，老舍写就《新社会就是一座大学校》，发表在10月1日出版的《人民文学》上。他描述了在天坛举行的一场控诉恶霸大会："恶霸们到了台上。台下多少拳头，多少手指，都伸出去，像多少把刺刀，对着仇敌。恶霸们，满脸横肉的恶霸们，不敢抬起头来。他们跪下了"；"老的少的男的女的，一一上台去控诉。控诉到最伤心的时候，台下许多人喊'打'。我，和我旁边的知识分子，也不知不觉的喊出来：'打！为什么不打呢？！'警士拦住去打恶霸的人，我的嘴和几百个嘴一齐喊：'该打！该打！'""这一喊哪，教我变成了另一个人！我向来是个文文雅雅的人。不错，我恨恶霸与坏人；可是，假若不是在控诉大会上，我怎肯狂呼'打！打！'呢？人民的愤怒，激动了我，我变成了大家中的一个。他们的仇恨，也是我的仇恨；我不能，不该，'袖手旁观'。群众的力量，义愤，感染了我，教我不再文雅，羞涩。说真的，文雅值几个钱一斤呢？恨仇敌，爱国家，才是有价值的、崇高的感情！书生的本色变为人民的本色才是好样的书生！""黑是黑，白是白，没有第二句话。"[3]

老舍是新中国成立时从美国回来的文雅作家，像他这样受过西方人文教育的知识分子尚且认同"黑是黑，白是白"的鲜明敌我界限，何况土生土长的广大民众。自镇压反革命运动开始之后，进行身份鉴别不仅是新执政党统合社会

---

[1]《建国以来重要文献选编》第1册，中央文献出版社，1992，第421页。

[2] 庞松：《中华人民共和国史（1949—1956）》，第35页。另据1954年5月17日《罗瑞卿在第六次全国公安工作会议上的报告》，为时3年的镇反运动，共关押反革命分子129万人，管制123万人，依法处决71万人，包括匪首、恶霸、反动会道门头子、反动党团骨干分子、特务及反共地下军头目等。

[3] 老舍：《新社会就是一座大学校》，《人民文学》1951年第6期。

的需要，也是普通百姓确保自身安全的舆论偏向。1951年5月21日，中共中央作出《关于清理"中层""内层"问题的指示》，对军事机关、财经机关、政治机关、文教机关的留用人员和新吸收的知识分子进行清查。民营报纸成为这一轮清查的重灾区。仅以成都《工商导报》为例，该报共有156人，全社仅有共产党员2人，青年团员23人，党、团员占总人数的16%；参加民主党派的有4人（民盟2人，民主建国会1人，九三学社1人）；反革命管制分子10人（编辑部2人，经理部1人，印刷厂6人，勤杂1人），占总人数的6%，其中，杂特1人，三青团骨干分子2人，中统特务7人；编辑部和经理部参加过一般反动党团的有19人，参加封建会道门的10人，共占编、经两部总人数的40%。全报社有特务嫌疑或政治上有重大嫌疑的7人，与台湾、香港有联系及在1948年由台湾归来的3人，且都在编辑部。[1]

这样的数字显然容易导出一个结论，即民营报纸成了藏污纳垢的地方。此方面的例证很多。像天津《新生晚报》社长常小川系美国密歇根大学政经学院毕业，解放前曾任天津商品检验局长、天津财政局长、南京土地局长等职；天津《博陵报》社长刘震中"曾任过伪河南新政县、河北肃宁县县长，在伪民会做过日特汉奸，并自称任过少将军法处长等职"；[2]《广州标准行情》编辑麦建楠解放前系粤建厅科长；等等。就连那些民营大报的人员构成也是错综复杂。1952年，上海市委宣传部的一份报告显示："大公、新民、文汇各报都是从解放以前原封不动继续下来的。新闻日报仅编辑部重行改组，但人员都是临时杂凑，大部分是解放前在白区工作的新闻工作者。亦报虽属新创，但全部人员都是解放前一向在上海搞小报的。"[3] 上述各报编辑部人员填表交代历史政治问题者占总数的38.3%，其中国民党党员65人，区分部委员以上者5人，受过反动训练者34人，三青团员31人，中统3人，军统2人，参加其他特务组织者18人，反动军官15人，参加反动新闻社团者12人，汉奸3人，反动帮会16人，参加其他反动党团者2人，脱党分子16人。各报相比，新闻与新民两报社较严重，交代历史政治问题者均占总数41.9%，大公为37.5%，亦报为35.4%，文汇为33.3%。各报经理部门人员较编辑部门单纯，交代问题者占总数的19.6%，以新民报最

---

[1] 中共成都市委秘书处：《工商导报情况初步了解的报告》，1954年10月10日，成都市档案馆：54-1-312。

[2] 天津市新闻出版处：《处理博陵报经过报告》，1951年，天津市档案馆：X57-Y-1-48-17~19。

[3] 《中共上海市委宣传部关于上海新闻界思想改造的总结》，1952年12月13日，上海市档案馆：A22-1-47-129~134。

多,为37.5%,亦报为30.7%,新闻日报为16.1%,大公报为15.9%,文汇报为15.3%。[1]

在今人看来,出现这样的现象不足为奇。国民党训政大陆时期,建立的是一党专政的威权体制,报纸作为意识形态的重要组成部分,党、团员居多也是不可避免的事实。然而,天地转圜,时局变迁。新中国的历史复杂性并非今人能够完全想象,我们只能从表层的数字管窥一斑。

表6-1:广州市各报现任职员政治背景统计表(1950年12月12日)[2]

报名	中共	青年团	民革	民盟	农工民主党	民建	无党派	不详	总数
南方日报	35	35						53	123
联合报	1	1	5	8	2	1	2	38	58
新商晚报				1			13	11	25
广州标准行情							13	4	17
合计	36	36	6	8	2	1	28	106	223
百分率	16.14%	16.14%	1.69%	3.59%	0.9%	0.45%	12.55%	47.54%	100%

来自广州市新闻出版处的这份调查报告,清晰显示了党报和民营报纸人员构成的不同及政治背景的迥异。在表6-1中,惟有《南方日报》是中共中央华南分局党报,其他三份报纸均为民营。作为党报,《南方日报》的党、团员比例达到56.91%;多党创办的《联合报》,党、团员比例仅占3.44%;《新商晚报》和香港经济导报社主办的《广州标准行情》,一个党、团员都没有。

缺乏党的领导,内部人员复杂。这两者掺杂在一起,竟成了新中国成立初期民营报纸政治不正确的原罪。政治本不正确,再加上不了解新政权新闻报道的语法,民营报纸经常被新闻管理部门视为敌我不分。最先触礁的是天津的《博陵报》。该报解放前系小型报纸,不乏黄色新闻。因天津接管时曾律令所有报纸先行停刊,此举遭到中共中央批评。为矫正"左"的偏差,像《博陵报》这样的小报也被允许复刊。《博陵报》于1950年2月19日复刊后,不改小报本色,力求吸引读者眼球。该报社长刘震中相继创作长篇小说《潘金莲》和《梁山英雄》,在报纸上连载。小说不顾历史事实,妄自虚构,将潘金莲描写成"女

---

[1]《中共上海市委宣传部关于上海新闻界思想改造的总结》,1952年12月13日,上海市档案馆:A22-1-47-129~134。

[2] 广州市人民政府新闻出版处:《广州市各报现任职员政治背景统计表》,1950年12月12日,广州市档案馆:179-1950-长久-003,第96页。

革命英雄"、"民主女县长",安排她与武松自由恋爱,并把武大郎刻画成恶霸。在天津市新闻主管眼中,《博陵报》此举是"以潘金莲的故事影射现代的人民革命,利用社会上对潘金莲的传统成见,暗示现在的革命战士是潘金莲一流人物"。[1] 新闻管理部门还列举了《博陵报》其他敌我不分的错误。如该报专门剪辑全国各地刊载特务活动的报道,以显著标题通版刊登,渲染了恐怖氛围;在国家发行胜利公债时,登载所谓"民歌新诗":"吃的什么,青菜豆渣;穿的什么,破衣烂麻;住的什么,墙倒屋塌;挣的什么,星点没拿",意在散布穷困的情绪,阻碍公债的发行;专门剪裁各地报纸上关于干部贪污腐化,违犯政策及不良作风等消息,对政府如何处理,却只字不提。[2] 1951年8月1日,《博陵报》社长刘震中被约至天津市新闻出版处谈话,他最终承认《潘金莲》中"真民主、伪民主胡乱搞一气,民众有怨无处诉"等语句,是因为对政府"不满意"而有意借小说中的人物指桑骂槐。当天,刘震中承认"屡犯重大错误",自动申请《博陵报》停刊。[3]

广州《新商晚报》最终停刊,也和一直以来敌我不分有密切关系。该报从总编辑到编辑、记者,多为旧报人,总编辑戴英浪(初期)及司徒权(后期),掌握不稳编辑方针,致该报创刊后,迭犯错误。如1950年5月12日第二版有一段描写中国人民欢迎苏联朋友的消息,其标题竟为"如此这般的赤色恐怖";1951年6月25日第三版将朝鲜民主主义人民共和国国旗倒刊;6月27日第一版《在党的教育下,我永远保持着光荣》一文,将"我连续当选三次特等劳动英雄"的"等"字刊为"务"字,变为"特务劳动英雄"。[4] 上述错误,在当时的政治环境中,显然是敌我不分的表现。

在必须区分敌我立场的大前提下,对"敌人"说什么样的话,什么时间说话都是要把握分寸的。著名民营大报《大公报》就在这个问题上频繁出错,仅1952年2月,《大公报》所犯重大错误不下四次。2月9日该报刊登大来公司"大老虎"朱今农被捕法办和2月12日刊登"人民银行上海分行坦白检举大会"两则新闻,被指事先未与有关方面联系;2月15日第四版刊载"要求政府枪决汪

---

[1] 天津市新闻出版处:《处理博陵报经过报告》,1950年,天津市档案馆:X57-Y-1-48-17~19。

[2] 天津市新闻出版处:《处理博陵报经过报告》,1950年,天津市档案馆:X57-Y-1-48-17~19。

[3] 刘震中:《博陵报申请停刊书》,1951年8月1日,天津市档案馆:X57-Y-1-14-32。

[4] 广东省新闻出版处:《关于广州新商晚报的情况》,1952年1月9日,广州市档案馆:179-1951-长久-041,第3至7页。

康年"新闻,把"实际是所有的志愿军家属要往前方给自己的亲人捎去亲切的声音"中的"亲人"错排成"敌人";2月22日,刊载"奸商赵金峰竟向解放军猖狂进攻"一则新闻,被指严重泄露了国家的军事秘密;同日,刊载"卢作孚在渝病逝"的消息,被指道听途说。按照官方说法,"卢作孚系违反国法,畏罪自杀",而《大公报》用"病逝",显然与官方话语不一致。因错误连出,《大公报》被予以警告处分,并通报各报。[1]

一方面,民营报纸惯用的舆论监督范式遭遇了新中国消除内外危机,谋求社会稳定的大命题;另一方面,执政党在最短时间内取得的一系列成就,像朝鲜战争与强大的美国打成平手,快速消除通货膨胀,剿灭反革命残余势力,完成土地革命,等等,都给习惯用负面思维考量当权者的民营报纸以截然不同的感受。[2]

此后,是凡涉及敌我问题,民营报纸开始变得小心谨慎起来。有关杜月笙股份的处理即是一例。1949年以前,杜月笙投资于新闻、出版、印刷方面的股份涉及17个单位,包括《新闻日报》、《申报》、大东书局、世界书局、儿童书局等。[3]除大东书局接受了杜月笙儿子的股权登记申请,其他单位基本持观望态度。以《新闻日报》为例:杜月笙在1937年持有该报前身《新闻报》的100股,1948年增持125000股,此两笔股份到了1955年折合人民币金额为12000元(新币值)。[4] 新闻日报社曾于1950年2月及1951年11月两次登记股东姓名,杜月笙均未现身,也未委托代表登记。登记期过后,新闻日报社即将杜月笙所持股份移交交通银行代管。1954年9月11日,杜月笙之子杜维翰、杜维宁来函称:"在规定登记日期内,因居住地址迁移,未接到通知,又未见到公告的报纸,以致误期办理。"二人希望代表已经过世的杜月笙办理补充登记。新闻日报社不敢自作主张,于1954年9月27日密函上海市人民政府文化教育委员会,希望上级部门做出定夺。直至八个月后,杜维翰二人再次来函询问,文教委才做出回应,

---

[1] 上海市新闻出版处:《关于大公报报道"三反"、"五反"运动中所犯错误的通报》,1952年3月5日,上海市档案馆:B35-2-65-19。

[2] Otto Kircheimer, "Confining Conditions in Revolutionary Breakthroughts", American Political Science Review, 59.4:976(December 1965);转引自魏斐德:《红星照耀上海城:1942—1952》,梁禾译,第204-205页。

[3] 上海市出版事业管理处:《关于请示杜月笙股份处理办法的报告》,1955年6月2日,上海市档案馆:B167-1-97-15。

[4] 新闻日报社:《杜月笙股份如何处理,希核示》,1955年5月28日,上海市档案馆:B167-1-97-13。

称与统战部的商谈结果是,"不好复信,只能搁一搁"。[1] 此时,上海市统战部倒是开始核对杜月笙在各企业中的投资状况,并了解到像公私合营大中华橡胶厂、华丰造纸厂、华商电气公司、天原化工厂等企业已为杜月笙股份办理登记,并发放了股息。但是落实到新闻、出版企业,主管部门的态度依旧十分犹豫。不敢做出决断的重要原因是:"对杜和国民党反动派的关系、杜在社会上的活动以及处理杜股可能引起的影响等,因不掌握情况,亦不易估计。"[2]

新闻日报社另一未登记股东朱缙侯的股份最后虽得以补办,但也因"敌我"身份的辨别问题大费周折。朱缙侯1949年以前持有《新闻报》100股,是在1937年入股的。1949年4月,朱缙侯离沪赴港,并于1952年2月病逝于异乡。1955年,朱缙侯之子朱永勖致函新闻日报社,希望对其父所持股票核准登记。在随后新闻日报社开列的调查清单里,可以清楚看到"敌我意识"在股票核查中所占据的位置。"查朱缙侯生前做过哪些事?向哪些地方投资过?与国民党反动派有何关系?有否参加汉奸政府工作?解放前夕称病赴港就医,是否事实?"[3] 针对上述问题,新闻日报社专门向上海市厦门路派出所和复兴中路派出所了解情况,得到的回馈是,"朱缙侯是大资本家,1949年逃往香港,现已死亡";朱家"目前依靠房屋生活,每月房租收入约五六百元,生活相当阔绰"。调查还显示,朱家是大家庭,从未分过家,朱缙侯的两个兄弟均在上海,但无职业。朱的三个儿子,一个在香港,两个在上海,也无职业。其中,写信申请股权登记的朱永勖因在1953年5月由港返沪,"与香港来往信件很多"。[4] 鉴于朱家的外部交往虽有很多可疑之处,但不能构成剥夺没收朱缙侯股权的条件,新闻日报社主张准予股权登记,但又不敢断然做主。此后,报社求助交通银行协助调查朱缙侯的经济债务问题,交通银行转又求助上海市第二中级人民法院查核债务卷宗。法院回函"未便作此审查",交通银行自然也提出"查企业股

---

[1] 上海市人民政府文化教育委员会:《关于杜月笙股份如何处理的回复》,1955年5月31日,上海市档案馆:B167-1-97-12。

[2] 上海市出版事业管理处:《核对杜月笙在各企业中的投资情况》,1955年,上海市档案馆:B167-1-97-17。

[3] 新闻日报社:《为股东要求补办股份登记请查核由》,1955年6月10日,上海市档案馆:B167-1-97-16。

[4] 新闻日报社:《为股东要求补办股份登记请查核由》,1955年6月10日,上海市档案馆:B167-1-97-16。

东身份之确定，不属本行业务范围"[1]。此事的定夺就落到了工商局身上。上海市出版事业管理处曾于1955年6月14日就将新闻日报社的朱缙侯股权登记申请函寄上海市工商行政管理局，迟至1956年3月再次发函催请，工商局才最终予以确定，"关于新闻日报社股东朱缙侯一户，既然迄未掌握具体情况，可按照一般程序准予股权登记"[2]。自此，朱缙侯股权补登之事终获通过。此事之所以大费周章，归根结底，是和朱缙侯系大资本家且滞留香港，其子与香港不明人士来往甚密有关。这在新中国，都属于敌我矛盾的范畴。

  区分外部敌我关系，民营报纸尚可以小心为之。但如果报社内部有人利用敌我立场问题达到清除异己的目的，那却是防不胜防的。1950年11月8日，哈尔滨公报社社长带着未见报的小样，主动到新闻管理部门反映情况。该报小样中，斯大林变成了"斯犬林"，"以社会主义苏联为首"变成了"伪首"。按照字盘，这两个错误本不该出现，因为"大"字属于"大"部，"犬"字属于"犬"部，"为"字属于"爪"部，"伪"字属于"人"部，风马牛不相及，除非有人故意为之。[3] 根据现有的档案材料，该事件发生的幕后原因尚无定论，但该报内部人员复杂，劳资双方尖锐对立的情形却是客观存在。在该报总计12名职员中，有两名是国民党党员，其中一名还曾担任过国民党政府沈阳电业局局长。其余人员，来自旧报馆者有之，被政府机关免职者有之。但该报的主要矛盾并非集中在编辑部，而是来自印刷厂。印刷厂已经建立了党的支部，支部书记不断到主管部门反映该报内部情况，要求政府出面处理。所反映的问题除了工人待遇低，组织机构不健全外，还涉及该报社长假借苏联领事馆及政府名义威吓工人。[4] 而在该报社长看来，印刷厂的基层组织过于干涉报社管理，使得社中事务很难贯彻下去，是一个很严重的问题。从《哈尔滨公报》印刷厂党支部书记写给市长的信中，确实可以看到基层机构清除所谓异己分子的强烈动机："将现在的编辑部内政治面目不清的人员坚决撤换……资方不得无理阻挠现有人员的撤换。"[5] 尽管尚无证据表明，《哈尔滨公报》发生的政治性错误来自印刷厂的工人有意为之，但在政治环境极其复杂的新中国初期，利用敌我立场问题改

---

[1] 交通银行上海分行：《为新闻日报社在港亡故股东朱缙侯之子要求补办股份登记请审核由》，1955年8月15日，上海市档案馆：B167-1-97-30。

[2] 上海市工商行政管理局：《复新闻日报股东朱缙侯可按一般程序办理股权登记函》，1956年4月3日，上海市档案馆：B167-1-97-36。

[3]《哈尔滨公报内部问题》，1950年，哈尔滨市档案馆：XD48-1-2-175。

[4]《哈尔滨公报内部问题》，1950年，哈尔滨市档案馆：XD48-1-2-175。

[5]《哈尔滨公报内部问题》，1950年，哈尔滨市档案馆：XD48-1-2-175。

组报社机构,削弱资方势力,已成为尖锐政治乃至经济纷争中,非资一方屡试不爽的武器。这就不难解释,为什么《哈尔滨公报》所出现的错误几乎都是"敌我"问题。除了"犬""伪"的拼接错误,该报还曾发生过将封建会道门的"反革命活动"排版为"革命活动",在"哈市的群众文艺运动是成功的"前面多出"以鼓励匪军士气们说"这样的严重政治错误。内外交困,形势险峻。这是新中国成立初期民营报纸不得不面对的重大生存问题。

三、新闻保密

1950年11月初,日本电通社传出一条消息,称"美国驻港领事兰金是个美国收听站的主要视察员。他的工作是专门从中国报纸中搜集消息,供美国间谍使用"[1]。此前,在甘肃破获的匪特阴谋破坏玉门油矿与酒泉油库事件,已经为新闻保密工作敲响了警钟。[2]

"驻港领事门"事件发生后,1950年11月16日,新闻总署、出版总署联合下发了《关于注意保守国家机密的通报》,对各报社、杂志社的新闻报道工作规定了四条保密原则:(一)不要在新闻通讯中涉及任何人民解放军部队的番号、驻地、调动、训练、复员情形;(二)不要发表尚未经中央发表的一切有关人民海军和人民空军的新闻通讯;(三)不要发表尚未经中央公布的有关军事的重要铁路公路等交通建设;(四)不要发表与动力工业、机械工业、造船工业等有关的国防工业的地点、产量、设备、工人数目以及其他可据以推算出这些工业的生产力的资料。对于特别重要的工业如东北的鞍山钢铁工业等,一般地不做报道,以避免引起美帝国主义者的注意。[3]

仔细分析新中国成立后新闻保密政策的出台,不能不将其聚焦在中国志愿军进入朝鲜这个时间节点。1950年10月19日晚,包括四个军、三个炮兵师在内的26万志愿军"秘密"开赴朝鲜。[4]对于志愿军赴朝作战一事,毛泽东曾专门要求"只做不说",除党内高级领导干部知道此事,报纸上不能做任何公开宣

---

[1]《南方日报》,1950年11月15日。

[2] 此事件系指1950年4月,玉门油矿特务王治一、魏杞才等组织"反共救苦军"阴谋烧毁油库、夺取枪支聚众暴乱。

[3] 新闻总署、出版总署:《关于注意保守国家机密的通报》,1950年11月16日,载中国出版科学研究所、中央档案馆编《中华人民共和国出版史料(1950)》,第680页。

[4] 中共中央文献研究室编《周恩来传》,第1020页。

传。[1] 由于保密工作做得好，志愿军渡过鸭绿江之前，已经夜行昼宿行军一周。[2] 美国空军侦察机天天到鸭绿江沿线拍照，甚至两个多月"侵入东北领空十二次之多"[3]，都没有发现部队移动的征兆。中国军队的这一次突袭，将大部分美国军队打回到"三八线"以南，普利策新闻奖获得者玛格丽特·希金斯记录了这次美国"军事史上时间最长的大撤退"。[4] 报道刊发之后，得克萨斯州议员劳埃德·本特森不断敦促杜鲁门总统往朝鲜扔一颗原子弹，美国远东军总指挥麦克阿瑟将军也在讲话中透露可能使用原子弹打击中国东北的"特殊避难所"。当时的美国弥漫着既恐惧又好战的声音，"有半数以上的成年美国人说，一旦全面战争爆发，他们准备使用核武器对付中国军队"。[5]

　　一方面，中国军队得益于保密功夫，获得了入朝参战的首次大捷；另一方面，美国以原子弹相威胁，并派飞机侵入中国领空，1950年9月22日，甚至在安东（今丹东）市区投掷了12枚重磅炸弹。[6] 出于保护国家领土及人民生命财产安全的需要，保密工作必然被高度重视。此外，国内反动势力借中美交战之际异常活跃，也不能不让新政权保持警觉。据中共中央华北局报告显示："匪特的反革命活动已不仅限于隐蔽的造谣、暗害、破线、破路等卑鄙行为，且已走上公开的直接的武装暴动的阶段。"1950年10月10日前后，仅华北地区就发生十余起暴动，规模较大的有：河北武安县"黄兵道"武装暴动事件、山西稷山县国民党流散官兵袭占五区区公所及县府事件、河北省通县"全佛大道会"暴动事件，等等。[7] 为了防止国内外反革命势力相串联，作为有效实施政治控制与社会控制的必要手段，保密自然被提到国家安全层面。新闻业一向以信息

---

[1]《毛泽东军事文集》第6卷，军事科学出版社、中央文献出版社，1993，第125-126页。
[2] 沈志华、杨奎松主编《美国对华情报解密档案（1948—1976）》第十二编，第24页。
[3] 中共中央文献研究室编《周恩来传》，第1021页。
[4] 德瑞克·李波厄特：《五十年伤痕：美国的冷战历史观与世界》（上），郭学堂等译，第120页。
[5] 德瑞克·李波厄特：《五十年伤痕：美国的冷战历史观与世界》（上），郭学堂等译，第120-121页。
[6] 中共中央文献研究室编《周恩来传》，第1015页。
[7]《河北省委关于镇压反革命问题的报告》，1950年10月30日，中共中央华北局建设委员会：《建设》第93期，1950年11月15日，第12页；《华北局关于平原省剿匪、肃特工作情况和经验的通报》，1950年10月7日；《华北局关于华北地区反革命活动及镇压工作情况和存在问题向毛主席、中央的报告》，1950年11月13日，载《中共中央华北局重要文件汇编》，1954年8月，第551-552，557-560页。转引自杨奎松：《中华人民共和国建国史研究1》，江西人民出版社，2009，第182页。

公开为行业特征，在如此特殊的历史情境下，保什么样的密，如何保密，成为新闻工作者不得不面对的重大问题。

1951年1月30日，广州市新闻出版处召集报刊编辑部门负责人座谈，讨论和研究报刊如何严守国家秘密。当时的新闻主管十分懊恼国内报纸的泄密问题，认为"帝国主义者骂苏联是'铁幕'，说明苏联的新闻秘密工作做得很好。但敌人骂我们是'竹幕'，竹幕中间不是还有间隙、漏缝吗？这些漏缝经常是在我们一些进步的报纸、刊物上出现的"[1]。在官方看来，泄露国家机密的根本原因，是报刊编辑部把自己办的报纸、杂志的利益放在第一位，把国家、人民的利益放在第二位。"那些所谓的'赶时间'、'新奇'或'单独知道'的新闻观点，无非是想自己和自己的刊物出人头地。"[2]

那么，中国报刊的"竹幕"到底是什么样子？

首先是财经方面的泄密。据中央财政经济委员会的报告，中央财政部所属税务总局编印的《税工研究》第一卷第七、八期上完整地发表了1949年全国税收和华北区的税收数字与1950年第一、二季度全国税收数字，中南财委编印的《中南财经统计月报》第二期发表了该区1950年度的税收和公粮的各种数字，西南财委出版的《西南财经统计月报》第一卷第四期上发表了该区1950年度的财政概算等数字，西北财委出版的《财经资料》第二期发表了燃料工业部陈郁部长在第一次全国电业会议上的报告。这些情形都是违反保密原则的。为此，中财委规定：财经部门各单位出版的内部刊物一律不得登载全面的详尽的财政收支数字，如全国、各大行政区、各大城市、各省的收支概算及实际收支数字；其他财政收支数字亦须经省以上财政机关负责首长批准，始得发表。[3]

二是军事工业和军需工业的泄密。像全国科联和地理学会出版的《地理知识》1954年五月号，把东北、华北、华东、中南四个大区的"工业及其分布情况"和解放后中国地下资源的发现材料予以公开发表，并附上详细的地图，造

---

[1]《广州市新闻出版处处长王匡在座谈会上的讲话》，1951年1月30日，广州市档案馆：179-1951-长久-21，第6-9页。

[2]《广州市新闻出版处处长王匡在座谈会上的讲话》，1951年1月30日，广州市档案馆：179-1951-长久-21，第6-9页。

[3] 中央财政经济委员会《关于财经机关内部刊物暴露财经机密数字的通报及对今后出版内部刊物的规定》，1950年12月22日，载中国出版科学研究所、中央档案馆编《中华人民共和国出版史料（1950）》，第128-129页。

成严重的泄密事件。[1]为什么西方称中国的新闻保密是"竹幕",可以从工业报道的混乱情形推测一二:"往往某项工业此一报纸未加发表,彼一报纸发表了;中央报纸未加发表,地方报纸发表了;报纸未加发表,期刊、书籍却发表了。"[2]中共中央对工业泄密的应对方式是:禁止发表一切军事工业和军需工业的情况,全国各报在此类工厂设有的通讯员一律撤消;负有执行军事订货任务的工厂,其军事订货部分的生产情况不得公开发表;第二机械工业部所属企业的民用生产部分,如民用电池、电话机、交换机、收音机等的生产情况,如果需要报道,不得暴露厂名、厂址和领导关系,可以冠以国营某某电池厂、国营某某电话机厂等名称。此类企业职工的选举、购买公债、游行示威等政治活动及参加球类比赛等厂外社会文化活动,不得暴露厂名及其代号,不得用厂名及其代号命名歌咏队、球队等群众文化组织;141个国家重点建设项目中的军工项目,一律不准公开报道;西安、兰州、太原、吉林、包头、北京、沈阳、哈尔滨、成都、富拉尔基等10处的城市规划的具体内容,一律不得公开发表;全国工业地区的分布状况一律不得公开发表;工业区的部署及其总体规划,非经国务院保密委员会批准不得公开发表。[3]为了充分保障上述规定的执行,中共中央决定在公安部设立宣传保密处,要求各报纸、期刊、出版社设置专人或小组,向公安部宣传保密处备案,担负保密的执行责任,对每期报刊和每册出版物在付印前实行保密检查。除了对报道内容严格把关,中共中央还明令逐一审查各报刊现有记者,凡政治面目有严重问题者一律不得继续担任记者工作。[4]

三是隐蔽战线的泄密。此方面以各地公安机关检查所出版的刊物和报纸暴露秘密最为严重。在公安机关所属刊物上,有的原封不动地刊登某些涉及工作机密的具体政策和工作计划,把统一战线及民族、宗教、边防等重要机密泄露;有的任意发表不许亦不必让一般干部知道的侦察秘密,如新中国秘密力量的数目、姓名、职务,布置工作的重点地区,特务土匪线索以及某些具体的秘

---

[1]《中共中央关于在报刊出版物上保守国家工业建设秘密的指示》,1954年12月14日,载中国出版科学研究所、中央档案馆编《中华人民共和国出版史料(1954)》,第607页。

[2]《中共中央关于在报刊出版物上保守国家工业建设秘密的指示》,1954年12月14日,载中国出版科学研究所、中央档案馆编《中华人民共和国出版史料(1954)》,第607页。

[3]《中共中央关于在报刊出版物上保守国家工业建设秘密的指示》,1954年12月14日,载中国出版科学研究所、中央档案馆编《中华人民共和国出版史料(1954)》,第607-610页。

[4]《中共中央关于在报刊出版物上保守国家工业建设秘密的指示》,1954年12月14日,载中国出版科学研究所、中央档案馆编《中华人民共和国出版史料(1954)》,第610-611页。

密工作方法等。[1]为此，公安部规定：未结案的各种案件，秘密侦察组织力量及特务线索，隐蔽斗争的具体战役部署，牵连统一战线及民族、宗教等问题的机密等一律不得发表。与此同时，紧缩公安报刊发行范围，规定中央刊物发至专署公安处长级，大行政区刊物发至县公安局长级，大城市刊物视具体情况，发至分局长级或派出所长级，并定期检查报刊收发、登记、保存、收回、焚毁等流程。[2]

为什么新中国成立初期新闻泄密现象频仍？这和报刊出版缺乏严格的发行制度，"内部刊物"随意交换息息相关。像《西北政报》这样的内部刊物竟发行至图书馆、学校、工厂、报社等部门公开陈列，自然会造成信息泄露。此外，不少编辑人员对报刊的秘密范围和工作中的机密混淆不清，也是泄密的重要原因。[3]

原本民营报纸并非是新闻泄密的重灾区，因其信息获得渠道已日渐阻塞。但也是因为渠道不畅的原因，哪些可以报道，哪些不可以报道，民营报纸很难获得清晰提示。加之民营报纸的运营几无政府补贴，主要依靠市场化运作，不可能彻底放弃对新闻价值的追求。上述因素叠加到一起，反而使得民营报纸成为保密工作的重点监控及惩治对象。随时可能到来的"一票否决"，成为悬在民营报纸头上的达摩克利斯之剑。

四、对西方价值的质疑

提到在精神层面讨伐美国的檄文，最脍炙人口的是毛泽东写于1949年8月的《别了，司徒雷登》。此文引用老子的名言"民不畏死，奈何以死惧之"，以表述中国人的自强之志。文中，毛泽东高度颂扬了两个富有民族气概的书生，一是闻一多，他"拍案而起，横眉怒对国民党的手枪，宁可倒下去，不愿屈服"，二是朱自清，"一身重病，宁可饿死，不领美国的'救济粮'"。[4]

---

[1] 公安部：《关于改进公安刊物的意见》，1950年12月，载中国出版科学研究所、中央档案馆编《中华人民共和国出版史料（1950）》，第791-793页。

[2] 公安部：《关于改进公安刊物的意见》，1950年12月，载中国出版科学研究所、中央档案馆编《中华人民共和国出版史料（1950）》，第791-793页。

[3] 西北军政委员会出版局：《1951年上半年工作总结》，1951年8月，载中国出版科学研究所、中央档案馆编《中华人民共和国出版史料（1951）》，中国书籍出版社，1996，第274-275页。

[4] 毛泽东：《别了，司徒雷登》，1949年8月18日，载《毛泽东选集》第4卷，第1495-1496页。

一篇讨伐美国人的檄文，为何变成了对民族主义的颂扬？这是毛泽东著文的重要特征，他尤其擅长双关。在《别了，司徒雷登》文末，毛泽东借用了西晋名士李密的"茕茕子立，形影相吊"来形容孤守南京的司徒雷登。如果了解李密此句的出处，不难理解毛泽东的真正用意。"茕茕子立，形影相吊"出自李密写给晋武帝的奏章《陈情表》，文中以报养祖母抚育自己的大恩为由，拒绝了晋武帝的征召。此文堪与诸葛亮的《出师表》齐名，毛泽东不可能不知名句的出处，与其说他用"千古文字"来形容落魄的司徒雷登，不如说他是警醒那些对美国存有幻想的国人。毛泽东深知美国较其他资本主义国家"更加注重精神侵略方面的活动，由宗教事业而推广到'慈善'事业和文化事业"。[1] 深谙古代战略思想的毛泽东，有意打一场"不战而屈人之兵"的心理战，而这场战役的主题即去除美国的精神影响。

中美建交以前，反对美帝国主义的声音几乎贯穿所有的政治运动。西方价值统统被冠以物质主义、个人主义、功利主义、商业主义、庸俗主义、利己主义等一个个贬义的标签。反映在新闻出版领域，客观、时效、趣味、人道主义等价值层面的内容也被归咎为资产阶级新闻观一并扫除。中国近代才开始勃兴的民营报纸，其源头多为外人办报，无论从编辑主旨还是经营思想，不可能不受到西方新闻观的影响。反美乃至反对西方价值的思潮一旦袭来，对民营报纸的震动可想而知。

（一）质疑西方价值的逻辑起点

反对美国对中国内政的干涉，乃至生成一种对美帝国主义的仇恨，这一心态早在新中国成立之前就已存在。1948年5月，中国学术工作者协会理事郭沫若、曾昭抡、马叙伦、翦伯赞、宋云彬、狄超白、林焕平、千家驹、刘思慕、侯外庐等人发表响应中国共产党"五一口号"[2]的联合声明，文中以浓重的笔墨抨击了蒋介石政府对美国的妥协："用几千万同胞的生命与无法估量的苦难

---

[1] 毛泽东：《"友谊"还是侵略》，1949年8月30日，载《毛泽东选集》第4卷，第1506页。
[2] 1948年4月30日，中共中央发布纪念"五一"劳动节口号，共23条。其中毛泽东对第五条做了最终修改，内容为"各民主党派、各人民团体、各社会贤达迅速召开政治协商会议，讨论并实现召集人民代表大会，成立民主联合政府"。这一号召，立刻得到全国各民主党派、各民主人士和海外华侨的拥护。5月5日，中国国民党革命委员会、中国民主同盟、中国民主促进会、致公党、中国农工民主党、中国人民救国会、中国国民党民主促进会、三民主义同志联合会与其他民主人士，通电拥护召开新政协。从8月起，各方面代表陆续到达解放区，与中国共产党代表共同进行新政协的筹备工作。

和损失换来的抗战胜利，驱除了一个日本帝国主义，却立刻被迎进来一个更凶狠的美帝国主义。为了一心一意要维护独裁，实现武力统一，于是'宁赠友邦，勿与家奴'，大批大批地拍卖主权：从东北卖到西北，从天空卖到地底，从海岸卖到内河，诸如军权、基地权、航空权、开采权、筑路权、内河航运权以及一切经济财政的支配权和国家行政的控制权，等等之类，都一股脑儿奉送给美帝国主义了。"[1] 上述宣言的参与者几乎都是民盟成员，他们代表了知识分子主体在政治上与国民党决裂，也与国民党的支持者美国决裂。

据统计，1948年当选的国立中央研究院第一届院士共81人，留在大陆或新中国初期回到大陆的60人，占院士总数74%；去美国的12人，占15%；随国民党政府迁往台湾的仅9人，占院士总数11%。[2] 而在这81名院士中，又以留学生为主，占77名，其中留美生至少46人。新中国成立后，留学生依旧占中国科学院自然科学和技术科学部的主体。在1955年评选的首批学部委员172人中，留学生占90%；1957年增补后的总共191名学部委员，留学生占91.1%，其中留美生占留学生的58%。1981年增补后的总计400名学部委员，留学生比例依然高达86%，其中留美生占59.7%。[3]

华东师范大学历史系教授周煦良的话或许代表当时知识分子的心态。他说知识分子"百分之九十九点几都是跟着共产党走的；这些人，和那些在解放前夕逃往国外的少数知识分子有个基本的不同：他们或许还不满意目前的国内情况，但是今天便是请他们出国，他们也不肯出国。不但如此，那些逃往国外的少数知识分子这几年也陆陆续续地回来了，将来还会有更多的回来，为什么会如此呢？一个原因：我们都是黄皮肤，而黄皮肤过去是被帝国主义国家轻视的"[4]。

东汉"建安七子"之一的王粲曾有"虽信美而非吾土兮，曾何足以少留"之慨。哲学家冯友兰便经常引用王粲的名句。抗战胜利后，冯友兰曾赴美讲学。当1947年人民解放军节节胜利、南京政权摇摇欲坠时，有人劝他在美国长住下去。冯友兰说："俄国革命以后，有些俄国人跑到中国居留，称为'白俄'，我决不当'白华'。"[5] 据冯友兰回忆，20世纪初的美国，种族歧视是普遍的现

---

[1] 中国人民政治协商会议全国委员会文史资料研究委员会编《五星红旗从这里升起》，文史资料出版社，1984，第188页。

[2] 于风政：《改造》，第6-7页。

[3] 于风政：《改造》，"前言"第4页。

[4] 周煦良：《拆墙》，《文汇报》1957年5月14日。

[5] 冯友兰：《三松堂自序》，人民出版社，2008，第107-109页。

象。人只分为两种，白色人和有色人，凡不是白人，都是有色人。黄人也是有色人，但又被分为中国人和日本人。日本强盛，美国人便认为日本人要比中国人高一级。有些房间出租，下边往往写着"不租给有色人"或者"不租给中国人"。[1] 这就不难解释为什么民国乃至新中国成立初期，留学生基本都选择回国。1909年至1924年，清华学校共派出庚款留美生963人，在1924年以前回国的就有620余人。1937年的《清华同学录》载有该校留学生1152人，其中学成回国者1132人，归国率达98％。[2] 而在1950年至1953年，约有2000名留学生回国。[3] 至1955年11月，回国的海外高级知识分子多达1536人，其中从美国回来的就有1041人。[4] 华罗庚即是归国知识分子之一。1950年2月，他在回国途中发出《致中国全体留学生的公开信》，信中说："梁园虽好，非久居之乡"，"为了抉择真理，我们应当回去；为了国家民族，我们应当回去；为了为人民服务，我们也应当回去；就是为了个人出路，也应当早日回去，建立我们工作的基础，为我们伟大祖国的建设和发展而奋斗"[5]！

历史学者秦晖曾提出过这样的观点：一些符号化的"文化"象征着民族认同。他举例说，武昌首义后的军政府门卫穿起宋代武士装，而文化界名宿钱玄同则在浙江军政府任职时穿上他自制的"深衣"、"玄冠"。秦晖认为，这些溯古的行为表达着对民族意志的认同，这些文化符号背后，包含着每个国民的利益、自由、公民权利和国民整体的对外主权，而不是什么宗教、学派和思想的至高无上。[6]

新中国成立之初，以实际行动爱国，无疑是那一代人的文化符号。未必每个人都了解和支持中国共产党的意识形态主张，但一个不争的事实是，惟有中国共产党领导的革命，结束了中国备受帝国主义欺凌的半殖民地历史，民族得到解放，国家得到独立。这一点成为绝大多数国人，包括桀骜不驯的知识分子们，对中国共产党的基本认同点。著名作家沈从文记录过与叶公绰先生的一次谈话。叶公绰早年担任北洋政府交通总长，"和帝国主义者办过交涉极久"。他对沈从文说："有两次关于国家重要消息使他流泪：一回是孙中山先生宣布辛

---

[1] 冯友兰：《三松堂自序》，第48页。
[2] 于风政：《改造》，第4—5页。
[3] 于风政：《改造》，第11页。
[4] 知识分子工作安排小组：《关于从资本主义国家回国留学生工作分配情况的报告》，1955年12月27日。转引自中共中央文献研究室编《周恩来传》，第1192页。
[5] 于风政：《改造》，第11页。
[6] 秦晖：《辛亥百年遗产：几个层面的观察》，《南方都市报》2011年10月8—9日，A02版。

亥革命成功，另一次就是毛主席在人民政府成立时，说的'中国已经站起来'，因为都和反帝有关，和对于国家新的转机有关。"[1] 著名化学家傅鹰也是听说解放军用江阴炮台的大炮扣留了英国的"紫石英"号炮舰，感到中国人确实站起来了。他和妻子张锦辞掉美国很好的工作，并与美国排华势力周旋了一年多，终于回到祖国。[2]

越是那些在异国他乡生活过的人，越能体味祖国的符号意义，这种情感非中国人独有。像俄国那些伟大作家：普希金、莱蒙托夫、果戈里、托尔斯泰、陀斯妥耶夫斯基、车尔尼雪夫斯基、索洛维约夫等人早年都曾表达过对西方的向往，但在出国之后或者晚年都转向民族主义，不承认西方的理性和逻辑具有普世价值。[3] 对于心中有祖国的人来讲，国家就是他们情感中最稳固的意识形态。毛泽东为什么会在《别了，司徒雷登》中将闻一多视作英雄？他不单是无惧国民党的枪口，最重要的还是他"爱国"。国内战争时期，清华大学校长梅贻琦曾接到美国加州大学的一封信，让他推荐一位能讲中国文学的人到美国开课。梅贻琦首先想到有过留美经历的闻一多，却被拒绝了。在闻一多看来，留在祖国发挥作用，才是知识分子的正路。[4] 像费孝通、冯友兰等人，都是在国家动荡不安的时候回到祖国的。

正因为有着希望国家"独立富强"的精神纽带，那些"自外"于这样的共同目标而"另有企图期望"者，按照沈从文的推断，"实所不能"；而"寄托依附于其他国家势力下"，则容易成为"民族罪人"。惟有"放弃旧立场，抛掉旧观点"，才能使知识分子融入新社会。[5] 沈从文过去一直反对政治干预文艺，同时也反对作家参与政治。1948年郭沫若在香港发表的《斥反动文艺》将沈从文定性为"桃红色的"反动作家，沈的文学创作生涯即告结束。作为新中国极不得志的知识分子之一，沈从文尚且能够服膺国家和民族立场，足见新中国成立初期的国民情态确以反帝爱国为中心。这一点，受过毛泽东批判的梁漱溟也可以佐证。1971年中国进入联合国，梁漱溟对冯友兰说，中国进入联合国，标志着中华民族和全世界其他民族处于平等的地位了，说明共产党毛主席确实是领导中国人民，叫中国人民站起来了，确实是推翻了"三座大山"。冯友兰事

---

[1] 沈从文：《一个知识分子的发展》（1956），载《沈从文全集》第27卷，北岳文艺出版社，2002，第362页。

[2] 冯友兰：《三松堂自序》，人民出版社，2008，第140页。

[3] 金雁：《倒转"红轮"：俄国知识分子的心路回溯》，北京大学出版社，2012，第425-426页。

[4] 冯友兰：《三松堂自序》，第305页。

[5] 沈从文：《政治无所不在》（1949），载《沈从文全集》第27卷，第23页。

后回忆说,梁漱溟此言是像孟轲所说的"心服","如七十子之服孔子也"。[1]

民营报业的整体性反应同样如此。在有过民营大报总编辑经历的报人当中,除主编过《时事新报》、《文汇报》的马季良(唐纳),或因与江青有过短暂的婚姻,新中国成立前夕选择去了美国纽约,[2] 其他人都接受中国共产党的统一战线安排,这其中包括以"不党、不卖、不私、不盲"著称的《大公报》总编辑王芸生,"中间路线"代表人物、《观察》杂志主编储安平。曾长期主编《大公报》副刊,并在留学欧洲期间担纲《大公报》战地记者的萧乾,其选择也极具代表性。1949年3月,正在香港《大公报》任职的萧乾迎来了留学剑桥期间的老师何伦(Gustar Haloun)。作为剑桥大学即将成立的中文系系主任,何伦力邀萧乾赴英国任教,并许诺承担全家旅费,给予终身职位。促使萧乾放弃这个机会的原因和冯友兰十分相像,他说,不想自己"像小时见到的白俄乞丐那样,成了无家可归的白华,一个无国籍的人"[3]。类似的感触,著名报人冯英子也有过。他说:"像我这样的知识分子,当我稍有知识的时候,就看到我们国家支离破碎,弱肉强食,就过着颠沛流离、饥寒交迫的生活,我能不爱我们的国家,我能不为她而鞠躬尽瘁、肝脑涂地吗?"[4] 新记《大公报》时代的创始人之一吴鼎昌,因曾任国民政府文官长兼国民党中央设计局秘书长、总统府秘书长等职,被中国共产党列为战犯,名列第17位。1948年,当香港《大公报》发表文章公开表示拥护人民解放军解放全中国时,身居香港的吴鼎昌对此表示赞许。[5] 当时,吴鼎昌的好友周作民、周贻春已返回大陆,如若不是吴于1950年8月病逝,他不排除有返回大陆的可能。

不仅仅是知识分子,中国人的图强意志体现在全体国民身上。志愿军入朝作战后,携带的粮食不够。在政务院的组织下,与朝鲜临近的省市,家家户户做炒面以支援朝鲜战场。那是一种用七成小麦、三成杂粮炒熟磨碎后加盐而成的方便食品,便于运输、储存和食用。作战时,战士随身背一条炒面袋,吃几口炒面,再吃几口雪,以此充饥。[6] 如果不是全国人民同仇敌忾,宁可自己饿肚子也要支援前线;如果不是志愿军战士不畏强敌,多有流血牺牲之壮志,

---

[1] 冯友兰:《三松堂自序》,人民出版社,2008,第140页。
[2] 参见黄立文:《魂兮归来——悼马季良(唐纳)》,任嘉尧:《忆马季良先生》,载《文汇报回忆录1:从风雨中走来》,第407、411页。
[3] 萧乾:《未带地图的旅人——萧乾回忆录》,江苏文艺出版社,2010,第172页。
[4] 冯英子:《劲草——冯英子自传》,前言第3页。
[5] 李纯青:《为评价大公报提供史实》,载周雨编《大公报人忆旧》,第308-309页。
[6] 中共中央文献研究室编《周恩来传》,第1033页。

千疮百孔的新中国何以能够在朝鲜战争中逼平实力强劲的美国？1953年7月27日，代表美国在板门店签订停战协议的克拉克事后沮丧地说："我获得了一个不值得羡慕的名声：我是美国历史上第一个在没有取得胜利的停战协定上签字的司令官。"[1]

朝鲜战争之后，中国对美国的战争并没有结束，而是转移到了意识形态层面。新中国成立时，美国遗留的痕迹着实不少，仅美国教会就资助了全国20所教会大学中的17所，300余所教会中学中的近200所，6000所教会小学中的1500所，400余所教会医院中的200余所，孤儿院200余所，麻风病医院20余所，聋哑学校10所，盲校30所。[2] 相当一部分中国知识分子依旧崇尚美国的教育制度、政治制度、科学技术乃至生活方式。西方电影也比苏联影片和国产片受追捧：从1949年4月至1950年10月，641部英美片子共放映了33000场，上海的观众达到1400万。[3]1949年，上海200万电影爱好者中，75%至少会去上海50多个电影院中的一家看好莱坞的电影。虽然上海的报纸登载了巨大的苏联电影广告，如《誓约》、《人民的女儿》之类的，票价也减半，但观众仍然爱看好莱坞电影。1950年10月中，仅12.5%的观众看了苏联电影，不到11%的观众看了国产片。[4]

在这种情势下，刚刚执政的中国共产党政权不仅要考虑西方世界对中国的经济封锁，还要考虑长期生活在农村的共产党人能否抵制住弥漫着资本主义气息的城市生活诱惑。事实证明，城市生活的诱惑确实很难抵抗。文献资料显示，从1949年春至1951年秋，天津仅一个公安分局的干部和警士即接受过3514户商家的贿赂；[5] 中央贸易部和中央财政部在全国各有职工30余万人，预估贪污人数占全体职工人数的30%—50%，其中，中央财政部"五千人的贪污案件中，

---

[1] 中共中央文献研究室编《周恩来传》，第1043页。

[2] 于风政：《改造》，第58页。

[3] Paul G. Pickowicz, "Acting Like Revolutionaries: Shi Hui, the Wenhua Studio, and Private - Sector Filmmaking, 1949—1952", paper at "Revisiting China in the Early 1950s", 2004年6月，第11页；转引自魏斐德：《红星照耀上海城：1942—1952》，梁禾译，第111-112页。

[4] Richard Howard Gaulton, "Popular Political Mobilization in Shanghai, 1949—1952", Ph.d. thesis, Cornell University, January 1981, 150, 转引自魏斐德：《红星照耀上海城：1942—1952》，梁禾译，第111页。

[5]《华北局关于在全区大张旗鼓开展反贪污反浪费反官僚主义运动向毛主席的报告》，《建设》第130期，1951年12月19日，第1-2页。

贪污公款约53亿元";[1] 华东军区,从1951年1月至10月,因贪污、腐化、盗卖公物、携款潜逃而被判刑者达1512人,占同期军纪犯罪总数的40%强。[2]

此时,中国与美国的热战还在朝鲜半岛上进行。中国共产党政权一方面通过"三反"、"五反"运动清除内部腐败滋生的毒瘤,将矛头对准国内的资产阶级;另一方面,试图转移民众对内部矛盾的注意,发掘历史资源中更能激发民众情感的爱国元素。既然国家与民族主义是1950年代最显明的文化符号,以此为核心的意识形态斗争便具备了合法性,这无疑是否定西方价值并能够持续施行的逻辑起点。

(二)西方价值的在场化

西方价值,也称西方普世价值。学者赵汀阳认为,它有两个来源:一是罗马的"万民法",源于版图不断扩大的罗马帝国想为世界建立通用法律的野心;一是基督教,它把上帝只庇护自己民族的地方性宗教变成了庇护所有人的普遍宗教。英国哲学家洛克之后,西方价值突出了"个人"这一重要内容,从而形成了以"个人"为支点,包含人权、政治自由和平等在内的普世价值。[3]

将普世价值引入中国的是严复,他认为中西文明的差别在于中国没有个体自由,而个体自由应成为政治自由的伦理基础。如何有利于个体自由的发展?严复赞成亚当·斯密在《原富》中提倡的经济利己主义和放任主义。[4] 这种基于价值理性的论调一到中国就遭遇了中国文化中"合礼"的挑战。荀子在《礼论》中谈到过经济利己主义和放任主义的危害:"人生而有欲,欲而不得,则不能无求。求而无度量分界,则不能不争;争则乱,乱则穷。"[5] 这里就牵扯出来一个中国非常重要的政治思想资源:治—乱模式。此模式的源头在哪不得而

---

[1]《中央财政部党组关于开展反贪污反浪费反官僚主义运动的报告》,《建设》第130期,1951年12月19日,第15-16页。

[2]《毛泽东批转华东军区党委会关于开展三反斗争的指示》,《建设》第135期,1952年1月5日,第5-6页。

[3] 赵汀阳不承认民主是价值,而视其为用来表达公共选择的一种手段。他的论证方式是:古希腊发明了民主,但当时包括苏格拉底、柏拉图和亚里士多德在内的一流哲学家都是反民主的,因为民主和专制都同样容易变成暴政。历史上长期以来"民主"在西方是一个坏词,始终和"胡闹"、"低俗"、"暴民"联系在一起。民主被说成普世价值,多半是冷战期间形成的,完全是政治策略,是打击社会主义政治体系的工具。参见赵汀阳:《民主不是价值,只是政治技术手段》,《环球时报》2009年4月24日。

[4] 张育仁:《自由的历险——中国自由主义新闻思想史》,云南人民出版社,2002,第5页。

[5]《荀子·礼论》。

知,但孔子在世的时候显然考虑过这个问题。在回答鲁哀公"敢问人道谁为大"时,孔子对曰:"人道,政为大。"[1]孔子所言之政指的是制度设计问题,而治—乱模式是测量制度是否有效的标尺。如果一个制度能够为社会建立起普遍有效的合作秩序,形成良好的治理,就是政治有效,谓之"治";反之,政治无效,谓之"乱"。[2]

自以个人主义为中心的西方价值东渐于中国,这个在自身文化中追求善治的国家一直动荡不安。西方价值伴随着坚船利炮轰门而入,后面拖曳着瓜分中国的企图。鸦片战争、日俄战争、侵华战争,乃至一系列不同等条约,不能不让中国人给西方口口声声的自由、平等、博爱等价值画上问号。1940年代末期,大批中国自由主义者"向左转",同样源于类似的疑问:既然美国是自由主义制度化的经典范例,为什么却用枪炮支援实施极权统治的国民党,让中国人自相残杀?由此可见,西方价值自鸦片战争后进入中国,从未让民众感受过它的福祉,它基本保留在"虚假的、模糊的、不正常的、不能理解的"[3]层面。而作为一场意识形态领域的战役,中国共产党领导的否定西方价值的运动必须先将否定主体"在场化"。

"在场",是源自德国哲学的概念,一般指显在的存在。康德、黑格尔、尼采都有相关概念的解释,但贡献最大的是胡塞尔的现象学和海德格尔的存在哲学。现象学的核心理念是"回到事情本身",即把一切传统的、日常理智的理论或意见都"悬置"起来,只谈论直接给予世界的东西,[4]这种观点赋予了"在场"以优先位置。海德格尔由此发展出"此在"的概念,指那些站出来存在的活动,即显现的存在。[5]

西方价值对于中国人来说,仅仅是极少部分人经历过的"非在场"的东西,几乎未在国人的直接经验中存在过。空对空地批判西方价值,很容易陷入到虚无,难以产生现实意义。对于急迫铲除西方影响的中国共产党政权来讲,比较有效的方式是将对西方价值的界定限制在人们正在经历,且对政权稳定产生威胁的事物中来。

---

[1]《礼记·哀公问》。

[2] 赵汀阳:《坏世界研究:作为第一哲学的政治哲学》,中国人民大学出版社,2009,第28页。

[3] 俄国革命民主主义者、哲学家别林斯基在评述世界主义时的用词。转引自金雁:《倒转"红轮":俄国知识分子的心路回溯》,第494页。

[4] 张志伟、欧阳谦主编《西方哲学智慧》,中国人民大学出版社,2000,第155页。

[5] 张志伟、欧阳谦主编《西方哲学智慧》,第158页。

挤走美国电影，即是对西方价值在场化的一次有效尝试。

1949年9月19日，上海军事管制委员会宣布对进口电影进行审查，时任上海军管会文教管理委员会副主任的夏衍提出了比建立审查制更新颖的观点，即公众的批评也许会比审查制更严厉。事实证明了夏衍的判断。早在审查制公布之前，《解放日报》已经发表了一批反对美国电影的文章，比如《明确认识美帝纸老虎本质，保证不看美国电影，不听"美国之音"》，《读者纷纷来信要求，禁映美国毒素电影，要求报纸不登美国电影广告》，[1]《好莱坞——毒菌创造所》，等等。[2] 不过，切实将美国电影与西方价值联系起来的还是民营报纸。首先是《文汇报》站出来谴责：美国的影片带给我们什么？这张报纸给出的答案是：露着大腿的舞女，半裸体的游泳镜头，奇怪的间谍故事，压抑的悲剧，毫无意义的爱情商品，白种人、飞机、坦克、大炮征服野蛮人的故事。1949年9月16日，《大公报》也发表了类似口吻的文章，声称，一部分电影观众仍然陶醉于丽塔·海沃思（Rita Hayworth）美丽的形象和充满诱惑的微笑，仍然为美国人杀害印地安人拍手叫好，或仰慕贾利·库珀（Gary Cooper）的勇为，"必须承认，我们一部分电影观众对美国污秽的电影没有真正理解"[3]。如此这般，媒体在引导公众舆论方面，有效地将美国电影所体现的西方价值引至中国人能够理解的层面：侵略性（反动）、淫秽、荒诞。这种引导是行之有效的，朝鲜战争爆发后，"爱国战争"片迅速热门起来，这一现象进一步推动报纸采取更激进的行动。1950年8月30日，在上海市人民政府文化局电影事业管理处的见证下，《解放日报》、《新闻日报》、《新民晚报》、《大公报》、《大报》、《亦报》与上海市电影院商业同业公会共同签署了《限制英美消极影片广告篇幅协议书》，文内声明："对当天开映之英美消极影片广告，大公报不得超过八行，解放日报、新闻日报、文汇报及其他各报均不得超过四行。英美消极影片之预告，一律不得超过十二行。"[4] 各报还约定，不得使用铜版或锌版纸刊登英美消极影片广告。逐渐地，美国电影被挤出了中国大银幕。

从挤走好莱坞电影开始，反动、淫秽、荒诞，后来成为官方认定的喻指西

---

[1]《解放日报》1950年11月10日。

[2]《解放日报》1950年11月13日。

[3] Landman and Landman, "Profile of Red China", in Mariano Ezpeleta：Red Shadows Over Shanghai. Quezon City, Zita Publishing Corporation, 1972, 88；转引自魏斐德：《红星照耀上海城：1942—1952》，梁禾译，第112页。

[4] 新闻日报、大公报等：《限制英美消极影片广告篇幅协议书》,1950年8月30日,上海市档案馆：G20-1-23-3。

方价值的标签。中国共产党领导人中有为数不少的海归,不可能不了解西方价值的内容。之所以将西方价值界定到如此狭窄且带有一定偏见的范畴,背后体现的是新政权的治理策略。为了防止共产党在进入城市后变成李自成,就必须与欧美那些追求个人自由的"资产阶级思想"及生活方式相隔绝,在整个社会树立爱国节约的价值观。更显见的问题是,反动、淫秽、荒诞的内容确实也在新中国成立初期的民间社会普遍存在,它有可能消解新政权鼓励人们节衣缩食、共渡难关的治理理念,威胁新政权的稳定。因此,清除反动、淫秽、荒诞内容的影响,并将之与帝国主义和反动派联系到一起,是被高度政治化的。比如广州刚解放的时候,有人乘乱在街头公开售卖黄色书报和淫秽图片,广州军管会文教接管委员会主任李凡夫即把这种现象和反动势力联系起来:"帝国主义和国民党反动派为了进行文化侵略与毒害中国人民,他们过去就长期鼓吹利用这些最污秽无聊的东西,来麻醉大众,如美国好莱坞的大腿电影、裸体杂志,国民党的黄色下流书报、肉麻新闻,都属于此类。"[1]

到底该怎样界定反动、淫秽、荒诞? 1951年10月10日,出版总署印发了天津市新闻出版处副处长李克简"关于取缔反动落后书刊"之内容,供各地新闻出版机构参考。此时,反动、淫秽与荒诞统称为反动落后,所涉书刊被分为以下类型:1. 为反动统治阶级说教的,包括《领袖言论》、《中国之命运》、《蒋介石先生传》等89册;2. 国民党匪帮及日寇统治时期的宣传品,包括《大东亚战争画集》、《满洲国现势》、《中国空军》等79册;3. 以前进口的美帝宣传刊物,如《读者文摘》等37册;4. 反动文艺,包括《苦果》、《野兽野兽》、《海艳》、《女叛徒》等237册;5. 诲淫的书、画,含《风月回忆》、《风流少奶奶》、《处女的一夜》、《响导社秘密》等317册;6. 介绍帝国主义国家生活方式的,包括《处世门径》、《美国谈薮》、《少女结婚课》等1061册;7. 色情的;8. 荒诞神怪的。[2]这份落后书单的前6类属于立即收缴的,因此有详细名录。而对于第7、第8类,拟采取逐渐消灭策略,故没有具体书名。

出版总署副署长叶圣陶1951年8月27日在第一届全国出版行政会议上也对反动书刊举例示之,如开明书店1951年3月版的《火箭》"颂扬杀人的唯武器论";新农出版社1950年10月版的《普通作物学》宣称我国粮食"不足",怕在

---

[1]《南方日报》1949年11月1日,第1版。

[2] 出版总署印发天津市新闻出版处"关于取缔反动落后书刊"报告的通报,1951年10月10日,载中国出版科学研究所、中央档案馆编《中华人民共和国出版史料(1951)》,第354-356页。

帝国主义侵略下"终至束手待毙";商务印书馆1950年12月版的《铁路行车学》对"当初列强在华强迫修筑铁路"表示感谢;文通书局1950年版的《怎样防疫》为所谓"美国的生活方式"作宣传;北新书局的《人民医学常识》为马尔萨斯的人口论作宣传;文化生活出版社的《火和燃料》还在歌颂"造物者"和"万能之神";商务印书馆的《地理教学手册》、《边疆地理调查实录》存在严重的反爱国主义和大汉族主义的观点;正风出版社的《太平军初占江南史事录》毫无批判地采用了封建统治阶级污蔑革命农民的材料;《史可法》、《杨娥》等历史连环图画做了封建道德的宣传品;一些新编的词典,如《新名词学习辞典》、《新名词综合辞典》、《新名词辞典》,竟保留了"赤色帝国主义"、"红色法西斯"等荒谬的条目。[1]

　　截至1951年8月叶圣陶做出上述发言时,国家对反动、淫秽、荒诞的界定还没有系统化。因缺少明晰的规定,文化市场的管理者和被管理者都出现了一些问题。

　　被管理者造成的是市场失控。据文化部统计,1955年,省会以上城市约有租赁书籍和连环画的店铺、摊子和流动摊贩一万个以上,其中八大城市就占了约7000个。这一万个摊铺的人员十分复杂,除原来的旧书商、失业人员、孤寡老弱病残以及烈士家属和军人家属,还包括"被管制的反革命分子、国民党宪警军官官吏、会道门头子、逃亡地主、破落的资本家、流氓地痞"。连环画和旧小说摊铺所出租的图书,只有10%是新文艺作品,10%是旧的说部演义,其余80%"是带有色情淫秽成分的言情小说和荒诞的武侠小说,以及描写特务间谍活动和盗匪流氓行为、鼓吹战争和杀人的反动小说"。有的还秘密或公开出租淫书淫画,对广大人民群众,尤其是青少年的毒害很大。许多人读了这些书籍后,"精神颓丧,胡思乱想,神志昏迷,有的企图上山学剑,有的整日出入于娱乐场所,以致学习旷废,生产消极。其中还有一些人甚至组织流氓集团,拜把子,称兄弟,行凶殴斗,称霸街道,戏弄异性,奸淫幼女,盗窃公产,杀人放火,并且不以为耻,反以为荣。这就严重地影响了社会公共秩序的巩固"。更重要的是,有关部门发现,"帝国主义和蒋匪分子正在由香港、澳门用各种方法偷运反动、淫秽、荒诞书刊进来;某些不法资本家开设书铺专门出租这类图书,引诱工人、店员、青年、儿童阅读,借以向工人阶级进行思想进攻。这

---

[1] 叶圣陶:《为提高出版物的质量而奋斗》,1951年8月27日,载中国出版科学研究所、中央档案馆编《中华人民共和国出版史料(1951)》,1996年版。

正反映出资本主义因素的侵袭,反映出阶级斗争的尖锐和激烈"[1]。此外,社会上还出现一些人专门编写反动、淫秽、荒诞的图书,"如无名氏、仇章专门编写政治上反动的描写特务间谍活动的小说,张竞生、王小逸(捉刀人)、蓝白黑、待燕楼主、冷如雁、田舍郎、桑旦华专门编写淫书和渲染色情的书,冯玉奇、刘云若、周天籁、耿小专门编写含有反动政治内容的淫秽色情成分的'言情小说',朱贞木、郑证因、李寿民(还珠楼主)、王度庐、宫白羽、徐春羽专门编写含有反动政治内容或淫秽色情成分的神怪荒诞的'武侠小说'"[2]。在中宣部看来,这些反动、淫秽、荒诞图书是"传播封建阶级和资产阶级的反动腐朽思想和堕落无耻的生活方式的恶毒工具,它的流传,严重损害读者身心健康,堕毁读者志气,败坏社会道德,破坏社会公共秩序,妨碍国家社会主义建设工作"[3]。

自1955年4月23日之后,文化部决定对反动、淫秽、荒诞的书刊分三类处理:一类是内容极端反动和极端淫秽的,须查禁,如《我的奋斗》、《中国之命运》、《蒋先生奋斗史》、《请看今日之华北》、《苗疆风云》、《科学原子弹》、《第一号勋章》、《性史》、《淫妇性史》,以及春宫图片,等等。一类是淫秽的色情小说和荒诞的武侠图书,拟用新书与之调换,例如《云破月圆》、《红杏出墙记》、《蜀山剑侠传》、《青光剑侠》等。最后一类是与新社会的主流思想有一定距离但危害不大的,予以保留。予以保留的范围比较广,包括"五四"以前出版的旧小说,如《封神榜》、《西游记》、《聊斋》、《白蛇传》、《七侠五义》等;"五四"以后的一般新文艺作品,如郁达夫、沈从文等人的作品;鸳鸯蝴蝶派作家所写一般谈情说爱的"言情小说",如张恨水的《啼笑因缘》;虽有一些色情描写但以暴露旧社会黑暗为主的书,如《如此人家》;一般的侦探小说,如《福尔摩斯侦探案》;神话、童话及由此而改编的连环画,如《天方夜谭》、《鲁宾逊漂流记》、《漫游小人国》;真正讲生理卫生知识的科学书,

---

[1]《文化部关于贯彻执行国务院关于处理反动的、淫秽的、荒诞的书刊图画的指示的通知》,1955年4月23日,载中国出版科学研究所、中央档案馆编《中华人民共和国出版史料(1955)》,中国书籍出版社,2001,第112-114页。

[2]《文化部关于续发处理反动、淫秽、荒诞图书参考目录的通知》,1956年1月13日,载中国出版科学研究所、中央档案馆编《中华人民共和国出版史料(1956)》,中国书籍出版社,2001,第2页。

[3]《中央宣传部关于做好处理反动、淫秽、荒诞的书刊图画的宣传工作的通知》,1955年7月22日,载中国出版科学研究所、中央档案馆编《中华人民共和国出版史料(1955)》,第195-196页。

如《婚姻与健康》；等等。[1]

尽管文化部对关涉反动、淫秽、荒诞的书刊作了分类处理，但当时市面上的书刊种类达2万种，流通量超过1000万册。如何准确地区分不同类别间的界限，成了管理者必须面对的问题。虽然文化部强调"必须反复地研究中央的方针和政策界限，并且切实遵照执行，不能任意逾越。决不要因为偷便图快，草率从事，把不应处理的书籍，也予处理"，[2] 但这样的事情还是不断发生。像有些省市拟把《蔡元培传记》和《罗斯福传记》当作颂扬反动人物予以查禁；把陈独秀的学术著作《古书疑义举隅》也并入托派著作予以收缴；类似《武则天奇案》、《济公活佛传》、《子不语》、《柳庄相法》、《牙牌神数》、《荡寇志》、《崇祯惨史》等书也被列入收缴目录；张恨水的小说《天河配》，只因其中夹有反动分子名字和国民党党徽字样，也被查禁。[3] 那些本不该处理，却被部分省市管理者列入禁书或收换名目的还有周作人的《谈龙集》，张资平的《爱力圈外》，朱自清的《背影》，《胡适短篇小说（一）》，章衣萍的《枕上随笔》、《情书一束》，杨荫深的《曼娜》，陈梦韶的《择偶的艺术》，马国亮的《偷闲小品》，袁俊的《美国总统号》，谢冰莹的《冰莹近作自选集》，林语堂的早期作品《剪拂集》、《大荒集》，张恨水的《满江红》，李涵秋的《广陵潮》，曾孟朴的《鲁男子》，柯南道尔的《魔术杀人》，威尔基的《天下一家》，华莱士的早期作品《华莱士的呼声》、《今后美国在太平洋上的新任务》，拉铁摩尔的《亚洲的决策》，赛珍珠的《大地》、《龙种》、《儿子们》、《男与女》，亚米契斯的《爱的教育》，波兰古典作家显克微支的《爱的幻变》，美国进步作家德莱塞的《婚后》，左舜生的学术著作《中国近百年史料》、《法兰西新史》，陶希圣的《中国政治思想史》，张君劢的《耶宛哈拉·尼赫鲁传》，美国摩尔根等人写的自述《现代名人成功之分析》、《怎样训练你自己》、《女子处世教育》，王云五的《做人做事及其他》，朱

---

[1]《文化部关于贯彻执行国务院关于处理反动的、淫秽的、荒诞的书刊图画的指示的通知》，1955年4月23日，载中国出版科学研究所、中央档案馆编《中华人民共和国出版史料（1955）》，第116-117页。

[2]《文化部关于各省市处理反动、淫秽、荒诞书刊工作中一些问题的通知》，1956年3月13日，载中国出版科学研究所、中央档案馆编《中华人民共和国出版史料（1956）》，第55页。

[3]《文化部关于处理反动、淫秽、荒诞图书工作中一些问题的回复》，1956年1月20日，载中国出版科学研究所、中央档案馆编《中华人民共和国出版史料（1956）》，第9-11页。

光潜的《谈修养》《给青年的十二封信》,等等。[1]

有关禁书,法国大革命前拒绝承担此项责任的政府官员兰姆瓦农·德·马尔舍比写道:"只读政府正式批准出版的书籍,会比同时代人落后几乎一个世纪。"[2] 中国共产党领导人显然知道对图书的过度处理会影响国家的学术文化,影响执政党和知识分子的关系。因此,新中国成立初期的政策弹性还是很大的,比如对那些租赁过反动、淫秽、荒诞书刊的书摊,采取"过去从宽,今后从严"的方针,限期自行检查上缴和送换,只对个别拒绝缴纳或大批藏匿此类图书的人,才由公安机关加以搜查,但只限于搜查查禁的部分,对于家庭藏书一概不予处理。[3] 对一些政治人物或著名作家的作品也是有所区分。像纪德的《从苏联归来》,因内容严重反苏,必然被禁,而其文学作品《窄门》则被放行;被认定为"反动、淫秽"作家的徐訏、冯玉奇等所写的并不显著反动、淫秽、荒诞的书籍,也被一概放过。[4]

但这些看似弹性十足的政策,一旦进入到执行层面,往往出现"左"的倾向。归根结底,还是命名方式的问题。反动、淫秽、荒诞,本不是西方价值的元素,它们甚至不能称为西方思想世界的主流。冠以帝国主义的名号,将之与中国本土的消极底层文化相对应,不但不能回击真正的文化帝国主义,甚至容易在民众中形成一种反向的期待,这已被改革开放之后西方文化长驱直入所证明。命名方式的不准确造成的只能是内部的缠斗,容易导致接受政治灌输的大众对尚有反思意识的精英阶层的围剿,因精英阶层是文化生产者,更容易被想象成"反动、淫秽、荒诞"的代理。

被称作"反动、淫秽"作家的徐訏即是一例。徐訏(1908—1980),浙江慈溪人,早年毕业于北京大学哲学系,1936年赴法国留学,获巴黎大学哲学博士学位。抗日战争爆发后回国致力于文学创作,并主编《作风》月刊。1950年,

---

[1]《文化部关于各省市处理反动、淫秽、荒诞书刊工作中一些问题的通知》,1956年3月13日,载中国出版科学研究所、中央档案馆编《中华人民共和国出版史料(1956)》,第51-54页。

[2] 转引自罗伯特·达恩顿:《法国大革命前的畅销禁书》,郑国强译,华东师范大学出版社,2012,第3页。

[3]《文化部党组关于处理反动的、淫秽的、荒诞的书刊图画问题的请示报告》,1955年3月4日,载中国出版科学研究所、中央档案馆编《中华人民共和国出版史料(1955)》,第121页。

[4]《文化部关于处理反动、淫秽、荒诞图书工作中一些问题的回复》,1956年1月20日,载中国出版科学研究所、中央档案馆编《中华人民共和国出版史料(1956)》,第11页。

徐訏离别妻女，由沪赴港，曾任《星岛周报》编委、《幽默》杂志主编。1961年后任新加坡南洋大学教授，著有小说、诗歌、诗剧、散文和文艺评论等多种体裁著作，[1] 成名作《鬼恋》、《吉普赛的诱惑》等，因构思诡异，情节离奇，被誉为新浪漫主义小说精品。在港台评论界，徐訏被视为"世界级"作家，林语堂甚至将他与鲁迅并称20世纪的杰出作家，但他在大陆却被归类为"反动、淫秽"作家。

沈从文的经历更为坎坷。他在1940年代写的《摘星录》，被许杰等作家批评为"色情作品"，其后又有郭沫若斥其作品为"粉红色的反动文艺"，从此"被拒绝于群外"。[2] 更致命的打击是，1953年，沈从文接到开明书店的正式通知，称其作品已经过时，他在该书店已出版和待辑印的各书及其纸型已全部销毁。[3] 沈从文不禁自问："我前后写了六十本小说，总不可能全部都是毒草。而事实上在一二八[4]时，即有两部短篇不能出版。抗战后，在广西又有三部小说稿被扣，不许印行。其中一部《长河》，被删掉了许多才发还，后来才印行。二短篇被毁去，解放后，得书店通知，全部作品皆纸版皆毁去。时《福尔摩斯侦探案》、《封神演义》、《啼笑因缘》还大量印行。老舍、巴金、茅盾等作品更不必说了。我的遭遇不能不算离奇。"[5]

沈从文的遭遇是新中国文化政策与事实本身相脱节的典型例证。文化部的政策写明"'五四'以后的一般新文艺作品，如郁达夫、沈从文等人的作品"予以保留，[6] 现实中，沈从文接到的却是书版被焚毁的事后通知。在处理图书从业者问题上，也发生了政策与事实的出入。国务院明确指出："必须把对待有毒害的图书的态度和对待一般租书铺摊的态度严格地加以区分"，但广西省却大张旗鼓地组织斗争会，展开坦白检举运动，造成社会紧张空气。广州市更是在处理工作开始前，逮捕了编绘、印制、贩运、租赁反动、淫秽、荒诞图书

---

[1] 袁良骏：《徐訏晚年二三事》，《博览群书》2000年第6期。

[2] 沈从文：《致丁玲》（1949），《沈从文全集》第19卷，第49页。

[3] 沈从文：《复道愚》（1954），《沈从文全集》第19卷，第379-381页。

[4] 指的是一·二八事变。日本海军陆战队在1932年1月28日对驻守上海的第十九路军发起攻击，十九路军随即起而应战。

[5] 钱理群：《一九四九年以后的沈从文》，载王德威、陈思和、许子东主编《一九四九以后——当代文学六十年》，第139页。

[6]《文化部党组关于处理反动的、淫秽的、荒诞的书刊图画问题的请示报告》，1955年3月4日，载中国出版科学研究所、中央档案馆编《中华人民共和国出版史料（1955）》，第117页。

分子34名，判刑29名，这样做显然"不符合国务院指示精神"。[1]

所有这些以否定西方价值为主旨，调动人们反帝爱国情绪，将西方价值"在场化"的行动，还贯穿在一系列政治运动中，包括：1950年的思想改造，1951年批《武训传》，1954年批胡适，1955年反胡风，1957年反右派，1958年"拔白旗"，1964年大批判，以及1966年开始的"文化大革命"。[2] 作为资产阶级思潮的泛滥区，民营报纸不可能脱离每一次运动，而每次运动的焦点都会集中到和西方价值有关的概念上来。对于报纸行业来讲，这个概念是资产阶级新闻观。

（三）对西方资产阶级新闻观的质疑

如果说官方话语将西方价值在场化为"反动的、淫秽的、荒诞的"，这些语词不能不与新闻业产生交叉。客观、真实、及时、显著、趣味，这些源自西方的新闻观是经过漫长的报刊实践沉淀下来的，尤其为商业报刊所适用，也曾为中国的民营报纸所推崇。但在新中国成立后，鉴于报纸商业化会激发负面新闻扎推、抢新闻不顾事实的准确、助推奢侈消费等媒介奇观现象，对西方新闻观的质疑便不可避免。

首先必须承认，西方世界所标榜的真实、客观、公正、平衡、独立、自由等新闻思想并非完美无缺。很多时候，西方媒体也是带着偏见看待世界的。比如在冷战时期，"反苏的歇斯底里狂呓之多，在反共造谣成性的赫斯脱系报纸上真是多到泛滥成灾"[3]。中华人民共和国成立后，有关中国的报道，即便是瑞士这样的中立国，其媒体也是带着偏见的。1956年9月，冯友兰参加日内瓦举办的一个国际文化交流会，北京大学加派任华作为秘书陪同前往。冯友兰回忆说："照法国的和瑞士的报纸看起来，他们对于我的讲演，都感觉失望。他们所失望的并不在于我没有提出什么新的观点，而在于我没有提出同中国官方不同的观点，认为和大使馆的调子差不多。他们希望我是一个同官方持不同意见的人。"[4] 欧洲报纸对任华的任务也有些推测，据他们讲，中国共产党在派出一个比较有社会地位的人出国的时候，总要还派一个党员干部跟着作为监视。冯

---

[1]《文化部关于抓紧时机处理反动、淫秽、荒诞的书刊图画的通知》，1955年11月18日，载中国出版科学研究所、中央档案馆编《中华人民共和国出版史料（1955）》，第357页。

[2] 钱理群：《一九四九年以后的沈从文》，载王德威、陈思和、许子东主编《一九四九以后——当代文学六十年》，第139页。

[3] 薛葆鼎：《四十年代写美国特约通讯的回忆》，载《文汇报回忆录2：在曲折中行进》，第62-63页。

[4] 冯友兰：《三松堂自序》，人民出版社，2008，第126-128页。

友兰说，其实任华并不是共产党员，他是美国哈佛大学的哲学博士，也是一位受过资产阶级教育的知识分子。西方媒体连这一点简单的信息都未核实，全凭主观想法臆测，说明其标榜的真实、客观自有局限性。

但毕竟现代新闻事业肇始于西方，无论是新闻理念还是经营观点依然具有相当大的影响力。中国的民营报纸主要是模仿西方报纸成长的，若要一下子根除西方观念的影响，必须经历报道方向的调整。

1952年8月21日，上海新闻界思想改造学习运动开始，副市长潘汉年、文教委员会主任夏衍、上海市委宣传部长谷牧参加了动员大会。谷牧明确了这次思想改造学习的初衷，是"从办报的方针上，从报纸的思想性、政治性上，从报纸的联系实际联系群众上，从报纸企业的经营管理上来进一步地检查我们的工作，批判和清算资产阶级的办报思想"[1]。那么资产阶级的办报思想究竟是指什么，谷牧用了一个很长的排比句："反对客观主义、集纳主义，形式主义，脱离群众、脱离实际的'专家办报'路线，缺乏政治责任心和违反组织性、纪律性的自由主义以及编辑方针屈服于错误的唯利是图的业务方针。"[2]

对于谷牧报告中所指的"资产阶级办报思想"，《文汇报》随后作了一番梳理，基本上涵盖了资产阶级新闻观的内容：无立场地强调"新闻自由"和"有闻必录"的客观主义，标新立异、华而不实的形式主义，"新闻记者是'无冕皇帝'"的无政府无组织无纪律的思想作风，以及纯经济观点的"业务第一、广告第一"的错误经营方针等。[3]

《新民报》也逐渐理清了新的报道思路，并生成了一种朴素的报道方针，即"从人民生活反映出党的政策，生活享受越高，党的政策越正确。第一个五年计划还不是为了生活好才要搞，至于艰苦奋斗，服从计划，那也不过是劝读者暂忍一时之苦而已"[4]。基于上述认识，一些记者在写稿时，第一个条件就是关注生活享受高的新闻内容。比如人们排长龙购买国营店的金银首饰，这本是记者喜欢的新闻题材，但在听说每人只能买一钱金子时，记者认为此举限制了人们的购买力，未予报道。又如1953至1954年的一段时间，记者最喜欢报道"今

---

[1] 谷牧：《在上海新闻界思想改造学习动员人会上的讲话》，1952年8月21日，上海市档案馆：B36-1-14。

[2] 谷牧：《在上海新闻界思想改造学习动员人会上的讲话》，1952年8月21日，上海市档案馆：B36-1-14。

[3] 《上海新闻界改革工作胜利告一段落》，《文汇报》1953年1月18日。

[4] 《新民报的思想情况、思想根源、正确的方针路线》，1955年，上海市档案馆：G21-1-87-73。

日来了多少鲜鱼，昨天来了多少水果","这种稿子，编辑最喜欢登"。[1]

此时，正值中国全面学习苏联的高潮时期，《新民报》对应学习的是《莫斯科晚报》。为了体现出报纸的政治性，《新民报》取消了最受欢迎的"衣食住行"字样。这张报纸本来是以市民阶层为主要读者群，随着其政治语境的加强而反映"生活趣味"的报道数量降低，它的销路出现了持续下滑。[2]

如果对这种现象予以分析，应该注意到新中国的民营报纸遇到了如何写及其怎样写的困惑。按照德国康斯坦茨学派（The Constance School）接受美学学者姚斯（Hans Robert Jauss）和伊瑟尔（Wolfgang Iser）的观点，文本是"一个读者以自己的审美感受与写作者一起创造的过程"，恰恰是作品的"空白点"和"召唤结构"吸引读者进一步阅读。这也是西方新闻理念中客观性报道的原理之一：新闻要做的并不是完全解决问题，实际上也做不到，而是提出问题、揭示问题乃至解释问题，相信读者有通过事实间隙辨别真相的能力。而在新中国的新闻理念中，秉持的是先进一定战胜落后，光明必定取代黑暗的"正面"报道范式。与"召唤结构"的留空相比，这是一种"满"的范式。这种拒绝忧郁、惶惑等"颓废"风格的模式有一定的正面价值，但因其显见的价值取向，也会造成新闻叙事的生硬，必然会导致读者的流失。这也是思考民营报纸最终退场的一个视角。

五、管控外报

1948年年末，中国共产党政权开始有意识地节制外人在华新闻活动。随着人民解放军势如破竹，攻取越来越多的大中城市，如何对待这些城市中的外国通讯社、报纸、杂志及附属外媒的记者，显然超出了中国共产党管理者的经验。1948年11月18日，中共中央出台《关于新解放城市中中外报刊通讯社的处理办法》，第一次直面上述问题。处理办法规定：外国通讯社非经中央许可不得在解放区发稿，并一律不得私设收发报台；外国记者停留解放区继续其记者业务者，应根据外交手续向人民民主政府请求许可，并不得私设收发报台，其发出之稿件，应受中央所指定之机关检查；外国人非经中央许可不得在解放区出版

---

[1]《新民报的思想情况、思想根源、正确的方针路线》，1955年，上海市档案馆：G21-1-87-73。

[2]《新民报的思想情况、思想根源、正确的方针路线》，1955年，上海市档案馆：G21-1-87-73。

报纸与刊物，原已出版者亦须报告中央处理。[1] 这一纲领性文件的出台，基本决定了在华外报的命运。

（一）在华创刊外报的退场

最早受上述政策影响的是天津《益世报》。1949年1月15日，解放军攻占天津，并宣布成立军事管制委员会。两天之后，中共中央致电天津市委，谈及"新星、大公、益世"三张大报的未来。关于"益世"，中共中央认为，它是天主教报纸，"常常公开表示反共，应首先以其反共反人民停止其出版，但勿牵涉到宗教问题"。[2] 其后，中共中央几次函电批评天津市委"命令一切报纸一律停刊的方法"过于左倾，但对《益世报》的态度没有变化，认为"《益世报》既已接收现在不忙改变"。[3] 不仅如此，1月19日，中共中央更是下达了一则更为严格的指令，对那些已出版的外国报纸，"一般的不予登记，停止出版。特殊的，或暂不干涉，或转为华人出面办理"；"外国记者凡未经许可入境，或留在被解放城市者，概不承认其为新闻记者，不给以任何采访和发报之权，只予以外国侨民待遇"。[4]

随着1949年1月21日蒋介石宣布下野，美国等多数西方国家的大使表示继续留在南京，不跟随国民党政府南迁广州，中共中央立即表现出来灵活的外交态度。1月25日，中共中央下达关于外交工作的补充指示，言及"对平津两地外国记者，连美国记者在内，亦暂取放任态度，观察其究作何种活动和报道"，"在经过一个考察时期后，并经中央批准，再令所有外国记者举行登记审查，到时可考虑其中有否合乎我们需要的外国记者，给以采访和发报之权"。[5] 此时，《益世报》已被查明并非国民党官僚资本挟制，主要由私人股份构成，该报本

---

[1]《中共中央关于新解放城市中中外报刊通讯社的处理办法》，1948年11月8日，载《中国共产党宣传工作文献选编（1937—1949）》，第749页。

[2]《中央对处理天津广播事业、报纸及登记国民党员等问题给天津市委的指示》，1949年1月17日，载《中国共产党宣传工作文献选编（1937—1949）》，第774页。

[3]《中央关于对天津〈大公报〉、〈新星报〉、〈益世报〉三报处理办法给天津市委的指示》，1949年1月23日，载《中国共产党宣传工作文献选编（1937—1949）》，第783页。

[4]《中央关于外交工作的指示》，1949年1月19日，载《中共中央文件选集》第18卷，第45-47页。

[5]《中央关于外交工作方针的补充指示》，1949年1月25日，载《中共中央文件选集》第18卷，第78-79页。

可以申请复刊，但经劳资双方协商，均无意继续经营。[1]

《益世报》退出后，天津恢复了《俄文新语报》的出版，并允许有华人背景的英文报纸《华北汉英报》、《商业译讯》复刊。如此一来，外文报纸占天津民营报纸总量的43%。此时，中国共产党政权对外媒的态度还留有回旋余地，像由美国驻华使馆领导的美国新闻处，[2] 在已解放的北平和天津依旧保留着名号与机构。[3]

引发外报进一步萎缩的是上海"水雷事件"。1949年6月下旬，由《解放日报》领头，中国媒体展开了一场打击外国媒体的"持续运动"，外国媒体被指控假造水雷报道来使上海港瘫痪。英国的《字林西报》被要求向军管会递送书面检讨，因为它刊登了"谣言"。[4] 该报于6月10日报道了国民党政府在吴淞口外敷设水雷的新闻，被指"危言耸听"，首先传播了不正确消息，[5] "企图影响我对外航运及贸易，增加我政府及人民之困难"。[6] 在中国媒体的推波助澜下，上海市民众纷纷敦请军管会及人民政府对《字林西报》严加制裁。迫于压力，《字林西报》负责人葛利芬于6月23日向军管会书面承认确属"捏造新闻"，并"保证今后不再重犯"。[7] 6月25日，《字林西报》头版刊登了一份道歉书。这是自上海解放后外国人所写的11份道歉书之一，这些道歉书一般由道歉方出钱以广告形式刊登出来。正如《纽约时报》记者所说："这些道歉意在向中国人民证明他们从帝国主义者及他们的特权中'解放'出来了。"[8]

中国媒体联合打击外媒的行动一定程度上代表了新政权的态度。1949年6月30日，毛泽东正式批准禁止美国新闻处在中国活动。根据司徒雷登7月19日

---

[1] 俞志厚：《〈益世报〉在天津报坛几度辉煌》，载《天津报海钩沉》，第104页。

[2] 美国新闻处（U.S.Information Service），原系第二次世界大战期间由美国总统罗斯福下令设立的美国战时情报局，后改名为美国新闻处。抗战期间，美国在驻中国重庆使馆设立了该组织的在华总办事处。抗战胜利后，美国新闻处在中国十座城市开设了办事处，其对华活动的重心也变为通过全方位的宣传和文化渗透，来传播美国的价值观。参见石玮：《美国新闻处在华活动初探（1946—1949）》，《国际新闻界》2010年第11期。

[3] 北平和天津的美国新闻处于1949年7月19日关闭。参见司徒雷登：《司徒雷登日记——美国调停国共争持期间前后》，第158-159页。

[4] New York Times，21/6/49，14；24/6/49，12 and 14；转引自魏斐德：《红星照耀上海城：1942—1952》，梁禾译，第152页。

[5] 杨承芳：《揭穿所谓"布雷""封锁"的阴谋》，《世界知识》1949年第3期。

[6] 《抗议英商"字林西报"散布水雷谣言事件》，1949年，上海市档案馆：G21-1-71。

[7] 《抗议英商"字林西报"散布水雷谣言事件》，1949年，上海市档案馆：G21-1-71。

[8] New York Times，6/7/49，16。

的日记,"北平的美国新闻处已告关闭,天津方面的美国新闻处也遭遇到同一命运"[1]。显然,此事对这位驻华大使的态度改变至关重要。还在4月27日,司徒雷登已在草拟承认中国的备忘录,谈及只要联合国方面坚持人权保证,就可以考虑与非苏维埃国家联合行动。[2]司徒雷登的这一举动并未受到两天前解放军战士擅闯其大使馆卧室[3]的影响,即便此一事件"激起了美国举国人民的狂怒",美国国务院"向中共方面提出强硬抗议"。[4]但相继发生的《大美晚报》停刊及中国关闭美国新闻处等事件确实对司徒雷登打击很大。

《大美晚报》(*Shanghai Evening Post and Mercury*),[5]由高尔德任总编,隶属于美国庞大的斯塔保险公司。当其他外国报纸纷纷道歉时,高尔德的报纸却不愿意低头。[6]令高尔德意想不到的是,将《大美晚报》推向绝境的竟是该报的内部劳资纠纷。1949年6月14日晚,因工资谈判出现僵局,高尔德被雇员通宵锁在办公室。他为此写了一篇评论,却遭印刷工拒印。而他无视报纸濒于瘫痪,宣布:宁可让报纸关闭,也不会放弃对报纸编辑权的控制。[7]1949年6月23日,具有20年办报经验的高尔德宣布:《大美晚报》将停刊。但报纸的雇员们不认同高尔德的单方面决定,"为了顾及工人的面子",该报只好继续出版。与高尔德向有交谊的美国驻华大使司徒雷登当时尚在中国,他认为:"这件事显然没有中共参与其间。"[8]但该报的工资争议尚未完结。7月1日,当高尔德到

---

[1] 司徒雷登:《司徒雷登日记——美国调停国共争持期间前后》,第158页。

[2] 司徒雷登:《司徒雷登日记——美国调停国共争持期间前后》,第122页。

[3] 1949年4月25日,南京解放后的第三天,晨6时45分钟,约12名中国共产党士兵打开司徒雷登卧室大门,将其唤醒。此事迅速引发美国及北大西洋列国使节的高度关注。参见司徒雷登:《司徒雷登日记——美国调停国共争持期间前后》,第120页。

[4] 司徒雷登:《司徒雷登日记——美国调停国共争持期间前后》,第151页。

[5]《大美晚报》创刊于1929年4月,以旅沪美侨为主要读者对象,是美国人在上海创办的影响最大的外文晚报。该报对中国问题的态度,基本上反映了当时美国政府的立场,维护美国在华利益,对日本侵略中国的行为十分敏感并坚决反对。1941年12月,日军侵占上海后,该报为日军接管。抗日战争后期,日方将该报更名为《上海报》。1945年8月日本投降后,《大美晚报》得以恢复,前主笔高尔德返沪主持报馆事务。参见上海市地方志办公室:《上海通志·上海新闻志》,http://www.shtong.gov.cn/node2/node2245/node4522/node5501/index.html。另见方汉奇主编《中国新闻事业通史·第二卷》,中国人民大学出版社,1996,第429页。

[6] 上海市地方志办公室:《上海通志·上海新闻志》,http://www.shtong.gov.cn/node2/node2245/node4522/node5501/index.html。

[7] New York Times,24/6/49,12。

[8] 司徒雷登:《司徒雷登日记——美国调停国共争持期间前后》,第146页。

达报馆时，门庭里出现扭打的混乱局面，他不得不锁上自己办公室的门并用电话向外求援。公安局民警救出了这位总编，但却告诉他，得为自己的行为向雇员们道歉。7月2日，高尔德道歉，可就在当天，报馆的几名雇员从他家的厨房冲进来，吵着要工资。高尔德的太太被他们"人数之多，态度之凶"吓住了，"尽力猛烈"地顶住门，高尔德也上来相助。次日，这位美国总编站在公安局代表旁边，对着包围他家的雇员们请求原谅。高尔德的道歉被作为广告发表在《字林西报》，这位"强硬"的主编未能摆脱低头认错的宿命。[1]

但中国媒体对外媒的讨伐并未结束。从7月7日起，外国记者开始受到"帝国主义间谍"或"帝国主义的特别奴仆"这类攻击，他们被指控向国民党递送轰炸上海的情报。[2] 当8月31日，上海军管会禁止外国通讯社发布消息时，这场打击外国媒体的运动达到高潮。在此之前，美联社上海分社的F. 哈姆森（Fred Hampson）还遭到被其解雇的报童的殴打，经公安局干涉才得以平息。[3]

政府、媒体、普通民众对西方媒体的连串行动，显然挫伤了司徒雷登以及美国政要对新政权的期望。就在毛泽东下令关闭美国新闻处的当天，司徒雷登在日记中写道："报纸上所登载的都是令人沉闷的，所作的宣传又都是不能令人心悦诚服的。"[4] 这种言辞激烈的态度在司徒雷登的日记中非常罕见，一旦出现，总和新政权对美国在华传播的压制有关。7月28日，美国国务院经过激烈辩论，同意召回司徒雷登。8月2日，司徒雷登飞离南京，彻底告别了他出生以及生活了差不多七十年的中国。而其本人，也因毛泽东那篇《别了，司徒雷登》，长期作为美帝国主义的政治与文化符号出现。

一个半月之后，随着工资协议达成，令司徒雷登一直担心的《大美晚报》总编辑高尔德也关闭了报纸，并永远离开了上海。[5] 到1949年夏末，在上海登记过的美国人总共只有1176人，比4月份的2470人减少52%。[6] 居留人数的减少也加速了其他在华外报的退场。1951年3月19日，英商《字林西报》因营业清淡，

---

[1] New York Times，2/7/49，4；6/7/49，16。

[2] New York Times，9/7/49，5。

[3] New York Times，18/8/49，11；转引自魏斐德：《红星照耀上海城：1942—1952》，梁禾译，第152页。

[4] 司徒雷登：《司徒雷登日记——美国调停国共争持期间前后》，第149页。

[5] New York Times，30/8/49，12。

[6] New York Times，24/4/49，2；30/5/49，1；10/9/49，1 and 5。

向上海市人民政府工商局申请歇业，并获核准。[1]1951年8月1日，在总计支付人民币21亿9993万9786元的职工遣散费后，[2]这家在华101年的报馆拉下了帷幕。

此后，惟一留下的美国报纸是上海《密勒氏评论报》，它在历史上以亲共著称。朝鲜战争中，因报道美军施用细菌武器，该报遭美国政府禁邮，失去了海外发行市场，遂于1953年6月关闭。其余的几张俄文报纸，包括上海《俄文新生活报》、松江省《俄语报》、天津市《俄文新语报》也在1954年以前全部停刊。

（二）对进口外报的管理

外人在华办报结束，并不意味着外报在华发行的终结。据华东军政委员会出版局统计，1950年下半年销行南京的外文报刊共有218种，其中报纸20种（俄文19种、英文1种），报纸中以英文版《争取持久和平，争取人民民主！》销路最好，俄文版次之。苏联《消息报》也销得不少。彩色画刊最吸引读者，《苏联画报》、《火星》、《鳄鱼》等都是好销的杂志。"至于帝国主义集团国家的报刊尚未发现在市上贩卖，只有英国文化委员会图书馆直接由英国伦敦寄来的《自由论坛报》仅在图书馆陈列，并未公开在市场出卖。"[3]

外媒在南京的发行数据透露了一个重要信息：中国报刊市场更多向苏联开放，至于西方国家的报刊，只给留了一条小小的门缝。但面对中国巨大的市场，总会有人想把门缝弄得大一点。1950年7月31日，广东省人民政府文教厅的一份文件显示："最近美帝国主义、蒋匪及南斯拉夫铁托集团，大量印制各种反动宣传品，利用港澳特殊地理条件，偷运进我地区。"[4]新中国初期担任出版总署办公厅副主任的徐伯昕在1950年末的一次报告中也坦承上述现象："由海外运入的反动书报不少，还有经售外文书刊的私营书商（特别是外商）用自备外

---

[1]《字林西报馆职工解雇协议书》，1951年5月21日，上海市档案馆：B128-2-535-77；另见《上海市工商局关于准予字林西报馆歇业的通知》，1951年3月27日，上海市档案馆：B128-2-535-1。

[2] 字林西报馆：《关于自1951年8月1日照5409牌价付给解散费的呈》，1951年8月3日，上海市档案馆：B128-2-535-86。

[3] 华东军政委员会出版局：《将南京市外文报刊调查报告转呈出版总署文》，1950年11月29日，载中国出版科学研究所、中央档案馆编《中华人民共和国出版史料（1950）》，第729页。

[4] 广东省人民政府文教厅：《关于查禁外来反动书、报、刊物暂行办法》，1950年7月31日，广州市档案馆：179-1951-长久-037，第4页。

汇以科学书籍的名义,夹运大量的反动宣传品进来。"[1]

针对上述情况,1950年6月27日,中宣部就宣传品入口做出指示:"凡美国与南斯拉夫的反动报刊宣传品入口者应一律检扣缴付专门机关研究或销毁,美国反动报刊在华原有代理所应停止发行。对英国及普通资本主义国家书刊暂不检扣,对美国少数不反苏不反共的进步报刊,仍准入口及发行。"[2]根据中宣部的指示,广东作为外国报刊主要入口,发布了《关于查禁外来反动书、报、刊物暂行办法》,声明:"凡发现美帝、蒋匪及南斯拉夫铁托集团之反动宣传品,立即扣留,交由广州市公安局检查科","凡过去代理美帝及南斯拉夫铁托集团反动书、报、刊之商店应停止继续代理","凡书店、报社、学校、社团及图书馆等,如存有或收到此种反动宣传品时,应停止流通",而"对英国及其他资本主义国家之一般书、报、刊(反动者除外),暂不予禁止"。[3]

光堵住外来流通渠道还不行,对买方进行控制也被列入国家议程。1950年年底,出版总署规定由国营的国际书店来统一办理外文书刊的进口工作,不论机关或个人需购买国外书报,都要向国际书店订购,政府也只对国际书店一家核准订购书刊的外汇。为了进一步细化对外报入口的控制,1951年2月1日,广东省、广州市人民政府新闻出版处发布《广州中外文入口书报管理办法》。该办法规定:海外及港澳出版之中文书刊报纸运销内地者,须先备文送呈新闻处申请核准,取得入口证明书;对于无入口证明书及未列入"准许入口书报目录"的,一律检扣。国际书店广州分店被指定为统一办理外文书报的惟一入口,"订购书刊者需详细开列书报名目及出版地、出版者等,有待新闻处及外事处审查才接受办理"。该规定再次重申:"凡属美帝、南斯拉夫铁托集团、法帝之书刊报纸,除理工农医等自然学科准予入口外,一律扣留。其他资本主义国家的书刊报纸,除检查确非反动者,予以放行。"[4]广州市的这份文件代表了新中国对待外国报纸的基本政策。1951年2月28日,新闻总署办公厅、出版总署办公厅

---

[1] 徐伯昕:《在国际书店第二次工作会议上的讲话》,1950年12月14日,载中国出版科学研究所、中央档案馆编《中华人民共和国出版史料(1950)》,第748页。

[2] 中央宣传部:《关于制止帝国主义国家反动宣传书刊入口的处理原则规定》,1950年6月,载中国出版科学研究所、中央档案馆编《中华人民共和国出版史料(1950)》,第370页。

[3] 广东省人民政府文教厅:《关于查禁外来反动书、报、刊物暂行办法》,1950年7月31日,广州市档案馆:179-1951-长久-037,第4页。

[4] 广东省、广州市人民政府新闻出版处:《广州中外文入口书报管理办法》,1951年2月1日,广州市档案馆:179-1951-长久-037,第2-3页。

联合转发了《广州中外文入口书报管理办法》,认为此种办法"可行"。[1]

为什么外报入口要经过如此精密的检查?这是为了防范西方国家的意识形态颠覆。广州为华南对外门户,书刊进出口的数字非常大,仅1950年9月至1951年2月,经广州市新闻出版处审查出口的书刊计有10595种。而入口的书刊,经邮局反映,每日平均有三十邮袋。不计直接扣留的违禁刊物,公安局转送新闻出版处审查的书刊,半年来共计816种,准入口的仅有242种。而直接向新闻处申请入口的,为数甚少,仅有73种。[2]

从档案文献来看,境外势力,尤其是美国对中国的文化渗透是非常明显的。自1950年9月至1951年2月,在检扣的"进口反动书刊"中,来自美国新闻处的,"占总检扣书刊数字之75.5%",且"外文反动报刊进口数字比中文的要多出四分之一强"。[3] 1951年1月起,检查人员发现进口书刊数字突然减少,随后才察觉,"敌人寄递反动文件不以包裹邮寄,而将反动宣传品印成单页或将反动宣传文件剪下,做普通邮件邮寄"。为了增加检扣难度,信封外观上也是花样百出,仅广州市公安局所检获的不同信皮即达18种。[4] 中南军政委员会1951年7月下发的一份文件也反映了同样的现象:"最近发现不少对政府采取对抗性态度的宗教性反动书刊,由香港进口在国内印行";"敌人寄递花样,最近采取信件方式寄递单页反动书刊",[5] 这些单页的书刊在入口之后,再装订成册,大量复制并传播,检查部门惟有购置太阳灯之类工具予以防范。书报刊入口渠道也发生了变化,鉴于广州检查较严,境外势力将集中入口改为从汕头、北海、湛江、汕尾、江门等口岸分散入口。正是上述原因,导致1951年1月起可检扣的进口反动书刊数目明显减少,但美国新闻处刊物所占比率不降反升,高达81.5%。[6] 这些书刊的名目包括《铁幕是真的吗?》、《北大西洋公约》、《原子问题的僵局》及《共产党

---

[1] 新闻总署办公厅、出版总署办公厅:《转发广州新闻出版处关于"中外文入口书报管理办法"》,1951年2月28日,广州市档案馆:179-1951-长久-037,第1页。

[2] 广州市新闻出版处:《书刊进出口管理及书刊审查情况报告》,1951年4月,广州市档案馆:179-1951-长久-037,第75-78页。

[3] 广州市新闻出版处:《书刊进出口管理及书刊审查情况报告》,第75-78页。

[4] 广州市新闻出版处:《书刊进出口管理及书刊审查情况报告》,第75-78页。

[5] 中南军政委员会:《为加强管理与检查进口书刊、取缔杜绝反动书刊的传播由》,1951年7月,广州市档案馆:179-1951-长久-037,第21页。

[6] 广州市新闻出版处:《书刊进出口管理及书刊审查情况报告》,1951年4月,广州市档案馆:179-1951-长久-037,第75-78页。

战略战术的报告》等。[1] 从检扣宣传品的内容来看，境外势力的文化渗透是有计划、有中心、有谋略的。一些宣传品后面印着：立即印发20万份，保存此传单有得奖金5000美元之希望等字样。而且，针对新中国每一个政治运动高潮，境外势力的颠覆宣传都有所变化。如镇压反革命运动时，对方即编印《中共"整治反革命条例"的分析》这样的单页宣传品，并大量入口。[2]

表6-2：1951年广州检扣"反动"书刊统计表[3]

		4至9月	10月	11月	12月	全年
中文	反动报纸	3527	248	651	475	4631
	反动杂志	7462	1189	316	4116	1383
	反动书籍		350	14	310	674
	反动宗教书刊	1615		2621		4236
	黄色书刊			82		82
	小计	12334	1787	3684	4901	22706
外文	反动报纸		288	633	881	1802
	反动杂志		3349	3396	1539	8284
	美新闻处刊物	48528	13731	21753	25065	109077
	小计	48528	17368	25782	27485	119163
共计		60862	19155	28466	32386	140869

备注：1.数量以件为单位；2.4至9月数目不完整；3.10月份的中文反动书籍包括宗教、黄色、迷信书籍；4.这些印刷品分三批撕毁卖给江东造纸厂，共计15200多斤，卖得款项一千余万元。

为了防范西方势力的文化渗透，1951年5月1日，广州市人民政府新闻出版处编制了《禁止入口书报刊目录》，明确规定：凡美国新闻处、华国出版社、香港自由出版社、真理学会、慈幼印书馆、基督教改革主义信仰翻译社、基督教播道季刊社、海潮音刊社、天人报社、真道杂志社、香港浸信会联会、香港书店的出版物一律禁止入口。除此之外，还编制了禁止及准许入口的报、刊名

---

[1] 出版总署：《通知令所辖区域内之书肆将所有美国新闻出版处的书籍一律销毁并将处理情形报署由》，1951年11月26日，四川省档案馆：建西34-71-78。

[2] 广州市新闻出版处：《书刊进出口管理及书刊审查情况报告》，1951年4月，广州市档案馆：179-1951-长久-037，第75-78页。

[3] 笔者根据《书刊进出口管理及书刊审查情况报告》整理，1951年4月，广州市档案馆：179-1951-长久-037，第75-78页。

目。禁止入口的报纸总数为148种，杂志画报达119种；准许入口的报纸仅28种，杂志26种。[1] 这份名录显然并不全面，所涵盖的区域除香港、澳门、台湾外，以东南亚、日本、美国为主，兼及非洲、中南美洲少量国家。欧洲的报纸、杂志并未统计在册。

表6-3：准许入口报纸（1951年5月1日）[2]

名称	刊期	出版地址	主办或负责人	审查意见
大公报	日刊	香港干诺道中123号	周尔立	民主进步
文汇报	日刊	香港里荷活道30号	余鸿翔	民主进步
香港标准百货金融行情	日刊	香港乍畏街102号4楼	林玲、陈展谟	民主进步
新闻资料通讯		香港坚道20号	国际新闻社	民主进步
新晚报	日刊	香港干诺道中123号	郭永伟	民主进步
学联	日刊	澳门	澳门学联宣教部	民主报纸，少量放行
全民报	日、晚刊	暹罗曼谷黄桥574号	陈兵人	进步报纸
华侨日报	日刊	暹罗曼谷野虎路	李慕逸	中间偏左，少量放行
琼崖导报		暹罗曼谷	周静	进步报纸
民主新闻		暹罗曼谷	华侨	进步报纸
中华公报		印尼古晋	华侨	进步报纸
星期新闻		印尼爪哇		进步报纸，仅有一年多历史
苏门答腊报	日刊	印尼棉兰丑马力街16-19号	黄贻芳、朱培瑄	进步报纸
民主日报	日刊	印尼棉兰浅湾六街76号	黄贻东	进步报纸
苏岛民报	日刊	印尼棉兰	华侨	进步报纸
生活报	日刊	印尼雅加达嘉城孟加勿刹79号	黄周规	进步报纸

---

[1] 笔者根据广州市档案馆馆藏档案统计。

[2] 广州市人民政府新闻出版处制：《禁止入口书报刊目录》，1951年5月1日，广州市档案馆：179-1951-长久-069，第13-14页。

续表

名称	刊期	出版地址	主办或负责人	审查意见
新报	日刊	印尼雅加达亚森加街29-30号	洪潮源	表现进步，立场不稳，少量放行
黎明报	日刊	印尼西婆罗洲坤甸中公第一校路	林勤海	进步报纸
大公商报	日刊	印尼爪哇泗水邦光三巷15号	张植中	一般进步但不够坚强，少量放行
现实报	日刊	越南高棉		有进步倾向，少量放行
新仰光报		缅甸仰光	曾顺续	进步报纸
人民报		缅甸仰光	李军	进步报纸
中国新闻		印度加尔各答	华侨	表现进步，少量放行
华侨商报		菲律宾马尼拉	于长城等	倾向民盟，少量放行
中西日报	日刊	美国三藩市	和平民主同盟	走向第三条路线，少量放行
美洲华侨日报	日刊	美国纽约	华侨梅参天	民主报纸，同反动派做剧烈斗争
纽约新报	日刊	美国纽约		态度比较进步，少量放行
华侨商报	日刊	路易港拉庵街34号		倾向进步，少量放行

表6-4：部分禁止入口的杂志画刊（1951年5月1日）[1]

名称	类别	地址	审查意见
民治周报	周刊	台湾	台湾民治党反动刊物
今日美国画刊		美国新闻处	政治反动
欢乐	杂志	香港	黄色，讽刺解放军
东风画报	杂志	香港	意识不正确
天文台	二日刊	香港	反动
风趣	杂志	香港	黄色，观点不正确
夜香港	杂志	香港	下流、迷信

[1] 禁止入口的杂志画刊总数为119种，本表有所择取。选自广州市人民政府新闻出版处制：《禁止入口书报刊目录》，1951年5月1日，广州市档案馆：179-1951-长久-069，第1-7页。

续表

名称	类别	地址	审查意见
第三届邮票展览会特刊			无立场
People	杂志	美国	政治反动西报
Atlantic	杂志	美国	政治反动西报
Observer	杂志	美国	政治反动西报
Weekly News	杂志	美国	政治反动西报
New Republic	杂志	美国	政治反动西报
Read's Digest	杂志	美国	政治反动西报
Bussiness	杂志	美国	政治反动西报
Saturday Review	杂志	美国	政治反动西报
The Nation	杂志	美国	政治反动西报
Time	杂志	纽约	政治反动西报
Life	杂志	纽约	政治反动西报

需要说明的是，控制外报入华看似与民营报纸关联不大，但在了解民国时期民营报纸的新闻来源之后即可发现二者联系。1872年，英国路透社派科林兹（Herny W. Collins）来上海成立远东分社，此举为上海加快新闻信息的传播提供了条件。1912年，路透社开始向中文报纸和外文报纸同时发稿，第一批中文报纸订户为18家，从此改变了中文报纸上的国际新闻要比外文报纸迟好几天的被动局面。路透社之后，日本东方通讯社（1914年）、法国哈瓦斯通讯社（1931年）、德国海洋通讯社（1928年）、美国合众通讯社（1929年）、美国联合通讯社（1929年）、意大利斯丹芬通讯社（1933年）纷纷在上海设站。这些通讯社经济实力雄厚，技术手段优越。像法国哈瓦斯通讯社借助法国政府投资的国际无线电台，可以接收6000英里以外的法国、美国、英国的电讯。中国的民营报纸要在市场竞争中求生存，必须做到信息快捷，不得不向外国通讯社订购稿件。由此，外国通讯社占领了上海新闻市场达几十年之久。[1] 民营报纸的新闻来源不仅依靠商业通讯社，像美国新闻处这样的机构还免费提供信息。美国新闻处在华主要发布两类新闻稿，一类名为《美国新闻处电稿》，从1945年9月12日正

---

[1] 上海市地方志办公室：《上海通志·上海新闻志》，http://www.shtong.gov.cn/node2/node2245/node4522/node5600/index.html。

式发稿，每日发稿10至20条。[1] 另一份是《新闻资料》周刊，选择在美国公开发表的特稿，"每期8页，包括8—10篇报道。每期发行5000份"[2]。此外，该处还分发新闻图片。鉴于"中国仅有110家定期刊物有印刷图片的制版设备"，美国新闻处就正好准备110份图片和说明文。[3] 因美国新闻处的稿件质量好，又完全免费，当时的民营大报《申报》1947年1月就采用了该处电稿46则，其他大报，如《新闻报》、《大公报》情况也大致如此。[4]

1949年上海解放前夕，除塔斯社以外的外国通讯社驻沪机构全部撤走，民营报纸失去了重要的新闻来源。而当外报入华也受到限制，民营报纸的信息获取途径愈发狭窄，从新闻来源方面，已丧失与公营报纸的差异化竞争优势。可以说，多元的新闻获取渠道曾经滋养了民营报纸的成长，而一旦新闻来源枯竭，民营报纸的生命力自然难以接续。

---

[1] 石玮：《美国新闻处在华活动初探（1946—1949）》，《国际新闻界》2010年第11期。
[2] 费正清：《费正清对华回忆录》，第364页。
[3] 费正清：《费正清对华回忆录》，第363页。
[4] 石玮：《美国新闻处在华活动初探（1946—1949）》，《国际新闻界》2010年第11期。

第七章　民营报纸在新中国报业管理机制中的角色

革命的通常模式，总是在革命者成为统治者以后寿终正寝。按照美国马克思主义研究者莫里斯·迈斯纳的分析，这是因为新的统治者往往与旧制度的传统和残余势力相妥协，有意无意地使历史进程背离自己创立一个崭新社会的理想和希望。在这种为人熟知的革命历史的模式中，革命的乌托邦目标转瞬成为空洞的仪式，新的形式的不平等被合理化。[1] 但中华人民共和国的历史看来与通常的"革命胜利后"的社会历史模式不尽相同，革命者非但没有和代表旧制度的传统势力相妥协，后者还成了被革命的对象。革命的乌托邦目标也没有停止，而是加快了实现它的速度：作为过渡阶段的新民主主义社会到1952年底就结束了，进入到了对农业、手工业和资本主义工商业的社会主义改造。原本要在"相当长的时期内"完成上述改造，但在1956年9月，中国共产党八大即宣布"几千年来的阶级剥削制度的历史已经基本上结束，社会主义的社会制度在我国已经基本上建立起来了"[2]。

为什么新中国缔造了这样一种特殊的历史情境？恰如匈牙利思想家卢卡奇在《历史与阶级意识》中所触及的，研究无产阶级斗争的合法性和非法性，"动机及其所产生的倾向往往比单纯的事实更加重要和更能说明问题"[3]。对1949年获取政权的中国共产党来讲，如何实施对整个国家的治理，必然离不开延安十年的历史经验。所谓延安经验，归根结底，是革命的胜利建立在大规模的群众社会革命的基础上。群众社会革命，强调的是将权力从上层专业人士下放到基层群众手中。这样一来，精英与民众、领导者与被领导者、脑力劳动者与体力劳动者之间的差别，必然被缩小。而这样的实践，恰恰是马克思主义所提倡的。马克思在《关于费尔巴哈的提纲》中谈道："环境正是由人来改变的，而

---

[1] 莫里斯·迈斯纳：《毛泽东的中国及后毛泽东的中国》，杜蒲、李玉玲译，四川人民出版社，1999，第74页。

[2] 转引自《关于建国以来党的若干历史问题的决议》，第199页。

[3] 卢卡奇：《历史与阶级意识》，杜章智等译，商务印书馆，1996，第401页。

教育者本人一定是受教育的。"正是延安经验和马克思主义信仰让新中国的治理者加深了"精神力量高于物质力量"的认识，落实到方法论上，则是"思想上精神上的团结比由任何官僚组织提供或强加的人为的团结更为重要"[1]。

这种思想上精神上的团结必然导致意识形态归一，使得思想与现实之间的关系如同马克思所说，"光是思想竭力体现为现实是不够的，现实本身应当力求趋向思想"[2]。只有这样，才能使得民众从传统的思维和生活方式中挣脱出来，并转为憎恨以往的制度和那些制度的维护者，从而建立新政权的合法性。要做到这一点，惟有对旧的制度和那些被归类为旧制度代表的群体继续革命。

正是这样的动机和马克思已有的理论范式，使得新中国的政治设计与一般历史经验产生差别：革命并未终止，而是有计划地继续进行。在这种历史条件下，民营报纸及与其相关联的民间报人，被重新确定了身份，基本成了资本方与小资产阶级的代表。一方面，民营报纸的合法性被消解；另一方面，因拥有被整合为思想动员工具的基础价值，民营报纸在新中国的革命思维中，遭逢了自诞生以来前所未有的生存挑战。

一、"民营"变"私营"的概念转换

新中国成立以后民间报还能不能办？这个问题在抗战刚刚胜利的时候就已经被提出来。据夏衍晚年回忆，1945—1946年，周恩来曾在重庆召集过一次文化界人士座谈会，涉及中国共产党胜利后可不可以有民间报的讨论。大家一致认为，既然是新民主主义阶段，自然可以有民间报纸。[3] 但对于民营报纸的掌门人来说，这个问题始终是悬而未决的。1948年岁末，《新民报》创始人陈铭德随身带着资金在香港为报社找退路，同时为流亡在外的《新民报》同人租了九龙弥敦路乐斯公寓的一套房子。尽管有退守香港的打算，但对于陈铭德来讲，他最想做的还是在内地重续《新民报》辉煌。为此，他向时任中国共产党港澳工委负责人的夏衍请教，是否中国共产党执政后允许私人办报？有此疑问的当然不止陈铭德，所有民间报人都十分关心这个问题。

---

[1] 莫里斯·迈斯纳：《毛泽东的中国及后毛泽东的中国》，第68页。
[2] 马克思：《〈黑格尔法哲学批判〉导言》，转引自卢卡奇：《历史与阶级意识》，第49页。
[3] 新民晚报史编纂委员会主编《飞入寻常百姓家：新民报——新民晚报七十年史》，文汇出版社，2004，第160页。

(一)关于新中国能否办民营报纸的讨论

1949年一二月间,有着中国共产党背景的香港《华商报》专门就此展开讨论,前后共发表了六篇文章,分别是刘尊棋的《新中国的一个抉择——财主的新闻自由?还是民主的新闻自由?》、李卫明的《新闻自由与私人办报》、铎的《新国家与新报纸》、星火的《论新闻出版自由》、趋阳的《新中国的办报问题》、疾口的《不容许私人办报》。

最早抛出观点的是原上海《联合晚报》社长刘尊棋,他的见解非常鲜明:"解放以后的报纸,要么就是国营的,要么是社团的,私人的民间报纸是不该存在的。"[1] 趋阳的《新中国的办报问题》从即将建立起来的人民共和国性质出发,认为以中国共产党为领导,工农为主体的国家,基本上是代表工农利益的,这样的性质决定了"只有国有化的新闻事业才符合广大人民利益",私人办报"已没有容许存在的必要了"。[2] 疾口的文章直接将观点写进题目,文章名为《不容许私人办报》,言称私人办的报纸不可能帮助完成"镇压反革命势力,动员群众进行经济建设,推进社会教育,与思想意识中的封建残余斗争,提高人民的政治水平"等任务,民营报纸惟有"将其资本转移到其他生产事业",或者"有代价地转让给政府(或社团)"。[3]

上述三篇文章实际上否定了民营报纸的存在价值。与此观点相左,李卫明的《新闻自由与私人办报》认为,新中国既然容许私人企业存在,私人办报亦不可能禁止,这位作者相信,"有了国有化和社会化的报纸为主,私人办报决不会把中国报业带上英美式的道路"。[4] 星火的《论新闻出版自由》在李卫明的观点上又递进了一层,认为如果私人办报现象果真多起来,则是新中国文化繁荣的现象。要维护文化繁荣,需迅速制定新闻法,并以此来保障新闻自由。[5]

在所有六篇文章中,最值得琢磨的是铎的《新国家与新报纸》。铎即是赵超构,多年执掌《新民报》编辑部,他的态度一定程度上代表了当时民间报人的游移。赵的文章首先承认自由是有阶级性的,一切新闻事业也都偏向阶级性,因此,报纸的好坏取决于"是否与进步势力和大多数人的利益一致"。这种逻

---

[1] 刘尊棋:《新中国的一个抉择——财主的新闻自由?还是民主的新闻自由?》,《华商报》1949年1月1日。

[2] 趋阳:《新中国的办报问题》,《华商报》1949年2月6日。

[3] 疾口:《不容许私人办报》,《华商报》1949年2月6日。

[4] 李卫明:《新闻自由与私人办报》,《华商报》1949年1月1日。

[5] 星火:《论新闻出版自由》,《华商报》1949年2月6日。

辑的绝妙之处在于，有阶级的自由并不代表没有自由，"未来新中国所应保的新闻自由，只能运用于新民主政治所容许其参加的那些成分人民所办的报纸"。既然这些人的身份为新中国所认可，那么以个人资格办报，也应该受到许可。说到这里，赵超构的意见已经很明白了，他希望民营报纸能够继续生存。为了达成这样的可能，他不惜采取折中的态度，将对民营报纸的改造作为后话，不否定集体化、国营化的可能，但在初始阶段，国营报、社团报、私营报可以平行存在。[1]

（二）"民营"到"私营"的一字之改

这场讨论由中国共产党在香港的"喉舌"报纸《华商报》主持，与其视之为倾听多种声音，不如看作是对民间报人抉择命运的一次暗示。如果仔细观察，六篇文章中，信息最丰富的是疾口的《不容许私人办报》。此文不仅透露了新政权准备着手的新事业（这些预见十之八九都付诸实施了），还规划了民营报纸的最终去向。这样的信息惟有参与制定政策的人或被授权发布政策的人才有可能掌握。此外，《华商报》引领这场讨论的编者按也透出了弦外之音。2月6日，《新中国新闻政策讨论特辑》编者按称，即使将来赞同私人办报，私营报纸也只可与国营、社团报纸平行存在，但不能并行发展，私营报纸最终还是要走上由集体化再社会化直至国家化的道路。[2]

在这场讨论中，还有一个关键的细节，即民营报纸的概念正被转换成私营。讨论结束后的第12天，即1949年2月18日，这一概念转换的目的在中共中央的一份文件中显露出来。这份文件声称，现在流行的"民营"、"民办"、"民间"等字样，"大部分是旧社会遗留下来的，起初是反映旧统治阶级中在野与在朝两部分的，后来主要地是反映自由资产阶级与封建买办统治集团的区别，在今天的解放区，已完全不能适用"。该文件指示，今后凡"民营资本"、"民间报纸"等名称，均应不再沿用，而改称私人资本、私营报纸等。[3]

这份由中共中央起草的高级别文件，将民营报纸单列出来，与所有民营事业相并列，足见共产党人对民营报纸的重视，将其视作影响政权稳定的一股势力。令中国共产党防微杜渐的这股势力，即国共政争中提出走"第三条道路"

---

[1] 铎：《新国家与新报纸》，《华商报》1949年2月6日。
[2] 参见《新中国新闻政策讨论特辑》编者按，《华商报》1949年2月6日。
[3] 《中央关于使用"民营"、"民办"、"民间"等字样问题的指示》，1949年2月18日，载《中国共产党宣传工作文献选编（1937—1949）》，第750-751页。

的中间派。像《大公报》、《观察》等民营报刊都曾作为中间派的旗帜出现。党早在1948年下半年即开始有意识地限制中间派,中宣部专门制定宣传方针,强调对革命胜负起关键作用的不是中间派的活动,而是广大劳动人民及革命战争本身。1948年11月18日,中宣部与新华总社联合宣布纠正各地新闻报道中的右倾偏向,文中指出:"对于民族资产阶级在发展生产中的作用的宣传,无论何时不要超过了对于工人和某些技术人员的宣传。对于民族资产阶级或小资产阶级急进分子革命作用的宣传,无论何时不要超过对于劳动人民、人民解放军和共产党的宣传。"[1]

经过党对中间派作用的评估,以及将"民营"改为"私营"的概念转换,民营报纸的合法性遭到了消解。从民营报纸自身来讲,一直标榜自己是人民利益的代表,而在党的重新定位中,因政权本身是代表人民的,不应再有"官方"与"民间"的区别,只有公营和私营之分。[2] 这样一来,民营报纸被从人民中分离出来,成了私有资本的代表。在经济属性上,它被归类为民族资产阶级或小资产阶级;在政治属性上,它属于中间派。虽然仅仅是从"民"到"私"的一字之改,却预示着作为国家文化权力的公营报纸将在舆论空间占据绝对的主导地位,而"私营报纸的惟一出路,就是尽早地脱掉'资帽',加入公营的行列"[3]。这就为民营报纸的改造敷设了前提和依据。

二、民报党控的管理机制

上海解放前夕,周恩来在中南海召集夏衍等人,谈到报纸如何办的问题。按照周恩来的想法,过去在山沟里办报纸,读者对象主要是工农兵和干部,入城后情况就不同了,特别是在北平、上海、武汉、广州这些大城市。按解放前那样办,当然不行;办成解放区那样,读者也不习惯,达不到教育、宣传的目的。这次谈话,还专门提到了民营报纸的去留。周恩来认为,如何对待《大公报》、《新闻报》、《新民报》,以及党领导的外围报纸,是一个相当复杂、政策

---

[1]《中共中央宣传部与新华总社关于纠正各地新闻报道中右倾偏向的指示》,1948年11月18日,载《中国共产党宣传工作文献选编(1937—1949)》,第795页。

[2] 参见范长江在上海市军管会文教管理委员会召开的第一次新闻出版界座谈会上的讲话,《文汇报》1949年6月21日。另见胡愈之在中共中央宣传部出版委员会邀请北京市同业茶会上的谈话,1949年10月7日,载《中华人民共和国出版史料(1949)》,第466页。

[3] 张济顺:《从民办到党管:上海私营报业体制变革中的思想改造运动——以文汇报为中心案例的考察》,载韩钢主编《中国当代史研究(一)》,第57页。

性很强的问题。虽然可以在北平、上海保留几家民营报纸，但如何管理，还有待不断摸索。[1]

显然，直到1949年中叶，有关民营报纸的新闻政策尚没有清晰定论。事实上，正是缺乏统一的认识，才导致新中国的民营报纸，无论是地区分布，还是品类构成，都不甚均匀。比如上海的民营报纸达16份之多，而北京只有2份，其中一份的寿命不过6天。再比如同属于华北的天津和北京，天津的民营报纸更为发达，总数有7份之多。足见在全国范围，并没有明晰的规划和布局，基本上是因地制宜，由各地来框定民营报纸的数量和品种。

但若论及新中国总的报刊政策，也并非全无章法，还是有一套具体的原则，那就是秉承"全党办报"之传统，建立自上而下的党管报纸的机构和制度，确立党报的权威地位，实施严格的新闻审查及纪律规定。[2] 对民营报纸的管理，一样在此框架之中。

（一）新中国报业管理机制的借鉴与创新

最早为新中国报业管理做规划的，应该是第一任宣传部长陆定一。他是在考虑地方政府的文化部门该如何配置时，一并提到了新闻与出版行业的管理机制问题。陆定一建议：在省及其以下的一般地方政府中，设立文教所或文教局，或者责成教育厅同时作为中央政府文化部的隶属机关，设立一个新闻出版处，作为新闻署与出版署的隶属机关。[3] 根据陆定一的提议，新闻出版处，或部分省市的文教局，成为直接管理民营报纸的官方机构。

新闻出版处作为一个机构出现并非中国共产党首创，它的原型是日伪时期各市府设立的宣传处。日本投降后，国民党各市府设有编审室，执掌新闻发布与编审事项。1946年3月，国民党行政院训令各省市政府增设新闻处，编审室遂与新闻处合二为一。国民党行政院关于增设新闻处的训令非常详细，其内容包括：各省（市）政府新闻处，负责对外发布新闻，宣传政令之责，并应定期接待中外记者，凡当地政情与社会风尚，均应作有计划之介绍；新闻处设处长一人，由中央宣传部遴选优秀人员推荐充任之，秉承省主席或市长之命，并受

---

[1] 夏衍：《懒寻旧梦录》，生活·读书·新知三联书店，2006，第395页。

[2] 张济顺：《从民办到党管：上海私营报业体制变革中的思想改造运动——以文汇报为中心案例的考察》，载韩钢主编《中国当代史研究（一）》，九州出版社，2011，第47页。

[3] 陆定一：《就文化部汇报中提出的问题给周总理的报告》，1950年×月18日，载中国出版科学研究所、中央档案馆编《中华人民共和国出版史料（1950）》，中国书籍出版社，1996，第854页。

中央宣传部之指导，主持本处工作，处员3人至5人（其中至少需有一人熟谙外国语），由省（市）政府就原有中级人员遴选兼充，协助处理处务；新闻处应与省（市）政府所属各单位经常保持联系，省（市）政府所属各单位并应予以新闻处汇集资料之便利；新闻处每月工作概况，应按月择要分报行政院及中央宣传部备查；所需办公费用，统由省（市）政府原有经费内匀之。[1]

国民党时期的新闻处，以联络各报社工作人员的感情为主要职责，这项工作甚至比送发新闻更为重要。所需联系的不仅是采访记者，更要经常接洽新闻编辑、总编辑乃至写社论的总主笔。只有在平日用各种社交形式增加感情，才能在必要时加以运用。在什么样的场合运用事先储备的报社资源呢？根据国民党北平市政府新闻处记载，当政府发动某项运动时，要请各报纸先造成一种空气，执行时才能顺利推行；政府举行重大会议时，要请各报写社论短评加以赞扬；各报对市政者有不愉快之批评时，因与总主笔、总编辑及编辑等素有交谊，亦易设法使此类批评减少。[2]

不能说新中国新闻管理方面的行政建制不受国民党旧制影响。从设立新闻处这一点来讲，就沿袭了国民党的办法。在过去解放区的人民政府机构中，并无新闻处的组织，原因是"处在农村环境，新闻事业均属公营。在东北，即使拥有大中城市，也因私营新闻事业极少，而无设立政府新闻处的必要"[3]。而当中国共产党政权进入私营新闻事业集中的北平、天津、上海等城市，在完成了接管与分配"反动"报馆、通讯社、书店与印刷厂工作后，如何对余存那些合法的私营新闻机构进行管理，就有成立新闻处的必要。按照1949年4月率先成立的北平市人民政府新闻处规划，其主要业务分为两部分：一是新闻发布，设立第一科掌理；另一部分，为私营新闻事业的管理，设第二科掌理。

表7-1：北平市人民政府新闻处人员数量及职务分配（1949年9月）[4]

处长	秘书室		第一科		第二科		总人数
	科员	办事员	科长	科员	科长	科员	
1	3	1	1	3	0	3	12

如果说国民党时期新闻处的公关协调成分较大，与民营报纸之间的关系更多是平行的沟通和利用，而非直接的控制和管理。那么，新中国成立的新闻处，

---

[1]《敌伪省市政府中设置新闻机构沿革》，1949年8月1日，北京市档案馆：8-1-1-12~15。
[2]《敌伪省市政府中设置新闻机构沿革》，1949年8月1日，北京市档案馆：8-1-1-12~15。
[3]《北平市人民政府新闻处业务组织情况》，1949年9月13日，北京市档案馆：8-1-1。
[4]《北平市人民政府新闻处业务组织情况》，1949年9月13日，北京市档案馆：8-1-1。

则和民营报纸构成了上下级关系,从原来横向的平行关系变成了纵向的附属关系。纵向关系的形成很大程度上借鉴了苏联的经验。1922年,苏维埃政权即颁布了一系列法令和法规,对社会组织重新进行登记并逐步形成了监督控制机制。1927年,在苏联内务部登记的约7000家全国性的群众组织已经没有自治组织的功能,几乎都是"国字号"的变种或是文化娱乐之类无关紧要的团体。这些组织大多缺乏社会积极性与自主能动性。[1] 借鉴苏联的社会控制模式,中国的民营报纸之于新闻处,不再是横向的组织联动,而成为垂直型的隶属结构。

此外,新闻处人员配备也比国民党旧制有所增加。由于新中国成立后各省市党报直属省(市)党委管辖,级别平行于甚至高于新闻出版处,其他人民团体报刊也有自己的直接领导,新闻处能管的报纸品类就只有民营报纸。而各城市所剩民营报纸寥寥无几,这就容易发生新闻处直接插手民营报纸内部事务的情况。

其中一例是天津市新闻出版处之于《新生晚报》。天津市新闻出版处于1950年5月建立,当年7月便试图影响《新生晚报》的办报方针。这一影响首先从批评开始。新闻处认为《新生晚报》"编辑部没有核心领导。原任总编辑贺照同志因病去长期休养,代理总编辑孙肇延因政治水平关系以及其个人作风傲慢,影响到编辑部内的团结……在编辑内容上表现无原则的趣味化,常以黄色、庸俗的文章充斥篇幅",等等。[2] 新闻处在对晚报内部情况缺乏周密调查的情况下,一开始就使用较生硬的批评,使编辑部人员普遍感到压力,并出现消极对抗情绪。如一次新闻处对代总编辑孙肇延传达了经济保密的指示后,孙回到报社不是组织大家学习,而是散布"不好干"的情绪。1951年8月17日,天津市新闻出版处召集该报编采人员举行座谈会,会上,该报员工依旧坚持"二分迁就、八分教育、以趣味为手段,以教育为目的"的编辑方针,不排斥多采辑奸杀案之类的"社会新闻"来增加报纸销路。此次会议之后,新闻处开始设法端正该报编辑思想,指出呆板的面孔固然不好,但"海派"的庸俗更是要不得。嗣后,新闻处开始在业务上予以具体帮助,如传达政府中心工作及重要政策的布置、实施情况等;在发布市政新闻方面增加了中午向晚报发稿一次;通过报道新闻秘书关系,解除了一些市政单位对晚报记者的关门情况;建议晚报向派出所、文教馆、家庭妇女联谊会等基层的行政或群众组织发展通讯员;帮

---

[1] 金雁:《倒转"红轮":俄国知识分子的心路回溯》,第630页。
[2] 天津市新闻出版处:《帮助新生晚报改进报纸工作的经过报告》,1951年,天津市档案馆:X57-Y-1-52。

助联系天津市有名望的通俗文艺、曲艺作者和画家如宫白羽、朋弟等，鼓励他们用群众喜爱的形式改编历史故事。新闻处甚至直接派员参加《新生晚报》的改版设计。[1] 尽管这种直接参与办报的做法获得了一些正效应，如报纸发行量从4500余份升至7000余份，但作为民营报纸的《新生晚报》，其独立性已不复存在，这为其1952年直接改组为国有的《新晚报》埋下了伏笔。

再如成都市新闻出版处之于《工商导报》。鉴于《工商导报》政治面貌较为模糊，有一定的投机色彩和动摇性，1951年7月，新闻处直接主导报社重新缔建了内部组织，全报社156人中仅有的两名共产党员被安置在比较重要的位置。其中一人有严重肺病并不能做多少事情，但还是获任社务委员会副主任委员一职，而社务委员会是报社的最高领导机构。调整后的报社组织，党、团员占总人数的16%。[2] 这在民营报纸是一个不低的比例。

其他地区，像广州、上海等地，新闻处均对民营报纸的销、停、并、转起到了主导作用。为什么同样是新闻处的行政管理建制，新中国比之国民党时期达成了更为有效的控制？仅仅将原因归结为管理层次从横向变为纵向，或者行政人员数量的增加，并不能解释事情的全部，还有必要将视点落到新中国报业结构的缔建中去。

（二）以党报为中心的"三三制"报业结构

1949年11月1日，中共中央华南分局关于文艺宣传问题的讨论告一段落，针对报纸出版所获得的共识是：报纸是政治的斗争工具，是言论机关，根据北京经验，应该严肃处理，不能乱出，故拟广州只出版3份报纸：1. 党报——《南方日报》，需要时下设广州市小报；2. 民盟出1份报纸；3. 工人或工、青、妇出1份报纸。[3] 为了实现这样的规划，广州市军委会接管了国民党中宣部所属《中央日报》及"为特务分子及地方反动军阀所把持的"《大光报》、《建国日报》、《西南日报》、《广东商报》、《前锋日报》、《环球报》、《正华报》（即前《中正日报》），勒令与特务分子有关联的《劳工新闻报》、《星报》、《粤商报》停刊。对《越华报》、《现象报》、《国华报》3张报纸仍允许其继续出版，但在适当时候予

---

[1] 天津市新闻出版处：《对当前各报采访与编辑工作上的几点意见》，1951年，天津市档案馆：X57-Y-1-48-52-56。

[2] 中共成都市委秘书处：《工商导报情况初步了解的报告》，1954年10月10日，成都市档案馆：54-1-312。

[3] 《中共中央华南分局文件汇集》（1949.4—1949.12），第281-282页；转引自中共广州市委党史研究室编《广州接管史录》，第551页。

以改造。[1] 对于民主人士创办的《每日论坛报》，则允其复刊，同时新创刊了《南方日报》、《广州工人报》和《华南青年报》。这样一来，截至1950年3月，广州市共有报纸7张，其中，党报1张，系《南方日报》；人民团体报纸2张，分别是《广州工人报》和《华南青年报》；民营报纸4张，为《越华报》、《现象报》、《国华报》和《每日论坛报》。其中，《每日论坛报》又属于民主党派报纸。1950年下半年，随着《越华报》、《国华报》、《现象报》奉命停刊，改组成民盟报纸《联合报》，民营报纸《每日论坛报》的部分编采人员也归入其中，广州的报业格局基本实现了最初的规划。虽其后又陆续有《新商晚报》和《广州标准行情》2份民营报纸创刊，但前者由致公党人司徒美堂创办，后者的母报香港《经济导报》也有民主党派背景，基本没溢出"党报—民主党派报纸—人民团体报纸"的总体布局。

广州的报业结构仅仅是全国的一个缩影。像北京的主要报纸，《人民日报》系党报，《光明日报》系民盟机关报，《工人日报》系人民团体报纸。惟一的民营报纸《新民报》，因其创办人陈铭德为民革中央委员，也可算作民主党派报纸。这种格局的辟建或能从著名报人徐铸成的经历得到验证。解放前，出身于《大公报》，后执掌《文汇报》的徐铸成一向以"不党"为荣，刚解放时，他依旧坚持这一原则。1950年某日，周恩来在上海宴请党外知名人士，席间，总理向徐铸成表示，希望他参加共产党。徐当时回答："如果我们都参加中共，中国岂不就没有民主人士了吗？"[2] 此事不了了之。抗美援朝期间，民盟的沈志远与徐铸成分任抗美援朝华东分会宣传部正副部长，沈志远多次劝说徐铸成加入民盟均被婉拒，直至最后搬出这是"周总理的意见"，徐铸成才不好拒绝，最终加入民盟。其后，上海《文汇报》的一大批骨干也被民盟吸收。[3] 足见，新政权确实有将民间报人统战进入内部机制的动机及行动。

党报—民主党派报纸—人民团体报纸，这种报业结构的缔建源于抗战期间延安根据地奉行的"三三制"。"三三制"原指政权建设上的人员配置，"共产党员占三分之一，非党的左派进步分子占三分之一，不左不右的中间派占三分

---

[1] 华南分局宣传部：《关于新闻出版接管工作概况和处理方法致新华总社并转中央宣传部函》，1949年11月7日，《中共中央华南分局文件汇集》（1949.4—1949.12），第292-293页；转引自中共广州市委党史研究室编《广州接管史录》，第553页。

[2] 李伟：《报人风骨：徐铸成传》，广西师范大学出版社，2008，第196页。

[3] 李伟：《报人风骨：徐铸成传》，第197页。

之一"，[1] 挪移到办报策略上，即一方面从中央到地方层层创办党报党刊，起舆论主导作用；一方面将部分民营大报改组或改造成进步的"民主报刊"，同时保留少部分具有中间性质，满足一般"落后市民"文化娱乐需要的纯文化类报纸杂志，达成既可舆论引导，又有民主之相的政治目标。[2]

归根结底，这种结构的实质是将人纳入到组织之网。"工人有工会，农民有农会，妇女有妇联，青年有青年团，少年有少先队，教师有教育工作者联合会，文学艺术工作者有文联、作协、剧协、影协、美协、音协……社会上的一切人、一切职业，莫不有其组织。"[3] 这些组织都与一定的行政、政治权力相联系，对它的成员有着实际的约束作用。此种机制在苏联已有先例，恰如高尔基所形容的，一个个"党的机器上的螺丝钉"的存在，使知识分子成堆的地方，再也不会有敢于抗衡体制的个人和非官方团体了，以后所有的社团都是"党的"，都必须服从党的政治戒律。[4]

报纸成员同样受组织约束。且不提党报和人民团体报纸，即便是逐渐被纳入民主党派序列的民营报纸，其为组织所约束的痕迹也非常鲜明。像徐铸成加入民盟后，历任民盟中央委员、民盟参议会常务委员、民盟上海市委常委兼宣传部长等职。[5] 为了所在党派的安全，他都不可能任由自己掌管的报纸与执政党过不去。即便1957年《文汇报》被指向党猖狂进攻，如果清楚整个事件的来龙去脉便可知道，《文汇报》怎么可能是真的进攻，不过是此前积极响应党的"双百"方针罢了。

新中国"三三制"报业结构的缔建，看似三者并行发展，实际上却是参差布局，党报是所有报纸的绝对核心。在多座城市，党报的负责人同时兼任新闻出版处或其他职能部门的职务。像广州新闻出版处处长王匡，在任此职期间，他还兼任新华通讯社华南总分社第一任社长。1952年8月，王匡升任中共中央华南分局宣传部副部长，同时他还兼任南方日报社社长；《南方日报》首任副社长杨奇，任职期间兼任广东省新闻出版处处长；上海解放日报社社长、总编

---

[1] 毛泽东：《抗日根据地的政权问题》，1940年3月6日，《毛泽东选集》，第736页；转引自杨奎松：《新中国新闻报刊统制机制的形成经过——以建国前后王芸生的"投降"与〈大公报〉改造为例》，载《中国当代史研究（二）》，第51页。

[2] 杨奎松：《新中国新闻报刊统制机制的形成经过——以建国前后王芸生的"投降"与〈大公报〉改造为例》，载《中国当代史研究（二）》，第51页。

[3] 于风政：《改造》，第57-58页。

[4] 金雁：《倒转"红轮"：俄国知识分子的心路回溯》，第114页。

[5] 李伟：《报人风骨：徐铸成传》，第198页。

辑恽逸群，不仅兼任华东新闻学院院长，还任职华东新闻出版局局长；解放日报社副社长陈虞孙，兼任上海市新闻出版处处长。如此官报一体的模式，形成了以党报为核心的报纸管报纸的格局，进一步约束了民营报纸的自主运营。像在上海，就曾经发生《大公报》总编辑王芸生向时任解放日报社社长、总编辑张春桥做检讨的事情。1952年2月22日，《大公报》一版择引《新华日报》的"奸商赵金峰竟向解放军猖狂进攻"新闻，文中涉及三野七兵团及其所属各军番号，被定性为泄露国防秘密。同一天，《大公报》第二版刊登了"卢作孚病逝"的消息。按照官方统一口径，卢作孚是"畏罪自杀"，《大公报》称卢作孚"病逝"算是"失实"。事发之后，王芸生联系新闻出版处负责人未果，只能到《解放日报》向张春桥[1]解释报道经过并自请处分。根据张春桥的指示，王芸生记过一次，李纯青、孔昭恺、刘克林、周雨警告一次。[2]具有国际影响力的《大公报》总编辑竟然向上海市委机关报《解放日报》总编辑自请处分，单此事例，已能说明党报位居报业权力中心的地位。

党报的权威还体现在培训和输出新闻骨干。像江苏省委机关报《新华日报》曾受命创办新闻培训班，为解放军接管大西南准备一批新闻骨干。《新华日报》利用这个机会也为南京新闻出版系统和自身培养了一批记者、编辑。当时原计划招生150人，但报名参加训练班的学生非常踊跃，短短几天就达1623人，最后报社正式录取加上有关部门保送的学员共234人，其中大学生125人，专科生35人，高中生66人，师范生8人。新闻训练班于1949年7月10日正式开学，学习时间共50天，结束时实有学员216人，有17人因病因事退学，1人被开除。其中107人参加了西南服务团；41人被分到新华社二野和三野总分社工作；29人被分到安徽省的新闻单位；20人留在报社工作（其中3人到南京人民广播电台）。[3]如《新华日报》所做培训工作一样，新中国成立伊始，许多城市党报均参与了

---

[1] 张春桥时任《解放日报》社长兼总编辑。1951年10月3日，中共中央华东局通知，调原解放日报社社长恽逸群至华东局宣传部工作，其遗职由张春桥接替。张春桥自1951年10月9日起，至1955年2月，一直兼任《解放日报》社长及总编辑，1955年2月至8月，任《解放日报》总编辑。参见《解放日报1951年大事记》，载解放日报报史办公室编《解放日报、新闻日报报史资料》②，第300页；另见《解放日报组织史资料》，载解放日报报史办公室编《解放日报、新闻日报报史资料》①，第216页。

[2] 上海大公报编辑部：《关于报道严重泄密错误问题的检查报告》，1952年2月23日，上海市档案馆：B35-2-65-28。

[3] 新华日报网、扬子晚报网：《〈新华日报〉创刊70周年特别专题》，2008年1月11日，http://zl.xhby.net/xhrb70/。

新闻骨干的培训或对新闻从业人员的再教育。那些由党报速训出来的新闻干部不断进入报界，势必改变党报与民营报纸工作人员的力量对比。与此同时，一些在党报工作过的新闻骨干也奉命向民营报纸流动。南京《新华日报》的陈向东、李震、杨天南、李承郛等人参与过扶持《新民报》和《南京人报》等民营报纸的工作，陈向东还在1951—1952年间，担任过《南京人报》的总编辑。曾任延安《解放日报》编辑部主任的杨永直继担任南京《新华日报》社长后，调任《解放日报》，1954年又赴北京担任《大公报》党组书记、副社长。这种自党报向民营报纸的人员流动，主要发生在管理层，必然会对民营报纸的传统造成冲击。

（三）作为管理核心的报业党组

民营报纸之所以有此命名，其核心价值在于"民"字。虽然报纸运作未必处处体现民众立场，但因其主要经济来源取之于民间订阅和市场化的广告，与政权或党派保持一定的距离也是不可不为之事。这样一来，民营报纸中起主导作用的往往是业务见长者，或主笔制，或总编辑制，或社长制，或编辑部与经理部门协商主政。民营报纸一般来讲重业务胜过重政治，但在新中国新的政治环境下，民营报纸的传统运作方式遇到了挑战。

曾任《文汇报》副总编辑的张树人撰文回忆，因《文汇报》的民营属性，即便1953年变为公私合营性质，也还是不够资格列席旁听市委的有关会议，不能单独发给中央文件和电报。这样一来，报社对党和国家的政策、指示知之甚少。有时记者在采访时听到一些指示精神，有头无尾，残缺不全，很难作为指导工作的依据。在这种盲目性很大的状况下，工作十分困难，唯恐出错，提心吊胆。社论也不好写，只好少发表言论。那些机关报的社论可以代表领导机关要求读者"应该"如何、"必须"怎样，而《文汇报》作为一张公私合营报纸，"她能代表谁、指导谁呢？因此，只好不写、少写，即使发表评论，只能以'我们'或'我们认为'说话，偶尔也用'我们教育工作者'表态"[1]。

张树人是以中共党员身份调入《文汇报》的。作为党内人士，他都有工作难做的感受，何况《文汇报》那些党外人士了。该报总编辑徐铸成曾经回忆他到北平参加新政协会议期间与同乡储安平的一席谈话。储告诉他自己到东北旅行所写的25万字旅行记，材料甚新，特别注重人事制度及工作效率，胡乔木看后极为赞赏，力促付梓出版。储又说，自己出发前及回来后，都与领导同志商

---

[1] 张树人：《我在文汇报的三年》，载《文汇报回忆录2：在曲折中行进》，第141-144页。

谈，反复请教。储的这番话对徐铸成刺激颇大，他在当天的日记中写道："甚矣，做事之难，《文汇报》之被歧视，殆即由余之不善应付欤？余遇事诺诺，唯唯听命，《文汇报》亦不会有今日。以性难移，要我俯首就范，盲目听从指挥，宁死亦不甘也。"[1]

徐铸成"宁死亦不甘"的做法无非是少写或者不写。过去一向敢言善言、行为激进的《文汇报》突然间没了性格，"国际新闻版被挤掉了，政治思想版又多半是剪报稿件，读者不爱读"；报纸销路"1951年底一个月就跌去3000多份，仅发行一万二三千份，到了最低点"；职工工资"常常脱期，还打折扣，年终双薪也无着落。编辑部夜点仅供萝卜干、稀饭"；"报社一些骨干人员又陆续离去"。[2] 同为民营报纸的《大公报》、《新民报》等都遭遇了和《文汇报》一样的困境。

这时候，如果有一个组织可以适时联席各报座谈，安排他们听取主管部门的宣传指示及华东局，市级各部、会、局、处负责首长的报告，试想，哪家民营报纸会拒绝参加呢？这个组织就是全国新闻工作者协会上海分会，尽管它表面上属于"群众性"的行业组织，但在其中发挥作用的却是新协党组———一个党的分支机构。1950年7月19日，上海新协党组正式成立，由上海市委宣传部派出人员及指定的非党报纸党员共10人组成，党组书记为解放日报社副社长陈虞孙。新协党组的主要任务是"保证市委宣传方针及经营方针在各报的执行"；"了解各报业务、一般思想情况及问题，有组织地向党反映，并谋解决办法"；"掌握统战政策，搞好党群关系"；向市委或直接的领导反映"各报行政、党、团、工会之间的不适当关系"并提出调整建议。在新协党组实际存在的4年多时间，其主要活动前接上海各非公营报的分工调整，后续公私合营的体制改革及思想改造运动。[3]

从此，党组这样一个特别的机构开始渗入到民营报纸的管理层面。首先是将政治觉悟熔铸到民营报纸以业务为主导的办报方针中，继而出现业务与政治并举的双重领导核心。随着民营报纸中党员的增多，报社内部开始建立党组，党的领导逐渐凌驾于业务管理之上，成为报纸绝对的权力中心。

民营报纸中首先成立党组的是《大公报》。1953年，已完成公私合营的上海《大公报》北迁天津与《进步日报》合并出版，至1954年，"内容已有改进，

---

[1] 徐铸成：《徐铸成回忆录》，生活•读书•新知三联书店，2010，第203页。
[2] 庄人葆：《忆"救报运动"》，载《文汇报回忆录1：从风雨中走来》，第111-113页。
[3] 张济顺：《一九四九年前后的执政党与上海报界》，《中共党史研究》2009年第11期。

发行数已增至9.5万份，经营方面每月已有盈余"。为了加强《大公报》工作，中宣部增派党员杨永直、袁毓明参加该报的领导工作，杨任副社长，袁任总编辑。这次调整的重要结果，是成立了《大公报》党组，由杨永直、孟秋江、李纯青、袁毓明、李光诒、潘静远、姚仲文七人组成。杨永直为党组书记，孟秋江为副书记。上述名单中，杨永直虽为副社长，但因其党组书记的职务，已成为《大公报》排名第一的人物，总编辑袁毓明同时兼任党组成员。自此，《大公报》这张著名的民营报纸已经完成了民报党管的建构。因只有"党组成员可同中央和各省市财经部门党员负责人建立必要的联系"，中宣部也只是"通过该报的党组实现党的领导"，[1] 王芸生虽然还是《大公报》社长，实际上已被挤到权力的边缘。

紧随其后，《新闻日报》于1955年成立了党组，由魏克明、鲁平、邹凡扬、许彦飞、梁古今组成，魏克明为党组书记。其直接的领导机构为市委宣传部。[2] 上海文汇、新民两报党组建制工作，也于1957年5月完成。[3]

除了在民营报纸内部加强党的领导，上海新协党组在宣传部的授意下，还对各报采取编委联系制度。如《文汇报》的编委增加了教育工会、市青委、华东教育局等部门的负责人；《新民报》的编委融入了民政局、卫生局、体委等政府职能部门的代表；《新闻日报》则吸收了来自财委、工商局、市联社等商业系统的领导干部参加编委会工作。[4] 上述"社外编委"无疑代表着他们身后的权力部门，显示着党的领导力量。如《文汇报》的正副社长虽分别是徐铸成、严宝礼，但社外编委，就有新协党组书记陈虞孙、市教育局长戴白韬这样的重量级人物。[5] 这一新型的组织模式虽然便利了报纸对相关政策的了解及与各行政部门的通联，但也同时将报纸置于政府部门的横向关系网络中，弱化甚至消

---

[1] 中央宣传部：《关于大公报若干问题的通知》，1954年10月6日，北京市档案馆：043-001-00022-4~5。

[2] 中共上海市委员会：《关于改进新闻日报工作的通知》，1955年11月5日，上海市档案馆：A45-1-2-66。

[3] 张济顺：《一九四九年前后的执政党与上海报界》，《中共党史研究》2009年第11期。

[4] 上海新协党组：《新闻、文汇、新民三报执行编委联系制度情况》，1953年5月12日，上海市档案馆：G21-1-32-3。

[5] 张济顺：《一九四九年前后的执政党与上海报界》，《中共党史研究》2009年第11期。

解了报纸特有的舆论监督职能。[1]

经过党组建制等一系列党化工作，原本在民营报纸中并无起色的建党工作迅速推进，《文汇报》在1949年复刊时只剩下1名党员，1953年公私合营后，从教育局等系统调入5名，加上在报社新发展的党员，截至1954年年底，已有13名党员。到了1955年，该报仅编辑部的党员已近10人，其中包括像唐海、刘火子这样的《文汇报》元老级人物。[2] 更为重要的是，报纸中的非党人士也已形成"坚决服从党的决定"的思维。像1956年春，《文汇报》一度停刊改出《教师报》，尽管浦熙修等人觉得这种做法割断《文汇报》传统，但还是服从上级指示，浦熙修还亲自出马请毛泽东题写报名。[3]

直至今日，即便中国大陆的报业结构已经发生了重大改变，报业实体吸收民间资本现象络绎不绝，甚至多家党报已经登陆股票市场，但是，报业市场的主体依旧是以党报为核心建构的报业集团，而在报业集团内部，党组是毫无疑问的权力中心，它的成员依旧来自党内系统的任命和指派。

三、新闻发布源的统一

按照社会学者的观点，1949年中国共产党执政后，建立的是一个总体性社会，国家统筹大部分资源，政治、经济和意识形态高度重叠，即意识形态是总体性的，政治是高度意识形态化的，经济与其他社会生活是高度政治化的。在

---

[1] 不宜全面否定社外编委制度。在一定历史阶段，此制度在充实报纸内容，发挥集体智能方面也会起到积极作用。如《文汇报》在1956—1957年"双百"方针实施期间，对社外编委聘请转向文化知识界。1956年聘请的社外编委共14人，分别是美术家、上海市文联副主席赖少其，剧作家与戏剧教育家熊佛西，中国作家协会上海分会书记处书记孔罗荪、唐弢，经济学家、上海市哲学社会科学学术委员会副主任沈志远，出版家、上海市政协副主席舒新城，上海市体育运动委员会党组书记李凯亭，上海市文化局副局长陈虞孙，文学翻译家傅雷，文学翻译家、上海师范大学外文系主任周煦良，复旦大学历史系教授周谷城，复旦大学副教务长、新闻系主任王中，解放日报编委夏其言，上海市哲学社会科学学术委员会秘书长罗竹风。这些社外编委为当时的《文汇报》出了不少好主意，写了不少有价值的文章。参见罗竹风：《社外编委：文汇报的创举》，载《文汇报回忆录2：在曲折中行进》，第180-186页。

[2] 张济顺：《从民办到党管：上海私营报业体制变革中的思想改造运动——以文汇报为中心案例的考察》，载韩钢主编《中国当代史研究（一）》，第87页。另见张树人：《我在文汇报的三年》，载《文汇报回忆录2：在曲折中行进》，第140-141页。

[3] 谢蔚明：《能干的女将——浦熙修与文汇报》，载《文汇报回忆录1：从风雨中走来》，第425页。

这种情况下，过去的"国家—民间精英—民众"的三层结构变为"国家—民众"的二层结构。因国家直接面对民众，中间缺少缓冲，社会秩序便完全依赖于国家控制的力度，社会动员能力极强，便于利用全国性的严密组织系统，动员全国的人力物力资源，以达到国家目标。[1]

（一）新闻发布源统一的发生背景：政治整合与社会动员的高效

总体性社会的提出显然借助了马克思主义的总体性观点。对建构正统的马克思主义卓有贡献的匈牙利思想家卢卡奇如此解释总体性，他说，如果我们需要理解某一特别的历史事件或过程，就必须把它看作一个具体的整体的一个方面。[2] 卢卡奇援引了马克思著作中的例子，如"黑人就是黑人。只有在一定的关系下，他才成为奴隶。纺纱机是纺棉花的机器。只有在一定关系下，它才成为资本。脱离了这种关系，它也就不是资本了，就像黄金并不是货币，砂糖并不是砂糖的价格一样"[3]。尽管马克思并未将总体性哲学落实到国家及社会形态的建构中去，但是像安东尼奥·葛兰西以及卢卡奇这样的西方马克思主义"开启者"，均关注到个体与总体的关系。葛兰西在探讨"总体的人"或"社会一致"的问题时强调，国家的教育的作用，是使广大人民群众的"文明"和道德规范符合生产结构不断发展的需要，从而形成一代新人。而如何使得每一个人能够加入总体并融为一体？除了不断进行教育以外，还应将"不归法律管"而属于市民社会范围的那些活动也包括进去，通过施加集体的压力而获得客观上的效果。[4] 卢卡奇在解释类似现象时，则使用了"党在生成"这一词语。[5]

无论是葛兰西还是卢卡奇的理论预设，都在新中国的政治实践中获得了一定程度的印证，对新中国成立初期这段历史的考量首先要基于总体性的判断。新中国成立时，维持中国传统社会两千年的"国家—民间精英—民众"的三层结构早已解体。从晚清末年开始，作为社会中间层的民间精英——早期的士绅，已经分化成四个方向：近代工商业者、近代知识分子、新式军人和依旧留在农村的乡绅，后者大多成为土豪劣绅。这种分化使得社会失去了自组织的能力。鸦片战争开始至新中国成立百多年的时间里，中国一直缺乏能定型社会基

---

[1] 孙立平等：《中国社会结构转型的中近期趋势与隐患》，《战略与管理》1998年第5期。
[2] 卢卡奇：《历史与阶级意识》，"译序"第5页。
[3] 《雇佣劳动与资本》，《马克思恩格斯全集》第6卷，第486页。
[4] 安东尼奥·葛兰西著，李鹏程编：《葛兰西文选》，人民出版社，2008，第186页。
[5] 卢卡奇：《历史与阶级意识》，"译序"第10页。

本制度框架的社会力量，最终结果，就是频繁的社会动荡。孙立平等社会学学者将上述状况称为"总体性危机"。新中国成立后，民间精英分化成的四股力量，尚不具备整合到一起的动力，如果任其自然发展，势必延续以往的社会混乱，不仅对新政权造成威胁，也不符合绝大多数中国人对社会稳定的期待。在当时内忧外患的情况下，指望社会结构的重建必然是远水解不了近渴，惟有通过政治整合来实现社会重组，才能快速制止总体性危机的延续。

卢卡奇在其理论预设中曾经提到无产阶级的"伦理学"，并认为党是这一伦理学的支柱。他理解的"党在生成"，是指党若能发挥正确的阶级行动的道义力量，那么会在实际的现实政治中取得丰硕成果。这是因为党的道义力量是由"受经济发展的逼迫而进行反抗的、自发革命的群众的信任提供的"，只有当党取得这种信任并且值得这样信任时，它才能成为革命的指导者，群众的自发欲望才会越来越出于本能地涌向党的方向。[1]客观来讲，如果不是中国共产党在1949年获得了这种信任，也不可能有效地使用强力来推进高度意识形态化的政治整合乃至经济整合：被殖民的历史终结了，频仍的战乱结束了，一盘散沙的社会被高度组织起来，强大的动员能力使国家快步走上经济建设之路。

马克思主义的总体性哲学为何被卢卡奇视为正统，恰恰是这个道理：一定的历史条件决定了一定的历史过程。但一切通过强力灌压而不是顺着自然规律达成的政治整合，必然会有明显的后遗症：国家动员能力极强，但民间社会极弱，社会生活的运转只能依赖行政系统；国家直接面对民众，中间缺少缓冲，社会的自组织能力弱；社会中身份制盛行，结构僵硬；缺少自下而上的沟通，民众的意见凝聚缺少必要的组织形式。

政治整合首先要达成强有力的社会动员，通过统一口径使社会生成"总体"的、"一致"的思想，这必然剥夺了民营报纸独立发声的传统；政治整合的另一个后果是移除国家与民众之间仅存的为数不多的民间精英的影响，这意味着国家与民众之间原本存在的中间层的弱化，而它恰恰是民营报纸所在的空间。因此，要分析民营报纸退场的原因，不能离开国家政治整合的历史情境。而在政治整合过程中，首要的策略就是统一口径。反映在新闻出版业，即是对新闻发布的严格管理。

（二）新闻统一发布制度的沿革及对民营报纸的影响

中国共产党注重宣传的传统与建党时间一样长。

---

[1] 卢卡奇：《历史与阶级意识》，第96-97页。

  1921年7月，中国共产党第一次全国代表大会做出的第一个决议，即把"宣传"列为第二大条目，其中提到："一切书籍、日报、标语和传单的出版工作，均应受中央执行委员会或临时中央执行委员会的监督。"[1]

  1923年10月，《教育宣传委员会组织法》获得通过，该办法将宣传落实到组织层面，要求各地方委员会必须选定一人负责教育宣传。[2]

  1924年5月，《党内组织及宣传教育问题议决案》获得通过，在此决议中，开始出现了中央宣传部的称谓，并提到在全国进行政治宣传规划的重要性。[3]

  1925年2月，中国共产党第四次全国大会通过《对于宣传工作之议决案》，强调"各党员对外发表之一切政治言论，尤其是在国民党中发表之一切政治言论，完全应受党的各级执行机关之指挥和检查"[4]。

  1925年10月的《宣传问题议决案》开始涉及宣传要预先规划，对那些能够引起全国各阶级注意的某一事件或问题，应"征调全党的力量及一切势力"进行宣传动员。[5]

  1940年10月14日，中宣部《关于充实和健全各级宣传部门的组织及工作的决定》，第一次具体地框定了党的宣传工作范畴，其中较为重要的内容是：领导和进行党外的宣传及鼓动工作；领导和进行党内的教育工作；指导和推进国民教育和文化活动；领导和组织党报的出版与发行，并编审和出版各种书籍、教材及宣传品。[6]

  1941年5月25日，中共中央书记处下发的《关于统一各根据地内对外宣传的指示》，堪称根据地时期"保障全党意见与步调一致"的纲领性文件。该指示强调："一切对外宣传均应服从党的政策与中央决定"，"各军事领袖不得军

---

[1]《中国共产党第一个决议》，1921年7月，载《中国共产党宣传工作文献选编（1915—1937）》，第325页。

[2]《教育宣传委员会组织法》，1923年10月，载《中国共产党宣传工作文献选编（1915—1937）》，第555页。

[3]《党内组织及宣传教育问题议决案》，1924年5月，原载《中国共产党党报》第3号，转引自《中国共产党宣传工作文献选编（1915—1937）》，第575页。

[4]《对于宣传工作之议决案》，1925年2月，原载1925年2月《中国共产党第四次全国大会议决案和宣言》，转引自《中国共产党宣传工作文献选编（1915—1937）》，第620页。

[5]《宣传问题议决案》，1925年10月，原载1925年10月《中国共产党扩大执行委员会决议案》，转引自《中国共产党宣传工作文献选编（1915—1937）》，第656页。

[6]《中央宣传部关于充实和健全各级宣传部门的组织及工作的决定》，1940年10月14日，原载1940年《共产党人》杂志，转引自《中国共产党宣传工作文献选编（1937—1949）》，第167页。

委许可不准公开发表有关全国性的意见,凡牵涉到全国性意义的重要政治事变,任何中央局、中央分局、省委、区党委负责同志及任何军事首长,在中央未指示前,不得公开发言。"该指示还规定,一切对外宣传工作的领导应统一于宣传部,各地应经常接收延安新华社的广播,"没有收音机的应不惜代价设立之"[1]。这一文件不仅严格将言论之公开统一到中央,还第一次把新华社视作对外宣传的主流渠道。

1941年6月,中宣部确定了宣传鼓动的方法,分别就"要讲什么"、"对什么人讲"、"要达到什么目的"、"怎样讲"做出具体规定。也是在这一次,中宣部强调:"全党的宣传鼓动工作必须统一在中央总的宣传政策领导之下。如果各自为政的不履行中央统一的宣传政策的方针,这是非常危险的。"[2]

1942年3月16日,中宣部下发改造党报的通知,明确表述"报纸是党的宣传鼓动工作最有力的工具",报纸的主要任务是"宣传党的政策,贯彻党的政策,反映党的工作,反映群众生活"。该通知基本否定了报纸具有"新闻纸"的功能,认为报纸若以极大篇幅为国内外通讯社登载消息,"那么这样的报纸是党性不强,不过为别人的通讯社充当义务的宣传员而已"。[3]

1946年3月8日,鉴于承德解放区工作人员反映"我们的报纸整天只看见解放区挨打退守,大后方特务横行,民主势力受打击的消息",导致谣言四起,物价飞涨,中宣部下发通知,要求"地方情况愈困难,则地方报纸愈应少登人民受损失的情形,而多登人民胜利的情形,以壮自己志气"[4]。这则通知暗示了正面宣传的原则。

1948年4月2日,毛泽东发表对《晋绥日报》编辑人员的谈话,主张"党所进行的一切宣传工作,都应当是生动的,鲜明的,尖锐的,毫不吞吞吐吐","用钝刀子割肉,是半天也割不出血来的"[5]。这一论点实则肯定了报纸的论战风格,是政党报刊的一贯特征。

---

[1]《中央关于统一各根据地内对外宣传的指示》,1941年5月25日,原载1941年出版的《六大以来》,转引自《中国共产党宣传工作文献选编(1937—1949)》,第236-237页。

[2]《中央宣传部关于党的宣传鼓动工作提纲》,1941年6月20日,原载1941年8月《共产党人》,转引自《中国共产党宣传工作文献选编(1937—1949)》,第253-260页。

[3]《中共中央宣传部为改造党报的通知》,1942年3月16日,《解放日报》1942年4月1日。

[4]《中央宣传部关于广播、报纸宣传方针的通知》,1946年3月8日,转引自《中国共产党宣传工作文献选编(1937—1949)》,第619-620页。

[5] 毛泽东:《对〈晋绥日报〉编辑人员的谈话》,1948年4月2日,《毛泽东选集》第4卷,第1322页。

1948年6月5日，中共中央出台《关于宣传工作中请示与报告制度的规定》，要求：各地党报必须执行由各地党的负责人看大样的制度，每天或每期党报的大样须交党委负责人或党委所指定的专人作一次负责的审查；各地党报的社论、编者按及对读者政治性、政策性问题的答复，必须由党委的一个或几个负责人阅正批准后才能发表；凡各级党委及其负责人，对有关全国性或全党性问题的言论，若内容有不同于中央现行政策和指示者，均应事前将意见和理由报告中央批准，否则，不得发表。[1] 此文件的意义十分重大，其内容成为新中国成立后新闻规制的重要组成部分，相当于新闻与言论统一口径的纲领性文件。

1948年10月13日，因《人民日报》10月10日刊登的"抗灾"新闻三分之二以上篇幅详细列举各区各种灾情，"甚至把鸡瘟和狼咬人都搜罗在内"，"构成一幅黑暗的图画"，中宣部发出纠正宣传中"客观主义"偏向的指示，提到"忽视积极的鼓舞乃是我们的宣传工作中所不许可的'客观主义'倾向的一种表现"。中宣部提议《人民日报》再写文章，应着重宣传生产救灾的成绩。[2] 这一文件通过否定"客观主义"，进一步指明了正面报道的宣传方向。

1949年1月18日，中共中央发布了《对处理帝国主义通讯社电讯办法的规定》，要求各地所有私营报纸及通讯社，一律不得擅自设立收报台抄收外国通讯社电讯，也一律不得登载各帝国主义国家通讯社的电讯。

1949年2月20日，中央指示平津两市委，停止外国通讯社、记者、报纸杂志的活动，并将对北平人民发表了"诽谤性报道"的穆萨、基昂两位外国记者驱逐出境。[3]

1949年3月，针对《天津日报》将一则言称"解放区经济基础比国民党更为脆弱"，"未来的远景则为画饼充饥"的读者来信刊登在一版显著位置，中宣部、新华总社联合下发通知，指出《天津日报》刊登这种"恶意的攻讦和诽谤"的文字，有失立场。中宣部指示，对于读者来信，应善于分析和鉴别。在报上公开答复，可有几种办法："或将来信全部披露，或只摘录来信的一部分，或根本不刊来信，而只刊载编者的答复，决不可视同一律，无原则地有问必答，或答必刊载全部来信，以致为坏分子所利用。"鉴于《天津日报》的这次纰漏，

---

[1]《中共中央关于宣传工作中请示与报告制度的规定》，1948年6月5日，原载1949年6月《政策汇编》，转引自《中国共产党宣传工作文献选编（1937—1949）》，第698页。

[2]《中央宣传部关于宣传中"客观主义"偏向给华北局的指示》，1948年10月13日，转引自《中国共产党宣传工作文献选编（1937—1949）》，第741-742页。

[3]《中央关于停止外国通讯社、记者、报纸杂志的活动和出版给平津两市委的指示》，1949年2月20日，转引自《中国共产党宣传工作文献选编（1937—1949）》，第796-797页。

中宣部规定:"报纸的问答栏稿件,必须经当地党委负责人审查,其中关系重大者,须请示上级党委,涉及政策性问题而中央尚未发表过意见的,应经中央批准。"[1]

1949年6月15日,中央宣传部批转华东局关于加强宣传工作纪律性的指示,规定:非新华总社发布的新闻,不得用作宣传内容;不得将党内、部队内书报外传;不得将党内指示的内容作为对外的宣传资料;各机关的报纸通讯员所写的稿子,应经该机关领导人审查后,送党报审查发表,不得将工作经验、工作动态、会议消息文稿等,直送私营的、非党的报刊随意发表;对当地记者访问认为有必要答复者,只能由当地最高军政机关首长及其指定的代表统一置答,其内容不得与党的原则抵触。有关外交问题及全国性的重大问题,均须事前请示中央。[2]

1949年11月,中宣部发出《关于克服新闻工作系统中无政府无纪律现象、坚持请示报告制度的指示》,在罗列了西北、新疆等几个地方未经新华总社同意擅自发稿后,强调新闻工作中的请示审查制度是一项防止犯错的重要步骤,是统一国家宣传的保障,破坏请示审查制度是绝对不能允许的无政府无纪律状态。[3]

1949年12月9日,中华人民共和国政务院召开第十次会议,通过《中央人民政府新闻统一发布暂行办法》。规定凡须经过中央人民政府委员会、政务院、人民革命军事委员会、最高人民法院和最高人民检察署通过或同意的一切公告,以及须经上述机构负责首长同意后发布的一切公告性新闻,均由新华社统一发布。[4]这是新中国第一部专门确立新闻发布制度的行政规范。

1950年1月12日,新闻总署下发报纸采用新华社电讯的办法,规定:各报可斟酌取舍新华社电讯,但采用时一律不得增改;通俗报和小型报因篇幅限制和读者需要不同,对于新华社电讯之普通新闻稿,可以节删,或改写为更通俗

---

[1]《中央宣传部、新华总社关于报纸"信箱"问题给〈天津日报〉社的指示》,1949年3月,转引自《中国共产党宣传工作文献选编(1937—1949)》,第809-811页。

[2]《中央宣传部批转华东局关于加强宣传工作纪律性的指示》,1949年6月15日;《华东局关于加强宣传工作纪律性的指示》,1949年5月20日。转引自《中国共产党宣传工作文献选编(1937—1949)》,第832-836页。

[3]《中宣部关于发布军事新闻的指示》,1949年11月22日,载中国社会科学院新闻研究所编《中国共产党新闻工作文件汇编》(上),第327页。

[4]《中央人民政府政务院关于统一发布中央人民政府及其所属各机关重要新闻的暂行办法》,1949年12月9日。

的文字，但节删后不应再用新华社电讯名义，而应改用"本报讯"，并加"据新华社×日电讯"字样；对于最重要的公告不得节删，但可以附加通俗解释；等等。

1950年3月，刘少奇指示：新华社成为统一集中的国家通讯社的条件已经成熟，要求新华社在组织上工作上统一起来，改变过去那种分散状态。[1]同月，中共中央发布了《关于改新华社为集中统一的国家通讯社的指示》。

自此，中国共产党经过近30年的实践积累，到新中国成立时，已经酝酿成熟一整套新闻发布机制：在发布层次上，建立了从中央到地方再到基层，层层相通的模式；在发布纪律上，建立了请示报告制度；在信息安全方面，建立了党委负责人审查制度；在发布路径上，建立了以新华社为主体的高度垄断的信息源；在发布策略上，建立了以正面宣传为主，否定客观主义的范式；在发布风格上，建立了重说理轻时效的特征。

应该指出的是，一系列新闻发布制度的出台是希望通过"新闻的正确性和负责性"获取民众的进一步信任，从而有效地推进政治整合，带领中国尽快走出百年沉疴。像1949年7月，新华社即明确提出"记者入城后很容易犯资产阶级新闻观点的毛病，单纯追求'快'，和非党的报纸'抢时间''抢新闻'。这是必须防止和克服的"。怎么克服呢？首先必须在符合党的政策基础上再来谈迅速。"我们和非党报纸的竞争或竞赛，主要的不在于'快'，而在于我们的新闻确实，真正反映人民的最大要求和最大利益，真正能解决问题，指导工作，教育群众。"[2]

因中国共产党所属报刊的新闻实践是在农村完成的，缺乏时效、趣味等在商业竞争中形成的行业经验，但不应否认的是，党追求的"新闻确实"是有道义力量支撑的，不能因结果未曾达到而全面否定动机。但无论如何，"新闻确实"必然对时效性等民营报纸的生存根基产生影响。这两点恰恰冲击了民营报纸的立报根基。

民营报纸因立足于市场，出于竞争需要，信息求快是必然的。像新记《大公报》时期，报社要求编辑和记者必须学会翻译电报。记者采访到一条新闻，马上自己翻译成电文，交到邮局，立刻就能发拍；编辑接到电文后，自己翻译

---

[1] 邓涛：《新华社八十年：中国新闻事业编年史的视角》，《新闻学论集》第26辑，2011年6月。

[2] 新华总社：《在争取新闻的时间性中必须防止的偏向》，1949年7月10日，载中国社会科学院新闻研究所编《中国共产党新闻工作文件汇编》（上），第393页。

完，马上就能付印，保证了新闻的时效性。《大公报》在新闻报道上还有一个特色，就是实行专电、特写、专访和通讯一条龙。在报道一条新闻时，先用快捷简短的专电，在报纸上发布短消息，为的是准确迅速地把新闻告知读者。接下来围绕这条消息，组织具体、详细的专访和通讯。

新闻求快，必然要"抢新闻"，最好是抢到独家新闻。报人顾执中回忆1920年代在上海《时报》采访巡捕房新闻时，每天都面对巨大压力。当时，上海人对盗窃新闻十分重视，如某处发生抢劫案，别的报纸登了你却没登，就被认为消息不灵通，大家不愿意再花钱买这样的报纸，自然会影响到发行和广告收入。要采访盗窃新闻，只能从巡捕房着手，而巡捕房是不愿意把消息泄露给外边的，如遇到性情暴躁的西捕，还会辱骂记者。一些有钱的报社，像《新闻报》、《申报》，便派人跟巡捕房中的电话接线员、翻译、门差及包探秘密接洽。《时报》派顾执中采访巡捕房新闻，却没有那些暗中资助，顾只能在人事关系上寻求突破。借助自己曾经在外人办的机构教华语的经历，顾执中接洽了多名与他有过师生情谊的巡捕房工作人员。从此，每天早上醒过来时，第一件事即把当天的《新闻报》、《申报》和《时报》中的社会新闻做一比较。如发现自己所写的新闻为《时报》独有，便心中感到快慰，立刻蒙头再睡。[1]

谁善于"抢新闻"，谁就具有市场竞争的优势，这种观念在新中国需要政治整合的情境下发生了转变。经过重大新闻统一发布的标准制定，新中国达成了对新闻报刊的有效控制，民营报纸获取信息的渠道越来越窄。1950年春，中宣部和新闻总署共同召集了全国新闻工作会议，会议形成共识：报纸宣传要为党的当前政策服务，新闻"宁可慢些"也要真实，等等。[2] 在此前提下，各地又附加了一些规则，像上海规定，所有新闻的报道，均应采取事后报道的方式，"因事前报道容易失真，且有种种妨碍"。涉及民生问题的新闻报道和文章，尤"应慎重发表"。[3] 在广州，市府及所属各单位所拟公布之重要文件以及需要发布的重要会议、重要措施、政令解释、公告性谈话、工作总结及重要案件的新闻均由市府新闻出版处发布；公告事关重要者，先由主管机关审查，再交新闻出版处送请市长或副市长审查后才能发布。[4]

---

[1] 顾执中：《报人生涯》，江苏古籍出版社，1987，第183-186页。

[2] 徐铸成：《徐铸成回忆录》，第212-213页。

[3]《姚溱在第二次各报负责人座谈会上的报告》，1949年11月9日，上海市档案馆：B37-1-27-3。

[4]《广州市人民政府关于统一发布市府及所属各机关重要新闻的暂行办法》，1950年9月1日，广州市档案馆：179-1950-长久-003，第2-3页。

在采访及发布新闻受限的情况下，民营报纸往往比党报更加依赖统一的新闻发布源。像广州市新闻处1951年共发布公告与公告性新闻129则，党报《南方日报》刊登93则，民营的《联合报》刊登117则；新闻处其他非重要公告及公告性新闻用"本报讯""本市讯"发给各报参考的，共计316则，《南方日报》只刊登91则，占总量的28.7%；《联合报》则刊登了163则，占总量55%，远远高出党报刊登比例，[1] 可见当时的民营报纸消息源逐渐窄化。

四、自我审查机制的确立

自我审查，一般指媒介组织对新闻生产进行的自我施压、自我监管或自我控制，它"可以被定义为一套编辑加工活动，包括省略、淡化、变形、轻重倒置等修辞手法，以规避来自权力结构的惩罚。"[2]

在市场经济情况下，自我审查主要源于政府的规制、市场的压力和受众的舆论倾向，这三者的相互制衡尚能给媒介自我审查一定的突破空间。但在市场经济不发达，政治高于一切的社会阶段，舆论公开化程度低，媒介对应的压力几乎只来自一个方向，那就是行政管理部门的态度。新中国初期的民营报纸就是面对这种情况，那个时候的自我审查只有一个目标：确保政治正确。毕竟在每一场预示着潮流的革命或运动中，往往随波逐流才是"活下去的一种办法"[3]。

（一）对新社会话语范式的体认

共产党的话语范式，解放后成为新社会的标准话语。哲学家冯友兰曾记述因不熟悉这种话语所带来的烦恼。北平刚解放时，冯友兰担任清华校务委员会主任，校务委员会发出通告，让愿意留下来的教授登记。吴晗当时在解放区，没有登记，等人回来时，会计课见登记表上没他的名字，便不发给他工资。吴

---

[1] 广东省新闻出版处：《1951年新闻出版工作总结报告》，1951年12月27日，广东省档案馆：307-3-6-15~20。

[2] Chin-Chuan Lee,"Press Self-Censorship and Political Transition in Hong Kong", Harvard International Journal of Press/Politics, 3（2），1998, 55-73。转引自张志安、陶建杰：《网络新闻从业者的自我审查研究》，《新闻大学》2011年第3期。

[3] Qtto Kircheimer, "Confining Conditions and Revolution-ary Break – throughts", American Political Science Review，59.4：974（December 1965），《美国政治学评论》，1965年12月59卷，第4期，第974页。转引自魏斐德《红星照耀上海城：1942—1952》，第1页。

晗就在一次会议上说：清华规定，凡从解放区回来的人要"登记"。在新的话语范式中，"登记"是指政治上或其他方面有"问题"的人以文字形式认可自己的"问题"，吴晗有关"登记"的消息一传开，人们便说，清华认为去解放区的人有"问题"，最后竟招来了文管会的查问。还有一次，学校发不出工资，教授中有人要冯友兰去催，冯先生听了很生气，说我在这里是办学，不是讨饭。一位教授说他是"思想"问题。冯先生说："我当时心里想，我搞了几十年哲学，还不知道什么是思想？后来才知道，解放以后的所谓思想，和以前所谓的思想并不完全一样。"1949年4月29日，清华大学校庆，周恩来派人来问冯友兰有什么"意见"。冯以为"意见"就是对国家大事"拾遗补阙"，他便说没有什么"意见"。后来才知道"意见"一词含义甚广，希望和要求也可以作为"意见"提出来。冯友兰说："如果我当时有这样的了解，我就会向总理提出，请他把我调离清华，因为我当时觉得，我在清华处境很困难。"冯友兰举上述例子的目的，是想说明知识分子刚同新政权接触的时候，"虽然说的都是一样的字眼，可是各有各的了解，往往答非所问"。[1]

冯友兰对新的话语范式的困惑恰恰是民营报纸感同身受的。其他行业的知识分子，如果不熟悉新的语境，还可以保持沉默。但报纸是要天天出版的，白纸黑字刊登出来，必然呈现出报纸的态度。因此，民营报纸对于话语变迁以及政治上的对错认识，有着更深的体会。

在新中国刚刚成立的最初几年，由于社会环境错综复杂，即便是与政治无关的新闻失实，往往也会被牵扯到敌我斗争中来。1950年11月1日，上海的《大报》在读者之声栏目中登载了上海启明中学（实为启秀中学）两位教师患有严重肺病影响学生健康一文。[2] 经查明，该文属于失实报道。据《大报》事后检讨称，在接到读者来信后，先审阅了内容，删除了两位教师的姓名及部分过火的字句，并没有调查事情的真实情况。又因承印报纸的印刷厂搬过家，原稿不见踪影，无法追查来信人的情况。[3] 以往类似情况，在《大报》的一众小报文人看来，或可是粗枝大叶的毛病，但在校方以及新闻主管部门眼中，稿件中两位被触及的教师"是最积极最进步的，问题本身显系歹徒破坏阴谋"，如不能

---

[1] 冯友兰：《三松堂自序》，第115-116页。
[2] 上海市人民检察署：《关于上海大报1950年11月1日新刊消息与事实不符请上海市人民政府新闻出版处查明办理的函》，1951年1月10日，上海市档案馆：B35-2-68-8。
[3] 上海大报社：《关于检讨刊载不正确消息的呈》，1951年2月10日，上海市档案馆：B35-2-68-18。

追索稿件来源,"报社本身难免有串同破坏之嫌"[1]。启秀中学事件尚未处理完毕,1951年2月28日,《大报》又出现一例严重的政治性错误。该报第五版报头旁刊载的标语,应为"坚决解放台湾,肃清美帝在华侵略势力",竟错植成"坚决侵略台湾"。尽管《大报》迅速做出检讨,并许诺"坚决保证以后不再发生错误"[2],但在新闻主管部门看来,《大报》"所犯此类文字上的错误已非一次",此次"尤具有严重的政治上的意义,对于人民新闻事业,态度太不严肃,且可能为反动派作为反面宣传的材料,影响甚坏",《大报》再遭书面警告并通报全市各报的处分,[3] 华东军政委员会新闻出版局的复核意见还着重强调《大报》应制定出审稿校样的制度。[4] 自此之后,《大报》显然吸取了教训,类似文字上的错误在现存档案中未曾再现,但对政治气候的把握还是不够成熟。1951年5月4日,该报港闻一束专栏刊载元朗(包天笑)写自香港的消息,内称"流氓头子杜月笙,原居香港,忽于4月23日飞往台湾,原因不详"[5]。此系包天笑转引自香港报纸的消息,实属误传。《大报》未经核查即行刊登,这在过去是典型的小报所为,但在新社会,此举却是惹火上身。此时正值中国银行改组,杜月笙、陈光甫、张公权、宋汉章、李铭等在香港的金融巨子,都是中国银行的商股董事,中央出于统战工作的需要,特地派人赴港,邀请他们返京参加改组会议。此事最终由杜月笙拍板,商股董事们各自出具委托书,委派代表赴京参加会议。杜月笙此一亲共行为,对新中国的统战工作意义非常,史称"中行事件",曾令蜗居台湾的蒋介石大怒。《大报》此时不明就里刊载"杜月笙赴台"的不实消息,其错误性质非同小可。这一次,《大报》又被处以警告,并通报上海市各报。[6] 事情并未完结。断章取义的"小报"习惯再次令《大报》陷入政治禁区。"查大报于(1951年)10月7日刊载'斯大林关于原子武器答真理报

---

[1] 上海大报社:《关于检讨前刊载消息与事实不符问题及处理经过的报告》,1951年2月28日,上海市档案馆:B35-2-68-29。

[2] 华东军政委员会新闻出版局:《关于大报所刊标语有严重错误拟定处分办法事项的批复》,1951年3月3日,上海市档案馆:B35-2-68-56。

[3] 上海市人民政府新闻出版处:《关于大报所刊标语发生严重错误的通报》,1951年3月8日,上海市档案馆:B35-2-68-54。

[4] 华东军政委员会新闻出版局:《关于大报所刊标语有严重错误拟定处分办法事项的批复》,1951年3月3日,上海市档案馆:B35-2-68-56。

[5] 华东军政委员会新闻出版局:《关于上海大报"港闻一束"与事实不符、已予警告处分并通报各报、请予核备的呈》,1951年5月18日,上海市档案馆:B35-2-68-65。

[6] 华东军政委员会新闻出版局:《关于上海大报"港闻一束"与事实不符、已予警告处分并通报各报、请予核备的呈》,1951年5月18日,上海市档案馆:B35-2-68-65。

记者问'的稿件，将原文第二答擅自删除，致全文意义残缺不全，犯了严重的政治错误。为使其后有所警惕，改正错误，已给予警告处分，并着其深刻检讨，保证今后不重复同样错误。特通报全市各报，希即引起警惕。"[1] 这已是一年内《大报》遭遇的第四次警告处分。三个多月以后，这张尚能保持盈亏平衡，且发行量超过两万份的民营小报，在行政命令下，并入另一张民营报纸《亦报》，结束了仅仅两年半的历史。

新中国初期，报纸印刷还停留在铅字排版的技术水平上，错别字或错植现象非常多。若是国共政争时期，"开天窗"的情形经常发生，错植更容易含混过去，但在新中国，情况已全然不同。1951年1月11日，广州《新商晚报》第一版刊登"工商联辅导委员会座谈易货进口联保"的消息，开头的两行错植为"广州参加过国民党、三青"这些字。在广州市新闻出版处看来，这是该报"编辑方针把握不定，文字的技术水平不够"所致。该报"社会新闻的报导有一部分仍未能掌握政策，副刊内容缺乏积极性的教育宣传，仍有多少低级趣味的存在，且文字技术太差。校对上也有很大的缺点，时有错植"。鉴于《新商晚报》上述不能容忍的错误，新闻处认为"不能让它这样拖下去"，"过去我们曾经建议请总署劝令该报自动停刊，目前该报的困难情况，比前更加严重"。[2]

铅字错植很可能导致报纸停刊，这种心理暗示对民营报纸的震慑力十分巨大。1951年4月22日，《文汇报》第一版转载《人民日报》题为《加强在城市中镇压反革命的工作》一文漏列"镇压"二字，在接到了许多读者函电质询之后，《文汇报》除勒令副总编辑柯灵、总编辑室秘书黄立文作了书面检讨，立刻提出"消灭错字人人有责"，"彻底消灭错字、对革命负责"，"不许本报版面再有污点"等口号，号召全体工作人员把错字当作敌人来消灭。[3]

尽管所有报纸都会像《文汇报》那样小心翼翼，但错植事件还是导致哈尔滨的一张民营报纸停刊。被停刊的系《建设日报》。1951年5月17日，该报刊载"总工会号召职工协助政府镇压反革命"的稿件，将"我们工人阶级不但拥护政府镇压反革命"一句之"但"字印成空白。事后，《建设日报》称是铅字折断所致，在送报的时候，将印有"但"字之报纸数百份发行道里区（党政机关

---

[1] 上海市人民政府新闻出版处：《关于上海大报因删载斯大林谈话给予警告处分的通报》，1951年11月22日，上海市档案馆：B35-2-68-76。

[2] 广州市人民政府新闻出版处：《请示处理广州新商晚报由》，1951年1月16日，广州市档案馆：179-1951-长久-041，第89-92页。

[3] 上海文汇报：《关于呈送1951年4月22日刊载"加强在城市中镇压反革命的工作"一文中遗漏"镇压"二字检讨及处理情形的报告》，1951年4月27日，上海市档案馆：B35-2-67-26。

所在地），其余报纸发行其他区域（共发行1400余份）。主管部门据此情形，认为是该报有意进行反革命宣传。[1] 经请示上级，1951年6月8日，由文教局、劳动局、公安局、法院及市总工会联合行动将《建设日报》查封。[2]

自此之后，民营报纸对错误的体认也开始升级，认错更主动，语言更激烈。1951年8月5日，《新闻日报》第五版新闻画刊刊载《中朝人民的战斗友谊》，其中一篇歌颂志愿军特等英雄关崇贵的诗句，由于拼接错误，将讽刺美军的两句打油诗跟在了歌颂英雄的诗句后面，变成了"这天英雄关崇贵，坚守阵地有功绩"，"后面紧跟着督战队，谁不上前就枪毙"。《新闻日报》在事后检讨中，用了"使亲者痛，仇者快，实属无可饶恕"[3] 来表现自己的痛悔之情。

对此类事件的处理，报纸越来越动真格。1952年2月15日，《大公报》在第四版刊登"要求政府枪决王康年"的新闻，将"志愿军家属要往前方给自己的亲人捎去亲切的声音"中的"亲人"刊登为"敌人"。与此次报道有关的记者谭家昆、采访课负责人唐振常、编辑邵基良、副编辑主任刘克林均被警告处分。[4]

其实错误并不唯独民营报纸有。国字号的新华通讯社仅从1951年7月1日到9月19日的错误更正，共计106处。其中编辑部应该负责的47处，来稿错误59处。编辑部的错误中，有些是比较大的，如将"延安市工商界三天内捐献了一亿多元"错成"捐献了一亿多万元"，将"同业公会"错成"同业工会"，将"驻日美军士兵因不愿到朝鲜前线打仗"错成"驻日美军第七兵团不愿到朝鲜前线打仗"；外来稿件中明显的错误，如"开罗宣言"错成"开罗公约"，"台湾民主自治同盟"错成"台湾自治同盟"；译电与校对工作，也发生了一些比较严重的错误，如将波兰"三年计划"错译为"三十年计划"，"西沙群岛"错译为"西洋群岛"，"章伯钧"错译为"张伯钧"，将中国人民解放军"二十四周年"误校为"二十周年"，"金日"误校为"金目"。同样是国字号的《人民日报》情况也不乐观，仅1951年8月份即在小样上检查出错误共263处，其中政策性的错

---

[1] 东北人民政府文化新闻处：《关于哈尔滨公报、建设日报问题的批示报告》，1951年5月，哈尔滨市档案馆：XD48-1-2-152~153。

[2] 佚名：《关于建设日报案件的消息报道》，1951年6月，哈尔滨市档案馆：XD48-1-3-23。

[3] 新闻日报社：《关于八月五日新闻日报"新闻画刊"所刊诗句发生严重政治性错误的报告》，1951年8月20日，上海市档案馆：B35-2-66-9。

[4] 上海大公报编辑部：《关于"要求政府枪决王康年"中报道错误的检讨》，1952年2月，上海市档案馆：B35-2-65-37。

误2处，引语错误43处，题文不符17处，发稿重复3处，用词不当66处，暴露机密3处，滥用简词44处，与事实不符61处，文法不通30处。出报以后，检查出的错误共15处，其中题文不符的1处，发稿重复的1处，暴露机密的1处，滥用简词的3处，与事实不符的8处，文法不通的1处。[1]

上述统计是在1951年下半年做出的。早在一年多前，也就是在开国大典前后，《人民日报》所犯错误更为离谱，如将中央人民政府主席写成"中央人民政府委员会主席"，把最重要的《中央人民政府公告》安排在版面次要位置，初次发表的国旗图样说明、国歌歌词和曲谱，竟然也都排错。毛泽东明确讲："你们学学《大公报》嘛，你们有点像《大公报》我就满意了。"[2] 为了把过去《大公报》的经验用到办《人民日报》上来，时任上海解放日报社社长的范长江也被紧急调来北京，担任人民日报社社长。那个时候上海新闻出版处的《简讯》，几乎期期都能找到其他各报的错误，包括《解放日报》在内，唯独《大公报》在最初一段时间里不断受到《简讯》的表扬。对它挑选和使用新华社提供的新闻稿，都给予表扬，说它选稿政治敏感，有眼光。[3]

但所谓的《大公报》奇迹注定没能维持下去，尤其到了1952年初该报经济最困顿时期，政治上的危机也同时到来。1952年2月22日，《大公报》一版择引《新华日报》的"奸商赵金峰竟向解放军猖狂进攻"新闻，文中涉及三野七兵团及其所属各军番号，被定性为泄露国防秘密。[4] 令新闻主管部门恼火的是，稿件见报的前一晚，《解放日报》曾派人打电话给《大公报》，叮嘱"南京新华日报登的华东军区三反报道各稿，今天不要登"[5]，《大公报》非但内部传达不到位，还自己增加了一些材料，所谓泄密内容即是出现在自撰部分。9日，未能及时传达新闻主管部门的意见，抢发了大来照相馆的消息；12日，在未送交

---

[1] 范长江：《关于如何在新闻出版机关中进行消灭错误运动向胡乔木的报告》，1951年10月19日，载中国出版科学研究所、中央档案馆编《中华人民共和国出版史料（1951）》，第373-375页。

[2] 转引自杨奎松：《新中国新闻报刊统制机制的形成经过——以建国前后王芸生的"投降"与〈大公报〉改造为例》，载韩钢主编《中国当代史研究（二）》，第70页。

[3] 新闻出版处编印：《简讯》第10、12、13期，1950年7月2、6、7日；转引自杨奎松：《新中国新闻报刊统制机制的形成经过——以建国前后王芸生的"投降"与〈大公报〉改造为例》，载韩钢主编《中国当代史研究（二）》，第70页。

[4] 上海大公报编辑部：《关于报道严重泄密错误问题的检查报告》，1952年2月23日，上海市档案馆：B35-2-65-28。

[5] 王芸生：《关于"奸商赵金峰竟向解放军猖狂进攻"泄露国防秘密的检讨》，1952年2月22日，上海市档案馆：B35-2-65-22。

上海市节约检查委员会审查的情况下,刊载了"人民银行上海分行坦白检举大会"的新闻,被指抵触相关指示,编辑主任孔昭恺以及副总编辑李纯青当天即提交了书面检讨[1];15日,在第四版刊登"要求政府枪决王康年"的新闻,将"志愿军家属要往前方给自己的亲人捎去亲切的声音"中的"亲人"刊登为"敌人"。[2]一个月连续发生五次严重的政治错误,且发生时间如此密集,不能不让《大公报》高度紧张。《大公报》用"提高警惕,认真负责,严肃纪律"[3]来强化稿件的把关,不仅以书面形式向编辑、记者开列不能刊登消息等事项,还规定了稿件审阅及请示办法,要求"层层注意,分清责任,如有错误,负责者应受处分"。[4]

1951年3月19日,《文汇报》第三版报道科技工作者欢迎志愿军代表大会,将会上所做的形势报告中未经中央公布的政策决定一并刊出,造成泄密错误;第二天,《文汇报》第二版刊载朝鲜战争中李承晚的一士兵被俘后立功赎罪的消息,副标题是"昨天还是杀人强盗,今天已成解放战士",被指比拟失当,有失对于解放军战士应有的尊敬,造成恶劣影响。针对这两次错误,《文汇报》开门见山地承认:"这些错误的发生,充分显示了我报编辑部部分工作人员政治水平的低下,在工作上则存在纯技术观点及粗枝大叶作风,没有建立对读者认真负责的严肃态度,而编辑部负责同志又未能发觉及时纠正,致形成政治上的重大损失。"[5]1951年4月22日,当《文汇报》发生把《加强在城市中镇压反革命的工作》漏列"镇压"二字后,该报彻底放弃了凭借道歉技巧谋取过关的方式,开始细致研究改进工作、防止错误的方法。譬如成立小组草拟奖惩办法,拟定严格的错误循环检查表,建立分层负责制度,等等。[6]

可以说,正是一次次错误,让民营报纸逐渐领会了新社会的话语范式,并

---

[1]《孔昭恺的检讨》,1952年2月12日,上海市档案馆:B35-2-65-32;另见《李纯青的检讨》,1952年2月12日,上海市档案馆:B35-2-65-35。

[2] 上海大公报编辑部:《关于"要求政府枪决王康年"中报道错误的检讨》,1952年2月,上海市档案馆:B35-2-65-37。

[3]《李纯青的检讨》,1952年2月12日,上海市档案馆:B35-2-65-35。

[4]《李纯青的检讨》,1952年2月12日,上海市档案馆:B35-2-65-35。

[5] 上海文汇报馆编辑部:《关于报道发生政治错误的检查报告》,1951年,上海市档案馆:B35-2-67-1。

[6] 上海文汇报:《关于呈送1951年4月22日刊载〈加强在城市中镇压反革命的工作〉一文中遗漏"镇压"二字检讨及处理情形的报告》,1951年4月27日,上海市档案馆:B35-2-67-26。

晓得了禁区莫入的道理。民营报纸开始自觉地将"纯技术"的"专家思想"与"重政治"这两种办报观点加以比较,最终强化了"政治性"的重要。而光有上述认识还不够,如何在结构设计上避免错误的发生,这才是考虑问题的真正重点。

(二) 从思想改造到人事整编

如果靠民营报纸自身的经验,建构起一套保障信息安全的模式,是有困难的。毕竟民营报纸的成长主要依托市场竞争环境,那种与生俱来的所谓"资产阶级办报思想"并非自身能够剔除。新政权对此心知肚明,一开始就用外力予以帮助。首先是用人方面的过滤。执政党对从旧新闻工作者的选用异常谨慎,到1950年底,在全国6700余名编采人员中,曾经在旧中国新闻机构服务两年以上的不足800人,仅占编采总人数的12%。[1] 此外,在接管城市之初,还再三强调对新闻从业人员的培训和改造,如1949年1月在上海成立的华东新闻学院就以社会知识进步青年和部分旧有从事新闻工作的人员为招收对象,课程以政治学习为主,学习目标是改造思想,训练新的适合新闻工作的从业者。

在所有的策略中,对民营报纸影响最大的是那场以知识分子思想改造为主题的运动。这场运动尤其在民营报纸集中的上海,引发了民营报纸的根本性变革。

就思想改造运动而言,毛泽东早在1949年10月23日《论人民民主专政》中已经提出,并在1951年10月的政协一届三次全会上宣布其与抗美援朝、爱国增产节约同列为"三大任务"。上海新闻界的思想改造从1952年8月21日开始,《新闻日报》、《大公报》、《文汇报》、《新民报》、《亦报》的编辑、经理两部共566人参加,其中编辑部门人员356人。[2] 根据《上海新闻界思想改造运动学习计划(草案)》要求,党报和公营报纸并不在改造之列,那么,这场运动的指向非常明显,就是针对民营报纸而来。[3] 思想改造的首要步骤是展开以问题为中心的对事不对人的普遍揭发,尽量揭发一切受资产阶级思想影响的事例,并与

---

[1] 方汉奇等主编《中国新闻事业通史·第三卷》,中国人民大学出版社,1999,第53页。

[2] 陈虞孙:《上海新闻界思想改造运动学习计划(草案)》,1952年12月13日,上海市档案馆:A22-1-47。

[3] 上海市委宣传部:《上海新闻界思想改造总结》,1952年12月13日,上海市档案馆:B36-1-14。

之划清思想界限。[1] 这样一来,许多过去被民营报纸视为惯常的内容与方法,都在检讨并剔除之列,包括:报纸的"独立性"以及报人的超脱地位,讲究形式主义的作风,"有闻必录"的客观主义,为抢先抢快而牺牲报道的真实性,脱离实际"专家办报"的方针,把谋取个人利益作为主要目的的个人主义,缺乏政治责任心和违反组织性、纪律性的自由主义,个人逞能逞强的个人英雄主义,得过且过、敷衍应付的雇佣观点,等等。[2]

思想改造会达到怎样的效果?不妨从剧作家曹禺1952年5月24日在《人民日报》发表的文章着手,他说:"古人有一句话,'贫无立锥之地'。我今天才明白一个人在精神领域中到了'贫无立锥之地'的当口是多么痛苦。……我明白我的精神领域里原来并不止于贫乏,那是一个好听的名词,一个旧知识分子在躲闪无路时找到的一个遮丑的遁词。实际上,在我的思想意识里,并非是如以往自命的那样进步,那样一心追求着真理和光明。我的仓库里有一大堆不见阳光的破铜烂铁,一堆发了霉味的朽木。……一个出身于小资产阶级、没有经过彻底改造的知识分子,很难忘怀自己多年来眷恋着的人物、思想和情感,像蚂蚁绕树,转来转去,总离不开那样一块黑乌乌的地方。"[3] 这就是思想改造的典型效果:否定自我、否定既往。上海新闻界的思想改造也不可能溢出这样的框架。当为时两个月的学习动员接近尾声时,每个人都做了"全面检查与交代"。为这次运动而开办的内部刊物《学习》,每期都刊出各报检举的大量事例,诸如,"把人民日报头条新闻照抄一番,发成本报专电"的"盗窃性行为";"组织整版广告,还奉送宣传文字,内容不惜违反政策,甚至泄露机密,以迁就私商";"搞廉价倾销"的"不正当竞争";刊登"乱捧旧艺人的黄色内容";"争着采访封闭妓院,动机不纯";等等。[4] 在个人检讨中,"把报纸当商品,把读者当顾客"的"资产阶级经营思想","有闻必录的客观主义","追求版面的形式主义","标榜新闻独立"、"超阶级"、"超政治"的"自由主义","严重的个人主义名利思想"等话语模式屡见不鲜。

---

[1] 上海市委宣传部:《上海新闻界思想改造总结》,1952年12月13日,上海市档案馆:B36-1-14。

[2] 孙葵君:《记忆深刻的两次运动》,载《文汇报回忆录1:从风雨中走来》,第117-118页。

[3] 曹禺:《永远向前——一个改造中的文艺工作者的话》,《人民日报》1952年5月24日。转引自于风政:《改造》,第256页。

[4] 转引自张济顺:《从民办到党管:上海私营报业体制变革中的思想改造运动——以文汇报为中心案例的考察》,载韩钢主编《中国当代史研究(一)》,第72页。原载《学习》第2—8号,1952年,上海市档案馆:A22-2-1550。

为什么一次思想上的改造引发参与者如此激烈的自我评判与相互揭发？归根结底，这场改造改的不仅是思想，更重要的是改人，也就是牵扯到机构与制度改革，乃至人事的安排与调整。如果从最后人事整编的结果回推，就可以理解为何思想改造演变成一次"揭丑"。就最终结果来看，北迁天津与《进步日报》合并的《大公报》和并入《新民报》的《亦报》共有编余人员289人，其他各报调整人事机构的编余人员约100人，[1] 民营报纸编余待转业总人数约390人，占据参加思想改造总人数566人的一半以上。虽然政府承诺对编余人员"包下来"，但未来去向在哪儿？每个人心中不免忐忑。经此一役，那些最终留下来的人，其民间报人的精神气质也必然发生蜕变而归于沉寂。

这次由思想改造"始"而人事整编"终"的运动，对于民营报纸的冲击是巨大的。因为它不只是整顿组织、纯洁队伍那么简单，而是涉及人事制度的根本性变革。从此，决定报人职业命运的，"不再是市场操控下的自由竞争和自主择业，而是权力指挥下的组织调动。从自由职业者向国家干部的身份转变，标志着上海私营报业的报人们从党管国办的体制之外踏入了体制之内"[2]，从自由身份变成了有组织的人，自身命运完全受制于组织的评定。这种体制下，个人不得不做自我审查，以符合组织的期待。

（三）把关人及把关结构的出现

思想改造获得成功的另外一个原因，是让民营报纸的首脑人物"以身作则，带头学习"。各报负责编辑工作的党外人士全部被安排进华东学习委员会上海新闻界分会，《大公报》的王芸生、《新闻日报》的金仲华、《文汇报》的徐铸成、《新民报》的赵超构分别列为各报学习支会的主持人，由是，他们既要评判自己，又要评判别人，分寸稍不恰当，就会引火上身。

以王芸生为例。他的第一次自我鉴定是在1952年9月13日的小组会上，开篇即检讨自己"主导思想是半封建半自由主义的诤臣思想"：16岁起入小茶叶店、布店、木行等做学徒，受的都是封建式教育。喜跑旧书摊，买到一部梁启超文集，即爱不释手，后来又读了孙中山的集子，更倾向于半封建式的自由主义。成名以后，愈发欣赏"立德、立功、立言"的古训，尤其被召集到庐山给

---

[1] 上海市委宣传部：《上海新闻界思想改造总结》，1952年12月13日，上海市档案馆：A22-1-47。

[2] 张济顺：《从民办到党管：上海私营报业体制变革中的思想改造运动——以文汇报为中心案例的考察》，载韩钢主编《中国当代史研究（一）》，第84页。

蒋介石讲解日本问题之后，更是以"诤臣"、"国士"自居。后来到解放区，仍站在客卿立场，认为是"良臣择主而仕"。自此，他的自我鉴定结果是："解放前我是人民的敌人，三年来也未曾改造"，"我真是惭愧，惭愧得汗颜无地；我真是沉痛，沉痛得想痛哭一场"。[1] 显然，王芸生这种排列语言的娴熟技巧并不适合面对面的批判性斗争，小组会上，立刻有人指出他的沉痛之感毫无来源。王芸生随后陷入内心的折磨，平均每天只能睡4个小时左右。他即将面对的是更严峻的考验：小组会上的检讨都是铩羽而归，偌大的报馆将酝酿着怎样的暴风骤雨？9月24日，是王芸生的第二次自我鉴定，他要向全报社做检查。这次，他给自己扣了个人主义、自由主义、形式主义、本位主义、官僚主义五顶帽子。他痛陈"三年来我的工作错误和作风，都由自私自利的个人主义、自高自大的自由主义，以及好大喜功的好名思想这一主导思想派生出来"。他检讨把《大公报》搞成这个样子，是"因为名大实空，所以专搞形式主义；因为大公报这个地盘是我个人主义好名思想的舞台，所以坚持大公报本位主义；因为我有自私自利的个人主义，就自然结合着资产阶级办报思想；因为我名不符实，就不得已而实行官僚主义的领导作风"。[2] 王芸生这一次的自我"扣帽"，虽然有群众认为"态度欠严肃"，但在思想改造的组织者那里，却给予了肯定。上海新闻界学习分会在评论王芸生的表现时称："他初步认识到自己一套办报经验已不行了"，"旧大公报自高自大的传统与旧的一套办报思想已得到清算；王芸生个人的骄傲自负及其反动思想已受到打压；经过这次思想改造，王芸生以后对报馆工作可能比较负责，对处理新闻及事务，对写文章及演讲，可能比过去小心谨慎，虚心接受意见，会学习走群众路线，减少独断独行"。[3]

经此一役，解放前秉持忠言逆耳之"诤臣"思想的王芸生真的变得小心谨慎。《大公报》越来越中规中矩，与民营报纸的"独立"传统渐行渐远。在这次思想改造中，《文汇报》徐铸成的思想转变也是出人意料的。他痛批自己"充满了'资产阶级的唯利是图'以及'投机取巧的作风'"，存在"小资产阶级的'超阶级'、'超政治'的错误思想"，"一切为了满足自己的名利和地位"。[4] 徐铸成的这番自我鉴定获得了一般同志的认可，"徐以过去情形来看，今天能作

---

[1]《新闻界思想改造情况》（十九），1952年9月30日，上海市档案馆：A22-2-1551。

[2]《王芸生同志的思想检查》，华东学习委员会上海新闻界分会办公室编《学习第九号》，1952年9月24日，上海市档案馆：A22-2-1550。

[3]《新闻界思想改造情况》（廿一），1952年10月13日，上海市档案馆：A22-2-1551。

[4]《徐铸成同志的思想检查》，华东学习委员会上海新闻界分会办公室编《学习第九号》，1952年9月24日，上海市档案馆：A22-2-1550。

这样的检查,是很不容易,是放下架子面子的,经过了激烈思想斗争的"[1]。在徐铸成的回忆录中,他将解放后最愉快的办报时光定格在1956年《文汇报》复刊,而绝少提到新中国成立初年的报业实践,可见他对这段历史不愿过多触及。这是他新闻生涯的一个断裂期。

从上述结果来看,思想改造运动不仅仅是清算资产阶级新闻思想,树立无产阶级新闻观的过程,它更是起到了约束新闻人言行,建立自我审查机制的作用。尤其对民营报纸领军人物的改造,"自下而上"的阶级斗争策略,挫伤了他们曾经自我认同的"敢言"、"建言"的锐气,让他们自发地隔绝于以往的"同人"传统,成为新闻管控机制中的重要"把关人"。

经过思想改造运动之后,越是那些曾经激进的民间报人,越表现出超出常人的审慎。比如解放前曾经担任过十家报纸总编辑的冯英子,在1957年储安平《党天下》的文章传到上海那天,正是他在《新闻日报》值夜班。同一天,印度尼西亚的足球队来上海比赛,冯英子把这条新闻作为一版的头条,并且把每一位队员的头像制了版,也在一版发表,而把储安平那篇文章放在三版下角。第二天,《文汇报》把储的文章做了一版头条,《解放日报》虽然未做头条,也放在一版。这一下,《新闻日报》编辑部舆论大哗,当天在贴报栏上贴了冯英子不少大字报,责问他为什么不把储的文章放在一版,而当天的编前会上,冯英子更成为众矢之的,有的编委对他拍台拍凳,大张挞伐。冯英子解释说储的文章很有片面性,不宜放在一版,没有别的理由。也是这个时候,编辑部收到了新华社发的葛佩琦的言论,葛说没有共产党也不会亡国。有一位编辑看了之后,大声叫好,把它推荐给冯英子。冯看了之后认为倘若没有共产党,不积极抗战,是可能亡国的,所以不主张登这个稿件。后来储安平和葛佩琦,都成了大"右派",这倒是冯英子始料所不及的了。[2]但这一事例至少说明,政治性已成为早前民间报人择取新闻的首要标准。

除了民营报纸自上而下逐渐形成的"人"的自我审查,在机构设计方面,也越来越倾向于党报模式,建立起复杂的管理体系。提及党报的管理体系,《解放日报》很有代表性。在1949年9月,《解放日报》即营造了庞大的组织结构。该报当时共有530名员工,其中不包括递送股的3名职员、8名特差及125名报差。[3]如此庞大的组织机构是建立在垂直多层管理基础之上的。以编辑部为例,

---

[1] 《新闻界思想改造情况》(十八),1952年9月25日,上海市档案馆:A22-2-1551。

[2] 冯英子:《劲草——冯英子自传》,第366-367页。

[3] 解放日报社:《组织系统表》,1949年9月23日,上海市档案馆:A73-1-9-17。

该报政治组组员10人，设组长1人；国际组组员9人，设组长1人；工业交通组组员18人，设正副组长2人。其他各部门格局大致如此。更能体现这种多层管理结构的是《解放日报》附设的《青年报》及《劳动报》。《青年报》只有25名员工，有职务的达到8人；《劳动报》总共29人，有职务的10人。[1] 而这些部门之上还有总编室，总编室之上又有编委，编委之上又有总编辑和社长。

表 7-2：解放日报组织结构图（1949 年 9 月 23 日）[2]

社长 副社长	经理室	稽核科　出纳科　会计科　材料科
		印务部	切纸装订房　小印刷房　纸版房　铅版房　浇字房 机印房　排字房
		广告部	
		发行部	本埠发行课（下设递送股和分区发行所） 外埠推广课
		总务科	司务股　勤务股　警通班　司机股　零件股 供应股（下设伙食房）
	秘书室	文书科	收发处
		人事科	
	总编辑室	校对组　摄影组　农村组　舆图组　资料组　政治组　财经组 国际组　文艺组　文教组　口语广播组　社会服务组 工业交通组

表 7-3：解放日报编委分工（1949 年 12 月 6 日）[3]

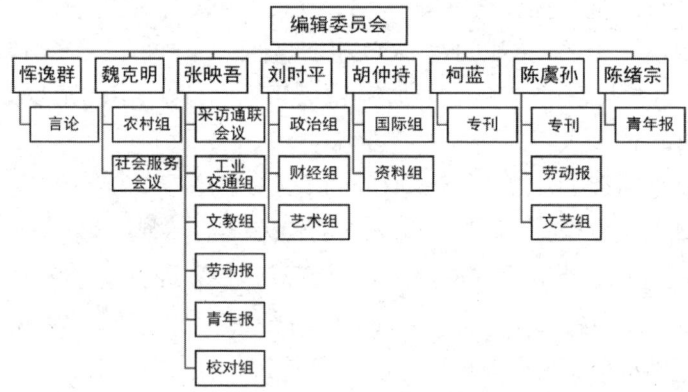

---

[1] 解放日报社：《人员编制及待遇统计表》，1949年，上海市档案馆：A73-1-9-18。

[2] 解放日报社：《组织系统表》，1949年9月23日，上海市档案馆：A73-1-9-17。

[3] 解放日报社：《编委分工业务领导》，1949年12月6日，上海市档案馆：A73-1-9-22。

若是以往，党报如此繁复的组织结构正是民营报纸所排斥的，因为这不仅意味着成本增加，同时也带来效率的降低。但在逐渐适应了新社会的运行机制之后，尤其是民营报纸自身也完成了公私合营转制，保障自身安全成了压倒一切的重心。比较1952年和1957年上海新民报社领导结构的变化，即能感受到曾经的民营报纸已经成为国家体制内的一员。尽管人看似还是老的那些人，但报纸的性格已经和民营那会儿相去甚远。

表7-4：1952年与1957年上海新民报社领导结构对比[1]

1952年		1957年	
社长	赵超构	社长	赵超构
副社长	陈铭德	副社长	陈铭德、程大千
社务会委员	赵超构、陈铭德、蒋文杰、欧阳文彬、曹仲英	社务会委员	赵超构、陈铭德、程大千、欧阳文彬、曹仲英、孙葵君
总编辑	蒋文杰	总编辑	赵超构
副总编辑		副总编辑	程大千、束纫秋、欧阳文彬
编委会委员	赵超构、程大千、唐云旌、张慧剑、梁维栋、钱谷风、欧阳文彬、蒋文杰	编委会委员	赵超构、程大千、束纫秋、欧阳文彬、曹仲英、杨志诚、沈毓刚、张林岚、张慧剑、唐云旌、梁维栋、钱谷风、周珂

一直对社会制度改变保持审慎态度的俄国路标学派认为，如果人只是建筑社会的砖瓦，只是经济过程的工具，那么在这种社会中，与其说是会导致"新人"的产生，不如说是"人"的消亡。因为在此过程中，人失掉了测定的深度，变成二维、平面的、没有精神的生物。在这种情况下人是不存在的，存在的只是社会职能而已。[2] 不能否认，民营报业在从纯粹的民营转向公私合营体制，民间报人在从自由职业者转向国家干部的过程中，自我审查正在从隐性的贬义的，转向常态的正当的。报人已不能称为报人，就像官方的称谓一样，变成了新闻工作者。这已经接近路标学派所指的社会职能对人的替代。

---

[1] 参见《新民报社社务委员会关于经营管理的工作报告》，1954年6月8日，上海市档案馆：G21-1-17-13；《上海新民报社调整内部人事函》，1957年6月14日，上海市档案馆：G21-1-188-10。

[2] 转引自金雁：《倒转"红轮"：俄国知识分子的心路回溯》，第169-170页。

第八章 经济环境对民营报纸的制约

在《共产党宣言》中，马克思、恩格斯设想了最先进国家的治理策略：剥夺地产，把地租用于国家支出；征收高额累进税；废除继承权；没收一切流亡分子和叛乱分子的财产；通过拥有国家资本和独享垄断权的国家银行，把信贷集中在国家手里；把全部运输业集中在国家手里；按照总的计划增加国家工厂和生产工具，开垦荒地和改良土壤；实行普遍劳动义务制，成立产业军，特别是在农业方面；把农业和工业结合起来，促使城乡对立逐步消灭；对所有儿童实行公共的和免费的教育。[1] 上述每一条目，都体现了马克思主义对理想社会的期望：消灭私有制。这首先是一个经济方面的问题。在马克思、恩格斯看来，经济问题是其他一切问题的核心。马克思在《资本论》中谈到这个问题时设计了一种情境："假如对英国教会。你在三十九个信条中攻击了他三十八条倒不要紧，他也许还会原谅你，但若你在他的收入中，夺去了他的三十九分之一，他一定恨你入骨。"[2]

新中国的成立，是以马克思主义为理论依据的，执政党所领导的社会主义改造，以消灭私有制为旨归，基本遵循了马、恩构建理想社会的设想，但也必然遭逢各种冲突。消除西方势力在华利益，没收官僚垄断资本，施行土地改革，赎买民族资产阶级的生产资料，这些个步骤，无处不体现公对私的革命，每一个向面都充满了利益博弈，如同马克思所想象的，"会把人心中最激烈最卑鄙最恶劣的感情唤起，把代表私人利害的仇神召到战场上来"[3]。

民营报纸属于私有制范畴，且因其特殊的意识形态属性，为执政党特别关注。1949年2月18日，中共中央文件要求将当时流行的"民营资本"称谓改为"私人资本"。在这一概念转换中，民营报纸本应依附其中，却被单独提炼出来，

---

[1] 马克思、恩格斯：《共产党宣言》，第49页。
[2] 马克思：《资本论》，上海三联书店，2011，"原著者初版序"第3页。
[3] 马克思：《资本论》，上海三联书店，2011，"原著者初版序"第3页。

与"民营资本"并置,呈现在该文件中,即"今后凡'民营资本''民间报纸'等名称,均应不再沿用,而改称私人资本、私营报纸等"[1]。民营报纸一直自居为民众代言,去掉了"民"字之后,它的位置被放在民众的对立面,成为被改造的对象。从"民"到"私"的一字之改,将民营报纸拖曳进社会主义改造的旋涡之中。其间,资源的分配、渠道的重构、利益的纷攘,一步步改变了民营报纸的面貌。这一情形恰恰印证了马克思的论断:"资本不是一种个人力量,而是一种社会力量。"[2]

一、计划经济下的资源分配

计划经济是社会主义制度的本质特征。19世纪40年代,马克思和恩格斯研究了资本主义的生产方式,在18世纪三大空想社会主义者的思想成果上,创立了科学社会主义学说。其中,用统一的国民经济计划来配置社会资源,组织整个社会的生产、分配和消费,即计划经济的理论雏形。

将"计划经济"作为概念提出的是列宁。他在1906年写的《土地问题和争取自由的斗争》中提到:"只有实行巨大的社会化的计划经济制度,同时把所有的土地、工厂、工具的所有权转交给工人阶级,才能消灭一切剥削。"[3]十月革命胜利后,列宁将理论付诸实践,建立了全世界第一个社会主义政权,并采用了全民所有制和高度集中的计划经济。

1949年成立的新中国虽然以新民主主义开篇,但在立国宏图中,毛泽东明确指出:"不要以为新民主主义经济不是计划经济,不是向社会主义发展,而认为是自由贸易、自由竞争,向资本主义发展,那是极端错误的。"[4]当朝鲜战争结束及国民经济初步恢复后,1952年,党中央按照毛泽东的建议,提出了过渡时期的总路线,此后,通过委托加工、计划订货、统购包销、委托经销代销、公私合营、全行业公私合营等一系列从低级到高级的国家资本主义过渡形式,

---

[1]《中央关于使用"民营"、"民办"、"民间"等字样问题的指示》,1949年2月18日,载《中国共产党宣传工作文献选编(1937—1949)》,第750-751页。

[2] 马克思、恩格斯:《共产党宣言》,第42页。

[3]《列宁全集》第10卷,人民出版社,1960,第407页。

[4]《毛泽东在中央政治局七届二中全会上的讲话》,1949年1月8日。转引自薄一波:《若干重大决策与事件的回顾》(上),第17页。

"实现了马克思和列宁曾经设想过的对资产阶级的和平赎买"[1]。1956年5月,党的第八次全国代表大会宣布,社会主义制度在中国已经基本上建立起来。这句话意味着公有制占绝对统治地位的100%计划经济体制全面实现。

与全中国经济发展同步,新闻出版业的"计划经济"也历经三个阶段,即新民主主义经济时期、国家资本主义过渡时期以及全面进入社会主义制度时期。在第一阶段,"计划经济"主要体现在对纸张等紧缺资源的调配;第二阶段,计划涉及各地区出版事业基数、发行限量等内容;第三阶段,因出版基数大致稳定,计划又回到纸张等紧缺资源方面来,体现为发行数量继续接受宏观调控。因绝大多数民营报纸已在中国宣称全面进入社会主义之前完成改造,"计划经济"对民营报纸的影响主要发生在前面两个阶段。

(一)对纸张的调控

说起对纸张实施"计划经济",并非新中国首创。抗战胜利后,国民党政府即对京、津、沪、汉、穗等大城市的报纸实行配纸制度。由于分配不均,导致纸张黑市泛滥。一些报馆拿到官价纸后即向黑市卖钱,然后做黄金美钞的投机生意,以至于"办报事小,而争报纸配额事大"[2]。以南京为例,每月配纸120吨至130吨,"顶多有一半够用,真正在经营的只有两三家,其余则大多以出卖白报纸过活"[3]。冒领纸张配额的现象屡见不鲜。像苏州有四家对开报:《苏报》、《苏州日报》、《苏州明报》和《大江南报》。其中,《苏报》纸张由国民党江苏省党部供应,其他三家,由早报印刷厂的颜益生去代办,颜却把不曾出版的《早报》也算作一家,分润其中的四分之一。[4]据统计,1948年,中国年产白报纸约6000吨,而进口的白报纸达到6万吨,[5]中国报纸出版靠进口纸维系,而进口纸又操纵在"官倒"和奸商手中。倒卖纸张的生意纯属暴利,花4000万法币购进100吨纸,一转手即可赚6亿法币或22800美元。因官价配纸严重不足,报社不得已要向黑市买纸。[6]日出三大张的南京《中央日报》号称发行10

---

[1] 中共中央文献研究室编《关于建国以来党的若干历史问题的决议注释本(修订)》,第17页。

[2]《配纸制度之废除》,《报学杂志》1948年第1期。

[3]《如何解决纸荒问题》,《报学杂志》1948年第3期。

[4] 冯英子:《劲草——冯英子自传》,第308-309页。

[5]《如何解决纸荒问题》,《报学杂志》1948年第3期。

[6] 马星野:《报与纸》,《中央日报》1947年2月20日。

万份，一半的白报纸要从黑市购入，每日亏损至少1150万元以上。[1] 国民党中央党报尚且如此，一般报纸的困境可想而知。当时京沪报纸，"能以自力毫无问题渡此难关的，仅有一二家。账面有盈余而仍有现金周转的，也只有两三家。此外大部分的报纸都是到了山穷水尽的境地"[2]。

新中国成立后，纸张紧张情况愈演愈烈。1949年3月17日，陆定一写信给周恩来，希望中央拨款解决中小学教科书及报纸出版的用纸问题。信中写道："沪、宁、武汉、平、津等大中城市，估计共每年用纸1200吨，请中央拨给人民币2亿；并每月拨给纸张600吨，拨6个月（3600吨现值3.6亿）。以后即行自给，除缴获之物资及购纸之方便外，不再向中央要钱要东西。"[3] 3月18日，国家副主席董必武对上述请求给出的意见是："我们华北贸易公司资金，积累至现在还只有5亿人民票。一下子拨5.6亿人民票作出版局资金，是吃不消的。为了争取时间，在具体计划未作出前，出版局要作些事，要用些钱，请中央规定一笔款（不超过1000万人民票的范围内）拨交出版局作为预借，俟将来核定出版局增资多少时扣除。纸张问题，首先应调查东北、华北、华东的现产量与能产量，如从外面买，那还要外汇，外汇是我们目前最难解决的问题之一。"[4]

在陆定一与董必武就纸张问题紧急磋商之际，纸张价格已从1949年3月初4000元一令涨至5月11日10000元左右一令，印刷费也约涨一倍，[5] 相当于白报纸价钱比抗战前涨了13000倍，远远高出粮食3000多倍的涨幅。[6]

1949年6月5日，出版委员会在《全国出版事业概况》的报告中谈到，依据目前的需要，初步估计每年报纸的消耗量仅书刊出版部分就要用100万令，合2.5万吨。另外全国各地出版的报纸及地方性出版物，所需用纸量，恐怕要两倍于此数，即全国每年需用的纸张，估计要7.5万吨。自己的新闻纸生产量，初步了解一年最多只有1.5万吨到2万吨。每年需进口或改用土纸的数量要5.5万吨到6万吨，进口纸每吨约需7吨粮食去交换（与苏联交换例子），6万吨纸，就

---

[1] 据马星野《报与纸》一文中所列数据计算。

[2] 沛：《报业的危机》，《中央日报》1948年12月9日。

[3] 陆定一：《关于出版局工作方针等问题致周恩来的请示信及周恩来的批示》，1949年3月17日，载《中华人民共和国出版史料（1949）》，第37-38页。

[4] 董必武：《对陆定一请示信提出的意见致周恩来的信》，1949年3月18日，载《中华人民共和国出版史料（1949）》，第46-47页。

[5] 出版委员会：《第十一次会议记录》，1949年5月11日，载《中华人民共和国出版史料（1949）》，第95页。

[6] 关于出版委员会的报告，1949年11月，载《中华人民共和国出版史料（1949）》，第480页。

要用42万吨粮食。依据东北机器造纸的售价说，每吨约合10吨粮食，本国造纸售价，在目前仍是高过外国纸张。对外国纸张进口，可以实行保护关税政策，让洋纸进口税相对提高，以免洋纸泛滥。[1]然而此次会议后，洋纸虽未泛滥，纸价却继续上扬，1949年11月上半月，纸价已从5万升为7万元，到了11月底，竟涨至一令13万元。[2]一些报纸不得已靠倒买倒卖过活。像《文汇报》即获政府批准，向国外订购1000吨白报纸，纸张进口后再出售以赚取差价。该报复刊后相当长一段时间，就是靠赚取的这笔钱来维持的。但像《文汇报》这样的民营报纸不可能时时得到如此照顾。

因纸资源高度紧张，国家开始对用纸的分配加强计划性，要求各大行政区所需出版用纸数量，由出版行政机关与该区财委会、工业部门联系，尽可能在本区内组织生产或增加生产；同时应本着"增产节约运动"的精神，号召各企业单位尽量撙节用纸；在生产手工造纸的地区，应说服他们使用手工造纸，以减少国家分配新闻纸总平衡量的困难；区内产需不能平衡时，可将全年分季差额量报送出版总署，以转请中央财委会设法调拨他区余额或用进口纸补充。各省市新闻出版处应于每季度终了后根据各出版企业单位所报该季用纸实际数量进行审核，并编制季度用纸核算表，送大行政区出版行政机关汇总报出版总署，各省市出版企业单位自向市场购用之纸张，亦应编入核算表内，以便进行全面统计。[3]这样一来，报纸借以生产的最重要介质——纸张被高度垄断至出版总署，各大区及地市新闻出版部门亦参与到分配环节。在纸张缺口十分巨大的情况下，由政府主导的再分配出现了向公营报纸倾斜的趋向。

在一次新闻出版方面的座谈会上，原《新民报》经理邓季惺说过这样的话："有人说新闻工作中有宗派主义，党报是亲生子，非党报是螟蛉义子，具体表现在采访工作中待遇不平等等等，我认为不仅如此，在纸张配给、增加设备等方面也存在这个问题。文化部分配给《人民日报》的纸张不但量多而且质好，其他报纸就压缩数量，降低质量。"[4]

类似的事情也出现在上海。民营的《大公报》1950年头三个月亏损总额共

---

[1] 出版委员会：《全国出版事业概况》，1949年6月5日，载《中华人民共和国出版史料（1949）》，第120页。

[2] 陆定一、胡乔木：《关于提高书价问题向周恩来的请示报告》，1949年11月28日，载《中华人民共和国出版史料（1949）》，第584页。

[3] 出版总署：《关于1952年分配出版用纸办法的通知》，1951年12月15日，载《中华人民共和国出版史料（1951）》，第428-430页。

[4]《光明日报》1957年5月19日。

计9.1846亿元。按照《大公报》的计算方法，亏损不止于上述数字。由于回款不足以购进纸张，1950年3月底，《大公报》存纸比1949年12月底减少395161磅。按照时价每磅3400元计，纸张亏空总额即达13.4亿余元。[1] 相对比，公营的《解放日报》鲜有出现印刷用纸捉襟见肘的情况。新中国成立伊始，尽管《解放日报》的赔累总数比同城的民营报纸只多不少，但主要亏在打折促销。从现有资料来看，《解放日报》非但未见纸张匮乏，甚至还将白报纸借给《大公报》、《新民报》等民营报纸周转。

民营报纸所获平价纸张配额不足，也可以从广州《新工商周刊》取得证据。该周刊系民营，以报道工商业情况为主，资金绝大部分是从工商界人士集股而来。截至1950年8月31日，共收股本123股，折合人民币5.6036亿元，股本占最多的是10股，最少1股，而持1股的人占大多数。从1950年2月25日创刊至7月底，该报一直亏损，直至8月份开始好转，但因纸价忽涨，刊物成本大增，该刊又因照顾读者购买力，每期由28页增到40页，仍不予增加售价。8月的收支平衡，主要是靠广告收入维持，广告减少即受影响。该刊因此希望政府能给予平价纸张。[2]《新工商周刊》的这一请求说明，政府对民营报刊的纸张配额多有控制。

有关《广州工商》或公或私的界定也与纸张配给有关。《广州工商》周刊由广州市工商业联合会主办并拨付资金，创刊于1953年3月18日，系由经济导报广州分社及《新工商周刊》合并组成。因组成《广州工商》的两家报刊均为民营企业，该怎样确定《广州工商》的经营性质？这件事让广州市新闻出版处犯了难："这一商业性团体的机关刊物，是否应享有公营期刊的待遇？倘确定该刊为公营性质，必须牵涉到今后配纸问题。"[3] 新闻处只好具函向广州市政府征询意见。市政府的回复模棱两可，一方面考虑配纸问题应定为私营性质，另一方面叮嘱慎重处理，继续向上级请示。1953年4月16日，当了解到上海也有一份类似的刊物时，广州新闻处立刻发函予以询问。5月5日，华东军政委员会新闻出版局的回复最终帮助解决了上述难题，回函称："关于上海工商业联合会出版的《上海工商》，我处系列作私营类型。"[4]

---

[1] 上海大公报馆：《一年来业务总结报告》，1950年5月15日，上海市档案馆：B35-2-108-25。

[2]《新工商周刊社情况报告》，1950年8月，广州市档案馆：179-1950- 长久 -12，第77-83页。

[3] 广州市新闻出版处：《就"广州工商"周刊的经营性质询广州市人民政府》，1953年3月20日，广州市档案馆：179-1952- 长久 -123，第91页。

[4]《华东军政委员会新闻出版局的复函》，1953年5月5日，广州市档案馆：179-1952- 长久 -123，第92页。

从上述案例可以看出，国家对垄断资源的再分配存在厚公营薄民营的现象，尤其是最为紧俏的白报纸的平价配给问题，因无法获得与公营报纸同样的配给比例与价格，民营报纸的运营成本有所增加。这种不甚公平的计划调控方式制约了民营报纸的生存与发展。

（二）对报纸总数量的调控

1952年6月，中央财经委员会开始编制1953年至1957年新中国发展国民经济的第一个五年计划。根据国家总的路线方针，1953年2月7日，《出版总署第一次出版建设五年计划（草案）》修订稿出台，按照规划，全国报纸总数将从1952年的282种增至1957年的327种。

表 8-1：出版总署第一次出版建设五年计划（报纸部分）[1]

年份	1952	1953	1954	1955	1956	1957
报纸总数	282	300	305	312	319	327
期发份数（万）	总 884 日刊 369	总 1000 日刊 409	总 1250 日刊 461	总 1400 日刊 520	总 1550 日刊 607	总 1769 日刊 707
印张（万）	151260	172892	217960	245512	272344	311533

在五年计划的第四部分，出版总署详解了报纸业的发展规划。数量方面，再增加工矿、经济作物区报纸30种。

表 8-2：出版总署 1952—1957 报纸总数增加计划分布[2]

年份	总数	中央级	工矿、经济作物区	少数民族区	专区级	市报	其他
1952	282	5	14	16	124		123
1957	355	10	44	24	151	5	123

报纸总数的增加并不意味着品种的同幅增长。出版总署规定，5年内大行政区级报纸除华东者外，都陆续撤消，因调整而停刊的报纸达42种。[3] 出版总署五年计划的这一段要点解释，决定了民营报纸的命运。按照规划，1953年起，不再批准新的民营报纸出版，从此，民营报纸或关闭，或改为公营，或实现公

---

[1] 根据《出版总署第一次出版建设五年计划（草案）》整理，1953年2月7日修订，载《中华人民共和国出版史料（1953）》，第70-71页。

[2] 根据《出版总署第一次出版建设五年计划（草案）》整理，1953年2月7日修订，载《中华人民共和国出版史料（1953）》，第80页。

[3]《出版总署第一次出版建设五年计划（草案）》，1953年2月7日修订，载《中华人民共和国出版史料（1953）》，第80页。

私合营。截至1957年底，民营报纸在新中国彻底消失。

表8-3：全国文教会议核定出版事业基数（上海市报纸部分）[1]

		1952				1953				1954			
年份 总数及印数		总数	新出	总印数	总印张	总数	新出	总印数	总印张	总数	新出	总印数	总印张
		11	--	188017	178339	8	--	207093	206803	8	--	206374	203866
属性	国营	8	--	128907	97583	5	--	135742	106948	5	--	119819	100727
	公私合营	1	--	37510	56564	3	--	71351	99855	3	--	86555	103139
	私营	2	--	21600	24192	--	--	--	--	--	--	--	--
类别	综合	4	--	109397	138458	4	--	128600	154357	4	--	138376	163082
	工人	4	--	37922	18998	2	--	36903	18591	2	--	28524	14527
	青少年	2	--	39961	20515	2	--	41590	23855	2	--	39474	26257
	外文	1	--	737	368	--	--	--	--	--	--	--	--

---

[1] 笔者根据全国文教会议核定出版事业基数表整理，1955年6月20日，上海市档案馆：B167-1-4-4。

尽管出版事业计划的基数，经国家计划委员会及国家统计局确认，规定在今后一定时期内不作更动，[1] 但此计划并未得到真正贯彻。据文化部报告显示，1956年，全国报纸总数已近千种，几乎达到1956年规划数字319种的三倍。超出计划部分大多是公营的专业报、工矿企业报、专区报、县报。由此可见，为计划所制约的报纸品种，主要是民营报纸。

（三）对发行数量的调控

1952年10月，第二届全国出版行政会议决定，1953年起全国报刊必须实行计划发行。所谓计划发行，是指配合出版计划，逐步主动地掌握市场，摆脱盲目的受自由市场支配的状况，换句话说，是要逐步实现供需结合和产销平衡，改变供需脱节、产销失调的现象。计划的制订必须根据定量供给、合理分配、定时流通、定额备货四项原则，其中定量供给是计划发行的主要内容。[2]

以广州报业市场为例。这次会议规定《南方日报》发行计划数每期最高11万份，但1952年12月该报发行数已经超过了这一计划数，1953年1月上旬达到11.7万余份。因此，1953年1月中旬，《南方日报》通知邮局停止发展，将广州发行的34000份缩减至30000份，国防军约需8000份，只能给5000份。随着报纸发行量缩减及发行区域的调整，各地读者纷纷来信或打电话给报社和邮局，要求订报。截至1953年4月，要求订报数合计约1万份。对此，报社无可奈何。[3]

表8-4：广东省、广州市1953年报纸发行计划统计表 [4]

报名	刊期	全年平均每期份数	报名	刊期	全年平均每期份数
南方日报	日刊	114583	粤中农民报	两日刊	24542
联合报	日刊	35000	珠江农民报	三日刊	34000
广州标准行情	日刊	2000	西江农民报	三日刊	13921
粤东农民报	三日刊	69750	高雷农民报	三日刊	24666

---

[1] 国家计划委员会、国家统计局、文化部联合通知：《下达文化、出版事业五年计划中一九五二年至一九五四年基数由》，1955年7月22日，上海市档案馆：B167-1-4-1。

[2] 《进一步地实行计划发行》，1952年10月，载《中华人民共和国出版史料（1952）》，第290-308页。

[3] 南方日报：《贯彻全国第二届出版会议精神报告》，1953年4月17日，广州市档案馆：179-1953-长久-111，第108-109页。

[4] 笔者根据《广东省、广州市1953年报纸发行计划统计表》整理，1952年10月14日，广州市档案馆：179-1953-长久-008。

续表

报名	刊期	全年平均每期份数	报名	刊期	全年平均每期份数
每日新闻	日刊	13500	湛江劳动报	三日刊	12875
汕头工人报	三日刊	17567	新海南报	日刊	18875
东江农民报	三日刊	33500	海南农民报	日刊	20625
北江农民报	三日刊	27666	粤中农民报	两日刊	24542

为什么要控制报纸发行数量，出版总署的出发点无可厚非。据统计，截至1952年11月，全国报纸发行份数与人口对比，已经每50人有一份报纸；全国杂志发行份数与人口对比，已经每30人有一份杂志。发行数字过高，导致有重复浪费和强迫摊派现象，读者负担太重。这才引致如何控制发行数字的问题。[1]

控制发行数字产生的影响是全国性的。像成都的《工商导报》，系民营报纸，截至1954年8月，该报在成都市发行1928份，外埠8174份，发行总计10102份。计划规定该报的发行指标为1万份，尽管只超出102份，这种情况也被主管方面察觉并予以提示。[2]

按照计划发行的规定，报纸一旦需要改变计划，必须事先获得主管部门批准。从广州一家报纸的经历可知报批程序十分繁复。表8-4中的《联合报》系经改造《越华报》等民营报纸而来，虽然属于民主党派报纸，但在性质上属于民营。该报的发行限额是35000份。1953年，《联合报》改组为公营的中共广州市委机关报《广州日报》，经与出版总署和中央宣传部商议，最高发行数仍核定为35000份。但至3月底，该报发行量已达到最高控制数，不少读者因此无法订报。《广州日报》于4月3日请求出版总署准予增加，总署4月16日指示需等中南新闻出版局考虑批复。[3]《广州日报》先后于6月18日及9月2日致函中南局催请，直至10月9日，中南新闻出版局勉强同意《广州日报》最高期发数增至

---

[1]《出版总署关于编造1953年出版计划的说明》，1952年11月15日，载《中华人民共和国出版史料（1952）》，第327页。

[2] 中共成都市委秘书处：《工商导报情况初步了解的报告》，1954年10月10日，成都市档案馆：54-1-312。

[3] 广州日报：《请求核准恢复中南局前已认可的每日四万份最高发行限额》，1953年6月18日，广州市档案馆：179-1953-长久-005，第21-22页。

37000份。[1]1953年3月5日，斯大林逝世。《广州日报》自7日刊登斯大林逝世消息后，读者纷纷要求购报，导致7至10日四天发行数字超出限额很多，计3月7日55500份，8日66000份，9日50230份，10日44680份。除7日发行数曾报告广州市新闻处并经同意外，8日读者要求购报的更多，《广州日报》再去电话请示，适逢该日为星期天，新闻处负责人不在，接电话的人不能决定。《广州日报》遂请示市委宣传部，经同意后加印。9日，该报经理部用长途电话向中南新闻出版局请示加印，得到的回复是"七八两日超额发行要即将超额原因补行报告，可予同意。九十两日勿再超额等语"。[2] 鉴于读者仍纷纷要求购报，《广州日报》只得再向中共广州市委通融，市委认为此系一重大政治事件，应满足群众要求，《广州日报》才敢再行加印。

计划发行还涉及对发行区域的控制。《广州日报》刚创刊时打算委托天津日报社代订，但不为邮局接受。1953年1月9日，《广州日报》致函出版总署，征询异地发行事宜。2月10日，出版总署予以回复，函称："你报开展订户，原则上应限于本地区。外省个别单位，如确因业务需要须订阅者，邮局得予适当照顾，但发行工作上不应主动向外地发展。"[3] 出版总署的这一回函基本代表了管理部门对待报纸异地发行的态度：除了《人民日报》、《光明日报》、《中国青年报》、《工人日报》等全国性报纸外，省、市级报纸不得异地发行。

计划发行对省、市级报纸予以控制，必然导致全国性报纸的大幅度扩张。截至1955年，报纸的每期发行总份数增加了3.7倍，在265种专区以上的报纸里面，有17种是全国性的。其中，《人民日报》1949年创刊，每期发行71万份；《中国青年报》1951年创刊，每周出版三期，期发行48万份；《工人日报》1949年创刊，每期发行15万份；民主党派联合主办的《光明日报》，1949年创刊，每期发行7万多份；《大公报》当时在天津出版，着重阐述商业、合作社、财政和金融工作方面的问题，每期发行11万多份；《文汇报》在上海出版，它的主要服务对象是全国中小学教师，每期发行18万份；中文的《中苏友好报》每周出一期，发行25万多份；《中国少年报》为周报，每期发行180万份；上海出版的

---

[1]《中南新闻出版局复函》，1953年10月9日，广州市档案馆：179-1953-长久-005，第21-22页。

[2] 广州日报：《关于斯大林逝世期间加印的补充报告》，1953年3月11日，广州市档案馆：179-1953-长久-005，第19-20页。

[3] 出版总署：《报纸开展订户原则上限于本地区函广州日报》，1953年2月10日，广州市档案馆：179-1953-长久-005，第5页。

《新少年报》，每期发行57万份。[1]

全国性大报如何开疆辟土？仅以《大公报》为例。自该报1953年从上海迁至天津与《进步日报》合并，仍以《大公报》名字出版以来，完成了从民营报纸向公私合营报纸的转变。1953年1月14日以及1954年10月6日，中共中央两度发放红头文件，言明《大公报》虽"对外仍保持私营的面目"，"实际已是党领导的公私合营的报纸"。[2] 这一事实说明，《大公报》已从地方性报纸升级为全国性大报。1956年10月1日，《大公报》迁京出版，进一步奠定了其全国性大报的地位。一旦成为"国家队"成员，其发行数字的增长绝非地方性报纸所能攀比。

表8-5：大公报历年发行情况（1953—1965）[3]

1953	1954	1955	1956	1957	1958	1959	1960	1961	1962	1963	1964	1965
67451	100750	146739	287508	235282	192358	204361	204148	144046	100427	156468	258304	278408

虽然全国性大报同样受计划发行定额的制约，但因坐守中央所在地，在突破纸张限额，临时调整发行额度方面还是具备相当优势。像1962年年初《大公报》响应文化部要求压缩发行后，只剩下不到11万份报纸，导致供求之间极为紧张。《大公报》立即致信国务院副总理李先念，请求在纸张供应可能条件下，"明年多供给大公报四五吨报纸，增发四五万份报纸"[4]。果然，文化部1963年下半年增拨了纸张，《大公报》发行数又逐步增加。

发行数量定额，再加上全国性大报的挤压，已令民营报纸举步维艰，而预订制度的推广进一步压缩了民营报纸的生存空间。所谓预订制度，是指预先支付报款，按月、按季、按年订阅报刊。整订增加，零售必然缩减，主管部门的意图也是如此。为了压缩零售市场，1952年9月，出版总署拟定降低批销零售折扣，初步设想是：报刊定价不降低，发行费降低至25%；报贩发行费批发价本埠为15%，外埠10%。举例示之：《南方日报》定价600元（旧币）不变，1952年邮局发行费的30%为180元，1953年改为发行费的25%为150元，邮局少得30元；1952年报贩批发价的25%为150元，1953年起报贩批发价本埠的

---

[1] 廖盖隆：《中华人民共和国的报刊》，《光明日报》1955年5月20日。
[2] 《中央给各地指示电关于重视运用光明日报和大公报的通知》，1953年1月14日；《中央宣传部关于大公报若干问题的通知》，1954年10月6日，北京市档案馆，043-001-00022-1、4~5。
[3] 大公报党组：《大公报历年发行情况（1953—1965）》，北京市档案馆：043-001-00026。
[4] 大公报党组：《致国务院副总理李先念的信》，1962年，北京市档案馆：043-001-00026-16~18。

15%为90元,外埠的10%为60元。[1] 照此计算,报社没有损失,邮局一份报纸少收30元,而本地报贩的收益减少了60元,外埠报贩所受影响最大,收益减少90元。报贩利润大幅度减少,自然会导致零售市场的萎缩。这一调整方案出台后,连地方管理部门都觉得可能会引起问题。像广州市新闻出版处即致电出版总署,反映调整后的批销零售折扣与现在折扣40%[2]相差太远,会严重影响报贩生活。鉴于"广州市报贩未成立组织,情况复杂,有个别坏分子活跃于其中,现活动已很嚣张,按情况势难执行,极易发生事端,工会亦难说服。若折扣提高至本埠20%,外埠15%,或望可行"[3]。

零售市场的萎缩对主要靠市场而非行政命令发行的民营报纸是致命打击。但就所剩不多的零售市场而言,"国家队"再次获得政策支撑,得以抢占零售领域。1953年9月21日,邮电部党组、出版总署党组在给中央的报告中提到,为了照顾一部分读者习惯,并维持一部分报童摊贩的生活,"人民日报、光明日报、工人日报、大公报先行开展北京、上海、天津、沈阳、武汉、广州、重庆、西安八大城市的零售工作"。至于省、市级报纸是否需要在出版地零售,报告仅提出请"省市党委考虑"。对于跨地零售则不予支持。[4]

经过纸张配额限制、报纸总数限制、发行数量限制、发行区域限制等连环"计划",民营报纸几无立足空间。有一定实力和影响力的民营报纸纷纷转制,或公私合营,或改组为公营。截至1953年12月底,全国仅余下8家民营报社;1954年底余下3家;1955年底2家;1956年底1家;1957年底,民营报纸全部退场。

二、融资乏力的经济环境

旧中国连年战祸,导致物资匮乏、交通梗阻、金融混乱、物价飞涨、民生凋敝。当时的情境到底如何?可从几段日记中看得较为具体。

路翎(1948年12月15日):成千的人在闹市中挤兑黄金……银行门口在排着队。每一个人的肩膀上掮着一个被警察用粉笔画上的号码。这粉笔的滋味我

---

[1]《出版总署初拟新政策计算示例》,1952年9月,广州市档案馆:179-1952-长久-078,第79页。

[2] 民营报纸一般执行40%折扣价。

[3] 广州市新闻出版处:《征询报刊发行费用可能引起问题复出版总署》,1952年9月15日,广州市档案馆:179-1952-长久-078,第84页。

[4]《邮电部党组、出版总署党组关于报刊发行工作给中央的报告》,1953年9月21日,载《中华人民共和国出版史料(1953)》,第522页。

们也尝过的。上个月抢购的时候,买平价米,想找警察画一个号码而不得,园兄就是自己用粉笔在肩上画了一个字,而跳了进去的。[1]

浦江清(1948年12月22日):我们的薪水拿到12月份,而金圆券已经不能买蔬菜,偶可买到,非常贵,肉六十元一斤,鸡蛋十数元一枚,菜三四元一斤,冻豆腐三四元一块。所以不到几天我们的金圆券也已完了……西郊成为拉锯战的战区。又不知人民政府何时来接收清华,使我们能够拿到薪水。[2]

叶圣陶(1948年12月23日):兑金银为经济政策改变后之办法,意在维持金圆之信用,实则系不成体统之措施。举办以来,挤兑纷纭,逐利者得金售于黑市,得半倍以上之收益。公教人员规定例可得兑,实同于政府分其余赃于伙伴。今日挤兑最甚,银行区域聚集至十万人以上,皆以晨四时来者。迄止夜报出版,知挤死七人,伤二十余人。[3]

上述日记作者,或为作家,或为大学教师,或为翻译家,皆为精英人士。他们所记述的内容已够凄凉,如果翻阅解放前夕的报刊,绝望之景象更是历历在目:"沪市场惊涛骇浪,米价狂涨瞬息万变,黑市每石千八百元,抢粮抢饭之风盛行"[4];"北平学生多以窝头充饥,云大日前几乎断炊,武汉学生在汉阳门的废墟上举行活命拍卖会,厦大一位女教员吞服水银自杀……"[5] 民生凋敝,危船将倾。新政权接收的就是这样一个残病的中国。

中央人民政府成立后,国民党遗留下来的各种社会问题尚不能立即根除,加之解放全中国的战争并未结束,军费开支巨大;对旧政权军政公教人员采取"包下来"的政策;恢复基础设施及救济灾民也需要大笔资金,新政权只能靠发行钞票缓解上述危机,导致自1949年10月15日起,全国物价持续四十余天猛涨。[6] 各行各业均受制于整体经济环境的困顿,新闻出版业也是一片凋敝。像商务印书馆一个月开销6亿元(旧币),而收入极少,南京分店月营业才十万元。[7]1949年11月10日,商务印书馆董事长张元济致函时任出版总署署长的胡愈之,其言戚戚:"鄙公司两遭兵燹,旧有工人大多失业,嗷嗷待哺,殊堪怜悯。若辈均有多年之经验,任其废弃,亦属可惜。贵署如有添募工人之举,可否酌

---

[1] 转引自钱理群:《1948:天地玄黄》,中华书局,2008,第241-242页。
[2] 浦江清:《清华园日记·西行日记》,三联书店,1987,第223页。
[3] 转引自钱理群:《1948:天地玄黄》,第219页。
[4] 上海《大公报》1948年11月8日。
[5] 上海《大公报》1948年12月2日。
[6] 庞松:《中华人民共和国史(1949—1956)》,第45页。
[7]《顾颉刚日记:1947—1950》第六卷,联经出版社,2007,第589页。

量收用,俾得一吃饭之所。"[1] 不出一月,张元济又写信给政务院副总理陈云,希望能够承揽折实公债债券的印刷,信中再次触及商务的困境:"近来营业骤减,收入奇绌。在上海职工尚有五百余人,不易维持,极愿承揽此项证券工作,藉纾涸辙。"[2] 偌大商务印书馆尚且困顿如此,时已82岁的张元济老先生亲自向昔日下属求援,[3] 可以推想新闻出版业的整体情形。民营报纸的境况如出一辙。

(一)经济基础薄弱

1950年6月30日,时任大中国书局总编辑,兼职诚明、震旦两处教职的顾颉刚在日记中写道:"大中国的薪金打了一个对折,诚明以捐款不到,薪水打七折,欠薪已及三月,震旦则因地价税及房捐之重,欠薪亦两月";"苦日子,我以前亦曾过过,在北京军阀政府时代,我在北大,欠薪达两年,但有蒋仲川处可借。今则人家皆穷,真有钱的已出国,留在国内的同陷于僵局,每个人自顾不暇。在许多亲友里,我身兼数职,还是'顶呱呱'的。人家方来求我,教我如何去求人呢?"[4] 顾颉刚所记录的,不仅仅是他个人的际遇,也是中国人乃至各行各业的整体状况。国穷民也不富,新中国民营报纸的开篇便是如此。

多数民营报纸的经济基础十分薄弱。广州《新商晚报》是由归国侨领、中国致公党创始人司徒美堂创办的,该报出版十分仓促。在筹备期间,由司徒美堂筹得认股数字港币三万五千元,实收到的股款仅一万元,到创刊时已花去了九千元。[5]

张友鸾创办的《南京人报》,从抗战胜利始,办报经费就一直捉襟见肘,靠其胞弟张友鹤主持的《南京晚报》提供办报地点并代印报纸才得以启动。以

---

[1]《商务印书馆档案·杂类·当局信件(张菊生)》(三),第46-47页。转引自周武:《从全国性到地方化:1945至1956年上海出版业的变迁》,《史林》2006年第6期。

[2]《商务印书馆档案·杂类·当局信件(张菊生)》(三),第219-221页。转引自周武:《从全国性到地方化:1945至1956年上海出版业的变迁》,《史林》2006年第6期。

[3] 胡愈之1914年进入商务印书馆担当编译所练习生,是其新闻出版生涯的开始。参见王鸿谅:《胡愈之:为新闻出版的一生》,《三联生活周刊》2012年第29期;1919年11月,高小毕业的陈云到上海商务印书馆当学徒工,后多次领导商务印书馆工人罢工。1982年商务纪念建馆八十五周年时,陈云题词:"商务印书馆是我在那里当过学徒、店员,也进行过阶级斗争的地方。应该说商务印书馆在解放前是中国的一个很重要的文化事业单位。"参见刘客:《陈云在商务印书馆的日子》,《中华读书报》1997年7月23日。

[4]《顾颉刚日记:1947—1950》第六卷,第652页。

[5] 广东省新闻出版处:《关于广州新商晚报的情况》,1952年1月9日,广州市档案馆:179-1951- 长久 -041,第3-7页。

后也是举债度日，经常借了新债还旧债，甚至到1953年，报纸的债务还未还清。张友鸾的女儿张钰在回忆《南京人报》困窘的经济状况时说："1953年，人民银行还曾向他（张友鸾）收取一笔折合人民币90余元（新币值）的贷款。这笔款子是当年新民报总经理陈铭德介绍，由和成银行承兑的，后来到期还不出，陈和银行商量，把这笔贷款划入了'呆账'。解放后，人民银行清理账目，向父亲索还了。"[1]

北京《影剧日报》获得的本是日报的登记证，然而在出刊6天后，即告"所备经费24万元现已用罄，询之原股东不愿继续出资且愿退出"，陈情改出七日刊，"俟经济来源有着，日报再行恢复"。[2] 天津《星报》于1950年初创刊，因基础未固，业务收入不能自给自足，逐月经费赖向文化局贷款周转，勉强维持。一部分干部薪金亦由文化局文联支付。1951年开始，文化局因响应政府节约号召，一切开支精简，不能再补助《星报》。《星报》自认为乏策开源，且各项开支已经精简至极，遂于1951年6月27日提出停刊申请，并于7月1日正式停刊。[3]

成都《工商导报》共有股东79户，全部股本经报社副社长兼经理安新贤根据各股东投资时的股金折合当时食米计算，总共为102251石。其中公股4股，占19.247%；公私合营股12股，占19.552%；私股20户，占17.119%；不明性质股43户，占44.082%。[4] 解放后，股东即星散，并无继续投资。而以资方名义在报社领薪的也只有安新贤一人。安另外经营合众卡片厂，他名义上虽是《工商导报》的副社长兼经理，但除了领薪外，并未参加报社实际工作。由于报社运营困难，后续资金无望，内部职工对报社性质十分模糊，"说是私营，又找不到老板，说是公营，又没有党和人民政府的具体领导，形成一百多职工靠领印刷杂件维持报纸和最低生活"[5]。政府并非对《工商导报》不闻不问，1951年8月，当时的川西新闻出版处派出苏平和赖君奎参加报社的社务委员会，但随

---

[1] 张钰：《报坛驰骋30年——记先父张友鸾新闻工作经历（续）》，《新闻研究资料》1991年第1期。

[2] 陈逸飞：《影剧日报改出七日刊申请》，1949年5月30日，北京市档案馆：008-002-00030-26~27。

[3] 天津市新闻出版处：《准予星报停刊》，1949年6月27日，天津市档案馆：X57-Y-1-72-99。

[4] 四川省人民政府新闻出版处：《工商导报的股权情况》，1955，成都市档案馆：56-1-50。

[5] 杨琳芳：《致四川省人民政府主席李井泉的信》，1953年3月31日，成都市档案馆：56-1-26。

着"三反"、"五反"运动的到来,新闻处的两位代表再未去过报社,《工商导报》又陷入缺乏党的领导的局面,原则性错误屡见不鲜,甚至被《新华日报》命名为"奸商的应声筒"。政治上背负资产阶级报纸的坏名声,经济上无流动资财,《工商导报》的困境可想而知。截至1953年4月20日,《工商导报》总计负债7.5亿元,其资产却只有5.64亿元,[1] 日常运营中该报因不能履行对银行贷款和赊欠材料的付款合同,被数次告到法院,上门债主吵嚷不休。职工工资过低也是该报的生存瓶颈。1951年8月,报社曾评过一次薪,当时是以折实单位计算,全员平均薪资为43分,三分之一以上的人实际只有40分。1952年,政府公布职工薪水按工资分计算,折实单位的40分相当于工资分124分,每人每月人民币27.9万元(旧币),除去伙食费仅剩20万元。[2] 没有成家的青年员工勉强过得去,那些拖家带口的月月寅支卯粮,有些员工即便病了也不愿意休息,怕扣工资,结果身体越拖越坏。1953年春节,有13人卧床不起,已发现患肺病或有肺病可能的21人,其中,2人死亡,4人为重症肺病患者,15人症状稍轻,10人有肺病嫌疑。[3] 这样的工资水平自1951年8月之后鲜有调整,并呈现出高、低收入间的巨大差距。截至1953年4月,职工中最低工资仅有132750元,最高工资834750元(仅1人,为医生),[4] 相差6倍之多。

表8-6:1953年南方日报职工工资统计表[5]

名目	人数	最高工资	最低工资	每人平均工资
生产工人工资	50	848232	328276	593997
车间工资	9	502857	267072	415957
工厂管理部门工资	19	1228940	276838	614139
编辑工资	110	1874848	314366	776923
销售部门工资	13	885980	348188	557339

表8-6公营《南方日报》的薪金水平可以比照成都《工商导报》员工薪水之低。《工商导报》平均工资水平始终处于行业下游,到了1955年已显得过低,

---

[1] 中共成都市委秘书处:《工商导报情况初步了解的报告》,1954年10月10日,成都市档案馆:54-1-312。

[2] 杨琳芳:《致四川省人民政府主席李井泉的信》,1953年3月31日,成都市档案馆:56-1-26。

[3] 佚名:《工商导报简况》,1953年,成都市档案馆:56-1-52。

[4] 佚名:《工商导报目前的经济情况》,1953年,成都市档案馆:56-1-26。

[5] 笔者根据《南方日报报纸成本分析表》整理,1953年,广州市档案馆:179-1953-长久-111,第6页。

"较四川日报一般低百分之二十到四十"[1],职工怨声载道,将报社的境况形容为"不生不死"的瘫痪状态,渴求此种状况早日结束。从1953年起,不断有员工投书政府主要领导和《人民日报》等强势媒体,盼望党和人民政府派人来具体领导,"私立学校和一些剧院的问题都解决了,就是工商导报还是没有得到适当的解决"[2],"绝不能让一百五十多人躲在阴暗的角落,任其发霉、腐朽"[3]。内部动力的衰竭无疑成为民营报纸难以为继的动因之一。

但凡先天不足的报纸,往往在管理方面千疮百孔。上海《人民文化报》于1949年8月1日创刊,因各董事对所认购股款未能如期缴足,报社需靠贷款度日。截至1950年1月6日,总计向人民银行贷款5000万,[4]到1950年6月底本利合计已滚动到9300万元。因经济困顿,该报只能聘请临时的广告员和推销业务员。一些临时人员或以谎报广告价目方式欺诈客户,或假借《人民日报》名义兜揽广告,还有人谎称《人民文化报》系党政部门机关报。[5]这些行为令报纸信誉无存。报社内部贪污现象也很严重,查明经理及发行负责人共计贪污有出处者,达人民币1400余万元。[6]贪污的渠道五花八门,例如中兴轮船公司投资的五万元股款根本未进报社财务,而是直接进了经理的腰包,连收据都是私人名义开具的。[7]1950年4月21日,上海市新闻出版处曾约谈《人民文化报》的董事长简日生、副董事长钱世杰,希望他们多方筹措,解决报社的债务问题。但两位投资人也是一肚子委屈。他们说自己已经缴出了股款,是该报经理方面没有将股款全部收足,一开始就遭遇了经济困难。过去他们是不过问报社行政事务的,经理苏家骥和社长丰村对经济上的实际情况是瞒着的。直到1950年2月份,他们才晓得8000万投资额已赔得精光,还欠外债1亿元,且以后按月还要亏本1500万元。这许多的负债,是出乎意料之外的,他们也没有能力筹付如此大的

---

[1] 中共成都市委宣传部:《工商导报情况》,1955年2月2日,成都市档案馆:56-1-50。
[2] 游元亮等:《致李井泉书记的信》,1953年4月,成都市档案馆:56-1-26。
[3] 杨琳芳:《致四川省人民政府主席李井泉的信》,1953年3月31日,成都市档案馆:56-1-26。
[4] 人民文化报:《第二次股东会议记录》,1950年1月18日,上海市档案馆:B1-1-1922-14。
[5] 丰村:《人民文化报社结束工作总结》,1950年9月11日,上海市档案馆:B1-1-1922-54。
[6] 上海新闻出版处:《关于人民文化报社结束后贷款处理意见的请示》,1950年12月28日,上海市档案馆:B1-1-1922-85。
[7] 中兴轮船公司:《接洽前投于人民文化报社之股份五股,现因故拟办理股款过户手续由》,上海市档案馆:B167-1-197-2。

亏空。[1]为了能让报社继续生存下去，《人民文化报》的大部分职工自动提出减低薪金，由原薪对折再打七五折，伙食也可以改吃稀饭，并积极投身业务的开展，到6月份已能做到自给自足。[2]但贷款利息的不断累积始终是悬而未决的问题。6月29日，虹口区（《人民文化报》所在地）的党政领导，新闻出版处、报社、银行方面的负责同志，以及当初举荐《人民文化报》的文化界名人叶以群共同参与了一次党内会议，会议决定，《人民文化报》于7月8日起停刊。[3]报纸停刊，除了需了结银行债务，还涉及欠联合出版社白报纸及百宋印刷费、同人薪资稿费等，总计需2300余万元。简日生等两位董事长补贴了清理费1200万元，其他债务与债务人协商打折付出，如百宋印刷费7.5折，稿费4折等，总算应对过去。[4]然而欠银行的贷款本息，却非报社自身能力可以解决。6月29日的党政联席会给出的意见是，由《人民文化报》社长丰村写报告，呈夏衍、姚溱同志转呈市委，请人民银行做损失论。夏衍也同意转入呆账报销的建议，但人民银行显然不买账，称：该项贷款系由政府负责机关（文管会）介绍，并具有商号（群益出版社）保证，不便轻易报销呆账，且如此做亦有使私营事业非议之处。[5]至1950年末，贷款本息已滚至1亿1150万元。银行屡次催款不果，只能依法追诉群益出版社履行保证责任，代为赔偿。

　　通过法院判决来解决报纸沉疴的还有广州《每日论坛报》。《每日论坛报》原定1950年2月1日复刊，后延迟至2月28日出版。截至当年5月终刊，该报仅有陈秋安等四名股东，共269股，每股港币100元，总投资额为港币26900元。[6]由于经济基础薄弱，该报自1950年1月筹备出版迄停刊止，并未正式发薪。1950年3月15日，社长与总编辑之间又生出拆股的纠纷，4月20日，该报社

---

[1]《新闻出版处方学武的信》，1950年4月22日，上海市档案馆：B1-1-1922-25。

[2] 丰村：《人民文化报社结束工作总结》，1950年9月11日，上海市档案馆：B1-1-1922-54。

[3] 上海新闻出版处：《关于转送人民文化报社党内会议决议的报告》，1950年7月7日，上海市档案馆：B1-1-1922-38。

[4] 丰村：《人民文化报社结束工作总结》，1950年9月11日，上海市档案馆：B1-1-1922-54。

[5] 上海新闻出版处：《关于人民文化报社贷款未还处理办法的请示》，1950年8月17日，上海市档案馆：B1-1-1922-110。

[6]《广州市人民法院民事判决》，1950年7月，广州市档案馆：179-1950-长久-12，第53-55页。

长单方面呈报广东省文教厅，宣布停版。[1]自此，《每日论坛报》陷入长达三个月之久的劳资谈判并最终诉诸法院。《每日论坛报》除积欠132名[2]员工之工薪，计中米54000市斤之外，还外欠《南方日报》广告费57.6万元，万丰行贷款2791.25万元，洗行记机器租金米300市斤，黄泳三打版器材费米5020市斤，廖式茹印刷机器租米450市斤。[3]4月20日《每日论坛报》宣布停版后，该报员工为生计所迫维持出版了近一个月，但终究后继乏力，于5月17日宣告终刊。社长章导自此之后，一再请求法院缓慢处理《每日论坛报》的债务纠纷，寄希望于筹款发薪还债，期待这张报纸能够复版。显然，此举功效甚微。他所能筹集到的款项除了维持员工的伙食，根本无力清欠工薪、债务。1950年7月23日，广州市人民法院作出判决：准第一原告《每日论坛报》员工何汉等人点存报社机器杂物拍卖清偿。拍卖所得不足抵偿工薪之数，限于两个月内清偿完毕；《每日论坛报》应向《南方日报》、万丰行、洗行记等清偿债款，限于半年内清偿完毕。鉴于"被告主张因经济陷于困境，没有现金清还债务及清发工薪，提出唯有宣告破产，拍卖报社财务，按比例抵偿债务及工资，其余不足数目便做了事"所请，判决书强调，查"《每日论坛报》陈秋安等股东合伙经营报社，既未声明系帮助性质非出资经营，该社盈亏及负债自应负责。且该股东等并非无能力清偿债务及工薪，故不能以该社亏欠现款为理由而要求宣告破产，回避清偿债务与欠薪，因此被告申请宣告破产应予驳回。若该报社现有财产（包括机器杂物在内）除借用者外不足抵偿工薪及债务时，其不足数额，仍应由股东陈秋安等全体共同负责清偿"[4]。

  显然，这一纸判决书代表了新中国初期处理民营报纸内部纠纷的一贯主张：投资方必须承担报纸经营的一切风险。如投资方无力担当，就由担保方、主办方承接此责任。这在上海《人民文化报》、《烟业日报》，广州《每日论坛报》

---

[1] 龙劲风：《致广东省人民政府文教厅函》，1950年4月21日，广州市档案馆：179-1950-长久-12，第61页。

[2] 后经广东省人民政府文教厅调查，该报员工实数为131人，包括编采22人，经理部22人，校队7人，电台3人，字房49人，车房11人，勤杂17人。载广东省人民政府文教厅拟提交新闻总署函：《呈报每日论坛报情况由》，1950年7月27日，广州市档案馆：179-1950-长久-12，第43-45页。

[3]《1950年度民字第1238号债务及工资案件广州市人民法院民事判决》，1950年7月23日，广州市档案馆：179-1950-长久-12，第53-55页。

[4]《1950年度民字第1238号债务及工资案件广州市人民法院民事判决》，1950年7月23日，广州市档案馆：179-1950-长久-12，第53-55页。

等报纸的劳资纠纷中已见施行。投资报纸显然成了高风险的行当,来自民间的资金不得不考量自身面对的政治及经济的双重风险。

(二)生存空间有限

报纸的收入直接受到物价、工商业情况和读者购买力的影响,国家的暂时困难,必然会反映为报馆业务经营上的困难。以上海《大公报》为例,截至1950年5月,在经历了1949年7月、1949年10至11月中旬、1950年1月总计三次大的物价波动后,该报一年内赔累的人民币总额达17.6亿余元,只有1949年8月出现过一次盈余。[1]

在同等困难的情况下,民营报纸与公营报纸的境遇不可相提并论。大多数公营报纸由于采用供给制,管理支出占比甚少,比如《人民日报》1950年3月的总务支出仅占总支出的3.5%,而《大公报》同年4月的总务支出则达到总支出的21%。民营报纸又因含私营资本,需承担各种捐税。像《大公报》在1950年起始的前四个月,其缴纳的货物税、营业税、房捐、印花税、汽车使用捐及公债等,就达4亿元之多。对于像《大公报》这样的民营报纸来讲,最快扭亏的方式就是在纸张中翻跟头,通过差价出售存纸获得利润。在《大公报》1950年前5个月的收入构成中,有7500多万元就是通过出售切割好的白报纸获得的。[2]

表 8-7:1950 年上海报纸收支对比 [3]

	解放日报	大公报	文汇报
收入	273 亿	162.7 亿	57.5 亿
支出	332 亿	188.9 亿	96.6 亿
亏损	55 亿	26.2 亿	39.1 亿

读者购买力下降对民营报纸来讲是致命打击。作为上海文化界的领导者,夏衍1950年6月讲过,"在解放前整个销路,每日约50万份,以上海500万人口计,有十分之一的人是买报的,最高时曾达到70万份左右,但在解放后销数降

---

[1] 上海大公报馆:《一年来业务总结报告》,1950年5月15日,上海市档案馆:B35-2-108-25。

[2] 上海大公报馆:《一年来业务总结报告》,1950年5月15日,上海市档案馆:B35-2-108-25。

[3] 笔者根据《上海市报馆同业公会会员报社一般情况调查表》整理,1952年,上海市档案馆:S314-4-5。如果按照收支比,解放日报社1950年亏损应为59亿,文中55亿,系档案原文如此。

低了，现在仅有30万份，这销数减少的事实，使报纸经营者感觉到困难"[1]。这种情况下，公营报纸往往利用纸张配给、信源垄断等优势，不计成本地大肆扩张，对民营报纸来说更是雪上加霜。表8-7中，《解放日报》出现的大幅度亏损主要是打折销售报纸造成的，这种策略容易造成民营与公营报纸之间发行量的此消彼长。以1949年6月上海刚解放时《文汇报》与《解放日报》的发行数字，来对比1950年5月两报的数字，变化十分明显。1949年6月21日，《文汇报》期发80600份，《解放日报》期发100913份，二者比例为79.8∶100；到了1950年5月，《文汇报》月末数字降至15800，《解放日报》虽也有所下降，实数为77997份，但二者比例已经变为20.3∶100。若论各自下降幅度，《文汇报》为80.4%，《解放日报》仅为22.7%。

表8-8：1949年6月至1951年5月《文汇报》与《解放日报》发行数对比 [2]

时间	《文汇报》		《解放日报》	
	月初数	月末数	月初数	月末数
1949年6月	80600	34000	100913	114905
1949年7月	32720	24500	118193	148321
1949年8月	22700	24300	144335	113965
1949年9月	24900	45600	112944	92999
1949年10月	53000	69200	100143	102761
1949年11月	68300	50000	105281	121085
1949年12月	50000	38000	119361	103959
1950年1月	38000	29200	114906	103288
1950年2月	29200	27800	102916	102644
1950年3月	27700	20500	100704	91653
1950年4月	19900	20200	88898	82956
1950年5月	17100	15800	81392	77997

《文汇报》的困境还可以从该报驻北京办事处负责人浦熙修写给严宝礼的信中管窥一斑。浦熙修告急称："（1949）九月份共收到汇款百万元（旧币），

---

[1] 夏衍：《在新民报的讲话（摘要）》，1950年6月9日，参见丁贤才编《探索——新民晚报研究文集》，文汇出版社，1999，第16-17页。

[2] 笔者根据《一九四九——九五二年以前文汇报及文汇报副页逐月报纸发行情况》及《1949年—1951年解放日报出版统计资料》整理，1952年，上海市档案馆：B167-1-4-18~20~25。

而支出为一百七十万元,我除了把薪水全部垫出外,还拉了不少债。"[1]《文汇报》复刊初期,每天仅有屈指可数且收费低廉的文娱戏目广告,入不敷出,报社月月亏损,复刊到1950年8月,报社向人民银行、新华银行、上海银行、金源钱庄等金融机构借贷的总额高达18.6亿元,每月向银行支付的利息占日常开支总额的20%。[2] 最后竟到了资不抵债、借贷无门、拖欠工资的境地。"职工工资发不出,仅给十元钱(新币值)零用,以后常常脱期,还打折扣。"[3]

不仅《文汇报》这样,偌大上海,民营报纸的困境是普遍性的。1949年7至9月间,上海《大公报》、《文汇报》、《新闻日报》联合《解放日报》分别向上海市军管会、上海电力公司、上海市财政经济接管委员会公用事业处等部门申请费用减免。在呈请降低房捐的函件中,各报谈及了经营中的主要困难:"白报纸及其他材料来源未畅,目前营业式微。平日水电工资种种开支筹措已感为难,而原来资金有限,致所有办公及工厂宿舍等用屋租住民房者有之,负担甚重。若按一九三七年房屋基数折合现在应纳房捐则每月仅房捐一项即需数百万元之巨。为此,特联合陈明以上因业务负担费用情形拟请钧会依照原颁布办法第九条丙项公私文教机关申请核减捐率之规定酌减敝报等房捐数目。"[4]

除了申请费用减免,在报纸价格方面减少亏损也是不得已之举。1950年,上海各报曾于三四月间将报纸价格调整至1000元(旧币)一份,随着市场好转,从5月起又开始调低报价,直至稳定在700元一份。未承想这年年底,纸价骤涨,国产纸每磅造价5150元,苏联纸进货成本达5200元。如兼用二者,以对开一张半报纸计算,每份报纸的纸张成本504.14元,油墨每份报约50元,合计554.14元。当时上海报纸批发的普遍折扣为6.8折,尚需缴纳营业税2%,只能实收定价的66.6%。按报纸定价700元计算,报社只能收回466.2元,却要支付554.14元的成本,每份亏蚀87.94元。1950年12月6日,《新闻日报》、《大公报》、《文汇报》、《大报》、《亦报》等民营报纸在《解放日报》的带领下,向华东军政委员会新闻出版局提出涨价申请,申请方案提出:"调整售价对开一张以上者为每份人民币1000元,报社实收666元,除抵付纸张油墨两项直接材料费外,尚余111.86元,尚可抵充电力、机油、铅耗等材料支出及一部分编

---

[1] 谢蔚明:《能干的女将——浦熙修与文汇报》,载《文汇报回忆录1:从风雨中走来》,第422页。

[2] 戚家柱:《经营管理工作的曲折历程》,载《文汇报回忆录1:从风雨中走来》,第556页。

[3] 庄人葆:《忆"救报运动"》,载《文汇报回忆录1:从风雨中走来》,第111页。

[4] 新民报、大公报、文汇报、新闻日报:《关于申请核减房捐的函》,1949年9月17日,上海市档案馆:G20-1-26-10。

辑费印刷费开支。"[1]

针对经营困境，民营报纸所能想到的另外一种节源方式即薪酬打折。广州《新工商周刊》于1950年2月25日创刊，正值"物价波动，币值不稳，谣言纷纷"，销路比理想状况大打折扣。第1期6000份，第2期4000份，第3—6期2500份，第7—19期2000份。欲追加股本，也只筹集到19股，只能通过减薪勉力维持。直到第18期开始，工商业情况好转，销路和广告有所增加，员工工资才从1950年6月的谷底慢慢回弹。

表8-9：广州《新工商周刊》部分职员待遇（1950年4—8月）[2]

姓名	职务	第一次减薪（1950年4月）	第二次减薪（1950年6月）	现有待遇（1950年8月）
刘日波	主编	三担	二担	三担
杨蔚秋	编辑兼美术主任	停支	停支	二担
樊建华	编辑	停支	停支	二担
冯曦	采访主任	一担半	一担半	三担
区颂声	资料主任	二担	一担	二担
甄景毫	营业主任	四担	二担八十	四担
吴恩培	会计	三担	二担四十	二担半
梁潮济	派报员	二担	一担六十	二担
曾青	记者兼校对	二担半	二担半	二担半
备注	1. 停支者另有工作收入或不靠本刊工作为主要生活来源。2. 因照顾个别人家庭负担，故营业主任薪金高于主编。			

想尽办法节流开源，未必能像《新工商周刊》一样改变左支右绌的局面。既然报社大部分都是赔钱的，为什么还要继续做下去呢？哈尔滨《建设日报》社长赵展鹏的观点代表了民营报纸生存的一个重要原则：信誉。赵展鹏认为："以前报纸没有办好，铅字模糊，使看报纸的人不高兴。今后就是赔钱，也得办出个样来，以后停刊，也不算晚。"[3] 但在生存维艰的情况下，民营报纸自毁信誉的事情还是难以避免。像北京《新民报》时有富孀征婚的欺骗性广告登

---

[1]《解放日报社、新闻日报社、文汇报社等关于要求调整报价的请示报告》，1950年12月6日，上海市档案馆：A73-1-44-5。
[2]《新工商周刊社情况报告》，1950年8月，广州市档案馆：179-1950-长久-12，第77-83页。
[3]《哈尔滨民营报纸九月份各报统计表》，1948年，哈尔滨市档案馆：XD48-1-1-33~37。

出，[1]为了招揽广告，还有不尊重事实的情况出现。1949年8月7日，该报第五版刊登《对这次新药评议所得税的我见》一文，作者"占豆元"。文字主要攻击金刚婴儿片及其经售人金学瀛，其中引朱德总司令在全国工会工作会议的演讲中文字，并提出："我们坚决主张将这些投机药商们害人骗人剥削来的财产全部收归国家。"次日，《新民报》广告栏登出金刚婴儿片经售人对占豆元一文的驳斥，同时，第五版的编辑做了自我检讨，认为处理稿件不当，并说占豆元为匿名投稿，地址不详。事后，有人从卫生局方面了解，金刚婴儿片确为有害成药，卫生局已促该药经售人刊登启事承认错误，听候政府汇集各小儿科专门医师意见后处理。金刚婴儿片经售人于8月19、20两日登出认错启事。在这件事上，读者来信的语言虽过于偏激，但所指成药的危害确有事实。《新民报》在药品经销商与消费者之间，通过编辑自我检讨并公开发表的形式站在了广告商一边，这种饥不择食的状况，反映出新中国初期经营极度困难的民营报纸对广告商的高度依赖。

《新民报》的做法若在过去本不算大事。旧时的民营报纸，一向视广告为生命线，对广告客户多方迁就。而广告客户为了达到最好的传播效果，也是挖空心思，标新立异，"有的要三面靠'水'（新闻）"，"有的要在整版新闻中，压着塞进5个广告大字"[2]，要求塞进大字的往往是乌鸡白凤丸、人造自来血这样的药品广告。据《文汇报》总编辑徐铸成回忆，每次他要撤掉头条新闻处奇形怪状的广告，总有广告部门的负责人来和他"蘑菇"。

解放前，照上海惯例，报社对送上门的广告没有折扣；由广告员拉来的，给两到三折的回佣；广告社转来的广告，一般按七折收费。有些广告少的报馆，给广告社的回扣更低至六折甚至五折。上海《新民报》即存在这种情况。因该报是晚报，叫卖的时间短，广告自然较少，推广起来也比较吃力，只能进行动员，鼓励全体员工介绍广告，并按金额支付酬劳。与此同时，还给广告公司更高回扣以吸引投放。[3]到了1952年，广告业务虽然有所好转，却又出现了内部分配极不均衡的问题。广告员平均每月收入最高者，四倍于经理或总编辑，最低者也与经理等观。此种情况并非上海《新民报》一家独有。1952年4月，上海各报同时进行广告改革，取消了佣金制度和折扣，公定服务费标准。北京报

---

[1] 北京市新闻出版处：《私营报纸审查周报》，1949年7月24—30日，北京市档案馆：008-002-00028-10~11。

[2] 徐铸成：《文汇报的诞生》，载《文汇报回忆录1：从风雨中走来》，第11页。

[3]《新民报上海社业务报告》，1951年，上海市档案馆：G21-1-281-1。

纸也随之跟进。此种改革虽然斩决了旧社会延续下来的一些陋习，但对各报的广告收入影响甚大。仅以上海《新民报》为例，1951年该报个别月份最高广告额曾达到2亿元，而在广告改革后的次月，收入仅有2000万元。按照改革后的版面容量，最高仅能刊登4500万元的广告。[1]

在工商业不景气、读者购买力下降的双重制约下，民营报纸的生存空间已很狭小，1951年，政务院又开始实施货币管理，这对立足于民间的民营报纸来说，又是一次打击。根据政务院及中央财政经济委员会颁发的货币管理实施办法，机关、企业之间，不得发生赊欠和借贷，信用应集中于国家银行，一切往来，通过银行结算，必须取消彼此之间的商业信用，使信贷集中通过银行。[2]出版总署在执行政务院政策时，规定各企业单位在接到结算凭证时，不论货物是否到达，仍应在三日内清付。否则银行得于期限最终之一日，在其结算户内划付清账。[3]这一政策的影响在于，民营报纸惯常运用的"短期无息借款"的渠道被堵死了。解放前，民营报纸每遇困难，往往找一些有钱人筹借，像《文汇报》的严宝礼即经常向资本家任筱珊和虞顺懋"调头寸"[4]。上海解放后，这种方法在报社间还会使用，如《文汇报》曾于1950年八九月间向解放日报社借款24亿5千万元，并于同年八至十月间以卷筒纸折价22亿3千余万元归还，且替解放日报社代缴税款6700余万元。收付两抵后，仅欠对方1亿4千余万元。[5]这一企业间的信用拆借行为一旦统一由银行结算，不再有任何弹性。对于生存处境本就艰难的民营报纸来说，一条至关重要的融资途径被政策断流。

三、劳资纷争加剧

俄国革命民主主义代表人物车尔尼雪夫斯基曾提出"合理利己主义"的概念。他说，"人人都是自私的"，从这种利己原则出发，为了整体的利益，要接近自己的目标，一切皆可以利用，一切手段皆可采取。其名作《怎么办》的副

---

[1]《新民报上海社业务报告书》，1952年6月14日，上海市档案馆：G21-1-281-3。

[2] 出版总署、中国人民银行总行：《关于取消商业信用原则的联合指示》，1951年5月9日，载《中华人民共和国出版史料（1951）》，第142页。

[3]《中央人民政府出版总署所属企业单位划拨清算办法》，1951年，载《中华人民共和国出版史料（1951）》，第180-184页。

[4] 吴农花：《313房间：文汇报在这里孕育》，载《文汇报回忆录2：在曲折中行进》，第24页。

[5] 上海文汇报馆经理部：《关于借资金无法归还问题的函》，1952年7月16日，上海市档案馆：A73-1-113-1。

标题是《新人的故事》,这个"新人"就是"合理利己主义"的典型代表,他们有着强烈的民主主义思想、追求言行一致的实干精神、把献身于崇高的事业当作自己最大的快乐。[1]但这种快乐并非是背负着沉重义务感的苦行,而是以费尔巴哈的人本主义为哲学基础,相信人的自然本性就是对于利益的追求。按照"合理利己主义"的看法,被压迫阶级对于自身应该享有的权利的追求是合理的。车尔尼雪夫斯基承认革命并不是一个特别"清洁的活动",有时革命是历史的"抽搐",甚至也会带来灾害,但是不这样做就无法消灭那个制度的恶。所以革命——不论它会带来什么损失——都是合乎道德的,包括使用暴力。因为那些维护黑暗制度的势力很强大,没有暴力就无法战胜它。[2]

车尔尼雪夫斯基的《怎么办》塑造的虽然是19世纪60年代的人物形象,但却如民主主义批评家 D. N. 皮沙列夫所说,小说的真正意义在于它创造性的纲领,因此它成为年轻一代的旗帜。《怎么办》不仅被19世纪60年代的俄国青年奉为"生活的教科书",而且被后世誉为"代代相传的书"。列宁也十分喜爱这部作品,他热情赞扬"这种作品能使人一辈子精神饱满"[3]。中国的革命者同样是读着《怎么办》成长的,"合理利己主义"的因子不仅在革命者之中传播,也不断向中国的社会底层渗透。

中国共产党所领导的革命,本就是一场群众社会革命,强调的是将权力从上层人士下放到基层群众手中。在革命者的理想中,这是一场颠覆差异,趋向平等的过程。一旦这种意识到达底层,不管接受者信奉的利己观念是否出于崇高的理想,最后的结果都不可能是风平浪静的,一定会在基层崛起的过程中发生与既得利益者的冲突。这种冲突可能是真正的暴力,也可能是冷暴力。对经历了新旧政权交替的民营报纸来说,上述过程不能幸免。

(一)民营报纸中的劳资冲突

基层之崛起对民营报纸的管理者来说有些突如其来。最早感到一股寒气的是《新民报》的"总"字辈。1949年2月25日,距1月31日人民解放军入京尚不足月,《新民报》北平版即刊出《本报职工会重要启事》。该启事申明:《新民报》北平版对内对外一切事宜均由2月2日成立的执行委员会负责;报社与前总经理

---

[1] 车尔尼雪夫斯基:《怎么办》,魏玲译,译林出版社,1998,"译序"。
[2] 金雁:《倒转"红轮":俄国知识分子的心路回溯》,第550-557页。
[3] 转引自车尔尼雪夫斯基:《怎么办》,魏玲译,"译序"。

陈铭德脱离关系并解除北平社前经理张恨水、代经理曹仲英的职务。[1]

被扫地出门的不仅是陈铭德等人，浦熙修和赵超构的命运同样如此。为《新民报》崛起立下汗马功劳的浦熙修本应留在北平分社，却遭到工会部分员工的反对。这不能不成为浦熙修离开"新民"选择"文汇"的重要因由。而排斥赵超构的多是中国共产党党员。根据《新民报》总管理处的安排，赵超构需暂时负责北平分社的工作。当他从香港辗转抵达东北后，迎接他的却是一些冷面孔。之后，赵超构到了南京，又遭遇南京社某些党员的质问，要他说清和资方的关系。赵超构后来用"斗败了的公鸡"形容当时的处境。[2]

如果说赵超构在风生水起的"劳资"对立中仅仅是折伤了羽翼，那么，张恨水的遭际却是生死一线间。1949年3月，时任《新民报》北平版总编辑的王达仁发表《北平新民报——在国特统治下被迫害的一页》，罗列了张恨水以前所写指责共产党的社论和迫于国民党压力采取的妥协措施，并将敌特"帮凶"、国民党"代理人"这样的帽子扣在了张恨水的头上。[3] 张恨水原本在1948年12月已经离开了《新民报》，这一事后的"清算"令他突发脑溢血。虽然躯体的生命抢了回来，但那支写下《啼笑因缘》等力作的耕耘之笔却从此停了下来。

浦熙修、赵超构、张恨水等人并不是真正的资方，但在新中国初期声势浩大的"均权"思想下，凡是和资方接近或受到资方重用的人都被渴望"翻身"的民众划进了线内。真正的资方则顶着更大的帽子，他们现在是"剥削者、资本家和寄生虫"。

《新民报》自1929年开办，创始人陈铭德、邓季惺夫妇二十年风雨兼程，秉持"以报养报"的"民间立场"[4]，是中国为数不多仅靠发行即能盈利的民营报纸之一。但在1949年，《新民报》的北平、上海、南京三个分社却陷入全面亏损。他们自感已无起死回生之力，甚至自身的命运也在风雨飘摇之中，像北平版刊登的与陈铭德断绝关系的启事正在颠覆他们的合法地位。哀莫大于心死。从1949年8月至1951年，陈铭德、邓季惺夫妇不断向政府提出将《新民报》公营或公私合营，仅政务院文化教育委员会秘书长阳翰笙处就跑了不下十次。[5]

---

[1] 蒋丽萍、林伟平：《民间的回声：新民报创始人陈铭德邓季惺传》，第300页。
[2] 蒋丽萍、林伟平：《民间的回声：新民报创始人陈铭德邓季惺传》，第301页。
[3] 蒋丽萍、林伟平：《民间的回声：新民报创始人陈铭德邓季惺传》，第301页。
[4] 《新民报》社论：《十九年的考验》，1948年9月9日。
[5] 蒋丽萍、林伟平：《民间的回声：新民报创始人陈铭德邓季惺传》，第305页。

1949年7月12日,周恩来在中南海颐年堂设宴招待11位新闻界友人[1],邓季惺作为嘉宾之一,果敢地向周恩来陈述了办报的困境。不久,时任中共中央宣传部副部长的胡乔木受周恩来委托,负责解决《新民报》的问题。1949年9月,胡乔木和夏衍出席了《新民报》职工代表联席会议。针对报社内部的劳资矛盾以及人事安排的困窘,胡乔木强调了"劳资两利"的原则。这次会议决定在《新民报》总管理处下设一个临时管理委员会,由劳资双方组成。此举意味着报社的一部分管理权下放到了职工代表手中。但还是有人不满意,他们提出:决定权怎么还在经理手中?职工的利益怎么保障?显然,胡乔木的回答不能真正解决问题。一方面,他承认整个国家"都是以工人阶级为领导的",不存在职工利益无保障的风险;另一方面,又将调和劳资矛盾寄希望于资方决定权的审慎运用,而这一点正是职工群体所质疑的。[2]

新中国伊始,新政权在处理民营报纸劳资纠纷问题上,无疑出现了自相矛盾的政策梗阻。一方面迁就甚至鼓励劳方"要权"、"分权"的阶级斗争立场;另一方面,在资方手脚被"捆住"的前提下,又要他们承担对国家的应尽义务以及劳方不断膨胀的物质需求。在工商业百废待兴,民营报纸自身造血功能无从完善的情况下,劳资纠纷无异于内部细胞坏死。

这就不难解释类似北京《新民报》这样已经走出亏损泥潭的报纸,为什么一而再再而三地申请公私合营。实际上,北京《新民报》的艰难岁月在1950年中期已经结束。1950年下半年,全国物价基本稳定,北京《新民报》因是首都惟一一家民营报纸,走的又是大众路线,成为最早一批由亏损转向盈余的报纸。1951年1月,该报在全国民营报纸中第一个签约"邮发合一",发行量从年初日销13000份增加到年底日销27000余份。又因工商业日趋繁荣,广告收入大大增加,该报自1951年1月至12月,每月或多或少都有盈余,总计盈余10.57亿元。所获利润并非进了资方的腰包,而是购买了与原社址毗连的安福胡同42号、44号和46号的三所房屋,还从上海订制了汤姆生式电动铸字机一台。职工工资也于1951年4月份予以调整,较以往工资额平均增加了80%。[3] 而北京《新民报》的两次公私合营申请都是在该报社已能自给自足的前提下提出的。要解释这一奇异现象,就不能不关注这一时期的政治运动背景。

---

[1] 周恩来设宴招待的11位新闻界友人是:朱启平、高汾、邓季惺、浦熙修、徐盈、彭子冈、储安平、萨空了、胡愈之、刘尊棋、宦乡。

[2] 蒋丽萍、林伟平:《民间的回声:新民报创始人陈铭德邓季惺传》,第304页。

[3] 新民报北京社:《1951年经营情况》,1951年,北京市档案馆:114-1-9-20~24。

1951年10月，在全国工农业战线开展的爱国增产运动中，大量的贪污、浪费现象和官僚主义问题凸显出来。1951年11月30日，毛泽东指出："必须严重地注意干部被资产阶级腐蚀发生严重贪污行为这一事实"，"我们需要来一次全党的大清理，才能停止很多党员被资产阶级所腐蚀的极大危险现象"。[1]12月1日，中共中央发出《关于实行精兵简政、增产节约、反对贪污、反对浪费和反对官僚主义的决定》。8日，中共中央又发出《关于反贪污斗争必须大张旗鼓地去进行的指示》，全国规模的"三反"运动开始了。

要根治发生在干部身上的腐败问题，还需要粉碎资产阶级的"糖衣炮弹"。随着工商业政策的不断调整、新解放区土地改革结束后广大农民购买力的提高和抗美援朝中政府对私营工商业加工订货的增加，1951年，民族资产阶级获得了较为丰厚的利润。为了获取更多利益，一些资本家用"打进来"、"拉出去"的办法，向党、政、军、民机关内部派遣和安置他们的经济坐探，进行行贿、偷税漏税、盗骗国家财产、偷工减料和盗窃国家经济情报的活动。北京、上海、天津、武汉、广州、重庆、西安、沈阳等八大城市审查过的私人工商业中，犯有不同程度"五毒"行为的竟占总户数的76%。[2]1952年1月26日，毛泽东为中共中央起草了《关于在城市中限期展开大规模的坚决彻底的"五反"斗争的指示》，1952年2月上旬，"五反"运动大规模展开。

"三反"、"五反"运动开始后，上海许多资本家受不了基层群众的揭底式追究，跳楼自杀的有千把人，一时间有"上海的降落伞部队"[3]之说。震撼力最大的是四川实业家卢作孚自杀身亡事件。秉持"实业救国"的理想，卢作孚从一条"民生"小船做起，最终成为拥有上百条轮船的大企业家。新中国成立后，他拒绝了蒋介石的邀约，率领船队从香港返回大陆。但是在"三反"运动中，他却被亲近的人指控贪污，含恨自杀。事后核查，他本人在银行连一分钱存款都没有，却还是被定性为"不法资本家"。

新中国成立前，许多民营报纸是与卢作孚有交谊的，就连有中国共产党背景的重庆《商务日报》都与卢作孚"建立了密切的联系"[4]。在这些民营报纸中，《新民报》的陈铭德、邓季惺夫妇与卢作孚笃情至深。卢作孚的民生实业

---

[1]《毛泽东选集》第5卷，第53页。

[2] 中共中央文献研究室编《关于建国以来党的若干历史问题的决议注释本（修订）》，第220-221页。

[3] 蒋丽萍、林伟平：《民间的回声：新民报创始人陈铭德邓季惺传》，第310页。

[4] 杨培新：《战斗在惊心动魄的岁月中》，载《文汇报回忆录2：在曲折中行进》，第31页。

公司不仅投资《新民报》，卢本人还曾经在《新民报》上著文立说，发表对时局的看法。卢发表在1935年的《和谐运动的具体意见》，不仅建议社会上有知识、有地位之士以"第三者"身份调和国、共两党的不和谐局面，还倡导整个国家建立全盘的自给计划，呼吁中央政府"健全政治机构，领袖只是指导动向，而不要越过专管机关，直接处理一切琐碎事情"。[1] 由此可见，卢作孚与作为民营报纸的《新民报》一样，在民族饱受欺凌、政治晦暗不明的情况下，均是以"独立"、"自主"理念相互仰息的。1952年，当相濡以沫的朋友以自杀谢幕，《新民报》的陈铭德、邓季惺二人也正在经历生死考验。"五反"运动展开以后，因《新民报》曾有长时期的劳资对立，职工们对斗争很积极。一些人开始追究陈铭德、邓季惺的"经济问题"，多次开会斗争，要他们交代是否贪污，并把矛头对准二人在北京住房的资金来历。他家的保姆也被关了起来，要其揭发陈、邓夫妇的问题。[2] 陈铭德在群众的要求下做了两次检讨，邓季惺做了三次检讨。在巨大压力下，夫妇二人有意效法老朋友卢作孚，他们开始安排后事，把时任中央人民政府副主席张澜的地址告诉了孩子们，嘱咐万一家里发生事情，就去找张澜。张澜与邓季惺的伯父邓孝可，均为辛亥革命时期四川保路同志会的发起人，在遇到困难的时候，倒是可托付之人。所幸，悲剧没有发生。1952年3月20日，政府收购《新民报》的办法达成意向，该报职工逐渐收缩运动，没有继续追查他们。[3] 陈、邓二人最后被定为"基本守法户"。

表8-10：《新民报》编辑人、经理人及董事、主要股东简历（1950年3月）[4]

姓名	年龄	籍贯	社内职务	现在职业	过去职业及学历	政治经历	党派团体
陈铭德	53	四川	总经理	同前	北京法政大学		国民党革命委员会
王亚平	45	河北	总编辑	同前	日本东京早稻田大学	北京市文委	共产党员
邓季惺	43	四川	协理兼北京社经理	同前	北平朝阳学校		民主建国会
吴晋航	55	四川	董事长	同前	警官学校		民主建国会

---

[1]《新民报》1935年11月4日。
[2] 蒋丽萍、林伟平：《民间的回声：新民报创始人陈铭德邓季惺传》，第309页。
[3] 北京市委宣传部：《关于收购新民报财产情况向周恩来总理的报告》，1952年4月12日，北京市档案馆：1-12-97-1~4。
[4] 根据北京市档案馆馆藏档案整理。

续表

姓名	年龄	籍贯	社内职务	现在职业	过去职业及学历	政治经历	党派团体
胡子昂	53	四川	常务董事	重庆市协商委员会副主席，政协代表	北京农业大学	曾任参政员，重庆市议长，伪主任委员	民主建国会
古广云	48	四川	常务董事	四川畜产公司总经理	上海圣约翰大学	无政治活动	民主建国会
张友鸾	46	安徽	股东	南京人报社长	北京平民大学		无党派
王昆仑	48	江苏	股东	政务院政务委员	北京大学	曾任主任委员参加人民解放革命运动	国民党革命委员会
赵超构	42	浙江	总主笔	同前	上海中国公学	现任政协代表	无党派
罗承烈	52	四川	协理	同前	北平中国大学	曾任四川省参议员	无党派

民营报纸中的劳资对立，不仅存在于《新民报》中，《大公报》总编辑王芸生因为获得过报社的"劳绩股"，在加入工会时就遇到了麻烦。其实，王芸生出身贫苦，做过茶叶店和布店的学徒，靠勤奋自学才有了此后的地位。他本人一生勤俭，对社会上以权谋私现象极为愤慨。解放前在编辑《大公报》地方新闻版时，王芸生每当揭露地方陋政，总喜欢在抨击性标题后面加个大大的惊叹号，一边加一边自言自语说："给它来个棒槌！"当时很多地方当局，提到《大公报》的地方新闻版就感到头疼恼火，因为吃了王芸生太多的棒槌。但是新中国的社会革命，是通过渲染"阶级有别"而展开的，在城市中，一种自下而上生成的"阶级净化机制"[1]，不可能将王芸生这样曾有过"反动"历史的人物纳入到"纯洁"的群众中去。只要一遭逢群众，王芸生即会遇到麻烦。当想加入中苏友好协会时，有人说他长期以来一贯"反苏"；当应邀到儿子读书的学校演讲，讲到一段"三毛流浪记"时，竟受到校方的当场批判，因为新社会不会再发生"三毛流浪记"的故事；在思想改造中做自我鉴定时，王芸生的结论是"解放前我是人民的敌人，三年来也未曾改造"，"我真是惭愧，惭愧得汗颜无地；我真是沉痛，沉痛得想痛哭一场"，这样的发言又被群众指出沉痛之

---

[1] 郭圣莉：《阶级净化机制：国家政权的城市基层社会组织构建——以解放初期上海居委会的整顿与制度建设为例》，《甘肃社会科学》2007年第4期。

感毫无来源,以至于他陷入内心的折磨,终日寝食难安。[1]

因基层权利意识的觉醒而诉诸群体行动,不顾及现实条件生硬地划分资方与劳方的界限,这种内部消耗加速了民营报纸的衰亡。广州《每日论坛报》1950年5月17日因经济困难停刊后,曾有员工提出,"欠薪问题,由劳资协商解决,并请求复刊,以打破当前僵局"。此意见当即为另一部分职员所反对,认为"这是向资方投降"。6月2日12时,28名员工借用广州市西湖路101号座谈,同意劳资协商复版。当晚,此意见在报社全体员工大会中提出后,又遭一名陈姓员工的强烈反对,他认为这28名员工是在搞分化,是破坏团结。车、字房工人在《每日论坛报》员工中占据较大比例,两个部门于6月4日晚在报社开会讨论,并请印刷工会派员指导。会程中,印刷工会派出同志亦认为过去坚决追薪,致社方停刊、工人失业,是错误的;现在提出劳资协商,双方让步,以求解决,这是正确的,符合政府劳资两利的政策。[2] 但这样的建议很快被左派的声音所压制。

《每日论坛报》的内部纷争显然为主管部门所了解。6月23日,社长章导返回报社与全体职工协商复版问题时,着重说明了华南分局宣传部提出的复版的先决条件,其中一项即是"职工团结一致"[3]。来自官方的回馈无疑增进了劳资双方进一步洽商恢复出版的信心。从6月24日至6月29日,双方共协商六次,拟定了复版方案:劳方同意复版后先清偿30%的欠薪,其余部分可在三个月内陆续偿还;经济困难时,职工工薪还可予以减低,除保证90市斤米的基本数外,其余部分按六五折至七五折支领。[4] 遗憾的是,《每日论坛报》的劳资双方虽然经过数月纷争最终达成和解,但此时报纸已停刊月余,社会信誉降至冰点,复版资金难以筹集。报社诸多员工是靠工薪维持生活,有些拖家带口的,生活已经陷于绝境。7月23日,广州市人民法院作出判决:准予《每日论坛报》员工点存报社机器杂物拍卖清偿,以解决他们目前的生活困难。[5] 自此,《每日

---

[1]《新闻界思想改造情况(十九)》,1952年9月30日,上海市档案馆:A22-2-1551。

[2]《每日论坛报停刊善后报告》,1950年6月12日,广州市档案馆:179-1950-长久-12,第17-19页。

[3]《每日论坛报劳资双方谈判有关恢复报纸出版问题最近的情况》,1950年6月29日,广州市档案馆:179-1950-长久-12,第33-35页。

[4]《每日论坛报劳资双方谈判有关恢复报纸出版问题最近的情况》,1950年6月29日,广州市档案馆:179-1950-长久-12,第33-35页。

[5]《1950年度民字第1238号债务及工资案件广州市人民法院民事判决》,1950年7月23日,广州市档案馆:179-1950-长久-12,第53-55页。

论坛报》的复版愿望彻底断绝，该报亦成为新中国成立后，广州第一家消失的民营报纸。

（二）路西法效应的显现

以劳工阶层为代表的底层民众为何在新中国初期的对资斗争中较为强势？这是有历史背景的。根据美国学者莫里斯·迈斯纳的看法，近现代中国历史状况的基本特征是所有阶级的软弱性。资产阶级尚处于萌芽和不发达状态，无产阶级凝结成一股势力的时间不长，曾为统治阶级重要组成部分的豪绅地主，权力与声望日渐衰落。当帝国主义破坏了豪绅们与之息息相关的封建帝国的官僚基础时，由于缺乏远见、机会和资本，豪绅中的成员只有一小部分转向近代商业、工业或近代商品化的农业形式，在这一阶层中没有产生能够推动经济发展或执掌政治权力的"现代化精英"。尽管直到共产主义革命前豪绅还握有农村一级的经济和政治控制权，但这个阶级已经日益衰败且越来越寄生，他们所能做的事情，就是不受传统的政治和道德法令的约束，实行最野蛮的经济剥削。作为这种剥削的牺牲品，农民一旦获得机会，即以其人之道还治其人之身。[1] 在城市里，资本家大都有着与农村豪绅物质与精神上的联系，原始积累更不受传统道德律令的制约，而城市里的劳工阶层也大都由农民转化而来，两者之间的矛盾甚至比豪绅地主与农民之间更加尖锐。而且在城市劳作的工人，因亲身经历很多剥削与外国人密切相连，这就使得工人的社会革命，带有反对经济压迫和外来压迫的双重性质，上升到了民族主义立场。因此，中国的工人运动具有特殊的战斗力。[2]

尽管并不是所有的资本拥有者都采用赤裸裸的剥削方式，但资本家与劳工之间的对立是一种泛化的意识。在资方那里，有一种天然的防范思维，总会觉得惹恼劳方是一件不明智的事情。这种思维在解放前就已经存在。1937年12月12日，上海各报接到公共租界工部局的通告，要求所有华商报纸，自16日起接受日方的新闻检查。上海的大报，除《新闻报》和《时报》自愿服从此屈辱规定，《申报》、《大公报》、《时事新报》及《民报》[3] 决定自14日起自动停刊。《大公报》总经理胡政之在报纸停刊的次日，即宣布编辑部、经理部所有职工，除保留一

---

[1] 莫里斯·迈斯纳：《毛泽东的中国及后毛泽东的中国》，杜蒲、李玉玲译，四川人民出版社，1999，第7-8页。

[2] 莫里斯·迈斯纳：《毛泽东的中国及后毛泽东的中国》，杜蒲、李玉玲译，第32页。

[3] 原为《民国日报》，"一·二八"抗战时，国民党屈服于日方的抗议，改称《民报》。

部分清理善后，其余人等一律遣散，每人发给3个月薪水作为遣散费。连时任要闻编辑的徐铸成都在遣散之列。令人奇怪的是，印刷厂工人却不做遣散。据徐铸成事后了解，胡政之惟独保留工厂，"一则，他怕解雇工人，比较棘手；二则，他怕一旦战事结束，重装机器设备和排字设备，需要时间，影响立即复刊"。[1] 而重新组织编辑、经理两部人员，在胡政之看来，相对容易些。

较为成熟的民营报纸管理者都对劳方有所顾忌，1950年11月11日，《新民报》的陈铭德发给该报上海社经理高本乐的电报也可看出类似端倪。他请高本乐务必与上海本报工会恳切商谈，将亏累情形提出，体谅沪社并未赚钱的苦衷。而发此电报的初衷在于沪市各行业中，因年终奖拖累而关门者已有事例。[2] 陈铭德显然不希望基层员工闹将起来，引致报社关门。

恰如俄罗斯路标学派的代表人物别尔嘉耶夫所言："革命永远是不知感恩的。"[3] 是凡革命，采用温和的、自由主义的、人道主义原则的人很难获胜，这也是"合理利己主义"所认同的原则。秉持此观念的，并非惟有共产党人。美国1950年代的麦卡锡主义，曾被中国共产党指称系"资产阶级专政"。说到"专政"，也有其准确性。麦卡锡主义的社会基础并非资本家，恰恰是美国下层，其特点是煽动下层民众揪出精英层中"出卖美国"的疑似"亲共"分子。在这场运动中，与共产党国家做生意的资本家，与社会主义阵营有外交往来的政客、学者，乃至卓别林那样的文化人，都在"人民"的压力下惶惑不安，而工会却在麦卡锡运动中推波助澜。再往前追溯，美国独立前因统治者阻止"人民"进攻印第安人而激发的所谓"培根起义"，20世纪初迫害华工的风潮，都是"穷白人"的运动，而资本家倒是对廉价华工持欢迎态度。[4]

既然按照"合理利己主义"的观点，先有剥削和压迫这样"恶"的基础，而人民惟有通过革命去破坏这种现实，那么，以"恶"制"恶"就具备了合理性，甚至正义性。问题是，当"恶"成为一种制胜的法宝，"善"的机制就会被踢出战局，斗争往往变得绝对化，演变成一种"专政"或曰"专制"。如同托克维尔所分析的，这种"民主游戏"存在着一种危险性，"只要平等与专制结合在一起，心灵和精神的普遍水准便将永远不断地下降"。[5] 而路西法效应

---

[1] 徐铸成：《文汇报的诞生》，载《文汇报回忆录1：从风雨中走来》，第3-4页。
[2] 新民报总管理处：《关于商谈年终奖金的电报》，1950年11月11日，上海市档案馆：G21-1-137-77。
[3] 别尔嘉耶夫：《自我认识——思想自传》，雷永生译，上海三联书店，1997，第224页。
[4] 金雁：《倒转"红轮"：俄国知识分子的心路回溯》，第23-24页。
[5] 托克维尔：《旧制度与大革命》，冯棠译，商务印书馆，1997，第36页。

恰恰会在这种情况下出现。

路西法效应源自一次真人实境试验。1971年，美国社会心理学家菲利普·津巴多主持了"斯坦福监狱实验"。实验中，身心健康、情绪稳定的大学生被随机分为狱卒和犯人两组，接着被置身于模拟的监狱环境。实验一开始，受试者便强烈感受到角色规范的影响，努力去扮演既定的角色。到了第六天，情况演变得过度逼真，原本单纯的大学生已经变成残暴不仁的狱卒和心理崩溃的犯人，原定两周的实验不得不宣告终止。[1] 据此，菲利普·津巴多得出的结论是，善恶之间并非不可逾越，环境的压力会让好人干出可怕的事情。就像上帝最爱的天使路西法一样，不知不觉地对他人做出难以置信之事，从而堕落成魔鬼撒旦。

将获取自身利益的正当行为演变成一种暴力，也显现在新中国初期民营报纸的劳资矛盾中。一般来讲，暴力是指明显地违反法律、损害公民的财产权和基本自由的执行行为，所造成的伤害既可以是身体的，也可能是心理的。

上海《烟业日报》在处理劳资纠纷过程中就出现过体罚这样的暴力行为。该报奉新闻主管部门指令，于1951年12月31日停刊。[2] 因报纸主办方卷烟皂烛火柴商业同业公会筹备委员会不愿烟报职工并入公筹会工作，遂善后问题只能请劳动局调解。第一次调解座谈会于1951年12月21日召开，到次年的1月14日已是第五次讨论。[3] 恰逢"五反"运动展开，2月6日，经上海劳动局指示暂时停止调解。《烟业日报》有职工18人，每月工资3986单位，另报差递送费2911单位，共计每月6897单位。1951年底停刊时，尚有结余经费9000余万（旧币），但由于结束问题久拖不决，至1951年3月，不仅结余资金分文皆无，还由公筹会借垫3600万元，公筹会委员借垫3930万元，用来发放职工薪金。由于公筹会经费向来执行预决算制度，库存因会员会费收取极度困难几告空虚，但烟报职工工资仍需按月照发，虽是暂向公筹会借贷，但因没有偿还可能，已造成公筹会本身经济困难。在协商发放三月份上半月薪资时，烟报职工终于失去了耐性。3月15日上午9时，部分职工挟公筹会主委施永顺至上海总工会老闸区"五反"

---

[1] 津巴多：《路西法效应：好人是如何变成恶魔的》，孙佩妏、陈雅馨译，生活·读书·新知三联书店，2010，"内容简介"。

[2] 上海市卷烟皂烛火柴商业同业公会筹备委员会：《为本会附设之烟业日报社发行之烟业日报至本年终停版公告周知由》，1951年12月，上海市档案馆：S415-4-6-44。

[3] 上海市卷烟皂烛火柴商业同业公会筹备委员会：《关于〈烟业日报〉停刊解雇职工的意见、会议记录及留存的若干〈烟报〉》，1952年，上海市档案馆：S414-4-135。

第三大队办事处，令施永顺做立正姿势。因施患高血压，站立两小时后不能支持，遂写成笔据，保证在两天内筹发上半月工资，人才被放出。[1] 这一事件令公筹会副主委们十分惧怕，听说烟报职工还会找他们发放工资，副主委们人人自危，希望劳动局迅速恢复调解。又经过近三个月的协商，6月14日，由公筹会根据双方协议，将解雇费每人两个半月一次发放完毕，《烟业日报》的结束问题才告一段落。[2]

成都《工商导报》在经营状况极度困难的情况下，也是乱象纷呈。报社秘书被发现在1953年2月份私自检查职工私人信件；少数员工四处上书揭发内部矛盾，用词激烈，如指责报社领导"厚颜无耻"、"阴险恶毒"等。更为严重的是，部分指控并非根据事实，而是凭空猜测，如控告一位吴姓员工为反革命分子。在当时司法制度存在严重缺陷的情况下，人民法院判处吴姓员工一年多徒刑，直至司法改革时，才发现证据不足，无罪释放。[3]

在经营管理方面较为成熟的《大公报》也不可避免地出现了激烈争端。1950年7月份，依照劳动局指示，《大公报》由行政、工会两方面各推选代表10人成立了"整编节约小组"。此次整编，报馆预计减少70多名员工。[4] 整编工作剑拔弩张，据《大公报》内部人士反映，"整编小组事前没有走群众路线，轻视群众，事后又害怕群众，把事情搞得一塌糊涂。当事情闹到最紧张时，才邀请上总、印刷工会去处理，公安局并出动了警备车，如临大敌"[5]。整编过后，更有被裁员工上书陈毅市长，直陈整编过程存在"包庇私人和个人利益"之举。尽管并未有确切证据印证上述指控，但匿名信中，"工贼"、"伪共产党员"等斥责之词不绝于耳。[6]

---

[1] 上海市卷烟皂烛火柴商业同业公会筹备委员会：《关于烟业日报职工协商解雇事件之经过的函》，1952年4月10日，上海市档案馆：B128-2-864-122。

[2] 上海市卷烟皂烛火柴商业同业公会筹备委员会：《关于履行协议发放烟业日报职工解雇费名册及办理移交情况的函》，1952年6月20日，上海市档案馆：B128-2-864-161。

[3]《工商导报简况》，1953年，成都市档案馆：56-1-52。

[4]《大公报》予以整编后离职者的待遇是：解雇金三个月、年终奖金一个月、薪金发至1950年十月底，总计五个半月工资；对整编后留职停薪者的待遇是：一年内发给薪资30%的救济金。参见《上海大公报馆整编协议书》，1950年9月15日，上海市档案馆：B35-2-108-5。

[5] 上海市人民政府新闻出版处：《关于上海大公报馆内部工作人员整编存在问题的函》，1950年7月12日，上海市档案馆：B35-2-108-1。

[6]《上海大公报馆一群被裁者关于上海大公报馆在整编中存在偏向问题的函》，1950年，上海市档案馆：B35-2-107-2。

民营报纸改造过程中的路西法效应还表现在合作伙伴之间的分崩离析。据报人冯英子回忆，1949年5月底，他除了担任香港《周末报》总经理兼总编辑，还应邀出任香港《文汇报》总编辑。因为他是《文汇报》的"新人"，又不是共产党员，一些人想尽种种办法给他这个总编辑"颜色看"。冯英子说："我在《文汇报》的一年多日子里，正是中华人民共和国诞生的那些日子"，"这一年多的时间内，既要防备国民党的迫害，当时国民党特务在香港的活动非常猖獗；又要应付自己内部的矛盾，我不知道他们在什么地方为我设下陷阱，一不小心就粉身碎骨，也不知道他们用什么办法来拆我的台，使你不明不白地倒下去"。所以，他感觉"最最难于应付的，倒是我们自己的'内耗'"。[1] 事情远未结束。"组织上"出于对报纸布局的通盘考虑，决定将《周末报》由香港迁至广州。1952年3月，冯英子与报社同人回到广州。刚一到达，他就被告知先期回到广州的报社营业部主任已自杀，系因在"三反"运动中被加上许多莫须有的罪名，一时想不开跳楼身亡。由于冯英子回国稍晚，没赶上"思想改造运动"，此时，"三反"已经开始，他们这些人都参加"含有三反内容的思想改造运动"，"思想改造"与"三反"合二为一，哪一课都不能缺。这时冯英子才知道，自己也被怀疑贪污公款，有人一直在暗中审查他。"经过这次运动，一个最突出的现象是一个团结合作、共同奋斗的集体，忽然变成了一个四分五裂、互不服帖的场所"，"那种同甘共苦，不出怨言，全心全意为工作的作风，一到运动中，却烟消云散，不知哪里去了"。[2]

不能不承认，新中国之所以能够成功地控制通货膨胀、腐败和社会的混乱现象，关键在于执政党的严格自我约束和向群众组织开放。新政权能够动员人民大众，并取得他们的信任，这是新中国初期取得治理成功的重要原因。中国共产党既然是中国工人阶级的先锋队，一旦遇到工人利益受到伤害，自然更多站在工人立场，对具体事件的理和据反而不那么重视。1951年6月，上海《俄文新生活报》一陈姓学徒因私改借据为报社发现，遭开除处分。报社工会认为这一处理结果过于严格，希望能与资方再行协商。但《俄文新生活报》的资方代表声称要向上级塔斯社请示，此事就此悬置。[3] 陈姓学徒遂呈请劳动局予以仲裁。在外事部门的配合下，劳动局在了解具体情况后做出"开除不当"的结论，认为对陈姓学徒的错误应以教育为主。显然，这一仲裁结果产生了效果，

---

[1] 冯英子：《劲草——冯英子自传》，第318-335页。

[2] 冯英子：《劲草——冯英子自传》，第343-349页。

[3]《劳动争议调解申请书》，1951年7月4日，上海市档案馆：B128-2-552-77。

《俄文新生活报》同意该员工复工。[1] 虽然仲裁期间的工资无须补发,但就上述结果来说,劳方的背后力量显然更为强势。

四、邮发合一制度的实行

民营报纸最终退场的经济原因还包括议价能力的丧失。因"邮发合一"政策的实行,私营派报业整体衰落,民营报纸失去了开拓市场的主要依托。没有了自主定价的权利,没有了对零售市场的控制,没有了给予读者的利益输送,民营报纸在经营方面的优势尽失,其消亡也是必然。

"邮发合一"始自1949年12月10日至28日的全国邮政会议,12月17日至26日召开的全国报纸经理会议,认同了"邮发合一"的决议。当时至少有三方面原因促成"邮发合一"的施行:

首先是社会动员的需要。1949年,解放战争获得了基本的胜利,但反动势力尚有残留,人民的觉悟有待提高,经济与文化事业需要恢复。无论是对敌斗争,还是恢复经济,都需要大量的报刊在思想上去指导群众。当时报刊发行的局面是发展不平衡,大城市集中,小地方匮乏。因运输困难,北京出版一本杂志,送到北京附近郊区要几天,送到贵阳、昆明要一两个月。[2] 此外,发行层次多也是一个问题,报纸批销往往经过大代理、二代理盘剥才能到达报贩手中,报纸和报贩几无利润空间。[3]

其次是摆脱报纸困境的需要。1949年,战争造成的物质困难一时难以解决,一般占报纸总成本70%的纸张价格一路飞涨,读者的购买力有限,几乎所有报纸都发生了严重赔耗,仅据《人民日报》等16家报纸不完全统计,全年赔耗达5000万斤小米。[4]

再次是苏联及中国老解放区成功的发行经验。苏联实行的是"邮发合一",报纸均交邮局发行,每期总量达3300万份,[5] 其中,《真理报》每日发行250万

---

[1] 上海市人民政府劳动局《调解案件处理报告》,1951年8月21日,上海市档案馆:B128-2-552-78。

[2] 《出版总署署长胡愈之在全国发行工作会议上的讲话》,1951年2月19日,载《中国报刊发行史料》,第169页。

[3] 广州市邮局:《关于广州市报贩最近活动情况报告》,1952年9月,广州市档案馆:179-1952-长久-078,第158-159页。

[4] 《全国报纸经理会议的决议》,1949年12月26日,载《中国报刊发行史料》,第7页。

[5] 《邮电部部长朱学范在全国发行工作会议开幕式上的报告》,1951年2月15日,载《中国报刊发行史料》,第152页。

份以上。[1] 这对只有2亿人口的苏联来说，是个相当高的数字。中国老解放区报纸发行工作始于1930年代，一开始由交通部门负责。在抗日战争中，解放区的报纸出现了"交、发、邮"三位一体的组织形式，华北、西北地区的报纸由邮局负责分销。东北区"八一五"光复以后，《通化日报》（后改名《辽东大众报》）在1946年4月首先交邮局发行，1948年《东北日报》、《黑龙江日报》交邮，到1949年底，东北出版的报纸基本上全部交给邮局发行。山东老解放区在抗战时即实行"邮发合一"，当时的邮局局长兼发行部部长，报社的发行部就是邮局的发行科，这种发行方式便于报刊冲破重重封锁，普遍深入到解放区的农村。日本投降后，解放军开始进入城市，报邮关系发生变化，《大众日报》1946年起尝试报邮分家，全靠分销处推销，结果导致报纸积压、报款难收回等严重问题，发行量竟从18万份跌至10万份，其中临沂一县即从2万份跌至1000份。无奈，1947年恢复"邮发合一"，发行数量才又逐渐回升。[2]

上述三重因素都在发行方面指向一个解决方案：利用邮局现有网点多，邮路长且深入农村，分支机构分布全国，现有员工数万人，和国家其他交通机关有密切配合且自身拥有交通工具的优势，实行"邮发合一"。

（一）"邮发合一"的推进

"邮发合一"的原则，经由邮电部召开的第一次全国人民邮政会议和新闻总署召开的全国报纸经理会议确定后，即在全国范围内开展。为了推进这项工作，邮电部于1950年2月15日至28日召开了全国报刊发行工作会议，随后，北京《人民日报》的发行工作于1950年3月1日全部移交邮政总局接办；同一天，杭州出版的《浙江日报》和浙江邮政管理局订立发行合约；3月11日，长沙《新湖南报》移交邮局；3月25日，西安《群众日报》也和西北邮政总分局签订合约，将发行工作分期交陕西管理局接办；3月31日，《皖北日报》和安徽邮管局签订了邮发合一的发行合同；4月1日，重庆《新华日报》实行邮发合一；4月25日，上海《解放日报》和上海邮管局签订了邮发合一的发行合约。[3]

根据1950年6月全国报纸邮发情况统计，当时全部实行邮发合一者55种，

---

[1]《改进报刊发行工作是重要的政治任务》，《人民日报》1951年3月10日。

[2]《邮电部部长朱学范在全国发行工作会议开幕式上的报告》，1951年2月15日，载《中国报刊发行史料》，第151页。

[3] 邮电部邮政总局通令：《关于签订报刊发行合约的指示》，1950年4月27日，载《中华人民共和国出版史料（1950）》，第162页。

局部邮发合一者3种，共计发行量每日为1416382份，占全国报纸总发行量的52%。据此，邮电部邮政总局下达《关于目前发行工作的指示》，要求各邮区积极组织发行力量，健全发行组织，充实干部，主动和各报刊社洽商"邮发合一"，争取全国各省级以上的公营报纸早日实现邮发合一。该指示将较大民营报纸的"邮发合一"也列入了洽商范围。[1]

到1950年12月，邮发报纸种类已经达到140种，总发行量219万份，远超出1950年1月份以老解放区为主的80万份。此时，"邮发合一"的报纸种类虽然只占全国报纸种数一半多一点，但在总发行量上已经达到70%以上。各家报纸的份数稳步上升：《人民日报》从1950年4月的9万份增加到12月的19万余份；《东北日报》由13.5万份增加到18万份，《南方日报》从1.8万份增加到5.2万份，《群众日报》从2.2万份增加到3.4万份，重庆《新华日报》从2万份增加到3.8万份，《解放日报》从8.2万份增加到9万份。从覆盖面来讲，全国性的报纸，《人民日报》发展了2481个订销局，《工人日报》发展了1367个订销局；大行政区级的报纸，《东北日报》有519个局，《长江日报》有871个局，《群众日报》有418个局，重庆《新华日报》有442个局，《天津日报》有614个局；省级的《南方日报》有375个局，《大众日报》有269个局，《江西日报》有123个局。[2]

具体到单一城市，以广州为例。1950年12月份，该市订阅部分全月交邮局份数从11月的183820份升至225313份，报社自主发行份数则从45660份降至17557份，[3] 邮发比例高达92.8%。当时，广州市人口数150万人，相当于每份报纸平均27.5人看。[4]

---

[1] 邮电部邮政总局通令：《关于目前发行工作的指示》，1950年6月12日，载《中华人民共和国出版史料（1950）》，第303页。

[2]《邮电部部长朱学范在全国发行工作会议开幕式上的报告》，1951年2月15日，载《中国报刊发行史料》，第150-160页。

[3] 广州市人民政府新闻出版处：《报纸发行份数综合月报表：1950年12月份》，1951年1月31日，广州市档案馆：179-1950-长久-003，第134页。

[4] 广州市人民政府新闻出版处：《报纸发行份数综合月报表：1950年11月份》，1951年1月20日，广州市档案馆：179-1950-长久-003，第125页。

表 8-11：广州报纸发行份数综合月报表（1950 年 11 月份）[1]

发行份数	交邮局份数	报社自行发行份数	全月总计
本市订户	183820	45660	229480
外埠订户	2100	10700	12800
本市分销	11627	64200	75827
外埠分销	739729	57578	797307
门市批发	392751	27690	420441
零售	4450	2177	6627
自用		10610	10610
贴报		40469	40469
赠送		19718	19718
交换		10477	10477
合订本		6300	6300
固定存报		600	600
剩余存报		11008	11008
报损		5281	5281
合计			1646945

民营报纸中，最早和邮局产生联系的是《大公报》。1950年7月，该报将343个外埠分销处交由邮局办理，实行局部邮发合一，到1951年4月到6月间报社才开始将全部发行工作交给邮局。担任过《大公报》人事工作的梅焕藻曾经在写给中央相关部门的信中说，《大公报》实行邮发合一的1951年，仅4月到6月间就有70多人调到邮局工作。[2]

最早全面实行"邮发合一"的民营报纸是北京的《新民报》。该报于1951年1月与邮局签订协约，截至1951年年底，发行数量从年初的12941份升至27327份。[3]

---

[1] 广州市人民政府新闻出版处：《报纸发行份数综合月报表：1950年11月份》，1951年1月20日，广州市档案馆：179-1950-长久-003，第125页。

[2]《处理梅焕藻来信与中央宣传部的往来文书》，1953年9月25日，上海市档案馆：A22-2-114-19~26。

[3] 新民报北京社：《1951年经营情况》，1951年12月，北京市档案馆：114-1-9-20~24。

表 8-12：北京《新民报》1951 年 1-12 月发行情况表[1]

月份	印发平均数	实销平均数	月份	印发平均数	实销平均数
一月份	13695	12941	七月份	22233	21275
二月份	15157	14758	八月份	23548	22636
三月份	16717	16121	九月份	24560	23701
四月份	18631	17912	十月份	26249	25302
五月份	20786	20039	十一月份	26666	25792
六月份	21466	20667	十二月份	28186	27327

　　北京《新民报》在"邮发合一"后，总数虽然绝对增长一倍多，但主要增长发生在北京市区，贡献了11000多份，而广大的全国性发行范围才涨了1000份。[2] 这是因为《新民报》签协议时，将发行区域局限于长江以北，山海关以西。但邮局竟自订了一份《新民报》发行计划，将该报主要发行区域圈在北京。而在北京区域的发行量暴涨也不能全部归功于"邮发合一"。由于《新民报》具有浓厚的地方性特色，又比较通俗，是北京市惟一的民营报纸，每逢有关本市的新闻，如"五一"劳动节，"十一"国庆节，镇压反革命等，报纸销数必激增。另外，出版时间早而又能标准化，销数也会上涨。鉴于邮局业务过于繁忙，还不能普遍主动地展开推销业务和零售工作，该报便利用各种报纸上涨契机，充分发掘报房、报贩等私营发行业的潜力。因此，《新民报》发行数量的增长是公、私营发行业共同作用的结果。

　　邮局发行人员有限，而业务拓展得太快，这是"邮发合一"的发展瓶颈。截至1951年春，邮局有5万多处局所，邮路计达92.5万余公里，员工约5万人，但在全国范围内，专做发行的才2000余人，全国函件与报刊兼用的投递员不过1万人。[3] 这种情况必然导致工作制度呆板，对读者服务不周到，差错多，不了解发行增减原因和情况，不能主动掌握工作，宣传得不够等问题。报社很难对邮局建立完全的信任，一个突出的例子是：东北的《沈阳日报》，曾经两次交给邮局发行，又两次收回自办。[4] 整个华东区域在1950年3月实行"邮发合一"

---

[1] 根据新民报北京社《1951年业务情况》整理，1951年12月，北京市档案馆：114-1-9-13~18。

[2] 新民报北京社：《1951年经营情况》，1951年12月，北京市档案馆：114-1-9-20~24。

[3]《改进报刊发行工作是重要的政治任务》，《人民日报》1951年3月10日。

[4]《邮政总局副局长谷春帆在邮电部全国发行工作会议上的总结》，1951年2月28日，载《中华人民共和国出版史料（1951）》，第69-70页。

以后，52家公私营报纸中的21家响应该政策，但由于"邮发合一"存在着发行方针不明确、公私关系不正常、发行费用不合理等缺点，导致未实行"邮发合一"的31家报纸持观望态度。[1] 上海的民营报纸，除《大公报》局部"邮发合一"外，其他都在观望。

所谓公私关系不正常，主要是指邮局给出的发行费率高低不一。如中南区公开发售的58家报纸，有32家交邮局发行，其中折扣最低的25%，最高的40%。[2] 这就意味着每100元，享受最低折扣的比支付最高折扣的省15元。一般来讲，支付最高费率的都是民营报纸。天津《新生晚报》与邮局签订的局部发行合同，发行费率为报价的34%，除此之外，一切优待折扣都由报社负担，邮局代为贴报、赠报，每份还额外收50元（旧币），另每份贴报每月加半斤面。这些苛刻条件自然加重报社对交邮局发行的顾虑。[3]

此外，邮局对公、私营报纸的发行力度也不一样，且公营报纸主要挤占的是民营报纸赖以栖身的城市空间。以《南方日报》的"邮发合一"为例。按照报纸分工，《南方日报》主要发行对象应该是农村区以上干部群众，但据1952年8月30日的统计，城市（包括广州市）占该报发行区域的41%，农村占53.9%。从这个比例可看出城乡的分布是不平衡的，城市发行占比相当大。据表8-13，《南方日报》1952年上半年度的发行数量发展得很慢，从1月至8月，仅发展了8%，但其中广州市发行量增多了5倍。"广州市的机关团体干部就占广州发行总数55.1%，而工会及工人仅占11.6%，这说明了目前报纸还未普遍深入到工人群，农民大众的比例更少。"[4]

表8-13：《南方日报》1952年1至8月发行数量表[5]

1月	2月	3月	4月	5月	6月	7月	8月
79662	76201	82908	82533	81102	83880	87025	85552

---

[1] 华东军政委会新闻出版局：《关于华东实行邮发合一以来概况及今后巩固邮发合一人力开展报纸发行工作计划和要求的材料》，1950年，上海市档案馆：B35-2-31-11~13。

[2] 中南军政委员会新闻出版局：《1950年工作总结报告》，1950年，载《中华人民共和国出版史料（1950）》，第889页。

[3] 天津市新闻出版处：《报纸发行工作中的几个问题》，1952年，天津市档案馆：X57-Y-1-48。

[4] 南方日报经营管理处：《南方日报1952年发行情况说明》，1952年10月4日，广州市档案馆：179-1952-长久-078，第27页。

[5]《1952年1至8月南方日报发行数量表》，1952年，广州市档案馆：179-1952-长久-078，第31页。

相应地，民营报纸的城市发行量自然受到影响。像广州《联合报》，发行对象以工商业界、店员、职业青年为主。1952年的发行区域，广州市占三分之二，江门、佛山、石歧、韶关、惠阳、市桥、深圳、石龙、肇庆、东莞等中小城市占三分之一。据表8-14，《联合报》1—8月发行总量下降幅度虽然不大，但与《南方日报》上行趋势对比，该报毕竟在向下走。

表8-14：《联合报》1952年1至8月发行数量表[1]

1月	2月	3月	4月	5月	6月	7月	8月
27580	27355	28997	29873	27922	26031	28701	26670

广州另外一家民营报纸《广州标准行情》，主要发行对象为工商界人士，次为各财经机构，发行区域以城市为主，乡村为次。其中城市占90%，乡村占10%；广州市占60%，外埠占40%。到1952年10月份，该报发行量仅剩下1500余份，几无存在的必要。

表8-15：《广州标准行情》分布区域（1952年10月3日）[2]

	广州	天津	上海	北京	武汉	长沙	香港	广东各地	广西各地	其他地区
份数	861	72	48	20	45	29	70	55	35	275
百分比	54.63%	4.1%	3.1%	1.3%	2.35%	1.25%	4%	3.7%	2.3%	18%

既然"邮发合一"还没有成熟到可以承揽全国报纸的地步，那么，还在观望的报纸，尤其是民营报纸完全可以按照传统的发行方式继续运作。然而，国家相继出台的政策，打破了民营报纸继续观望的想法。这些政策着力于挤压传统派报业，从而，"邮发合一"成为报纸发行的惟一选择。

（二）私营派报业的衰落

1950年中叶，出版总署下达《关于各公、私营报纸建立分销处暂行规定的通知》，要求：各大行政区内的报纸，在本区内省与省间，省与市间，或市与市间，需要设立办事处或分销处者，应呈经本区新闻行政机关审查批准后始得设立。中央直属省市各报社在省、市相互间需设立办事处或分销处者，应呈经出版总署审查批准；各大行政区内的报纸需在其他行政区及中央直属省市内设立办事处或分销处者，应先经各该大行政区新闻行政机关初步审查，签注意见，

---

[1]《联合报社1952年发行情况》，1952年，广州市档案馆：179-1952-长久-078，第37页。

[2]《广州标准行情分布及发行情况表》，1952年10月3日，广州市档案馆：179-1952-长久-078，第39页。

呈由出版总署审查批准后始得设立。中央直属省市各报社需在各大行政区内设立办事处或分销处，应经呈出版总署审查批准；原有各报办事处分销处亦应按上述原则，分别向本区新闻行政机关及本署登记。[1]

从字面上看，上述规定不过是让报纸在建立办事处或分销处之前履行报批手续，但在参考中南军政委员会新闻出版局转知出版总署规定时的附加意见，可以判断此政策的真正用意：一是"报纸发行工作应逐步地全部移交邮政局办理"，二是"为防止发行商的紊乱及相互间无原则竞争等流弊"。[2]

何为发行商的紊乱及相互间无原则竞争？试举天津《星报》的例子。1951年1月29日，山东潍坊市读者鲁思良函告华东新闻出版局，称："近来忽然有天津星报华东营业所（驻济南）的二位先生，到潍县来，拿着工商局和工商联合会的介绍信，往各商号硬行批销星报，说星报是红星报，是老党报，各家不看不行，并照该报定价（每月5000元）加五成（共13500元）[3]叫定，并得预收报费半年（81000元），本县商人采取'破财免灾'的思想，忍气吞声地订阅了。"[4]1951年2月22日，北京市门头沟工商业联合会也发出了类似的举报函，称天津星报社北京分销处于1950年12月来门头沟推销该报，部分工商户同意订阅，当时付款。但在订阅期中或续订中间，批销员对订户采取强横态度。"同聚永、天顺栈、正成厚三家商号，不愿订星报，该报推销员强迫他们非订不成，如不订，即说该家思想不好，并且多收了同聚永一个月报费。""又据永生祥乔振廷谈：有一个小灯铺生活困难，吃饭都成问题，请求不再续订。派报人却说：不管你吃饭不吃饭也得订报给钱。如不订时，应事先给我们公函。"据称，《星报》还随便利用党的名义推销报纸，且报费收据，未贴印花，有意偷漏税款。[5]

鉴于天津《星报》各分销处的违规行为，新闻总署于1951年3月23日致函天津市新闻出版处，希即向《星报》查明确实情况，提供处理意见。至于此事应否在《人民日报》披露，及用何种方式批评，也需要新闻出版处尽快回

---

[1] 上海市人民政府新闻出版处：《关于各公、私营报纸建立分销处暂行规定的通知》，1950年7月1日，上海市档案馆：A73-1-44-2。

[2] 中南军政委员会新闻出版局：《为转知总署对公私营报纸建立分销处暂行办法请即遵照执行由》，1950年7月，广州市档案馆：179-1950- 长久 -003，第36-37页。

[3] 档案原文计算如此。

[4] 新闻总署：《为星报代销处在山东潍坊市等地用不正当手段推销希查明迅报署由》，1951年3月23日，天津市档案馆：X57-Y-1-72 -82~85。

[5] 新闻总署：《为星报代销处在山东潍坊市等地用不正当手段推销希查明迅报署由》，1951年3月23日，天津市档案馆：X57-Y-1-72 -82~85。

应。[1]1951年4月10日,天津市新闻出版处回应,《星报》已于4月1日起全部交邮局发行,外埠的推广工作也开始由邮局负责办理。就在办理发行交接期间,1951年6月14日,华东军政委员会新闻出版局以局长恽逸群名义发出一封信,函告天津《星报》华东区营业所派杨、许二人到苏北南通、扬州等地非法推销报纸,骗取订户报费,并于4月间携款潜逃。仅南通市即有16户所订22份报款被骗,每份订3个月,订费40500元(旧币)。[2] 正是这一波又一波的发行乱象,最终使经济上先天不足的《星报》于1951年7月1日宣告停刊。

此种状况并非《星报》独有。1950年8月,长春市的聂剑飞(自称)持有《天津日报》长春市分销处的证件,要哈尔滨《建设日报》在长春设点分销处。《建设日报》考虑到哈市地方新闻不适合向南面发展,未同意。聂剑飞竟在黑龙江省拉林等地伪造《建设日报》分销处公章,推销《人民日报》、《天津日报》、《建设日报》等共10份。[3]

1951年4至6月间,广州《快活报》杭州分销处推销员吕辉偕同一名原国民党中统特务,"非法推销快活报,并骗取报费"。当那名中统特务被湖州公安局逮捕以后,吕辉非但没有投案,还继续逃至扬州、苏州一带继续活动。[4]

被同时举报的还有广州经济导报社。1951年6月间,经济导报社上海分销处擅自抬高报价达一倍,由上海市新闻出版处移送公安局处理。晚些时候,又有王淼清、李仁纲、吴振东三人,擅设新中国人民文化服务书报社,在沪兜销《经济导报》,"并伪造服务证、徽章、私印发票"[5]。

针对各报外地分销社屡次出现的违法行为,1951年10月5日,新闻总署发布新署字第621号文件,规定"今后私营派报业办理分销报纸业务,应向邮局办理申请登记手续"。该文件虽然针对的是私营派报业的发行乱象,但其实质是将原本并列关系的邮政发行与私营派报业变成了领导关系。因地位的上升,

---

[1] 新闻总署:《为星报代销处在山东潍坊市等地用不正当手段推销希查明迅报署由》,1951年3月23日,天津市档案馆:X57-Y-1-72-82~85。

[2] 新闻总署:《为星报骗取报费事希督促赔偿并在报上对此事深刻检讨报署由》,1951年6月29日,天津市档案馆:X57-Y-1-72-101~104。

[3] 建设日报社:《关于聂剑飞的情况向教育局的报告》,1950年,哈尔滨市档案馆:XD48-1-3-55。

[4] 西南军政委员会新闻出版局:《请密切注意协助缉捕非法在杭州设立的广州快活报杭州分销处推销员吕辉》,1951年11月17日,四川省档案馆:建西34-214-4。

[5] 上海市人民政府文化教育委员会:《为请处理经济导报社任意委托不法分子在沪分销该报事由》,1952年10月27日,广州市档案馆:179-1952-长久-087,第39页。

部分地市的邮局开始出现"关门主义倾向"[1]，用各种办法挤压当地的私营派报业。以《大公报》成都分销处的遭遇为例：解放前以及解放初的一段时间，《大公报》成都分销处代理的报纸均由馆内人员向邮局投递组领取，向未发生任何错误。然而从1950年10月12日起，邮局拒绝该处向投递组领取，也不派员投递，而是要求分销处向发行科领取。经过此辗转过程，发行时间受到了很大影响，分销处的信用也打了折扣，很难进一步开展发行工作。[2]

表 8-16：《大公报》成都分销处代理报纸列表 [3]

代理方式	每日发行份数
直接担任分销	上海大公报 60，重庆大公报 20，广州快活报 10
由广州分馆寄来	香港大公报 25，香港周末报 30
由成都邮局批销	北京人民日报 69，重庆新华日报 53，太原山西日报 6，沈阳东北日报 6，成都川西日报 238
由北京进步日报分销处批销寄蓉	北京光明日报 15，天津进步日报 16，西安群众日报 4，广州南方日报 4，北京工人日报 3，北京新民报 1，天津日报 1，大连旅大人民报 2，大连实话报 2，保定河北日报 1，开封河南日报 1，汉口长江日报 2，青岛日报 1，济南大众日报 1，石家庄日报 1，张家口察哈尔日报 1，内蒙古日报 1，杭州浙江日报 1，南京新华日报 2
从新生书店批销	上海文汇报 6，上海解放日报 13，上海新闻日报 3，香港文汇报 2

邮电部与新闻总署在1949年12月决定将报纸发行交邮局办理后，也考虑到报贩在报刊发行方面有较长的历史和一定的力量，尚不能完全取消，邮电部曾指示各分局对私营派报业采取团结、教育、改造的方针。但真正执行起来，却是非常困难。以广州为例。1950年5月，广州市邮局在邮发《南方日报》后，即着手推行对全市报贩的教育、领导工作。解放前，报贩业曾有工会，为一些封建把头所掌握。解放后，该工会被广州市总工会接收并解散，"其首要分子多已逃走港澳，现尚有一些是受管制，报贩中大多数参加过反动党团及反共救国军或特务驳脚，成分相当复杂"[4]。过去在经营报业方面，分为大代理、二代

---

[1] 朱学范：《改进报纸发行工作，反对关门主义倾向》，《人民日报》1950年6月2日。

[2] 大公报成都分销处郭耀三：《我处对邮发合一的认识》，1950年10月30日，四川省档案馆：建西34-29-21~23。

[3] 大公报成都分销处：《我处经销报情况》，1950年10月30日，四川省档案馆：建西34-29-24~27。

[4] 广州市邮局：《关于广州市报贩最近活动情况报告》，1952年9月，广州市档案馆：179-1952-长久-078，第158-159页。

理、报贩三种，以往每一种报纸都包给大代理，由大代理分发二代理，再发报贩，直接派报零售的报贩是要经过两重的盘剥。《南方日报》创刊后，报社先将大代理制取缔，但仍保留二代理。报纸交邮发后，经过几次的整顿，直到1951年7月才把二代理制取消，而二代理本人未被清洗，仍容许其做报贩。

经过一年多的时间，广州市邮局协助市府摊贩管理处进行全市报贩登记，截至1952年9月，登记在册的报贩共有510余人，其中摆摊位兼零售书刊的有80余档，流动的则有400余人，另外尚有5家雇有派报童的经营代销处。广州市邮局承认，虽然做了一些对报贩的组织工作，但在业务上不可避免常与报贩发生矛盾和利益冲突。"如《南方日报》出版较迟，我们要照顾内地农村及我局投递员班次，必须先发赶班后发报贩。我们发动社会力量协助发行，建立发行站等工作，又必定有不少订户转向邮局，因此就影响到报贩营业收入。"[1] 报贩中开始产生报贩与邮局应该是报纸发行的左右手，要等量齐观，不应由邮局专业的想法，甚至说邮局是中间剥削，代替了大代理，要脱离邮局在业务上的领导。1952年7月6日，曾经的二代理江一鸣，报贩梁华、冯伦等在广州黄花岗召集80多名报贩开会，在会上选出了梁华等7人作为报贩代表向新闻出版处请愿。他们写了七封同样的报告，纷呈市府、监察委员会、中南军区政治部、广州市邮局等单位，要求帮助他们组织报贩工会。广州市邮局在此期间的态度并非检查自身的问题，而是将报贩的活动定性为"诋毁政府政策，打击报贩积极分子，挑拨邮局与报贩的关系"。显然，邮局的动议获得了公安局、工商局、新闻出版处等部门的支持。多方商议结果，拟由工商局取消活跃分子江一鸣的营业牌照，并对梁华等人予以警告，令其转业[2]。此方案报呈市政府后，引起高度警觉，"估计其中可能有政治问题"。市府嘱各部门"应继续深入了解，争取掌握其中较好的分子，布置力量，秘密打入，取得情况，另一方面从中分化其内部，使

---

[1] 广州市邮局：《关于广州市报贩最近活动情况报告》，1952年9月，广州市档案馆：179-1952-长久-078，第158-159页。

[2] 江一鸣系鸣记派报社经理，曾被广州市公安局缴获其自铸圆形鸣记社章。1952年8月，又非法刻有广州报刊代销处的胶章，向中南区机关兜揽订户。广州市新闻出版处建议，江一鸣此非法营业应由公安局取缔追究，工商局应不准其广州报刊代销处登记。对于梁华、谢卓广及陈家浩三个原为旧二代理的报贩的处理，新闻处建议取消其派报权利，但不撤销摊贩证，令其改业。见广州市人民政府新闻出版处：《关于本市部分报贩非法集会及处理经过》，1952年8月14日，广州市档案馆：179-1952-长久-078，第143-144页；另见广州市邮局：《关于广州市报贩最近活动情况报告》，1952年9月，广州市档案馆：179-1952-长久-078，第158-159页。

坏分子孤立暴露。这些工作成熟之后，再定处理方案"，"对报贩的处理，亦须认真研究，各方照顾，定出妥善的解决办法，以免予敌以可乘之机，作为破坏活动之借口"。[1]

当私营派报业被归类为藏污纳垢的行业，且其自身确实也存在各种各样的弊病时，对此行业的改造就变得理所当然，行业的整体衰落也在所难免。长期以来，民营报纸的发行工作一直通过设立分销处或与各地既成的私营派报业合作。私营派报业的衰落，促使民营报纸惟有一条路可走，那就是"邮发合一"。

（三）民营报纸议价能力降低

新中国成立以前，民营报纸多为自办发行，总结出了很多灵活机动的发行办法。如储安平在主编《观察》杂志时，有意利用购买人和批销人的心理，在发行方面造成一种抢购的现象，意即当今流行的"饥饿营销"：当各方面渴望得到这份刊物的时候，仍旧控制印数和批数，然后在各方的殷切要求之下，再版、三版甚至四版。储安平原定《观察》试办期为一年，1000万元的本钱赔完就关门大吉。谁知半年后周刊社的账面已超过2000万元，到1947年9月，周刊社盈余2亿3300万元，一年间竟赚了20倍！[2] 在《观察》的营收构成中，发行是大头，广告所占份额甚微。《观察》的成功增加了储安平继续走民营之路的信心："在经济上，本刊的发行数足以证明本刊可以自给，无须仰求外援，因此我们认为，本刊的经营足以为中国言论界开辟一条新的道路，并给一切怀有成见的人们以新的认识：即办刊物不一定要靠津贴，刊物本身是可以依赖发行收入自给的。"[3]

《大公报》的发行经验也是异常丰富的。比如在1949年1月纸价飞涨，读者购买力有限的情况下，重庆《大公报》每日采用6种纸张印报，由读者选择订阅：西洋纸，（金圆券）2元5角；中央纸，1元8角；嘉乐纸，1元5角；中国纸，1元5角；熟料纸，1元2角；生料纸，1元。[4] 为了推广销路，《大公报》还天天刊登招请分销处的广告，入选的都是铁路、公路沿线的地方。[5] 可以说，民营报纸能够在发行方面开疆扩土，靠的就是灵活的发行策略和遍及各处的分销

---

[1] 广州市人民政府：《有关报贩问题的函件》，府秘知字第1025号，1952年9月13日，广州市档案馆：179-1952-长久-078，第157页。

[2] 陈建云：《大变局中的民间报人与报刊》，福建教育出版社，2008，第189页。

[3] 储安平：《艰难·风险·沉着——本刊第二卷报告书》，《观察》1947年第24期。

[4] 王文彬：《战后重庆大公报的经营管理》，载周雨编：《大公报人忆旧》，第27页。

[5] 王文彬：《战后重庆大公报的经营管理》，载周雨编：《大公报人忆旧》，第28页。

机构。

"邮发合一"实行之后,民营报纸的灵活性不复存在。不仅受上文提及的私营派报业衰落的影响,报纸定价方面,民营报纸的自主权也被收回。1950年8月4日,上海市人民政府新闻出版处通知上海市各报批售折扣统一为七折,《新闻日报》的回复透露了调整报价的难处:"上海市各报批售折扣在解放前素极低下,派报工友由于积习,提高原感困难,惟我报已先自六折加至六四折近复加至六八折。兹上海印刷工会派报分会正在教育会员彻底改革过去不良习惯,开始建立新的统一派送制度。俟其稍上轨道即当联合同业继续协商提高。"[1]8天之后,《文汇报》也致函新闻处,言称报纸批发价已由五六五折调整至六八折,因与派报业工会协商颇有周折,只能有待与其他报纸协商,统一调整为七折。[2]

新中国成立以前,按照派报业的传统习惯,小型报的批发价仅5折。1949年《亦报》创刊时,正值上海著名小报《飞报》和《罗宾汉》奉令停刊,基于传统习惯,《亦报》的批发折扣只能是5折,并维持了4个月时间。经与派报业工会的不断接触,从1950年2月起,上海市批销价格提高为5.8折,外埠批销价格提高至5.8折至6.5折不等。《亦报》认为,如果统一为7折,还需派送组织进一步完善后才能实现。[3]《大报》的情况和《亦报》非常相似,在1950年8月中旬时,其批发价格仅为5.8折。[4]1951年6月1日起,《大报》实行邮发合一,才得以解决报纸折扣问题。

"邮发合一"看似解决了私营派报业的积习,但也宣告了报纸自主定价的终结。而在某些特殊时段,自主定价往往会帮助民营报纸走出困境。例如成都的《工商导报》,该报在解放前若干年,鉴于通货膨胀严重,物价波动太大,采取了高报价高广告刊费的政策,一度对订报费和广告用银元计算,间接拒收金圆券,一定程度上保证了再生产的所需资金。又由于银行的信用贷款也因通货膨胀而贬值,使报社易于偿付,三年零八个月中,《工商导报》非但未受损失,还在资产上有所增加。成都解放后的一年,《工商导报》的经营政策调整为低

---

[1] 上海新闻日报馆:《关于报纸批售折扣问题的报告》,1950年8月7日,上海市档案馆:B35-2-30-7。

[2] 文汇报:《关于报纸折扣问题的报告》,1950年8月12日,上海市档案馆:B35-2-30-6。

[3] 亦报:《关于调整报纸折扣不低于七折情况的报告》,1950年8月12日,上海市档案馆:B35-2-30-10。

[4] 大报:《关于在最短期间内将报纸折扣提高为七折的报告》,1950年8月17日,上海市档案馆:B35-2-30-9。

报价高广告，先后调整了四次广告价格，提升幅度达到125%。而报价则长期保持在500元（旧币），除去发行费率，实际仅收回350元。最初实行此一政策时，因纸价不断上扬，纸张成本从最初占实收报价的18.6%升高至70%以上。加以油墨等印刷材料，报费收入不足支撑印刷成本。《工商导报》决定进一步破釜沉舟。1950年12月，将报价降低至400元，销路大幅增加，截至1951年1月，发行量增加到9600余份。[1]

广州《新商晚报》也曾通过调整报价开拓生存空间。《新商晚报》1951年1月底发行量1790份，适逢春节前后市场惯例平淡以及印刷出纸时间的延迟，至2月下降为1572份。[2]该报自1951年5月13日起改用九分一的薄片，版面内容较过去多了6000余字。又为使排字和印刷工人高度发挥工作能力，自6月起将原来的工务组改为生产组，由工人自行管理，工作效率明显提高，提早了出纸时间。[3]6月份因为香港《大公报》停止入口及报纸内容显著进步，发行数大增，从5月份的平均每日印行3436份增至6月的4730份，上涨幅度高达37.66%。但由于发行数目激增，纸张支出亦随之增加，而批发价每份仅400元，只能收回纸张成本。鉴于此种情况，到了7月份，《新商晚报》干脆自己直接发行，免除了代理商的中间环节。此举既可以减轻报贩的成本，提振他们销报的积极性，又增加了报社自身的报纸发行收入。为了配合自办发行的举动，《新商晚报》在印刷环节增加了浇铸部，使得出版时间提前了两个小时，并将售价减为600元，批发价降至360元，发行数立刻增加了300多份。在发行区域上也获得突破，像小北、黄沙、芳村、西郊、花地等空白区基本上被覆盖。[4]发行数量的上涨及发行区域的扩张，增加了该报的影响力，收益也有所增加。

表8-17：广州《新商晚报》1951年1-8月日均发行量统计[5]

1月	2月	3月	4月	5月	6月	7月	8月
1790	1572	未详	未详	3436	4730	4996	5369

一旦报纸全部交由邮局发行，原本私营派报业的读者转给邮局，必然会因

---

[1] 工商导报社：《创刊以来的经理工作》，1951年，四川省档案馆：建川054-60-69~73。

[2] 新商晚报：《1951年2月份工作简报》，1951年，广州市档案馆：179-1951-长久-041，第21-25页。

[3] 新商晚报：《1951年五六月份工作简报》，1951年，广州市档案馆：179-1951-长久-041，第41-47页。

[4] 新商晚报：《1951年七八月份工作简报》，1951年，广州市档案馆：179-1951-长久-041，第51-54页。

[5] 笔者根据广州市档案馆《新商晚报》1951年各月工作简报整理。

公私营报纸折扣的不统一而发生业务矛盾。最后的结果一定是售价趋同。例如民营的天津《进步日报》外埠分销处折扣是七五折，公营的《天津日报》八折。二者都交由邮局发行后，考虑到取消折扣可增加邮报收入，也能解决公私发行业之间的业务矛盾，邮局、《天津日报》、《进步日报》三方一开始都同意取消折扣，并决定从1951年7月份实行。后来报社方面考虑到因取消折扣，实际增加了读者负担，不免引起报数跌落，故又决定暂缓取消。但在如何降价问题上却产生了矛盾，《天津日报》拟用适当降低报价的方式取消折扣，而《进步日报》坚持不降价而给予折扣。二者争执不一，只能请新闻总署决定。[1]

这种争执多了以后，邮电部、出版总署干脆在1952年12月28日下了一个整齐划一的规定：报社、杂志社如需变更定价时，必须于每年年度开始前三个月与邮电局签订合同协商决定之。如中途变动，邮电局一律不负补收、退款及其他责任，否则一切费用由报社、杂志社负担；订阅报纸废除"按期计划报费"办法，平均每月一律按30天计算，各报均须在每期报头加印"本报每月定价×元"字样；报纸、杂志不给读者任何优待折扣。[2]

没有了分销处及私营派报业的额外发行渠道，没有了自主定价的权利，甚至没有了给读者折扣的利益输送，民营报纸对比公营报纸，几乎失去了所有的竞争优势。随之失去的，就是对"邮发合一"的议价能力。

试举广州《联合报》的交邮发行问题。《联合报》的"邮发合一"从1951年3月份起开始洽谈，矛盾焦点集中在手续费上。《联合报》主张根据全国报纸经理会议确定的最高限额30%收取，邮局却坚持按照35%计收，后折中为33%。1951年5月16日，《联合报》正式邮发合一。由于邮局发行人员没有配备好，接办初期，晚间批发挂号和晨早发纸、派纸等工作，仍由《联合报》自理，直至5月底才全部交由邮局接办。交邮的前半个月，销报未有显著进步。《联合报》为此派出工作人员3人，分赴广东之东、西、北江及中区一带，与当地邮局代理及报贩，商谈如何推广宣传，解决了批发预收按金过高等问题，同时加强了发行力量。6月1日，《联合报》印数达到19170份，较5月底增加3363份。根据该报的总结材料可以看出，报纸人员到过的地方，发行数量均有相当发展，如南海1485份，东莞325份，深圳216份，西南124份，曲江133份，清远115份，

---

[1] 天津市新闻出版处：《报纸发行工作中的几个问题》，1952年，天津市档案馆：X57-Y-1-48。

[2]《邮电部、出版总署关于改进发行工作具体办法的联合决定》，1952年12月28日，载《中华人民共和国出版史料（1952）》，第390-394页。

石龙75份，台山57份，高要158份，但未到过的地方，订阅量很低，如省辖市湛江只有45份、惠州30份，市桥1份，鹤山1份，从化1份。[1] 从上列各地发行数来看，地方环境大致相同，而数字相距悬殊，可见有无报社配合邮发，差别很大。

　　1952年2月份，为扩大销量，《联合报》打算降低报价，从每份700元（旧币）降至600元。后接获邮局通知，称报价降低必须事先一个月通知邮局。邮局为何对此事不甚积极，根源在于《联合报》的降价方案牵扯到邮局的既得利益。按照《联合报》的设想，报价降低后，报社向邮局收回7折，即420元；邮局交报贩7.5折，即450元，邮局可获每份30元的收益。[2] 对于报社上述设想中的省外发行部分，邮局并无异议，但对广州发行的份额坚持按以前约定的6.7折计收，即只返还报社402元。[3]《联合报》对于邮局的回复显然很是不满。对报社来说，这次降价是要减少自身收益的。按照以前的报价700元计算，6.7折后，报纸可收回469元，报费降至600元后，即便按7折计算，报社也要比以前短收49元，如果按照邮局6.7折的算法，报社的损失将达到每份6.7元，[4] 这是万万不能接受的。何况邮局给党报《南方日报》的发行费率是7折，凭什么收《联合报》6.7折？《联合报》惟有据理力争。邮局显然失去了谈判的耐心，他们抓住本市订阅及零售方面每份少收51元[5] 这一关键问题，建议《联合报》待邮发协议满期后再行协商，现时仍维持原有报费。[6] 此后，邮局更是提供给广州市新闻出版处一份7折与6.7折的损益差别表，以表明自己在《联合报》降价问题上的强硬立场。

---

[1] 联合报：《发行情况汇报》，1951年6月11日，广州市档案馆：179-1952-长久-081，第18-20页。

[2] 联合报：《致广州市邮局发行科》，1952年2月28日，广州市档案馆：179-1952-长久-081，第4页。

[3] 广州市邮局发行科：《致联合报》，1952年3月1日，广州市档案馆：179-1952-长久-081，第5页。

[4] 联合报：《致广州市邮局发行科》，1952年3月6日，广州市档案馆：179-1952-长久-081，第6页。

[5] 每份700元6.7折，邮局收入231元，600元7折则只收入180元。

[6] 广州市邮局发行科：《致联合报》，1952年3月11日，广州市档案馆：179-1952-长久-081，第7页。

表 8-18：《联合报》最低发行成本估计表（以 1952 年 3 月 1 日发刊为标准）[1]

甲种估计 33%（本市），30%（外省）		乙种估计 30%	
报价总额：799920（30 天总份数）×600 元 =479952000 元		报价总额：479952000 元	
发行费收入：（551910×600 元 ×33%）+（248010×600×30%）=153919980		发行费收入：799920×600×30%=143985600	
支出：总计 147103756		支出：总计 146428218	
批销折扣	94084200	批销折扣	94084200
业务费用	30497425	业务费用	29821887
邮远费	6757486	邮远费	6757486
办公费	15764645	办公费	15764645
盈利：6816224		亏损：2442618	

对此，《联合报》认为邮局计算的盈亏情况不够全面并与事实有出入。报纸降价后，"邮局每天只比以前短收7万几元，而报社要比以前短收95万元。如不调整发行费率，报社每天要比以前短收至130多万元，相反，邮局不但不会减收，还会增加，比原来每天多赚25000元"。此外，《联合报》还对邮局的一些成本列支有所质疑："我报交邮局发行是不需要大大扩充原有机构，而事实上，邮局也没有这样庞大的机构发行我们的报纸"，宣传广告由"报纸义务刊登却被邮局计算进去"。此外，《联合报》认为邮局计算的坏报损失、办公费也有问题。负责居中调停的广州市新闻出版处这时也犯了难，惟一能够想出的办法是"建议你报待原发行合约期满后，才双方重新洽商关于调整发行费率问题"[2]。

报纸降价问题，从1952年2月底提出动议，历经近4个月的谈判，直到6月18日，双方才初步达成协议，将"本批、本订、零沽等折扣提高至六九折"[3]，拟从7月1日起开始降价。经过这一轮降价谈判，虽然邮局也做了一些让步，但从实际结果来看，《联合报》的发行数字非但没有提高，年末比年初还有下降。

---

[1] 笔者根据广州市邮局发行科《联合报最低发行成本估计表》整理，1952年5月14日，广州市档案馆：179-1952-长久-081，第11-12页。

[2] 广州市人民政府新闻出版处：《复联合报降低报价及调整发行费率问题》，1952年5月18日，广州市档案馆：179-1952-长久-081，第1页。

[3] 联合报社：《关于本报降价后折扣问题致邮局函》，1952年6月18日，广州市档案馆：179-1952-长久-081，第21页。

表8-19：《联合报》1952年1至11月发行数量表[1]

1月	2月	3月	4月	5月	6月	7月	8月	9月	10月	11月
25940	27354	28997	29873	27922	26031	28701	26670	26535	25392	24886

相反，党报《南方日报》的发行量却从年初的79662份增长到年底的11.7万余份。尤其富有戏剧性的是，1953年初，《联合报》改组为广州市委机关报《广州日报》，在与邮局重新签订发行合同时，发行费率立即降至25%。[2] 同样一张报纸，民营与公营的境况竟如此不同。从《联合报》这一案例可以清楚地看到，邮局在报刊发行渠道上的垄断地位已然形成。比之公营报纸，民营报纸的议价能力明显偏低。

民营报纸议价能力降低还体现在零售市场的开拓上。1953年第一、第二季度之间，上海《新民报》发行量全面下降，报社内部"群疑满腹，众难塞胸"，认为"大新闻轮不到晚报，晚报只有'炒冷饭'的命运"。[3] 一时间，"上海到底需不需要一张晚报"成为报社热议的话题。为了探索报纸的运营空间，1953年3月，《新民报》就该报2月底退订户及新订户进行重点访问，与此同时，对4个区，68个递送组的5439份订户进行读者成分分析，了解到订户中单独订阅《新民报》的仅占10%，其余90%兼订早报。这一调查结果初步回应了"晚报的地位不能代替日报而只是日报的补充问题"。[4] 针对上述情况，《新民报》结合《莫斯科晚报》的经验，纠正了"邮局实施预订制度即是消灭零售的糊涂思想和邮发合一后报社的发行工作已无可为力的依赖思想"，利用旧的文化新闻服务社民主改革为零售提供了富余人力的机会，向报贩推行"当天拿报、隔天结账、卖不完可以退"的办法，打消了报贩想多拿报又缺乏本钱和怕赔钱的顾虑，逐步打开了零售市场。1953年10月份，当零售局面彻底改善之后，《新民报》复将此业务转移至邮局。然而，在邮局和报社之间，始终存在着对零售问题的争执。在邮局看来，对零售必须有所限制。直到1954年，邮局才清晰认识到晚报发行的特点，放手开展零售工作，将零售范围从有限的零星区域扩展到全市，覆盖了公园、轮埠、医院、车站等公共场所，零售时间也延长至夜晚的九时左右。至此，《新民报》的发行总量较1953年又增长46%，1954年6月，《新民报》

---

[1] 笔者根据《联合报月报表》整理，1952年1—11月，广州市档案馆：179-1952-长久-081。

[2] 《广州日报与邮电部广州邮局发行合同》，1953年3月1日，广州市档案馆：179-1953-长久-005，第15-16页。

[3] 《新民报社管理部门一九五三年工作总结（初稿）》，上海市档案馆：G21-1-281-9。

[4] 《新民报社管理部门一九五三年工作总结（初稿）》，上海市档案馆：G21-1-281-9。

一报的零售数量，占全市报纸零售总额的48.93%。[1] 然而，发行数字的上涨并不能掩盖邮、报之间的一些矛盾。比如邮局推行一长制，报社只能同总局的相关人员联络，不能到各支局联系业务。一长制显然成为邮报关系的中梗。因邮局拒绝报社与派报人员之间的联系，导致报社提出的开展里弄零售等建议无从实施，一定程度上限制了报纸零售的进一步提升。

报纸在零售方面没有自主权，这个问题此后一直存在。1958年10月4日，已是公营的《大公报》打给中央的报告称："吉林、黑龙江、辽宁、甘肃、青海、湖南、江西等七省给我们配备了地方记者，广东、广西、贵州、四川、陕西、新疆等六个省也正在配备中。但是发行份数却一直没有增加，最近反而下降近三万份"；"县以上财贸系统不断精简机构人员，紧缩开支，原订的大公报减少了，我们想多发些零售报，邮局不同意"。[2]

"邮局不同意"这句话是报纸与邮局之间权力失衡的形象描述。"邮发合一"之后，发行报纸逐渐从邮局和报纸之间的合同关系转变为行政主导下的邮局专营垄断，自此，发行业务剥离出报社，也一步步逼迫在1949年之前非常活跃的私营派报业失去利润空间，丧失了生存之本。而高度依托私营派报业的民营报纸也因此失去多元的发行渠道，没有了竞争优势，失去了与公营报纸平等竞争的可能。从而，一个由国家控制的，以党报党刊为发行主体的全国性发行网络，得以建立起来。

---

[1]《新民报社管理部1954年工作总结》，1955年1月29日，上海市档案馆：G21-1-281-24。

[2] 大公报党组：《关于大公报发行情况的报告》，1958年10月4日，北京市档案馆：043-001-00026-2~3。

第九章　民营报纸在过渡时期的特殊价值

西班牙作家，被誉为"现代小说之父"的塞万提斯在其代表作中塑造了两个对比鲜明的人物。一个是堂吉诃德：耽于幻想，急公好义。一个是桑丘：处处求实，胆小怕事。作为仆从的桑丘，永远懂得"挨打的滋味很坏，而奥拉·波德利达的小香肠，滋味却十分美好"。令人不解的是，这样一个现实主义者，为什么还会跟着堂吉诃德东跑西颠，"为了主人最高尚的意图常常挨到最不高尚的毒打"？德国诗人海涅得出的结论是："理想的热情具有强大的吸引力，使得现实的理智和他所有的驴子都身不由己地跟在后面。"[1]

回到现实中国。新旧政权交替之际，作家沈从文也有和桑丘一样的感受。1948年郭沫若发表在香港《大众文艺丛刊》的《斥反动文艺》，将沈从文定性为专写颓废色情的"粉红色作家"，说他是"有意识地作为反动派而活动着"；[2] 同一期杂志，冯乃超写《略评沈从文的"熊公馆"》，斥责沈从文称道熊希龄[3]的故居系为地主阶级歌功颂德，体现了"中国文学的清客文丐传统"。[4] 这些批判发生在历史转折关头，不能简单地理解为文人之间的相轻。1949年，沈任教的北京大学打出"打倒新月派、现代评论派、第三条路线的沈从文"的标语，这才是真正的时代语境。难堪巨大的精神压力，使沈从文一度崩溃，并自杀两次。后来，沈从文借《史记》，三曹诗，陶、杜、白诗，苏东坡词，曹雪芹小说来抒时代之慨，留下了这样的文字："他又幸又不幸，是恰恰生在这个人类历史变动最大的时代，而又恰恰生在这一个点上，是个需要信仰单纯，行为一

---

[1] 海涅：《论浪漫派》，张玉书译，人民文学出版社，1979，第95页。转引自钱理群：《丰富的痛苦——堂吉诃德与哈姆雷特的东移》，北京大学出版社，2007，第83-84页。

[2] 郭沫若：《斥反动文艺》，《大众文艺丛刊》，1948年第1期。

[3] 民国第一任总理。

[4] 冯乃超：《略评沈从文的"熊公馆"》，《大众文艺丛刊》，1948年第1期。

致的时代。"[1]

从智识上来讲，沈从文对现实的理解能力要高出桑丘，但从实际结果来看，海涅所指的"一种神秘的力量"对沈从文的"驱使"并不比对桑丘小。即便遭受了那样不堪忍受的打击，1950年，沈从文却这样写道："'牺牲一己，成全一切'，因之成为我意识形态一部分。现在又轮到我一个转折点，要努力把身受的一切，转化为对时代的爱。从个'成全一切'而沉默，转为'积极忘我'。"[2] 如此的沈从文终于进入了"和社会相互关系极深的一种心理状态"，心中"极慈柔"。[3]

一个对沈从文并不"慈柔"的时代，为何会唤出他"牺牲一己"融入社会的热情？这就是历史的复杂性。因此，在考量新中国民营报纸的退场及其历史影响时，首先应立定彼一时代，不能以今天的现实逆推，陷入"主题先行"的怪圈。与此同时，也应该借用法国结构主义大师阿尔都塞的"症候阅读法"，致力于挖掘历史演变中的社会性寓言，从中读出空白、犹豫与沉默。惟有这样，才能找到历史叙事的支点。

相对于民营报纸来说，1949年初至1952年国民经济恢复时期结束之前，民营报纸呈现的是新旧中国既断裂又延续的过渡式场景。新的文化体制尚未完全建立，旧的历史遗存不可能瞬间消逝。恰恰是这样的衔接环境，赋予民营报纸一定的话语空间及竞争氛围。在不溢出执政党容忍度的前提下，民营报纸拥有一定程度的转圜余地，也给新中国的报业实践留下了一道独特光景。

一、新中国成立伊始城市报纸的主体

城市是民营报纸的依托。民营报纸的生存需要广告及集中式发行，这些要求只有城市的工商业才能够满足。城市中有报业生产所需的技术设备，有从"尊闻阁时代"[4] 便已存在的报人群体，有教育及文化产业孵化出的大量受众。自1873年艾小梅在汉口创办《昭文新报》，开启国人自办民报之先河，民营报纸的生存始终与城市绑缚在一起。即便在抗日战争颠沛流离之日，民营报纸所

---

[1] 沈从文：《抽象的抒情》，1961年。转引自刘洪涛、杨瑞仁编《沈从文研究资料》，天津人民出版社，2006，第135页。

[2] 沈从文：《致布德》（1950），《沈从文全集》第19卷，第68页。

[3] 沈从文：《四月六日》（1949），《沈从文全集》第19卷，第28页。

[4] 早期的《申报》报人将自己的办公地点称为"尊闻阁"。尊闻阁报人是上海最早的一批报人。这一时期，报人与报馆的关系日渐固定并开始职业化，而报人群体也开始出现。参见王敏：《上海报人社会生活（1872—1949）》，上海辞书出版社，2008，第2页。

做的也是城际迁徙。民营报纸与城市的这种因缘，即便到了中华人民共和国，也还依旧存在。

据1985年《中国出版年鉴》统计，1950年，全国共有报纸382份，经笔者确认，民营报纸有72份。考虑到上述民营报纸并非同期存在，有的创刊时其他报纸已退场，因此，民营报纸所占报纸总量不及20%。这与抗战结束后民营报纸占比59.5%及1947年占比34%差距甚远。[1] 分解到具体城市中去，上海1947年有报纸96种，1949年上海解放后，领取申请登记表者有43家，当年只批了14种；[2] 1949年，广州大约有18种报纸，到了1950年，仅剩下三四种。南京1947年发行的报刊约87种，到1950年底，几乎均遭淘汰。[3] 武汉在解放前共有大小报纸35种，其中除4个小型晚报外，全是日刊，[4] 但在解放后只批准了《大刚报》和《戏剧新报》两家民营报纸。

单从上列数字来看，新中国的新闻管制政策可谓相当严格，但具体事实却呈现出新的国家管理者在宽严之间的不断调适。以天津为例。1949年1月17日，中共中央致电天津市委并林彪、罗荣桓、聂荣臻、彭真和叶剑英，谈及天津的"益世、大公、新星"三种报纸的未来。"新星是李宗仁的报，应即实行封闭"；"益世是天主教的报，常常公开表示反共，应首先以其反共反人民停止其出版，但勿牵涉到宗教问题"；"大公拟从内部革命，加入外力，利用其原有资财、班底，发表宣言，改换名称，组成进步分子的报纸"。[5] 仅一天之后，中共中央再次致电天津市委，批评后者"命令一切报纸一律停刊的方法"不符合1948年11月8日发布的《中共中央关于新解放城市中中外报刊通讯社的处理办法》规定，嘱其"凡在中央电中尚未涉及之报纸刊物通讯社，你们有所决定，必须事

---

[1] 文中数据系根据下列数字推算而来。1947年，国民党党报（含官营）报纸共计1170余家，发行量116万份。如果以1947年全国报纸1781家、发行量220万份计算，国民党党报在报纸总数和总发行量中所占的比例分别为66%和54%，大大高于战前40.5%和21.1%的比例。参见蔡铭泽：《中国国民党党报历史研究》，团结出版社，1998，第273页。

[2]《一年来的新闻出版广播工作》，1950年4月20日，上海市档案馆：B35-1-6-1。

[3]《美国国务院情报研究所关于中国的新闻自由的备忘录》，1951年4月17日。参见沈志华、杨奎松主编《美国对华情报解密档案（1948—1976）》第三编，第18页。

[4]《武汉市军管会文教接管部新闻出版处接管工作报告》，1949年7月，湖北省档案馆：GMS-1-69。转引自李理：《从合作社性质的民营报纸到共产党的党报——汉口〈大刚报〉史研究》，华中科技大学博士论文，2011年。

[5]《中央对处理天津广播事业、报纸及登记国民党员等问题给天津市委的指示》，1949年1月17日。参见《中国共产党宣传工作文献选编（1937—1949）》，第774页。

先请示中央及总前委，得指示后方得行动"[1]。也许认为18日的函电内容不够翔实，态度也不够严厉，1月19日，中共中央第三度致电天津市委，开篇即指出："你们对于天津这样重要的城市，在采取任何为中央所未曾规定的政策步骤前，不向中央请示是错误而危险的。"按照中共中央的思路，"先停刊后登记是使自己陷入被动的办法，不如采取一面听其续出（不是用法律允许其续出）一面令其登记的办法，我们可居于主动地位"[2]。

惊觉于中共中央的三令五申，以黄克诚、黄敬为主导的天津市委迅速做出"先令报纸恢复出版待审查后再发许可证"的回旋办法。中央至此才表示满意，并进一步指示"《大公报》过去对蒋一贯小骂大帮忙，如不改组不能出版"；"《新星报》反共反政协反苏言论甚露骨，以不许其复刊为妥"；"《益世报》既已接收现在不忙改变"。[3] 从1月17日到1月23日，7天内四封急电，事无巨细地指导天津的报纸出版工作，足见中共中央对天津之于全国观瞻性作用的重视。这四封电文，既涵盖了新政权对未来报纸取舍的策略性谋划，也体现出这个几无城市管理经验的政党宽严并济的弹性风格。正是在这种紧与放相结合的弹性管理模式下，新中国的民营报纸开始了崭新的办报实践。

以当代人的视角，在谈及新中国伊始民营报纸的经营困境时，往往强调党报的影响力，似乎民营报纸全然在党报的阴影下苟存。例如第一部当代中国新闻史专著《中华人民共和国新闻史》即称，民营报纸虽努力适应新中国读者的需要，但读者"多订购中央和本地的中共机关报"[4]。《中国新闻事业史》也说："在新中国的读者心目中，党报的威信远远高于私营报纸。"[5] 然而，上述论断并没有具体的数据支撑，且忽略了一个重要现象，即新中国初期党报系统尚不健全，其存在并不完全服务于城市，还要兼顾广大农村。以1950年春的报业格局为例，党报数量最多的是河南，也只有8份，仅仅辐射到郑州、洛阳、开封、信阳、南阳等大中城市，江苏是6份，湖南也是6份。[6] 这和国民党统治时期，

---

[1]《中央关于不要命令旧有报纸一律停刊给平津两市委的指示》，1949年1月18日。参见《中国共产党宣传工作文献选编（1937—1949）》，第776页。

[2]《中央关于对天津旧有报纸处理办法给天津市委的指示》，1949年1月19日。参见《中国共产党宣传工作文献选编（1937—1949）》，第777页。

[3]《中央关于对天津〈大公报〉、〈新星报〉、〈益世报〉三报处理办法给天津市委的指示》，1949年1月23日。参见《中国共产党宣传工作文献选编（1937—1949）》，第783页。

[4] 张涛：《中华人民共和国新闻史》，经济日报出版社，1992，第20页。

[5] 丁淦林：《中国新闻事业史》，高等教育出版社，2002，第396页。

[6]《中国新闻年鉴（1988）》，第517-525页。

江苏60余县有40多家县级党报，湖南几乎每县都有党报的庞大网络不可比拟。[1] 在这种情况下，各省党报均要发行到区域末端，直至村一级行政单位。像《解放日报》除了承担上海市委机关报的职责，还兼代华东局党委机关报，它的辐射面就更广了，涵盖华东五省及上海、南京[2] 两市。如此一来，党报在城市的发行量被外围削减，基数虽然大，但所占城市份额并不具备绝对优势，城市中的大量阅读空间还是由民营报纸来填充。

表 9-1：1950 年 3 月重要城市公私营报纸数量对比（日报）

城市	公营报纸	民营报纸
北京	人民日报、每日英文电讯、工人日报（人民团体）、光明日报（民盟）	新民报
归绥	绥远日报	奋斗日报、绥闻晚报
天津	天津日报	进步日报、新生晚报、博陵报、华北汉英报、星报、俄文新语报
上海	解放日报	大公报、文汇报、新民报晚刊、亦报、大报、商报、百货新闻、工商新闻、烟业日报、俄文晚报、俄文公民日报、俄文新生活、字林西报、新闻日报（公私合营）
南京	新华日报	南京新民报、南京人报
宁波	南江日报	宁波人报
杭州	浙江日报	当代日报、西湖报晚刊、金融论坛报
福州	福建日报	星闽日报
厦门	厦门日报	江声日报
汉口	长江日报、湖北农民	大刚报、戏剧新报
长沙	新湖南报、民主报（民盟）	大众晚报、商情导报
广州	南方日报	现象报、国华报、越华报、经济报单、每日论坛报、广州标准行情
哈尔滨	松江日报	哈尔滨公报、建设日报
西安	群众日报	经济快报、工商晚报
兰州	甘肃日报	新经济报

---

[1] 蔡铭泽：《中国国民党党报历史研究》，第271页。
[2] 南京当时也是直辖市。

城市	公营报纸	民营报纸
重庆	新华日报	大公报、新民报
成都	川西日报	工商导报、新民报

表9-1显示：如果以日报为统计单位，新中国伊始，除北京民营与公营比例为1比4，且《光明日报》最初一段时间也被列入民营序列，其他大城市，民营报纸多占优势，尤以上海为甚，民营与公营比率达到14比1；次席是天津和广州，民营占6，公营仅1；再次是杭州，为3比1；归绥、南京、哈尔滨、西安、重庆、成都七市为2比1；宁波、厦门、福州、兰州等地则公营与民营各1。这些数据表明，新中国初期，民营报纸在识字群体最为集中的城市，依旧保有相当的影响力，是城市阅读必不可少的支撑力量。

二、"同人"报纸的群聚空间

是不是民营报纸仅仅在数量方面占据优势？此结论并不尽然。经笔者考证的新中国72份民营报纸，半数以上在解放前出版过，且不乏极具影响力的大报。像《大公报》是中国惟一获得密苏里学院荣誉奖章的报纸，《新民报》构建过5城8报的托拉斯集团，《文汇报》曾缔造创刊5个月问鼎上海报界销量冠军的奇迹，[1]《字林西报》更是外人在中国出版的历史最久的英文报纸。这些报纸虽历经战火和通胀威胁，资产折耗惨重，但软实力尚存，尤以报人群体之保留最为珍贵。

表 9-2：广州《每日论坛报》外勤记者名单 [2]

姓名	性别	年龄	籍贯	职业经历
俞敏	女	25	广西	上海大夏大学肄业，曾任《北流日报》记者，香港基督教女工夜校教员
曾清	男	31	梅县	曾任《正气报》记者，大众报主编
刘孟平	男	27	英德	文化大学修业，曾任中小学教员通讯社编采
谢抗	男	37	从化	国民大学新闻训练班毕业，任新闻记者多年

[1]《文汇报》于1938年1月25日在上海创刊。5个月后，销量即突破6万份，超过了一向冠于上海各报之《新闻报》的5万余份。参见徐铸成：《徐铸成自传》，第67页。

[2]《〈每日论坛报〉外勤记者名单》，1950年2月7日，广州市档案馆：179-1950-长久-12，第15页。

续表

姓名	性别	年龄	籍贯	职业经历
冼坚	男	32	番禺	曾任《新会战报》、《广西桂平日报》编辑暨中学教员多年
陈北川	男	25	宝安	曾任记者 2 年，小教 3 年
何岳英	男	29	高要	国民大学新闻训练班毕业，任外勤记者 7 年
文堡	女	27	新会	协和女中毕业，任外勤记者 1 年
陆雨	男	36	广西	曾任《华商报》编辑

从这份广州解放后复刊的《每日论坛报》记者名单（表9-2）可以看出，民营报纸的用人标准以职业经验为主而非单纯的政治标准。上述原则不仅适用于报人群体的基层，同样适用于报纸的管理者。像《大公报》的王芸生、《文汇报》的徐铸成、《新民报》的赵超构、《南京人报》的张友鸾、《进步日报》的徐盈、《大报》的陈蝶衣、《亦报》的唐大郎、《周末报》的冯英子等，均是旧中国的著名报人。

以上海《新闻日报》为例，该报于1949年6月25日出刊，截至1950年7月，其核心成员是：总主笔金仲华，总编辑刘思慕，副总编辑娄立斋，总编辑室主任陆诒，总编辑室副主任郑拾风、徐怀沙。[1] 回顾这些管理者此前的从业背景，或可一窥当年民营报纸的群体特征。

金仲华：青年时代参与创办《妇女杂志》。1934年创办《世界知识》杂志，任主编。1935年任生活书店编辑部主任，参加《大众生活》的编辑工作。1936年主编《永生》杂志，同年赴港编辑《生活日报》。"七君子事件"后，接替邹韬奋，任《生活星期刊》主编兼发行人。抗战爆发后，协助邹韬奋创办《抗战》、《全民抗战》等刊物。1938年任香港《星岛日报》总编辑，兼任香港中国新闻学院副院长，后任《华商报》编委，并与进步人士创办《大众生活周刊》。1944年进入美国新闻处，担任译报部主任。1948年主编新华社香港分社出版的《远东通讯》（英文），并参与香港《文汇报》的复刊。[2]

刘思慕：岭南大学毕业后赴莫斯科中山大学留学。1940年在印尼雅加达主编《天声之报》。1942年回国任衡阳《力报》总主笔、《广西日报》主笔、昆明美国新闻处心理作战部编辑。抗战胜利后，和千家驹在广州创办《自由世界》。

---

[1] 上海新闻日报馆：《关于送上本报编辑经理两部"新闻工作人员登记表"的函》，1950年7月18日，上海市档案馆：B35-2-101-101。

[2] 王桧林、朱汉国主编《中国报刊辞典（1815—1949）》，第492页。另见杨学纯：《金仲华》，人民日报出版社，1996，第249-252页。

1946年赴香港任《华商报》总编辑。[1]

娄立斋：20世纪30年代在上海持志大学任教时，即为胡愈之主编的《东方杂志》写稿。抗战胜利后，成为《世界知识》的重要撰稿人之一。1946年夏，有中国共产党背景的"现代经济通讯社"在上海创办，并以民营名义招股集资，娄立斋担纲总编辑。1949年6月18日，《文汇报》在上海复刊，徐铸成任总主笔，娄立斋为总编辑。[2]

陆诒：1930年就读于上海民治新闻专科学院，"一·二八"淞沪抗战爆发，以《新闻报》记者身份采访前线战事。1937年卢沟桥事变发生后，亲赴实地采访。1937年任《大公报》战地记者，是抗战时期较早访问毛泽东、周恩来、彭德怀等中国共产党领导人物的记者。1938年任《新华日报》编委、采访主任，先后采访"徐州会战"、"武汉会战"。抗战胜利后，任上海《联合日报》编委、国际新闻社香港分社主任、中国民主同盟机关报《光明报》主编。[3]

郑拾风：1939年起从事新闻职业，历任江西《开平报》、桂林《力报》、重庆《新民报》编辑、主任兼主笔，《南京晚报》、《南京人报》、常德《开平日报》总编辑。1946年6月"下关惨案"发生次日，年仅26岁的郑拾风在《南京人报》被撤稿件的"开天窗"处写下"今日无话可说"，被誉为中国杂文史上最短、最有力度的一篇杂文，旋即遭南京国民政府通缉，赴港任《文汇报》编辑。[4]

徐怀沙：1940年7月2日，汪伪组织曾在汉奸报上发布"通缉令"，通缉83人。徐怀沙时任《大晚报》编辑，被列入黑名单。他是上海著名的左翼影评人，曾为唐纳与兰萍（江青）主持婚礼。抗战胜利后，《时事新报》于1945年9月27日在上海复刊，徐怀沙出任总编辑。[5]

《新闻日报》何以组成这样一个以老报人为主的"同人"结构，而非后来普遍存在的党群模式？殊不知此间发生过旧的报业传统与新的管控模式间的暗战。位于上海汉口路274号的《新闻报》是一张发行量大，备受市民欢迎的报纸。国共政争时期，该报曾为国民党所控制。1949年5月27日，解放军进入上海的第三天，军管会代表恽逸群宣布接管《新闻报》，随即解散编辑部。不久之后，军管会考虑到已在申报馆基础上出刊的《解放日报》只能满足十余万读者的需

---

[1]《中国报刊辞典（1815—1949）》，第487页。

[2] 笔者根据现有材料整理。

[3] 韩辛茹：《陆诒》，人民日报出版社，1996，第180页。另见《中国报刊辞典（1815—1949）》，第498页。

[4] 笔者根据现有材料整理。

[5] 笔者根据现有材料整理。

求,上海还有近二十万的读者需要争取,遂决定以公私合营的名义复刊《新闻报》,改名为《新闻日报》,以填补这一空间。金仲华受命筹备《新闻日报》的出版。在此之前,华东局曾报请中共中央审批《新闻日报》的主要人员配备。当时没有设社长、副社长,而是以临时管理委员会代之。已经是解放日报社社长、华东局新闻出版局局长的恽逸群兼任主任委员,总主笔金仲华,总经理许彦飞,总编辑内定的是张春桥。但是按照金仲华的想法,他希望邵宗汉或者是刘思慕担任总编辑。《新闻日报》于1949年6月29日出版,当时,总编辑的职位是空缺的,张春桥并未到任。何以如此?直到1949年7月25日中共中央复电华东局和上海市委,才显露一点端倪。电文称:"一、恽逸群身兼两报三职,势难兼任。在范长江调回北京后,尤其如此。如《新闻日报》临管会能另推主任或增一实际负责之副主任较好。二、张春桥任《新闻日报》总编辑亦较弱。如由邵宗汉任总编辑以张为副或较适当。"[1] 一直到1949年10月,邵宗汉和刘思慕从香港返京参加全国政治协商会议,邵被留任《光明日报》总编辑,刘获金仲华邀请出任《新闻日报》总编辑,并获中宣部批准,"总编辑"风波才告结束。

从此段旧事可以看出,新中国伊始,老报人希望以"同人"结构维护民营报纸的传统,而执政方面,尤其是高层管理者,尚无强烈动机打散民间报人的群聚空间。这种"同人"结构在其他民营报纸中也曾保留了一段时间,使之形成与党报截然不同的人事状貌。

表9-3:广州市各报现任职员政治背景统计表(1950年12月12日)[2]

报名	中共	青年团	民革	民盟	农工民主党	民建	无党派	不详	总数
南方日报	35	35						53	123
联合报	1	1	5	8	2	1	2	38	58
新商晚报				1			13	11	25
广州标准行情							13	4	17
合计	36	36	6	8	2	1	28	106	223
百分率	16.14%	16.14%	1.69%	3.59%	0.9%	0.45%	12.55%	47.54%	100%

表9-3中,《南方日报》为中共广东省委机关报,其他三张皆为民营报纸,

---

[1] 转引自邹凡扬:《忆金公》,载解放日报报史办公室编《解放日报、新闻日报报史资料》②,内部资料,1993年3月,第319-320页。

[2] 广州市人民政府新闻出版处:《广州市各报现任职员政治背景统计表》,1950年12月12日,广州市档案馆:179-1950-长久-003,第96页。

且同期存在。从各报现任职员政治背景来看,《南方日报》中党、团员总数70人,占比56.91%;《联合报》系民主党派报纸,各党派皆有代表,但依旧以无党派及履历不详者居多,中国共产党、团员仅2人,占比3.45%;《新商晚报》和《广州标准行情》党、团员人数皆为零。此表暗示,截至1950年底,民营报纸的用人标准尚未以政治为要目。

"同人"结构的优势不仅体现在办报专业,还在于以"同人"为中心,辐射其社会交往,从而凝聚大量有益于报纸良性发展的高质量作者群。而这些优质稿源的存在也是民营报纸自身竞争力的体现。

三、维系报业间的竞争

1949年9月9日是民营报纸《新民报》创刊二十周年,当时,重庆、成都尚未解放,但北平、上海、南京版已经恢复。中共中央副主席周恩来和中国人民解放军总司令朱德等党和国家领导人,为《新民报创刊二十周年纪念特刊》亲笔题词或写信祝贺。周恩来的题词是"倚靠群众,教育群众";朱德的题词是"要全心全意为人民服务"。同时刊出的还有郭沫若的祝贺文章《我对新民报的希望》,罗隆基的《无负于时代的新民报》,萨空了的《祝新民报二十周年》,以及沈钧儒、黄炎培、邓初民、张友渔、邵力子等人的贺词、贺信和题字。[1] 上述情形从一个侧面反映了民营报纸的历史影响力。这种影响力在新中国以后并未立刻消失,"同人"结构以及民营报纸长期在城市竞争中历练出来的办报经验,依旧在发挥作用。

表9-4:1950年广东省暨广州市报纸概况表(仅限有民营报纸城市,含香港)[2]

地区	报名	性质	版式	创刊日期	10月1日发行量	12月7日发行量	人数
汕头市	潮汕日报	公营	对开四版	1947年10月12日	5900	9300	127
	汕头工人报	公营	四开四版	1950年3月5日	3500	3500	4
	星华日报	私营	对开四版	1931年4月16日	4300	4300	60

---

[1] 新民晚报史编纂委员会主编《飞入寻常百姓家:新民报——新民晚报七十年史》,第176页。

[2] 笔者整理。参见广东省、广州市人民政府新闻出版处:《广东省暨广州市报纸概况表》,1950年12月7日,广州市档案馆:179-1950- 长久 -003,第79页。《广东省暨广州市报纸八至十二月份发行数概况表》,179-1950- 长久 -003,第83页。

续表

地区	报名	性质	版式	创刊日期	10月1日发行量	12月7日发行量	人数
香港	大公报	私营	对开八版	1948年3月15日	40000	60000	125
香港	文汇报	私营	对开六版	1948年9月9日	20000	20000	115
香港	标准百货金融行情	私营	四开八版		3000	3000	
广州市	南方日报	公营	对开六版	1949年10月23日	35000	50296	235
广州市	联合报	私营	对开四版	1950年8月22日	12000	12557	120
广州市	新商晚报	私营	对开四版	1950年4月22日	2000	2580	32
广州市	广州标准行情	私营	四开八版	1950年3月16日	2500	4569	26
广州市	广东商情通报	公营	四开八版	1950年11月1日	未创刊	1000	4

表9-4反映了1950年的广东及香港公私营报纸的发行状况。当时，香港报纸可以从广州入口在国内发行，且本表中所载香港报纸皆有中国共产党背景，其主要发行空间也是在大陆地区。对比1950年10月1日及12月7日的发行数据可见，以《南方日报》为代表的公营报纸并没有压缩民营报纸的发展空间，两者是同步增长的。虽《南方日报》的增长幅度高于一般民营报纸，但党报要辐射全省并覆盖广大农村，而民营报纸基本在城市发行，两者在城市的拓展可谓势均力敌。从表9-5可以清晰看到民营报纸销量稳定上涨的状况。

表9-5：香港及广州市报纸1950年8至12月份发行数概况表[1]

地区	报名	刊期	每期报纸平均发行数（份）				
			八月	九月	十月	十一月	十二月
香港	大公报	日刊	40000	56000	60000	60000	60000
香港	文汇报	日刊	20000	20000	20000	20000	20000
广州	南方日报	日刊	35000	47695	未详	48230	50296
广州	联合报	日刊	12000	13500	未详	未详	12553
广州	新商晚报	日刊	2000	2300	未详	2601	2580
广州	广州标准行情	日刊	2500	2500	未详	4566	4569

在新中国，民营报纸不像党报那样，享有公费订阅的政策保障，它只能依靠市场获得生存空间。正因为民营报纸需要依靠自身的竞争力图谋生存，其办

---

[1] 广东省、广州市人民政府新闻出版处：《广东省暨广州市报纸八、九、十、十一、十二月份发行数概况表》，1951年2月14日，广州市档案馆：179-1950-长久-003，第83页。

报实践为城市的报业竞争提供了丰富的样本。

（一）灵活的办报策略

以《新闻日报》为例。资深报人陆诒执掌该报采访部之后，提出"赶鸭子下水"的口号，要求记者腿勤、手勤、嘴勤、脑勤。记者每天倾巢而出，晚上回来交稿，经常会有一些与众不同的内容。因此，该报常常被同行或新闻主管部门指责"抢新闻"。总主笔金仲华的看法是："别人怎么说，我管不着，我只管你新闻好不好，不管你抢不抢。"[1]《新闻日报》并不一味跟风党报，而是注意发掘自身传统。比如原《新闻报》的《新园林》专刊很受欢迎，金仲华就将之改名为《新园地》，请来原《东南日报》老编辑陈向平和作家谷斯范共同主持。为了恢复和老读者的联系，《新闻日报》还留用了像游蓉荪这样的老编辑。因办报策略灵活机动，并保有民间报纸的传统特征，《新闻日报》发刊当日，便创下13.4万份的发行量，其后几日的最高点达到19万份，居上海市之首。[2] 即便是在民营报纸普遍经营困难的1951、1952年，《新闻日报》的情况一直很稳定。要知道，这一成绩是在《解放日报》拼命压低价格的情况下获得的（见表9-6）。

表9-6：1949年6月至1950年7月《解放日报》、《新闻日报》售价对照表（旧币／元）[3]

	1949年							1950年						
	6月	7月	8月	9月	10月	11月	12月	1月	2月	3月	4月	5月	6月	7月
解放日报	15	30	60	60～100	100	100～200	400	400	400	1000	1000～800	800～700	700	700
新闻日报	20	40～60	100	100	100	150～300	500	500	500	1000		1000～800	800～700	700

《大公报》也曾在上海刚解放时顶住了《解放日报》的攻势。1949年5月28日创刊的《解放日报》，当日发行10多万份。为了和一直在出版的《大公报》竞争，《解放日报》创刊第2天即推行订阅优惠：工人集体订阅5折，学生集体订阅6折。此举一出，发行量立刻涨到13万份。但因报纸内容不能适应上海读者要求，从第3天起开始下跌，到了6月2日，已经比不过《大公报》。编辑记

---

[1] 转引自邹凡扬：《忆金公》，载《解放日报、新闻日报报史资料》②，第322页。

[2] 转引自邹凡扬：《忆金公》，载《解放日报、新闻日报报史资料》②，第322页。

[3]《解放日报》1949年为对开两张，1950年对开一张半；《新闻日报》为四开一张。笔者根据《新闻日报1949年—1952年出版资料统计表》及《1949年—1951年解放日报出版统计资料》整理，1955年，上海市档案馆：B167-1-4-18~23~25，28~29。

者纷纷要求"增加经济新闻和广告,加强群众性,提早出版时间"[1]。在通过自身实力维护读者资源方面,《文汇报》的徐铸成也表现出相当的自信:"(五十年代初)《文汇报》销数总在十万份左右徘徊。十万份中间,没有一份是公费订阅或组织订阅的,读者都是自掏腰包,十万份也不算少了。"[2] 从《解放日报》与民营报纸的交锋中可以看到,仅仅是压低报价并不能够维持读者的兴趣,必须根据读者及市场的要求调整办报策略。这一结论得益于民营报纸的市场竞争意识。

(二)丰富的版面内容

民营报纸比之党报有更多为老百姓喜闻乐见的内容。徐铸成常常把讲究新闻艺术比喻为烹调。他曾经总结出新闻烹调学,意思是如何把社会主义的内容,经过高明的烹调,奉献上一桌色香味俱佳的菜肴,使读者看一眼就想吃,细细品尝舍不得走开。[3] 梅兰芳的《舞台生活四十年》即是其中极具特色的一道美味。这一自传性连载,从1950年10月15日起开始见报,由梅兰芳口述,梅的秘书许姬传写成初稿从北京寄到上海,许的弟弟源来补充整理后交给报馆。为了保证连载每日刊出,《文汇报》不仅安排黄裳在上海与许源来联络,还委派驻京办事处的谢蔚明帮助梅兰芳及许姬传搜集资料,拍摄照片。[4]《舞台生活四十年》整整连载一年,只有像《文汇报》这样,充分注重信用与名誉、不计成本追求优质内容的报纸才能够有此大手笔。

北京《新民报》也是凭借丰富多彩的内容迅速走出困境,成为新中国最早扭亏为盈的民营报纸之一。它以通俗文艺吸引北京一般市民的做法,为新闻总署所关注,并作为成功案例通报全国。北京《新民报》是四开两张小型报纸,共八版。第一版刊载国内、国外、北京市重要新闻;第二版系本市新闻、国内文艺新闻以及综合性的通讯报道;第三版以财经新闻为主,附有每日行情;第四版是第一版的补充,有国际、国内新闻附以特写、各地重要通讯等;第五版为通俗文艺副刊,取名萌芽,包含精短的文艺理论、书刊评介、杂文、短小说、诗歌、短剧、长篇小说连载等;第六版是通俗文艺性的周刊,每天一种:星期

---

[1] 解放日报报史办公室编《解放日报、新闻日报报史资料》②,第177-178页。

[2] 徐铸成:《徐铸成回忆录》,第186页。

[3] 唐海:《三个黄金时代——徐铸成同志的办报生涯》,载文汇报报史研究室编《文汇报回忆录1:从风雨中走来》,第370-378页。

[4] 柯灵:《文汇报与梅兰芳》,载文汇报报史研究室编《文汇报回忆录2:在曲折中前进》,第120-121页。

一新戏剧、星期二工厂文艺、星期三新北京、星期四新音乐、星期五新曲艺、星期六新电影、星期日星期画刊；第七版是专刊，也是每天一种：星期一新学生、星期二新妇女、星期三大众科学、星期四新工商、星期五店员生活、星期六大众卫生、星期日新儿童；第八版为读者来信，从星期一至星期六每日一刊，内容借读者来信反映广大人民对生产、建设、交通、卫生等的意见，并附以对社会、人民政府、国家事业等方面的批评、建议等；第八版星期日为大众学习，以介绍学习、时事问题为主。[1] 在总结以内容博取效益的做法时，北京《新民报》认为："凡有关本市的新闻，如能突出报道，如'五一'劳动节、'十一'国庆节，镇压反革命等，报纸销数必激增。另外，如果出版时间早而又能标准化时，销数也会上涨。还有一个经验，就是对于报贩、报房应当争取，发挥它们高度的积极性。"[2] 由于内容丰富、经营得当，北京《新民报》的发行数量及经济效益逐月增加。

表9-7：《新民报》北京社1951年1-12月发行量及收支概数表（以新币值计算）[3]

	1月	2月	3月	4月	5月	6月	7月	8月	9月	10月	11月	12月	总计
发行量	13695	15157	16717	18631	20786	21466	22233	23548	24560	26249	26666	28186	257894
报费	16000	15300	20700	22200	24500	25700	27500	29200	29700	32700	32200	35600	311800
广告	17200	15400	21300	19100	22000	25300	30900	29500	29300	31600	26900	25800	294100
副业	0	800	1600	1700	4800	1200	900	800	800	800	1000	700	15100
总收	33200	32000	43600	43000	51600	52200	59300	59500	59800	65100	60100	62100	621500
总付	30000	30600	34900	33300	40200	42800	46700	48800	45100	55500	48800	58900	515800
盈余	3200	1400	8700	9700	11400	9400	12600	10700	14800	9600	11300	3200	105700
备注	一些计算错误系原文如此。5月份的副业收入中含有新闻总署补贴款3979.55元												

（三）独特的稿件来源

报纸是社会关系的一种呈现，其对社会交往的要求很高。旧时的民营报纸，依托的就是一张社会关系的网络。比如，著名报人张季鸾的关系网中，最顶端的是蒋介石。1934年，蒋介石在南京励志社宴请群僚，各院部会首脑出席者数百人，首席的主客就是《大公报》总编辑张季鸾，而《大公报》确实利用蒋介

---

[1]《新民报》北京社：《新民报内容简介》，1951年，北京市档案馆：114-1-9-1。
[2]《新民报》北京社：《1951年经营情况》，1951年，北京市档案馆：114-1-9-1-20~24。
[3] 笔者根据北京档案馆馆藏档案整理。

石对张季鸾青睐有加，透露了一些新闻检查所不许发表的消息。[1] 再如抗战伊始，《大公报》向海外买进一批价值近十万元的纸张，运到了香港。当时粤汉铁路运输十分拥挤，即便花大把的钱也未必运得出来。《大公报》经理胡政之就去找刚刚任职上海市长的俞鸿钧，请他致电广东省主席吴铁城，帮忙把纸代运到汉口。由于俞鸿钧当选上海市长一事，《大公报》的作用举足轻重，[2] 运输纸张一事自然水到渠成。

报人交往不仅局限在政治与经济领域，他们的社交网络更多覆盖文化群体，而后者孕育着报纸的优质稿源。最能体现这种交往的是上海解放后创刊的两份民营小报：《大报》和《亦报》。这两张报纸承载着解放前上海"四五十家小报"[3] 的创作及阅读群体。尽管文化体制和文化生产方式的重组不可避免，但两张小报还是保留了相当的历史痕迹。

两报负责人陈蝶衣、唐大郎、龚之方，原隶属于旧小报。陈蝶衣曾任《铁报》主编，唐大郎、龚之方是《诚报》的编辑。其他成员还有陈亮、董天野、汤修梅、胡澄清、王祖舜、冯小秀等人，他们都是民国时期的小报名家。陈亮曾主办过《迅报》、《飞报》，汤修梅创办过《沪报》、《正报》，胡澄清、王祖舜分别为《罗宾汉》、《铁报》等旧小报编辑。[4] 这种承接着旧日小报传统的文人组合，使得《大报》、《亦报》的作者结构与其他报纸有着显著不同。首先是地域空间非常广泛，作者分布在上海、北京、南京、杭州、苏州和香港，他们的作品在叙说身边琐事的同时，呈现出不同的城市景观。其次，作者的专业丰富多彩，除了陈蝶衣、唐大郎、王小逸、柳絮、包天笑等旧小报的旗帜性写手，还有曲学家卢前，书刻家邓散木，作家周作人、张爱玲、张恨水，弹词作者陈灵犀、平襟亚，画家丰子恺等。

周作人、张爱玲、张恨水等作家原本凭借畅销书名噪全国，无须向小报卖

---

[1] 翊勋（恽逸群）：《蒋党真相》，韬奋书店，1949，第62页。

[2] 1937年，上海市长吴铁城调任广东省主席，市长空缺席位出现"二钧"之争，即俞鸿钧与钱大钧二选一。蒋介石原本属意钱大钧，但就在任命公布的前一晚，时任中政会秘书长的张群知会了《大公报》上述消息。《大公报》当即刊登《上海市长决定由俞鸿钧真除》的干扰信息，影响了任命结果，俞鸿钧最终当选上海市长。参见翊勋（恽逸群）：《蒋党真相》，韬奋书店，1949，第63页。

[3] 上海解放前的小报数据参见夏衍：《懒寻旧梦录（增补本）》，生活·读书·新知三联书店，2006，第403页。

[4] 杜英：《文化体制和文化生产方式的再建立——建国初期对上海小型报的接管和改造》，《中国现代文学研究丛刊》2007年第2期。

文。但在新中国成立后，他们的作品被边缘化，只能依靠为《大报》和《亦报》写作维持生计。一时间，梁京的小说、十山的散文、丰子恺的漫画，堪称《亦报》"三绝"。张爱玲以梁京为笔名创作的小说《十八春》，始于1950年3月25日刊登，终于1951年2月11日，共连载317天。另一部作品《小艾》，始刊于1951年11月4日，总计连载81天。[1] 周作人以十山为笔名，从1949年11月22日起，开始在《亦报》开辟《隔日谈》《饭后随笔》等多个专栏，至1952年3月15日，共发表文章908篇。为了生计，周作人还捡出旧作《儿童杂事诗》，嘱以笔名东郭生发表，《亦报》请著名画家丰子恺为之配画。1950年2月23日，此组诗配画专栏出炉，为读者喜闻乐见。[2] 张恨水，1950年平均每日都在两份小报连载小说；卢前[3]，1949年至1951年，也同时为两报写稿。他以笔名"冀野"作《柴室小品》专栏，以笔名"饮虹"作小品短篇，以笔名"水西门"撰写《民间文话》专栏，以笔名"公孙拜"、"少史氏"作长篇小说《齐云楼》与《金龙殿》，分别取材于元末张士诚起义和太平天国的女状元傅善祥传奇。[4]

一直到1952年小报风格被挤出新中国的文化建制，上述作者才大部分淡出读者视线。在此之前，他们虽不能用真实姓名"发言"，但也因民营小报的存在而有了立足之地。这一时段，民营报纸所承载的多元文化，不仅为"穷途"之文人提供了生存空间，也替新中国的文学史和新闻史留下了许多珍贵素材。

---

[1] 巫小黎：《张爱玲〈亦报〉佚文与电影〈太平春〉的讨论》，《中国现代文学研究丛刊》2010年第6期。

[2] 巫小黎：《〈亦报〉视窗里的周作人》，《鲁迅研究月刊》2010年第8期。

[3] 卢前（1905—1951），原名正绅，字冀野。江苏南京人。戏曲史研究专家、散曲作家、剧作家、诗人，词曲大师吴梅的高足。曾受聘在金陵大学、河南大学、暨南大学、光华大学、四川大学、中央大学等讲授文学、戏剧。主要剧作：《饮虹五种》、《楚凤烈》传奇十六出、《窥帘》、《孔雀女》。戏曲史论著有：《明清戏曲史》、《中国戏曲概论》、《读曲小识》、《论曲绝句》、《饮虹曲话》、《冶城话旧》。中华书局出版过《冀野文钞》，分为《曲学四种》、《文史论稿》、《笔记杂钞》、《诗词曲选》四辑，收集了卢前各方面的代表作。

[4] 杜英：《文化体制和文化生产方式的再建立——建国初期对上海小型报的接管和改造》，《中国现代文学研究丛刊》2007年第2期。

第十章　民营报纸转型后的新生态

新中国初期为什么出现了比较频繁的报纸间并合，导致民营报纸数量锐减直至消失？对这个问题的回答离不开当时的经济环境，也无法绕开导致中国近代衰落的历史动因。毕竟，民营报纸的消失仅是新中国整体经济政策的一个向面而已。如果撇开冷战环境下国与国之间的金融与军事博弈，撇开一连串历史原因造成的现实积弊，仅以"体制"的抽象概念或意识形态的形而上观点，来解析新中国成立初期的国进民退现象，这个视角不免狭隘。较为客观的方式，是对历史进行回溯，找到近代中国发生衰败的原因，再来探讨新中国何以在制度层面推新出新。

根据年鉴史学派的麦迪逊估计，公元元年中国GDP占世界总量的26.2%，1500年占25%，1600年占29.2%，1820年占32.9%。按1990年美元不变价格计算，中国人均GDP在1300年至1820年为600美元，无论总量和人均GDP都领先于世界。[1]一个长期领先于世界的中国，为什么会在19世纪走向衰败？这即是著名的"李约瑟之谜"。

中国学者韩毓海试图从三个层面回答上述问题：

一是地缘政治原因。公元10世纪以来，以恰克图[2]为核心、贯通"内陆欧亚"的北方贸易体系，和以琉球为核心、联系东、西、南洋的海洋贸易体系，

---

[1] 韩毓海：《五百年来谁著史》（第三版），九州出版社，2011，第4页。

[2] 恰克图原属中国，汉名买卖城。西汉时苏武曾经在此牧羊，唐朝和元朝时此地分别归北庭都护府和乌里雅苏台管辖。明清时期的晋商远涉戈壁、沙漠，在恰克图与俄罗斯商人进行贸易，促进了恰克图的繁荣。1727年9月1日（雍正五年），沙俄和清政府在此签订《连斯奇条约》，俄方称《恰克图条约》。根据条约规定，两国以恰克图河为界，河北恰克图划归俄国。1755年（乾隆二十年），清政府宣布中止俄国商人来北京贸易，这样，中俄之间的贸易就全部集中在了恰克图。一直到19世纪50年代初，恰克图贸易额仍保持上升势头，每年贸易额在1000万美元以上，占中国进出口总值的15%—20%。从1853年开始，特别是1858年中俄《天津条约》签订后，交易额急剧下降，1880年代较1850年代减少了四分之三。20世纪初，西伯利亚大铁路的全线通车彻底摧毁了恰克图互市。

都是以中国为中心。16世纪中后期以降，随着美洲白银的输入和帝国主义国家的军事扩张，以中国为核心的世界贸易及货币流动体系在19世纪彻底瓦解。

二是金融战略原因。中国自宋、元、明、清到中华民国，长期实行经济的放任主义，没有自己的自主货币。宋代经济依赖南洋等地舶来的白银，明隆庆之后，大量进口美洲白银，用以解决中国货币的短缺。直到1935年，中国才废除白银和银元，发行国家货币——法币，但仍以外币为储备金，一方面与英镑挂钩，一方面以美国的"银本位制"为基础，却将日本排除在外，成为日本发动侵华战争的重要借口之一。战祸频仍，终使中国经济在1940年代因严重通货膨胀而陷入崩溃。

三是政治体制的低效率原因。宋代以后的文人官僚机构，既没有管理经济、财政、税收、司法、军事和金融的具体能力，也不能担负起统合基层社会的责任，无法将社会财富组织成为国家能力，导致中国的基层治理，落在了横征暴敛的胥吏手中，加速了中国的颓败。[1]

在上述三种原因的共同作用下，近代中国呈下行的趋势，而西方世界却开始了军商合一、军政合一、资本与国家合一的高效率扩张。反求诸己，中国的衰落并非仅仅是船不坚炮不利，而是长期的经济放任，以及"体制"的无为和低效率。毛泽东早在1945年即认识到了这一点，他说："在国民党政府统治之下，一切依赖外国，它的财政经济政策是破坏人民的一切经济生活的。国民党统治区内仅有的一点小型工业，也不能不处于大部分破产的状态中。政治不改革，一切生产力都遭到破坏的命运，农业如此，工业也是如此。"[2] 如何改变这种现状，毛泽东依据在解放区已经获得的变工队、互助组、换工班等成功经验，主张以合作社的方式争取富裕生活，并提出，"一个不是贫弱的而是富强的中国，是和一个不是殖民地半殖民地的而是独立的，不是半封建的而是自由的、民主的，不是分裂的而是统一的中国，相联结的"。[3]

毛泽东此时的思路已经接近法国政治思想家托克维尔提出的"集权"和"分权"的结合。在托克维尔看来，任何一个国家要繁荣昌盛必须要"政治集权"，形成统一的政治意志，"整个国家就像一个单独的人在行动，它可以随意把广大的群众鼓动起来，将自己的全部权力集结和投放在国家想指向的任何目

---

[1] 韩毓海：《五百年来谁著史》（第三版），第5-7页。
[2] 毛泽东：《论联合政府》，1945年4月24日，《毛泽东选集》第三卷，第1080页。
[3] 毛泽东：《论联合政府》，第1080页。

标"。[1] 而落实到具体的管理，则应实施"行政分权"，地方的发展由地方政府管辖。托克维尔认为，英、美两大国家的崛起，就是凭借"政治集权"和"行政分权"。

回到中国，在根据地时期，中共中央即形成了一条规矩："统一领导，分级管理。"新中国成立以后，针对统一财政后出现的随意上收企业、限制地方经济发展的现象，1951年，政务院通过了中财委提出的《关于1951年度财政收支系统划分的决定》和《划分中央和地方在财政经济工作上管理职权的决定》等文件，将一部分职权下放给地方政府。此后，毛泽东又提出发挥中央和地方两个积极性的问题，要求把统一性和独立性结合起来。[2] 美国学者谢淑丽（Susan Shirk）的研究显示，中国在计划经济最高点时，中央政府只控制不到600种产品的生产和分配，而苏联高达5500种。这说明新中国的计划经济，中央集权程度很低，更多依赖地方行政分权。

报纸恰恰处在"政治集权"与"行政分权"的关节点上。作为意识形态产品，报纸是实施"政治集权"的重要统合工具，而作为经济商品，它又要接受政府对企业的行政管理。根据前文，民营报纸为什么在1951年之后停刊或并合态势日趋频繁？从政治原因来讲，国家整体意识形态在1951年"三反"之后对包括新闻界在内的知识分子施行思想改造，以期在政治动员上形成一体的声音；从经济原因来看，除《人民日报》、《光明日报》、《工人日报》等少数报纸直属中央，包括《大公报》、《文汇报》等具有全国影响力的民营报纸均由所在地管辖。《大公报》是在1953年迁天津与《进步日报》合并，并于1956年迁至北京后才归至中央管辖。《大公报》之所以迁移，主要是上海方面不想再承担这样一个政治上有风险、经济上又严重亏损的包袱。当时主政北京的彭真也极力避免《大公报》入京，是毛泽东亲自干预，《大公报》才得以完成迁移。因此，无论是从"政治集权"，还是"行政分权"考虑，民营报纸都不可能避免被统合的命运。尤其对于具体管辖民营报纸的地方政府来讲，既规避其政治风险，又改变其亏损境况，惟有通过整合报业资源的方式实现，而最终的整合确实也达到了预设的目的。

---

[1] 转引自甘阳：《通三统》，生活·读书·新知三联书店，2007，第32页。
[2] 薄一波：《若干重大决策与事件的回顾》，第61-62页。

一、经营状况的好转

新中国成立后,几乎所有的民营报纸都是负债经营。尤其在上海、天津、广州等城市,民营报纸很难通过自身能力走出困境。这是各级地方政府主导报纸间合并或完成转制的首要动因。1953年,上海《新民报》在总结解放以来37个月的经验时,形象地分析了新中国成立后全国报社的四个经营历程。其一是补贴,其二是保本自给,其三是略有盈余,其四是出现大量盈余。在经营思想上,开始是依赖供给制,收支国库负责,盈亏不管;紧接着转变为所谓的资本主义经营方式,不择手段惟利是图,抬高报价,无限制地揽取广告;再接下去是铺张浪费;最后才转变为计划管理。在国家的宏观调控与计划管理之下,那些符合条件的民营报纸逐渐完成转制,并在经营管理及报纸内部氛围方面,出现了一些可喜的变化。

上海的《文汇报》和《新民报》是于1953年初公私合营的,《新闻日报》则于当年7月正式公私合营。此前,上海市新闻主管部门借新闻界思想改造的契机,调整了各报分工,改进了各报的组织结构,加之各报公私合营后,报纸盈利不再由资方独得,职工的生产积极性明显提高。到了1953年,各报经营情况均有大幅度好转。

表10-1:《新闻日报》、《文汇报》、《新民报》公私合营前后收益状况比较(旧币)[1]

	新闻日报	文汇报	新民报
1952年(公私合营前)	盈余82亿	亏损15亿	亏损14亿
1953年(公私合营后)	盈余115亿	盈余48亿	亏损6.2亿
1954年(公私合营后)	盈余99.2亿	盈余83.6亿	盈余12.03亿

以上海《新民报》为例,在公私合营之后,其广告比合营前增加了5倍以上,发行量则增加了6倍。[2] 解放前就存在的长期亏累情况,在解放后4年彻底改观。到了1954年,《新民报》更是实现了盈利12亿元的前所未有的经营奇迹。更为重要的是,资金的流转日益趋向良性。1954年初,资金周转期需要100天,到了第四季度,已加速到40天左右。报社有了更多资金提高报纸的运营质量。

---

[1] 蔡星华:《关于三公私合营报社盈余分派等问题》,1955年3月3日,上海市档案馆:B167-1-97-51;另见蔡星华:《关于新闻日报股东等问题》,1955年12月15日,上海市档案馆:B167-1-97-6。

[2]《新民报社社务委员会关于经营管理的工作报告》,1954年6月8日,上海市档案馆:G21-1-17-13。

工作效能方面，仅以电话接线为例，此工作已可达到每日维持9小时左右，除专任接线员之外，还培养了5名员工可随时代替，大大提高了与读者的通联效率。[1]稿费处理也纳入了日常管理制度，解决了长期以来民营报纸拖欠稿费的信用问题。发行方面，由于国家实行报纸预订制度，报费收入有了保障；报纸供应与价格政策也由国家统一制定，使得供需彼此适应并大大降低了成本；由于国家严格实施货币管理并不时检查，报纸的财务管理不能不相应地配合改进，越来越趋向正规；广告费在解放前是不易收进的，由于国家规定企业间结算统一由银行受理，《新民报》在1953年交由国家银行结算者达23户，其他主要采用通讯收费，刊户凭通知送款。这些措施不仅解决了旧社会广告款难收的问题，一些广告客户甚至将去信的邮票也送还。在经历了新旧社会变迁的《新民报》看来，"新社会敦厚朴实的风气，给我们减少人少事多的困难"[2]。

二、员工福利的改善

国家展现出对报纸工作人员的关爱，也是以往的民间报人不曾经历的。1952年12月20日，中共中央出台《关于加强报纸、期刊出版发行工作的规定》，特别强调"为保护报纸工作人员特别是编辑人员的健康，报社应设法建立适当的休息制度"。此项规定肯定了《辽西日报》亦已实行的星期一休刊制度，以及《山西日报》、《新湖南报》、《广西日报》、《大众日报》、《察哈尔日报》、《黑龙江日报》等在星期一减少二分之一篇幅的举措，建议"全国各种日报尤其是省级报纸考虑可否规定每周只出六期，每逢星期一休刊一天"。[3]对于解放前兼职数家报馆，为维持生计疲于奔命，且有失业之虞的老报人来讲，有谁能不为这样的政策拍手叫好呢？

报纸工作人员的精神面貌大不一样了。据《文汇报》相关人员记述，解放前，编排关系相当紧张，稿子发过头了，排字工人就有怨言，在排字房与编辑室中间的过街楼上，叱责之声，隔窗可闻。解放后，情形大为改观，排字工人有了主人翁感，主动配合，服务周到。版样划定后，"台子上"的师傅就相继来到编辑室静坐等候。他们坐在门口用纸筒芯和狭木条钉成的板凳上，连成一排。编辑发一条，就拿去加工一条。有些工人接到稿子常常小跑步回排字房，

---

[1]《新民报社管理部1954年工作总结》，1955年1月29日，上海市档案馆：G21-1-281-24。

[2]《新民报社管理部门一九五三年工作总结（初稿）》，上海市档案馆：G21-1-281-9。

[3]《中共中央关于加强报纸、期刊出版发行工作的规定》，1952年12月20日，载《中华人民共和国出版史料（1952）》，第363页。

完工后又上来等活。稿子一条一条发下去，小样一张一张打上来，编辑按照划样贴样，贴到哪里，工人就下去把集装稿件按部就班放进铁盘。由此，报纸出版效率大大提高。[1]

三、报纸版面的净化

报纸惟利是图的现象也销声匿迹了。解放前，民营报纸为了获利而弄虚作假的现象经常发生。报人冯英子回忆，1937年8月，他入《苏州明报》工作。该报每获与日军作战的胜利消息，就出一次《号外》，因为《号外》不仅给读者带来了胜利的欢乐，也给报社同人带来了经济上的效益。按照报社规定，凡出《号外》，报社除收回纸张费之外，其余收入，由全体职工平分。那时出一次《号外》，每一职工可分到五六百文。于是，出《号外》成为大家非常热衷的工作，有胜利消息时，当然可以，没有胜利消息呢？就造一条胜利消息。1937年八九月间，《苏州明报》出了不少这样的《号外》。[2] 但在解放后，报纸还没有开始"放卫星"之前，弄虚作假的情况会有很大风险。一旦发生错误，报纸必须更正。以南京《新华日报》为例。1949年11月27日，该报四版头条的大标题是《印度人民决不允许对苏作战》，但是在见报时却漏掉一个"对"字，这在当时是严重政治性差错。第二天，南京《新华日报》就发表重要更正，申明社长、总编辑、有关工作人员已做出书面检查，并请求市委给予处分。报社还于当天下午召开全体人员大会，当事人在会上作了深刻检查，市委副书记、宣传部长均到会讲话。此事件之后，《新华日报》制定了一整套从编辑、采访到校对、排字、印刷一条龙的责任制。可见那时的报纸将真实性视作生命，绝不允许弄虚作假。一次，一位通讯员写了一篇清理物资的报道，夸大了水银的价值，上海一位读者来信指出后，《新华日报》不仅立即作了更正，还将读者来信和编辑的检查一并发表。1950年4月6日，《新华日报》再次刊登了文教组一位副组长的检讨，只是由于他在"四一"晚会的新闻中增加了"掌声雷动"一词，不符合事实。1951年6月1日，南京《新华日报》还在《读者来信》专栏中刊出《本报编辑部关于编辑工作作风的检讨》，公开答复读者冰花提出的批评。这位读者于当年2月致函报社，对某些标题的浮夸和不准确之处提出批评。编辑未能及时做出处理，这位读者又写信给《人民日报》反映问题，于是《新

---

[1] 蒋定本：《闲话夜编怀故旧》，载《文汇报回忆录1：从风雨中走来》，第277-286页。
[2] 冯英子：《劲草——冯英子自传》，第85-86页。

华日报》编辑部特地公开检讨，表示诚恳接受读者批评，并提出加强报纸清样检查等改进措施。[1]

　　报纸应该"干净"到怎样的程度，可以从梅兰芳传记的一点小波澜反映出来。1950年10月15日，上海《文汇报》开始刊登《舞台生活四十年》，这一连载是由梅兰芳口述，其秘书许姬传执笔的。此后一年，连载逐日刊登，未曾中断，影响力很大。对此连载，读者来信多为欢迎和鼓励，也有纠正史实错误和对某些具体问题提出商榷的，报社都将来信转给作者，并在随后的创作中予以更正。梅兰芳对这个回忆录非常上心，经常请编辑注意把关，避免出错，惟恐帮他记述的许姬传，会从笔下流露出旧的思想与习气。一次，连载插图上有"梅郎"字样，梅先生表示了不满，说："什么时候了，还在报上梅郎梅郎的，多不合适啊！"还有一次，正文说到梅与一些画家的交往，其中有吴昌硕。编辑配了一张吴写给徐乃昌的便条，是写在一张饭店的便笺上的。不料第二天就从梅的老朋友那里来了严重的质询，他们说这是一种吃花酒用的"条子"，用作插图对传主和画家都是一种不敬。[2] 就此事可知，报纸呈现事实的风格已经和解放前完全不一样了，读者的口味也全然改观。解放前，京戏是旧剧，"五四"时即遭周作人、钱玄同等人抨击，演旦角的更是受到双重歧视。鲁迅曾因有人将他和梅兰芳"并为一谈"而愤懑异常，这是为文坛所熟知的。据《文汇报》柯灵评述，旧文人称梅为"梅郎"，肉麻当有趣，是传统的轻薄与亵渎；新文人称为"梅博士"，表面抬举，实际是讽嘲；报纸戏目广告上大书"伶界大王"，则是老老实实标举梅的商品价值。这三种徽号，正好表现出梅兰芳在当时的生存环境。鲁迅之所以不满梅兰芳，还有一点意思是很清楚的：他认为梅"被士大夫据为己有，罩进玻璃罩"，不是大众的演剧家。[3] 而在新中国，无论是梅兰芳自身，还是读者对其名望的尊重，都重新建构了梅兰芳"人民艺术家"的身份。在颠覆旧社会惯常思维和叙事风格过程中，民营报纸因衔接了两个时代，它所起到的净化作用是不容小觑的。从梅兰芳自传这一小例上，可见新中国报刊整齐划一的语言风格正在形成。

---

　　[1] 新华日报网、扬子晚报网：《〈新华日报〉创刊70周年特别专题》，2008年1月11日，http://zl.xhby.net/xhrb70/。

　　[2] 黄裳：《往事回忆——〈舞台生活四十年〉的诞生》，载《文汇报回忆录2：在曲折中行进》，第125页。

　　[3] 柯灵：《文汇报与梅兰芳》，载《文汇报回忆录2：在曲折中行进》，第117-119页。

四、对读者利益的倾斜

1949年,熬过了个人痛苦的沈从文写下了这样一首诗:"我原只是人中一个十分脆弱的小点／却依旧在发展中继续存在／被迫离群复默然归队／第一觉悟是皈依了'人'";"为完成人类向上向前的理想／使多数存在合理而幸福／如何使个别生命学习渗入这个历史大实验／还是要各燃起生命之火,无小无大／在风雨里驰骤,百年长勤!"[1]这无疑是沈从文思想的大转型,他开始愿意忽略个体的存在,而消失在"集体"的浪潮中。沈从文转变的逻辑起点是,这个"集体"的理想是"使多数存在合理而幸福"。

克己复礼,以服从"至公至平"的天道,这并非沈从文一时的顿悟,而是中国政治思想的传统。中国为什么强调"天命无常",这是与法权"相对说"同义的。在西方,理就是法,政治的核心是法制。而在中国,好的政治,亦即善治,是以承载"天命"为要义。最高统治者并非是绝对的法权拥有者,其权力的来源是"天命"与"民命"。也就是说,能否与万民同好恶,是衡量一切政权合法性的基础。[2]

在这一点上,中国共产党是非常清楚的。毛泽东一而再再而三地强调为人民服务,他非常明白,仅仅是意识形态的灌输不可能充分获得民众,关键是如何呼应民众的基本生活诉求。反映在新闻出版界,新中国是不可能容忍国民党时期"教科书定价最高有到印刷成本2000%"[3]这样离谱的事。

什么有利于读者?首先是通过国家政策的约束,保证报纸按时、优质出版。1952年12月20日,《中共中央关于加强报纸、期刊出版发行工作的规定》强调,报纸、期刊应按期出版,不得无故缺期,以免发行工作紊乱。如一年内无故缺期达三次以上者,出版行政机关应采取适当措施,必要时得令其停刊。[4]这是对读者权益的有力保护。

更为惠民的举措是督促报纸降价。出版总署1954年做过估算,以《人民

---

[1] 沈从文:《黄昏和午夜》(1949),《沈从文全集》第15卷,北岳文艺出版社,2002,第234-236页。

[2] 韩毓海:《五百年来谁著史》(第三版),九州出版社,2011,第375页。

[3] 陆定一:《在全国新华书店出版工作会议上的闭幕辞》,1949年10月19日,载《中华人民共和国出版史料(1949)》,第445页。

[4]《中共中央关于加强报纸、期刊出版发行工作的规定》,1952年12月20日,载《中华人民共和国出版史料(1952)》,第363页。

日报》为例，每份月价1.8元（新币值），约合职工1个月平均工资45至50元的3.6%—4%，而苏联《真理报》每份月价为6个卢布，约合苏联职工1个月平均工资1000卢布的6‰。根据1954年第一季度的统计，全国报纸平均每期发行总量为800万份，这和全国5亿以上的人口相比很不相称。报纸所以不能大量发行的原因之一，就是现行报纸价格较高。出版总署提出的方案是：对开四版报纸从每份6分降至5分或5.5分，其他开本报纸也应不同幅度地下调。据出版总署估算，全国报纸实行上述定价标准后，约计要减少收入1100余万元。[1]1955年，文化部党组接续了前出版总署关于报纸降价的建议，决定自1956年4月1日全国统一降价。[2] 中宣部立刻批示了文化部的请示报告，并强调降低报价应争取早日实行，不一定要推迟至1956年4月。[3]

表10-2：全国报纸定价标准表（1956年4月1日起施行）[4]

开张	每份定价	每月定价		
		全年固定不休刊	每周固定缩张一次	每周固定休刊一次
对开一张	5分	1.5元	1.4元	1.3元
四开一张半	4分	1.2元	1.12元	1.04元
四开一张	3分	0.9元	0.84元	0.78元
八开一张	2分	0.6元	0.56元	0.52元

那个时候的报纸，因广告微乎其微，基本都是靠发行赢得收入。国家以牺牲报纸利益来满足读者的需求，并在全国范围内开展，涉及每张报纸的统一降价行动。这样的举措，惟有高度组织的国家才能实现。

综上所述，共产党人建设社会主义的信仰、国人图强自立的抱负、地方政府控制风险整合资源的动机、民营报纸秉持"民命"的传统，这些因子在新中国初期牢固地黏合在一起，形成政治、经济、外交方面高度一致的总体性社会。作为强化这种一致性的工具，民营报纸几无可能发出与主流意识形态不一样的

---

[1]《出版总署关于降低和调整全国报纸定价的请示报告》，1954年4月14日，载《中华人民共和国出版史料（1954）》，第205-208页。

[2]《关于调整报纸定价给中央宣传部的请示报告》，1955年10月31日，载《中华人民共和国出版史料（1955）》，第308-309页。

[3]《中央宣传部关于适当降低全国报纸定价问题复文化部党组的函》，1955年12月17日，载《中华人民共和国出版史料（1955）》，第311页。

[4]《关于调整报纸定价给中央宣传部的请示报告》，1955年10月31日，载《中华人民共和国出版史料（1955）》，第310页。

声音。一方面是政治上的独立不复存在，另一方面，新中国建设着力发展重工业，民营报纸获取广告收入的轻工业与娱乐产业日渐萎缩，经济上的独立也无可能。同时丧失了政治与经济独立的民营报纸，已不再有适宜的自我生存条件，惟有参与社会主义改造，才能获得继续生存的资格，这使得民营报纸的退场成为必然。

五、平抑广告控制虚假购买力

"二元产品市场"是传媒产业的重要经济特征。一般产业只有一个产品市场和一个收入来源，而传媒产业在售卖过程中，存在两个产品市场（内容和广告）和两个收入来源（发行收入和广告收入）。[1] "二元产品市场"是在1989年才由罗伯特·皮卡特命名，但在1622年英国出版商托马斯·阿切尔创办《每周新闻》并刊登一份书籍广告后，[2] "二元产品市场"已经显形。到了1833年，纽约《太阳报》开创低价出售报纸辅以广告支撑的商业化模式，"二元产品市场"开始成熟，并影响至今。

在所有的传统媒介产业中，报纸尤为依赖"二元产品市场"。1880年，美国报纸二分之一收入来自广告，到了2000年，这一数据上升到80%。[3] 中国的民营报纸承袭的是西方大众化报纸的经营理念，主要靠"二元产品市场"维持生存，只要有"二元产品市场"存在，就意味着报业竞争不可避免。自1872年《申报》等商业化报刊创办以来，除纯粹的政党报纸依靠津贴，民营报纸都要依托发行加广告的二元售卖方式。

新中国成立伊始，报纸经营普遍困难，国家政策鼓励"全国一切公私营报纸的经营，必须采取与贯彻企业化的方针"，以期达到全部或大部分自给。[4] 1949年12月17日至26日，新闻总署召集全国报纸经理会议，针对公私营报纸严重赔耗问题，会议给出了几条解决方案，包括改善报纸间的分工、逐步实行经济核算制、对文化用纸低价配售、邮发合一等。其中特别强调"城市报纸应当以适当地位主动地刊登有益于国计民生的广告"，"但报社应当审核广告内容，并适当地限制广告篇幅。对大城市中的私营广告社应以适当方法加以领

---

[1] 喻国明等：《传媒经济学教程》，中国人民大学出版社，2009，第26页。

[2] 也有1621年创刊之说。参见李彬：《全球新闻传播史（公元1500-2000年）》，第77页。

[3] Robert G. Picard, *The Economics and Financing of Media Companies* (New York: Fordham University Press, 2002), p.31. 转引自喻国明等：《传媒经济学教程》，第31页。

[4] 《全国报纸经理会议的决议》，1949年12月26日，载《中国报刊发行史料》，第7页。

导".[1] 这是国家有意识约束广告的开始。

此后,在新闻主管部门的评阅报中,除了对新闻报道予以监控,也将广告内容列入到审查项目。如北京市新闻出版处即对《新民报》刊登假富孀征婚广告提出质疑,[2] 天津市新闻出版处也对《星报》登载的星报之友广告又是八折优待又是电影喜剧优待提出批评,认为"这和卖野药的办法、买一送一美国的广告宣传无甚区别"[3]。南京《新华日报》刊登的"为缴纳地价税出售地基,房屋奉送"、"中山陵园廉让"等广告也被指称违反政策。[4]

整体经济环境薄弱,加上对报道及广告内容的严格控制,民营报纸生存维艰。据1951年9—12月的统计,上海的文汇、大公、新民三报均有亏损,"发行既无起色,广告又每况愈下,更严重地威胁了自给自足的方针"[5]。面对持续多时的亏损,民营报纸只能从市场上动脑筋,却不断遭到批评:"大报意识重新抬头,自由主义办报作风再度兴盛";各报"都在广告上打主意,不断组织所谓'专业广告',动辄牺牲新闻与副刊篇幅,刊出整版广告,而且在第三、四版等重要地位,简直是为广告办报,不成其为应该具有高度思想性的报纸了。这并不表示其业务经营上的发展,恰恰暴露了其在业务上的狼狈状态"[6]。这份报告显示了主管部门对待广告的态度。

1952年4月,在主管部门的主导下,上海各报同时进行广告改革,取消了佣金制度和折扣,公定服务费标准。这种做法也为北京所采纳。

以往,北京市各报的广告业务在定价之外均有折扣。虽然《人民日报》自1951年起取消了折扣,但对旧剧广告依旧支付佣金,"三反"运动之后才把佣金也取消了。但《工人日报》、《光明日报》、《新民报》继续维持广告折扣制度。《工人日报》一般广告收八折,文娱广告对折再打九折;《光明日报》一般广告收七折,文娱广告收六折;北京《新民报》一般广告收八折,文娱广告收

---

[1] 《全国报纸经理会议的决议》,1949年12月26日,载《中国报刊发行史料》,第8页。
[2] 北京市新闻出版处:《私营报纸审查周报》,1949年7月24—30日,北京市档案馆:008-002-00028-10~11。
[3] 张颖:《致新闻出版处的信》,1950年12月16日,天津市档案馆:X57-Y-1-72-49。
[4] 西南军政委员会新闻出版局抄转:《南京新华日报九个月来企业化经营总结报告》,1951年8月28日,四川省档案馆:建南030-2-35~40。
[5] 夏衍、恽逸群、姚溱:《关于调整上海各报纸的问题》,1952年1月4日,上海市档案馆:A22-1-20。
[6] 夏衍、恽逸群、姚溱:《关于调整上海各报纸的问题》,1952年1月4日,上海市档案馆:A22-1-20。

七折。[1]1952年4月中旬,闻悉上海、天津、济南等地报社都取消了广告折扣,北京各报遂在工人日报社召开了一次座谈会,一致认为上海过去的广告折扣很低都能大力加以改革,北京理应学习,并约定在1952年5月1日起施行新制度。

最早付诸行动的是《光明日报》,该报在1952年4月22日致函张友渔副市长,称"反贪污运动中发现报社刊登广告不按定价而按七折或八折收费,流弊甚大","拟于1952年5月1日起仿照《人民日报》办法,取消广告收费折扣,改为定价一律实收"。[2] 此举立即引起北京市广告业同业公会筹备委员会的反弹,认为此种办法无异于不承认广告社。该公会认为,"广告社在刊户与报社之间并非不劳而获","各影院剧团所刊登之游艺广告,其设计编写事务均由广告社代为办理,似此情形在各影院剧团与报社之间已因广告社之存在节省不少人力","报社对广告社付出手续费为全国性一向普遍之惯例,在目前阶段一般工商业户与本市各影院剧团对广告社仍有依赖,似仍有维护广告社存在之必要"。[3]

根据广告社的质疑,北京市主管部门展开调查发现,广告业同业公会所属的80余户会员中,有半数以上是专营美术广告的,做报纸广告的只有23家,在这23家中,多半还兼营其他业务,真正与报社往来较多的只有中华、光华、杨本贤(已自请歇业)、金城华民等数家。到处写信反映情况的并不是什么"广告业同业公会",而只是以中华广告社为首的少数几个人。北京市的影剧广告几乎为中华广告社一家包办,形成了操纵垄断的把头制度,经常向刊户虚报行数。《工人日报》在"三反"运动中发现:四个影院联合刊登700行广告,中华广告社却向每一影院收了700行的款。[4] 根据上述调查情况,新闻专员室同意《工人日报》、《光明日报》、《新民报》建立新的广告制度。但如广告刊户愿意委托广告社代为设计、编写、联络等,则广告社可向刊户收取6%的服务费,各报不另予折扣优待。

---

[1] 北京市人民政府文化教育委员会新闻专员室:《改革广告制度草案》,1952年,北京市档案馆:8-11-69-21~22。

[2] 北京市人民政府文化教育委员会新闻专员室:《光明日报关于报社刊登广告收费标准的请示》,1952年4月22日,北京市档案馆:8-11-69-1~2。

[3] 北京市广告业同业公会筹备委员会:《为请求维护正当行业调查处理事致彭真、吴晗的信》,1952年4月23日,北京市档案馆:8-11-69-4~6。

[4] 北京市人民政府文化教育委员会新闻专员室:《关于本市建立新广告制度的处理意见》,1952年5月31日,北京市档案馆:8-11-69-7~9。

表 10-3：北京《新民报》1952 年 6 月新广告价目表（旧币）[1]

类别	商业启事	机关布告、出版书目	经济广告	文娱节目
价格	每行 5000 元	每行 4500 元	每行 4000 元	每行 3200 元
备注	每行九个六号字	每行九个六号字	每行九个六号字，以八行为限	每行九个六号字

表 10-4：《光明日报》1952 年 6 月新广告价目表（旧币）[2]

类别	报头下	商业启事	机关、学校、企事业	小广告	游艺广告
每行字数	十三个六号字	十三个六号字	十三个六号字	十三个六号字	十三个六号字
每日刊费	每栏 25 万元	7500 元	6500 元	5000 元	4000 元
备注	每栏 18 行，普通商业启事不收			以六行为限	

在这一过程中，政策的主导也在发挥作用。以南京《新华日报》为例。作为中共南京市委机关报的《新华日报》于1949年4月30日创刊。创刊号无一条广告，一周后，才开始出现少量文字信息类广告。当时报纸为对开四版，广告一般安排在四版下方，通常约占一个通栏的位置，多是影院、书店、商店及遗失、迁址类的小广告，价格很低。当时广告刊例的标价为：一版报眼（报头左右位置）为每块每日800元（旧币）；三、四版文字广告每行23字，收费40元，平均每个字收费1.5元。报纸广告少的主要原因是南京较具规模的工商企业早在渡江战役前就为躲避战火停业关门。此外，报社不少人认为广告是为资本家做宣传，报社拿了老板的钱，容易为老板操纵。当时党报实行的是供给制，有无广告收入并不影响报社员工的实际利益。有时客户主动上门来联系广告刊登事宜，报社也会以没有版面为由不予刊登。1949年12月底全国报纸经理会议，要求各省市党报要逐步取消供给制，《新华日报》由此起草了报社实行企业化经营的具体方案，其中重要的一条就是开拓广告业务。经理部调整了广告刊例，提高了广告价格，将一版报眼位置由每块800元提高到每块70000元；三、四版文字广告则分别提高至每行（23~47字）收费3000元至4500元；戏目广告每行23字高，2行起码，每日每行收费600元；经济广告为每格一批10行，每行10次，收费50000元，且所有文字均以六号字计算，加大字号须另收费。同时报社将

---

[1] 根据北京市档案馆资料整理。

[2] 根据北京市档案馆资料整理。

广告股改为广告科,增加了人员,变坐等为主动登门与工商企业以及银行、新华书店等公私营企事业单位联系。一系列举措的施行,报纸上的广告显著增加。1949年12月,广告日均版面占有率由不足10%上升为25%,总额为6500万元;1950年1月,广告版面占有率达28%,总额为8500万元,仅广告收入已经能够解决报社员工的工资。1951年后,"三反"、"五反"运动开展,国家倡导增产节约运动,党政机关和公私合营单位普遍紧缩成本,广告版面占有率迅速下降至16%至18%,广告总额也比1950年下降了17%,但仍能满足经济上自给自足的基本要求。[1]

从《新华日报》零广告,至零星广告,再至广告占总版面28%,复又回到17%左右的水平,每一次变动都存在政策性收紧,这从其他城市的报纸数据也可看出。1950年,《人民日报》一至五月广告收入可抵印刷、编辑、营业、管理等四项费用的64%,《天津日报》一至五月份广告收入可抵124%,同在天津的《进步日报》一至六月份广告收入占全部营业收入的49%,上海《新闻日报》一至六月份广告收入占比44%,《石家庄日报》一至六月份广告收入抵编辑费用的138%。[2]但在国家倡导增产节约之后,全国范围内的报纸广告份额普遍大幅下降,明显是政策压制了这种需求。

在特殊历史时期,国家政策对报纸刊登广告进行调控,也是合理的。这是因为新中国初期的经济政策系紧缩银根,通过减少货币流通,控制虚假购买力,防止人们大量囤积货物引致通货膨胀。而广告的作用是刺激消费,显然和新中国初期的经济政策背道而驰。广告带动的又是奢侈品的盛行,对大量从农村根据地入城的新政权管理者来讲,无异于"糖衣炮弹"。

从1955年国家允许部分报纸刊登外商广告,并规定了货币结算方式,也可以看出国家对货币的控制非常严格。1955年11月21日,对外贸易部抄告文化部,同意指定《北京日报》、《解放日报》、《新闻日报》、《南方日报》、《天津日报》这五家报纸刊登外商广告。[3]当时,报社的经营由文化部管理,为什么刊登外商广告还要经过对外贸易部批准?这里面就存在外币兑换问题。1957年,可以刊登外商广告的报纸增至8家,杂志22种。是年底,文化部、中国人民银行总

---

[1] 新华日报网、扬子晚报网:《〈新华日报〉创刊70周年特别专题》,2008年1月11日,http://zl.xhby.net/xhrb70/。

[2] 新闻总署秘字第894号:《通报华北及其他地区公私营报纸半年来企业化经营情况和尚存问题》,1950年8月31日,四川省档案馆:建西030-2-53~54。

[3]《文化部关于同意北京日报等五个报纸刊登外商广告的通知》,1955年11月21日,载《中华人民共和国出版史料(1955)》,第360页。

行联合下发通知,规定符合条件的报纸杂志在接收广告费时,不得收取人民币,必须由刊登广告者由国外汇入外汇并经银行结汇证明。[1]可以说,新中国能够成功治理民国时期就已存在的通货膨胀,这和国家统一财经政策,控制货币流通直接相关。

正如货币分正反面一样,广告受到压制会导致报纸依存的"二元产品市场"失去一头,变成了仅仅提供内容的"一元产品市场"。而仅仅依靠售卖来维持报纸盈利,还要依靠售卖来养活报纸、邮局发行人员,并向国家纳税。如果按照市场经济来判断,靠"一元产品市场"盈利几无可能。但事实情况是,报纸不仅卖出去了,报社该得到的收益也大体得到。而且,那些生存下来并完成了社会主义改造的民营报纸,无一不获得比解放前更高的收益。这究竟是什么原因?

六、报纸分工遇上同质化竞争

仅靠"一元产品市场"而能获得收益,首先是通过报纸分工实现的。

鉴于报纸经营普遍困难,新闻总署于1950年2月召开了一次京津新闻工作会议,报纸之间的分工成为此次会议的重要议题。京津两市的民营报纸首先被重新定位:"《新民报》现在实行的通俗文艺性的道路,对它来说是正确的,它的特点在通俗文艺的副刊。它的读者对象主要是北京的小资产阶级及比较无组织的劳动群众。《进步日报》应主要以天津民族资产阶级、小资产阶级及知识分子为对象,其最主要的内容应当是经济和自然科学等,特别是关于私人资本主义及其改造问题。"[2]

对北京《新民报》来讲,"分工"这个词并不陌生。1949年9月,《新民报》在北平召开北平、南京、上海三社职工代表联席会议,胡乔木、夏衍出席了会议。胡乔木在探讨《新民报》的出路问题时,谈到了报纸的分工问题。他说:"目前我们感到缺少一份通俗读物的机关报,假如新民报能有计划地这样做,这是新民报的光荣,这是对新民主主义文化运动很大的贡献,否则无非等于人民日

---

[1] 文化部、中国人民银行总行:《关于国外广告商、公司、私人在我国报纸、杂志上刊登广告收取外汇费用的通知》,1957年11月21日,转引自中国出版科学研究所、中央档案馆编《中华人民共和国出版史料(1957—1958)》,中国书籍出版社,2004,第279页。

[2] 《京津新闻工作会议讨论要点初步意见》,1950年3月,中国社会科学院新闻研究所编《中国共产党新闻工作文件汇编》(中),第161页。

报多出几份而已。"[1] 受此激励，北京《新民报》快速调整版面，除必保国内、国外、本市重要新闻及财经资讯外，该报在通俗文艺方面大做文章。《新民报》总共八版，却用了四个整版来做副刊、专刊。凭借丰富多彩的内容，《新民报》迅速走出困境，由1949年的长期亏损，1950年的或盈或亏，全面转变为1951年的月月盈利。截至1951年5月底，该报基本还清了两年来因亏损而外借的一切资金和实物。[2]

天津《进步日报》在获得分工方向后，将发行对象确定为私营工商界人士、教师、大中学生以及社会上的一般知识分子。该报最主要的作用在于能通过言论及各种类型的座谈会来团结和教育工商界人士及知识分子。利用以上方法，该报一方面把公私关系及劳资惯习中所存在的问题与情况及时反映给政府，另一方面能对这些问题发表意见，并对私人企业予以指导。此外，《进步日报》在关于失业、治安、房屋等问题上，也起到了积极作用。很多失业知识分子因为看了《进步日报》，参加了政府组织的"以工代赈"，暂时解决了生活困难。由于编辑方针的灵活改变，《进步日报》在1951年8月时总收入达到4.6亿（旧币），总支出为4.1亿，盈余近5000万；9月份总收入为4.4亿，总支出为4亿，盈余近4000万，经营情况尚属不错。[3] 天津的另外一张小型报纸《新生晚报》，也因在编辑方针上有所调整，侧重地方性，以多样的形式反映市民的现实生活而渐入正轨。从1951年3月起，《新生晚报》的经营情况开始好转，发行收入除能抵去成本外，尚有盈余。五、六月份效益进一步增长，仅广告收入即可维持开支费用的79%。[4]

鉴于京津报纸分工取得的成功经验，1950年3月29日至4月14日，新闻总署又召开全国新闻会议，拟将报纸分工推向全国，并有了划分全国性报纸与地方性报纸的主张。全国性报纸当时只有《人民日报》和《光明日报》两种，《人民日报》的主要读者对象为干部与先进的群众；《光明日报》的读者对象为各民主党派、小资产阶级和知识分子。[5] 而报纸地方化的倾向可从对武汉民营

---

[1] 蒋丽萍、林伟平：《民间的回声：新民报创始人陈铭德邓季惺传》，第303页。

[2] 《新民报北京社业务报告及计划》，1951年6月5日，北京市档案馆：114-1-9-004~011。

[3] 天津市新闻出版处：《天津私营报纸情况综合报告》，1951年，天津市档案馆：X57-Y-1-48-25~39。

[4] 天津市新闻出版处：《天津私营报纸情况综合报告》，1951年，天津市档案馆：X57-Y-1-48-25~39。

[5] 《京津新闻工作会议讨论要点初步意见》，1949年4月，转引自杨奎松：《新中国新闻报刊统制机制的形成经过——以建国前后王芸生的"投降"与〈大公报〉改造为例》，第76页。

报纸《大刚报》的分工体现出来。《大刚报》被要求必须拿出报纸版面的60%以上来报道武汉地区新闻和地方政府的中心工作。[1]根据分工,《大刚报》于1950年8月撤消了京沪两地的特派记者和"专电",加强报纸的地方性,办报方针从面向全国转为面向本市。[2]

全国新闻会议也对报纸最多的上海做出了规划:"高级知识分子由《大公报》照顾,中青年知识分子归《文汇报》,《新闻报》改为《新闻日报》仍然是工商界的报纸,《申报》改为《解放日报》,是居领导地位的党报,基本群众和党政干部属之。"[3]

闻听报纸分工的消息,当时还在主持《新闻日报》的金仲华认为:"特色是从读者需要出发,争取更多的读者,使办报的路子越走越宽;而所谓规定'方针任务',是要把报纸读者限制在规定的范围,报纸的宣传也限制在某些专业范围之内,这样的办报路子,只会越走越窄,使读者越来越少。"[4]如金仲华这般思考"分工"的民营报人为数不少,来自民营报纸的阻力令主管部门一时也难以定夺,像上海新闻协会党组书记、新闻出版处处长陈虞孙即表示,"分工以后,可能使销数反减",他主张观察一段时间再行决定。[5]但观察的结果是,各报亏损的雪球越滚越大。1951年下半年,上海市委宣传部长夏衍认为到了"下决心,用大力来调整的时候了,否则结果亏累不堪,增加我们的包袱"。[6]

令民营报纸和主管部门都意想不到的是,大力调整快速取得了成效。1952年春,上海市报纸总销数从3月4日最低的日销量35.7万余份,增加到5月29日的47万余份。最好的兆头来自《文汇报》,该报销量上升的幅度居各民营报纸之首。《文汇报》的成功始于1942年4月1日的改版缩张,报纸变为四开两张,明确以中、小学教师,大中学校学生,职工业余学校教师为主要读者。改版以后,报纸发行量从2万份增至18万份,其中,正副页一起订阅的有9万份,单独

---

[1] 孙旭培:《解放初期对旧新闻事业的接收和改造》,《新闻研究资料》1883年第3期。

[2] 欧阳柏:《大刚报史话(续)》,《新闻研究资料》1894年第3期。

[3] 李纯青:《笔耕五十年》,生活·读书·新知三联书店,1994,第538-539页。

[4] 邹凡扬:《忆金公——新闻日报旧事》,载解放日报报史办公室编《解放日报、新闻日报报史资料》②,第325页。

[5] 陈虞孙:《关于上海私营报纸调整办法的报告》,1952年5月29日,上海市档案馆:A22-l-47。

[6] 夏衍、恽逸群、姚溱致胡乔木:《关于调整上海各报纸的问题》,1952年1月14日,上海市档案馆:A22-l-20。

订阅教育副页的有9万多份。[1] 主管领导因此总结出《文汇报》的成功经验：其一，"放下'全国性'的大报架子，明确地以教育界为对象，小型，通俗化"；其二，"加强报纸的群众工作"。[2]

《文汇报》的成功让新闻、大公、新民等报不得不考虑自身调整。随后，《大公报》北迁，主打经济和国际报道，留在上海的《新闻日报》倾向于报道上海的经济建设，《新民报》以文娱、体育、卫生和市民生活为中心，各报逐渐走出低谷，获得新生。

观察新中国初期的报纸分工，必须承认，无论是党报还是民营报纸，都着重在内容上寻求突破，即便是党报也会发表一些国内外知名学者、专家、作家、各界名流的文章和群众来信、来稿，提高报道的深度和代表性。如《人民日报》就曾聘请著名作家巴金、胡风、冰心、徐迟、魏巍和著名经济学家薛暮桥等为特约记者，他们为《人民日报》撰写了许多出色文章。[3] 胡风参加新中国开国大典后写的长诗《时间开始了》、巴金从抗美援朝前线发回的《我会见了彭德怀司令员》和《英雄儿女》、魏巍写的《谁是最可爱的人》、冰心的《寄小读者》等，都是在《人民日报》发表。

从上述现象来看，通过对报纸分工来避免同质化竞争，确实在建国初期挽救了报业的整体颓势。能够仅仅依靠作为"一元产品市场"的发行来维护报纸生存，是新中国初期特定的媒介景观，这也仰仗于一种效能社会的作用。所谓效能，美国政治思想家亨廷顿在《变化社会中的政治秩序》一书，开篇就提到："各国之间最重要的政治分野，不在于它们政府的形式，而在于它们政府的有效程度。"[4] 诺贝尔经济学奖得主诺思也谈到"制度对经济绩效的影响是无可争议的"[5]。这意味着政治与经济之间无所不在的关联，而牵涉到报业，则又增加了文化上的变量。法国社会哲学家德·茹弗内尔将政治与文化的良性辩证关系称为"信任的制度化"，在他看来，公共权威的重要职能应该增加"全社会人

---

[1] 叶夫：《从文汇报到教师报》，载《文汇报回忆录1：从风雨中走来》，第123-124页。

[2] 上海市委宣传部：《关于上海私营报纸调整办法的报告》，1952年5月29日，上海市档案馆：A22-1-47。

[3] 赵兴林：《肩负时代的使命——人民日报记者部60年回顾》，载赵兴林主编《灿烂的星河——人民日报记者部新闻实践与思考》，人民日报出版社，2010，第3-11页。

[4] 塞缪尔·P.亨廷顿：《变化社会中的政治秩序》，王冠华、刘为等译，上海人民出版社，2008，第1页。

[5] 道格拉斯·C.诺思：《制度、制度变迁与经济绩效》，杭行译，格致出版社等，2014，第3页。

们心中普遍存在的相互信任。"[1] 在新中国初期这一特定历史时段，报纸是政府有意培育的公共权威，它承担着社会动员的重要使命。报纸分工的意义不仅在于消除报业市场的同质化竞争，也意味着所能覆盖人群的扩大，从而在社会动员的功能上达到效能的最大化。

综上所述，共产党人建设社会主义的信仰、国人图强自立的抱负、地方政府控制风险整合资源的动机、民营报纸秉持"民命"的传统，这些因子在新中国初期牢固地黏合在一起，形成政治、经济、外交方面高度一致的总体性社会。作为强化这种一致性的工具，民营报纸也必须在态度、价值观、期望等方面与过去分道扬镳，向着国家所期望的体制内的方向发展。这期间必然会产生一些问题，比如广告与发行共举的报业"二元市场"渐变为以发行为主的"一元市场"，势必造成报纸整体活力的下降。随之而来的，是"事业化管理、企业化经营"的"二元运作"模式萌芽。这种发端于新中国初期的报业经营模式容易导致两种结果，一是舆论监督功能开始弱化；二是规避政治风险的报纸通俗化。当改革开放之后"一元体制"依旧有效，"二元运作"便不可避免地向以追求经济效益为主的娱乐极化发展，从而产生对以往报业经营模式的路径依赖。这是回溯民营报纸转型过程中不得不反思的问题。

---

[1] Bertrand de Jouvenel, *Sovereignty* (Chicago: University of Chicago Press, 1963), p.123.

参考文献

档案

1. 北京市档案馆馆藏档案

（1）北京市新闻出版处．档号008-001；008-002．文档时间1949-1953．

（2）光明日报．档号008-001-069．文档时间1952.04.22-1952.05.31．

（3）大公报．档号043-001．文档时间1949-1966．

（4）新民报．档号114-001．文档时间1951.1-1951.12．

（5）影剧日报．档号008-002-00030．文档时间1949.5.14-1949.06.20．

2. 成都市档案馆馆藏档案

（1）成都市委宣传部．档号078-002-163；078-002-243；078-002-316．文档时间1954.12-1955.12．

（2）四川省人民政府新闻出版处．档号078-002-158．文档时间1954.05.18．

（3）川西新闻出版处．档号081-001-322；081-001-074；081-001-077．文档时间1951.03.24-1956.12.22．

（4）成都日报社．档号081-001-375．文档时间1957.02.26-1957.07.20．

（5）工商导报．档号078-002-013；078-002-087；078-002-093；078-002-154；078-002-249；078-002-252；078-002-260；078-002-288．文档时间1951.10-1955.05．

3. 广东省档案馆馆藏档案

（1）中共中央华南分局．档号204-1；204-3．文档时间1949.12.30-1955.05.17．

（2）广东省新闻出版处．档号307-3-6；307-3-7．文档时间1951.12.27-1953.01.08．

（3）广东省文化局．档号307-1-4．文档时间1952．

（4）南方日报．档号214-1-283；225-4-115．文档时间．1954.01.05-1962.07.10．

（5）广州日报．档号204-3-5191．文档时间1953.01.10．

4. 广州市档案馆馆藏档案

（1）广州市新闻出版处．档号179-1950-长久-003；179-1951-长久-021；179-1951-长久-037；179-1951-长久-069；179-1952-长久-078；179-1953-长久-008．文档时间1950.06.29-1953.10.23．

（3）南方日报．档号179-1952-长久-078；179-1953-长久-111．文档时间1952.10.04-1953.12.31．

（4）广州日报．档号179-1953-长久-005．文档时间1953.01.05-1953.10.09．

（5）新商晚报．档号179-1951-长久-041．文档时间1951.01.09-1951.12.24．

（6）经济导报·广州标准行情．档号179-1950-长久-012；179-1951-长久-049；179-1952-长久-087；179-1953-长久-123．文档时间1950.11.29-1953.02.23．

（7）联合报．档号179-1952-长久-081．文档时间1952.01-1952.11．

（8）每日论坛报．档号179-1950-长久-012．文档时间1949.10-1950.07.27．

（9）新工商周刊．档号179-1951-长久-050；179-1953-长久-123．文档时间1953．

（10）广州工商．档号179-1953-长久-123．文档时间1953.01.21-1953.12.23．

（11）快活报．档号179-1951-长久-050．文档时间1950.04.16-1951.05.04．

（12）周末报．档号179-1951-长久-050；179-1952-长久-089．文档时间1951.09-1952.09.10．

（13）广东每日商情通报．档号179-1950-长久-012；179-1951-长久-049；179-1952-长久-089．文档时间1950.10-1952.03.29．

（14）香港商情汇报．档号179-1951-长久-050．文档时间1951.03.03-1951.04.13．

5. 哈尔滨市档案馆馆藏档案

（1）建设日报．档号XD48-1-1-68~98；XD48-1-2-177~178；XD48-1-3-35~43．文档时间1949.07-1951.06．

（2）哈尔滨公报．档号XD48-1-1-15~17；XD48-1-2-175~176．文档时间1950.08.26-1951.05．

6. 上海市档案馆馆藏档案

（1）华东军政委员会新闻出版局．档号B35-2-24-10．文档时间1950.12．

（2）上海市人民政府新闻出版处．档号A73-1-44-2．文档时间1950.07.01．

（3）解放日报．档号A73-1-40-37．文档时间1950．

（4）大报．档号B35-2-68；G21-1-26；G21-1-280；B35-2-30-9；G21-1-157-7．

文档时间1950.08.17-1952.02.05.

（5）亦报．档号 B35-2-101-181；B35-2-30-10；B65-2-102-1；G21-1-157-5. 文档时间 1950.08.10- 1952.01.15.

（6）俄文新生活．档号 Q6-12-76；B128-2-552-76；B128-2-1027-26. 文档时间 1945-1952.03.21.

（7）大公报．档号 B1-1-1187-8；B35-2-108-1~25；B35-2-30-8；B35-2-107-1~10；B35-2-101-42/64/78；B35-2-65-19~22；B23-4-788-25；A80-2-77-13；A48-1-271-69. 文档时间1949.12.28-1954.12.06.

（8）密勒氏评论报．档号 B1-2-3640-18~25；B34-2-16-12. 文档时间 1951.09.25-1952.12.31.

（9）字林西报．档号 B128-2-568-31；B128-2-535-1~89；B35-2-83-28. 文档时间1951.03.20-1951.10.30.

（10）人民文化报．档号 B1-1-1922-6~110； B35-2-12-10. 文档时间1949.12.31-1951.09.27.

（11）商报．档号 Q431-1-75-39；Q431-1-75-29. 文档时间1948-1949.

（12）工商新闻．Q431-1-209-14~17；Q320-1-1166；Q78-1-88-1. 文档时间 1949.09-1951.02.

（13）烟业日报．档号 S414-4-135；S415-4-6；B128-2-864-83~161. 文档时间 1949.06.07-1952.06.20.

（14）文汇报．档号 B35-2-101-135/150；B35-2-30-6；B35-2-67-1~40；B35-2-77-8；A73-1-113-1~3；B167-1-107-14;B167-1-95-6；B167-1-46-59；B3-2-42-23；B167-1-97-39；B167-1-133-35~86；B167-1-244-10. 文档时间1950.08.09-1957.02.20.

（15）新民报．档号 G21-1-156-1；G21-1-20-1；G21-1-157-1;G21-1-155-7；G21-1-152-39；G21-1-87-1；G21-1-20-10;G21-1-154-32~34；G21-1-137-77~79；G21-1-279-23~24；G21-1-157-2；B35-2-63-13；G21-1-157-12；G21-1-281-3；G21-1-157-17~19；G21-1-284-9；G21-1-17-7；G21-1-32-3；B52-2-8-75；G21-1-17-11；G21-1-281-24；B167-1-8-30；B167-1-46-43~45；G21-1-178-1~3;G21-1-157-21~27. 文档时间1949.09.21-1966.08.23.

（16）新闻日报．档号 A73-1-6-3；G20-1-26-1~17；B35-2-101-101；B1-1-1872-16；B35-2-30-7；G20-1-23-3；A73-1-70-3~8;B35-2-17-79；S314-4-5-11；B23-4-788-30；B167-1-46-35~47;B167-1-136-18;B167-1-97-4；B167-1-244-21；A73-1-348-3；A73-1-419-2~3. 文档时间1949.06.14-1960.12.20.

7. 四川省档案馆馆藏档案

（1）川南新闻出版处．档号（建南）030-2；（建南）030-4；（建南）030-9．文档时间1951-1952．

（2）川西新闻出版处．档号（建西）34-2；（建西）34-22；（建西）34-27；（建西）34-35；（建西）34-59；（建西）34-65；（建西）34-71；（建西）34-88；（建西）34-104；（建西）34-133；（建西）34-162；（建西）34-214；（建西）025-107．文档时间1949.04-1952.08．

（3）四川省新闻出版处．档号（建川）054-60/61．文档时间1950-1955．

8. 天津市档案馆馆藏档案

（1）天津市政府．档号X0053-Y-000113-021；X0162-Y-000023-025；X0053-C-000015-006；X0053-C-000240-006．文档时间1951.04.01-1961.01.01．

（2）天津市新闻出版处．档号X0057-C-000046-001；X0053-D-001106；X0053-C-000212．文档时间1950-1951．

（3）大公报．档号X0199-C-000314-009~010；X0199-Y-000077-007；X0199-C-000216-018；X0199-C-000217-004；X0153-C-000342-040；X0199-C-000314；0077-D-002362；X0003-C-006338；X0315-C-000096；X0003-C-005361．文档时间1954.01.01-1960.01.01．

（4）新生晚报．档号X0057-Y-000048-001；X0057-Y-000077-008；X0057-Y-000044-020；X0057-Y-000052-005；X0057-D-000127；X0090-C-000261-003；X0098-C-000030-001；X0057-C-000055-001．文档时间1950.08.29-1952.05.29．

（5）进步日报．档号X0057-Y-000002-010；X0044-Y-000347-001；X0057-C-000047-077；-X0090-C-000125-007；X0090-C-000263-007；X0057-C-000047-078；X0057-C-000047-081；X0090-Y-000317-018；X0003-D-002228．文档时间1950.01.01-1951.12.28．

（6）博陵报．档号X0057-D-000068；X0057-D-000069；X0057-Y-000014．文档时间1950.01.01．

（7）华北汉英报．档号X0053-D-001548．文档时间1952．

（8）星报．档号X0057-D-000070；X0057-Y-000072-001~032；X0057-Y-000047-007；X0057-D-000070．文档时间1950.01.01-1951.03.20．

（9）俄文新语报．档号X0057-Y-000002-011．文档时间1949.06.15．

9. 西安市档案馆馆藏档案

（1）中共西安市委．档号1-1-0419-41~43．文档时间1957.04.22．

（2）工商经济晚报. 档号315-1-0010-002~003. 文档时间1956.06.

文献汇编

1. 薄一波. 薄一波文选（1937—1992）[M]. 北京：人民出版社，1992.
2. 马克思，恩格斯. 共产党宣言[M]. 北京：人民出版社，1997.
3. 恩格斯. 家庭、私有制和国家的起源[M]. 北京：人民出版社，1999.
4. 毛泽东. 毛泽东选集[M]. 北京：人民出版社，1991.
5. 彭真. 彭真文选（1941—1990）[M]. 北京：人民出版社，1991.
6. 沈志华，杨奎松. 美国对华情报解密档案（1948—1976）[M]. 上海：东方出版中心，2009.
7. 孙中山. 建国方略[M]. 武汉：武汉出版社，2011.
8. 中共广州市委党史研究室，广州市档案馆. 中共广州市委主要领导人讲话文稿选编第一辑（1949.10—1952.12）[R]. http：//www.zggzds.gov.cn/tsglwxzl/1367.jhtml.
9. 中共广州市委党史研究室，广州市档案馆. 中共广州市委主要领导人讲话文稿选编第二辑（1953.1—1956.6）[R]. http：//www.zggzds.gov.cn/tsglwxzl/1369.jhtml.
10. 中共广州市委党史研究室. 中国资本主义工商业的社会主义改造（广东卷广州分册）[M]. 北京：中共党史出版社，1993.
11. 中共广州市委党史研究室，广州市档案馆. 广州解放史录[M]. 广州：广东人民出版社，1999.
12. 中共广州市委党史研究室. 广州社会改造史录[M].http：//www.zggzds.gov.cn/tsglwxzl/1494.jhtml.
13. 中共广州市委党史研究室. 广州接管史录[M]. 广州：广东经济出版社，2009.
14. 中共中央文献研究室，中央档案馆. 建国以来刘少奇文稿[M]. 北京：中央文献出版社，2005.
15. 中共中央文献研究室. 建国以来毛泽东文稿（1—4册：1949年9月—1954年12月）[M]. 北京：中央文献出版社，1987-1990.
16. 中共中央文献研究室. 建国以来重要文件选编（第一册）[M]. 北京：中央文献出版社，1992.
17. 中共天津市委党史资料征集委员会. 天津解放纪实[M]. 北京：中共党史

资料出版社，1988.

18. 中共四川省委党史研究室. 中共中央南方局的文化工作 [M]. 北京：中共党史出版社，2009.

19. 中央档案馆. 中共中央文件选集（一九四八）[M]. 北京：中共中央党校出版社，1992.

20. 中国社会科学院新闻研究所. 中国共产党新闻工作文件汇编 [M]. 北京：新华出版社，1980.

21. 中国出版科学研究所，中央档案馆. 中华人民共和国出版史料（1—8辑）[M]. 北京：中国书籍出版社，1995-2001.

22. 中共中央宣传部办公厅，中央档案馆编研部. 中国共产党宣传工作文献选编（1—4册）[M]. 北京：学习出版社，1996.

23. 中国与苏联关系文献汇编（1949年10月—1951年12月）[M]. 北京：世界知识出版社，2009.

报刊

1. 北京：新民报［N］.1949.01-1952.09.
2. 常州：常州民报［N］.1950.01-1954.01.
3. 成都：工商导报［N］.1946.04.28-1956.04.30.
4. 重庆：新民报晚刊［N］.1950.11-1951.04.
5. 广州：广东每日商情通报［N］.1950.02-1951.02.
6. 广州：广州标准行情［N］.1950.08-1952.11.
7. 广州：国华报［N］.1949.10.01-1950.05.09.
8. 广州：快活报［N］.1950-1951.
9. 广州：联合报［N］.1950.08-1952.11.
10. 广州：每日论坛报［N］.1950.03-1950.05.
11. 广州：现象报［N］.1949.10.02-1950.07.31
12. 广州：新商晚报［N］.1951.07-1951.12.
13. 广州：越华报［N］.1949.10.01-1950.08.03.
14. 归绥：奋斗日报［N］.1949.12-1950.12.
15. 哈尔滨：哈尔滨公报［N］.1950.05-1952.10.
16. 汉口：大刚报［N］.1950.01-1951.12.
17. 汉口：戏剧新报［N］.1950.06-1951.10.

18. 杭州：当代日报［N］.1949.06-1955.10.
19. 杭州：金融论坛报［N］.1948.12.12-1952.01.01
20. 昆明：正义报［N］.1950.03-1953.07.
21. 南京：南京人报［N］.1951.01-1951.12.
22. 南京：南京人报晚刊［N］.1949.07-1951.10.
23. 汕头：星华日报［N］.1950.05.21-1951.01.05.
24. 上海：大公报［N］.1936.10.21-1952.11.05.
25. 上海：剧影日报［N］.1949.10-1949.12.
26. 上海：人民文化报［N］.1949.08-1950.06.
27. 上海：文汇报［N］.1949.11.01-1949.12.31.
28. 上海：新民报晚刊［N］.1949.06.12-1958.03.
29. 上海：烟业日报［N］.1948.06.01-1951.12.31.
30. 天津：博陵报［N］.1949.03-1950.07.
31. 天津：大公报［N］.1953.01.1956.09.
32. 天津：华北汉英报［N］.1946.08.15-1952.04.23.
33. 天津：进步日报［N］.1949.02-1952.12.
34. 天津：星报［N］.1950.02-1951.06.
35. 无锡：晓报［N］.1950.01-1954.01.
36. 厦门：江声报［N］.1949.03.21-1951.12.31
37. 西安：工商经济晚报［N］.1953.07-1957.12
38. 西安：工商晚报［N］.1950.01-1953.06.
39. 西安：经济快报［N］.1950.11-1953.04.
40. 镇江：大众日报［N］.1950.02-1952.12.

回忆、口述与人物传记

1. 安闽，晓钟．厦门《江声报》（1927—1950）[J]．党史资料与研究，1986（2）．
2. 包天笑．钏影楼回忆录 [M]．北京：中国大百科全书出版社，2008．
3. 薄一波．若干重大决策与事件的回顾 [M]．北京：中共党史出版社，2008．
4. 曹世瑛．大公报的资金究竟是谁的 [J]．新闻研究资料，1984（1）．
5. 晁鸥，则玲．赵超构 [M]．北京：人民日报出版社，1999．
6. 陈保平．新民春秋：新民报·新民晚报八十年 [M]．上海：文汇出版社，2009．

7. 陈布雷. 陈布雷回忆录 [M]. 北京：东方出版社, 2009.

8. 陈理源. 解放初期的重庆《新民报》[J]. 新闻研究资料, 1987（4）.

9. 陈铭德, 邓季惺等. 新民报春秋 [M]. 重庆：重庆出版社, 1987.

10. 陈铭德, 邓季惺. 徐悲鸿大师与《新民报》[J]. 新闻研究资料, 1985（1）.

11. 陈清泉. 在中共高层50年：陆定一传奇人生 [M]. 北京：人民出版社, 2006.

12. 陈原. 记胡愈之 [M]. 香港：商务印书馆香港有限公司, 1992.

13.《大公报一百周年报庆丛书》编委会. 我与大公报 [M]. 上海：复旦大学出版社, 2002.

14. 戴邦. 建国以来报纸工作的回顾 [J]. 新闻研究资料, 1983（3）.

15. 范瑾. 怀念与敬意：回忆市委领导对《北京日报》的关怀 [J]. 新闻研究资料, 1981（1）.

16. 高成祥. 从《工商导报》到《成都日报》[J]. 新闻研究资料, 1987（4）.

17. 高剑夫. 也谈《奋斗日报》：怀念景昌之同志 [J]. 新闻研究资料, 1987（2）.

18. 顾行，成美. 邓拓传 [M]. 太原：山西教育出版社, 1991.

19. 顾颉刚. 顾颉刚日记：1947—1950[M]. 台北：联经出版社, 2007.

20. 顾执中. 报人生涯 [M]. 南京：江苏古籍出版社, 1987.

21. 韩辛茹. 陆诒 [M]. 北京：人民日报出版社, 1995.

22.《胡乔木传》编写组. 胡乔木书信集 [M]. 北京：人民出版社, 2002.

23. 胡适. 胡适口述自传 [M]. 唐德刚, 译注. 桂林：广西师范大学出版社, 2005.

24. 吉少甫. 中国出版事业的开拓者：建国初期胡愈之在出版署的活动纪要 [J]. 编辑学刊, 1996（4）.

25. 蒋丽萍, 伟平. 民间的回声：新民报创始人陈铭德邓季惺传 [M]. 北京：新世界出版社, 2004.

26. 蒋梦麟. 西潮·新潮 [M]. 长沙：岳麓书社, 2000.

27. 蒋曙晨. 我和《奋斗日报》[J]. 新闻研究资料, 1985（3）.

28. 孔昭恺. 旧大公报坐科记 [M]. 北京：中国文史出版社, 1991.

29. 李纯青. 笔耕五十年 [M]. 北京：三联书店, 1994.

30. 李克因. 我心目中的"大先生"：纪念名报人张友鸾逝世十周年 [J]. 新闻通讯, 2000（8）.

31. 李南央. 父母昨日书：李锐、范元甄通信集（1938—1949）[M]. 广州：广东人民出版社, 2008.

32. 李伟. 报人风骨：徐铸成传 [M]. 桂林：广西师范大学出版社，2008.

33. 李西桥. 绥远奋斗日报被砸记 [J]. 新闻研究资料，1981（5）.

34. 刘映元. 傅作义将军的喉舌：奋斗日报 [J]. 新闻研究资料，1981（5）.

35. 龙劲风. 回忆每日论坛报 [M] // 广州市政协学习和文史资料委员会. 广州文史（第56辑）. 广州：广东人民出版社，1989.

36. 苗平章. 绥远起义前后的奋斗日报 [J]. 新闻研究资料，1981（5）.

37. 艾恺采，梁漱溟. 这个世界会好吗：梁漱溟晚年口述 [M]. 上海：东方出版中心，2006.

38. 保罗·埃文斯. 费正清看中国 [M]. 陈同，罗苏文，袁燮铭，等译. 上海：上海人民出版社，1995.

39. 费正清. 费正清对华回忆录 [M]. 陆惠勤，陈祖怀，陈维益，等译. 上海：知识出版社，1991.

40. 亨利·基辛格. 大外交 [M]. 顾淑馨，林添贵，译. 海口：海南出版社，2012.

41. 南方日报社，广东《华商报》史学会. 白首记者话华商 [M]. 广州：广东人民出版社，1987.

42. 聂绀弩. 对镜检讨 [M]. 青岛：青岛出版社，2011.

43. 欧阳柏. 大刚报史话 [J]. 新闻研究资料，1984（2）.

44. 欧阳柏. 大刚报史话（续）[J]. 新闻研究资料，1984（3）.

45. 钱昌照. 钱昌照回忆录 [M]. 北京：东方出版社，2011.

46. 萨空了. 关于《新蜀报》的回忆 [J]. 新闻研究资料，1985（3）.

47. 拾风. 南京人报反击龚德柏之战 [J]. 新闻研究资料，1983（2）.

48. 宋连生. 邓拓的后十年 [M]. 武汉：湖北人民出版社，2010.

49. 孙卫卫. 60年机构变迁记：从总署到新闻出版总署 [EB/OL].（2009-09-10）[2020-11-20]. http://media.sohu.com/20090910/n266612702.shtml.

50. 陶菊隐. 记者生活三十年：亲历民国重大事件 [M]. 北京：中华书局，2005.

51. 陶希圣. 潮流与点滴 [M]. 北京：中国大百科全书出版社，2008.

52. 王迪. 北京日报诞生前后 [J]. 北京党史通讯，1988（2）.

53. 王淮冰. 对大刚报不同历史时期评价的看法 [J]. 新闻研究资料. 1984（2）.

54. 王淮冰，段镇坤，欧阳柏，等. 邵荃麟同志与汉口大刚报 [J]. 新闻研究资料，1980（3）.

55. 王鹏. 王芸生在解放前夕 [J]. 新闻研究资料，1983（4）.

56. 王鹏. 大公报在北京的创刊、发展和停刊 [J]. 纵横, 2000 (11).

57. 王鹏. 大公报的资金与股份变动情况 [J]. 百年潮, 2001 (8).

58. 王鹏. 毛泽东为什么保下了王芸生 [J]. 书屋, 2002 (5).

59. 王文彬. 建国初期的重庆《大公报》[J]. 新闻研究资料, 1987 (4).

60. 王欣. 一份颇具影响的外商华文晚报：《大美晚报》[J]. 新闻研究资料, 1991 (3).

61. 王芝琛. 百年沧桑：王芸生与大公报 [M]. 北京：中国工人出版社, 2001.

62. 文汇报报史研究室. 文汇报回忆录1：从风雨中走来 [M]. 上海：文汇出版社, 1993.

63. 文汇报报史研究室. 文汇报回忆录2：在曲折中前进 [M]. 上海：文汇出版社, 1995.

64. 吴宓. 吴宓日记续篇（1）[M]. 北京：生活·读书·新知三联书店, 2006.

65. 夏衍. 懒寻旧梦录 [M]. 北京：生活·读书·新知三联书店, 2000.

66. 萧乾. 未带地图的旅人：萧乾回忆录 [M]. 南京：江苏文艺出版社, 2010.

67. 肖鸣锵. 周钦岳与《新蜀报》[J]. 新闻研究资料, 1987 (4).

68. 新民晚报史编纂委员会. 飞入寻常百姓家：新民报——新民晚报七十年史 [M]. 上海：文汇出版社, 2004.

69. 新民晚报编辑部. 我们对办好一张社会主义晚报的探索 [J]. 新闻研究资料, 1983 (3).

70. 徐铸成. 旧闻杂忆 [M]. 北京：生活·读书·新知三联书店, 2009.

71. 徐铸成. 报人张季鸾先生传 [M]. 北京：生活·读书·新知三联书店, 2009.

72. 徐铸成. 徐铸成回忆录 [M]. 北京：生活·读书·新知三联书店, 2010.

73. 徐铸成. 报海旧闻 [M]. 北京：生活·读书·新知三联书店, 2010.

74. 徐铸成. 风雨故人 [M]. 北京：生活·读书·新知三联书店, 2011.

75. 杨学纯, 金仲华 [M]. 北京：人民日报出版社, 1996.

76. 杨雪梅. 报人时代：陈铭德、邓季惺与《新民报》[M]. 北京：中华书局, 2008.

77. 喻世长, 王金昌. 建国日记 [M]. 北京：东方出版社, 2009.

78. 于友. 刘尊棋 [M]. 北京：人民日报出版社, 1996.

79. 于友. 胡愈之传 [M]. 北京：新华出版社, 1993.

80. 曾虚白. 曾虚白自传（上、中、下）[M]. 台北：联经出版社, 1988-1990.

81. 章导.《每日论坛报》出版的前因后果 [M] // 广州市政协学习和文史资

料委员会.广州文史资料存稿选编.北京:中国文史出版社,2008.

82. 张林岚.赵超构传[M].上海:文汇出版社,1999.

83. 张彦.爱泼斯坦[M].北京:人民日报出版社,1996.

84. 张友鸾.老大哥张恨水[J].新闻研究资料,1981(1).

85. 张友渔.报人生涯三十年[M].重庆:重庆出版社,1982.

86. 张振群.像风,眷念着一棵绿树:新闻奇才张友鸾侧记[J].江淮文史,2007(2).

87. 赵纯继.成都《新民报》记略[J].新闻研究资料,1982(5).

88. 赵晓铃.卢作孚的选择[M].广州:广东人民出版社,2010.

89. 赵则玲.报界宗师:赵超构评传[M].杭州:浙江大学出版社,2009.

90. 郑逸梅.书报话旧[M].北京:中华书局,2005.

91. 周雨.王芸生[M].北京:人民日报出版社,1995.

92. 周雨.大公报史:1902—1949[M].南京:江苏古籍出版社,1993.

93. 朱正.人浦熙修[M].武汉:湖北人民出版社,2005.

94. 祝纪和.上海解放后第一张小型报:《大报》[J].新闻记者,1990(1).

95. 邹朴.天津解放后第一张民营报纸:《进步日报》[J].新闻大学,1994(1).

大事编年、年鉴与辞典

1. 广东省地方史志编纂委员会.广东省志·新闻志[M].广州:广东人民出版社,2000.

3. 王桧林,朱汉国.中国报刊辞典(1815—1949)[M].太原:书海出版社,1992.

4. 文汇报报史研究室.文汇报史略(1938.1—1939.5,1945.8—1947)[M].上海:文汇出版社,1988.

5. 文汇报报史研究室.文汇报史略(1949.6—1966.5)[M].上海:文汇出版社,1997.

6. 中共中央党史研究室.中共党史大事年表[M].北京:人民出版社,1981.

7. 中国出版工作者协会.中国出版年鉴(1985)[M].北京:商务印书馆,1985.

8. 中国新闻学会联合会,中国社会科学院新闻研究.中国新闻年鉴(1982)[M].北京:中国社会科学出版社,1982.

9. 中国新闻学会联合会,中国社会科学院新闻研究.中国新闻年鉴(1988)

[M]. 北京：中国社会科学出版社，1988.

著作

1. 陈建云. 大变局中的民间报人与报刊 [M]. 福州：福建教育出版社，2008.

2. 陈建云. 向左走 向右走：一九四九年前后民间报人的出路抉择 [M]. 福州：福建教育出版社，2010.

3. 丛进. 1949—1976年的中国：曲折发展的岁月 [M]. 北京：人民出版社，2009.

4. 《大公报一百周年报庆丛书》编委会. 大公报一百年新闻案例选 [M]. 上海：复旦大学出版社，2002.

5. 恩斯特·卡西尔. 论人：人类文化哲学导论 [M]. 刘述先，译. 桂林：广西师范大学出版社，2006.

6. 斐迪南·滕尼斯. 共同体与社会：纯粹社会学的基本概念 [M]. 林荣远，译. 北京：北京大学出版社，2010.

7. 弗里德里希·尼采. 权力意志 [M]. 张念东，凌素心，译. 北京：中央编译出版社，2005.

8. 卡尔·曼海姆. 意识形态与乌托邦 [M]. 黎鸣，李书崇，译. 上海：上海三联书店，2011.

9. 托马斯·梅耶. 传媒殖民统治 [M]. 刘宁，译. 北京：中国传媒大学出版社，2009.

10. 尤尔根·哈贝马斯. 合法化危机 [M]. 刘北成，曹卫东，译. 上海：上海人民出版社，2009.

11. 邓野. 联合政府与一党训政：1944—1946年间国共政争 [M]，北京：社会科学文献出版社，2003.

12. 丁淦林. 中国新闻事业史 [M]. 北京：高等教育出版社，2002.

13. 丁淦林. 中国新闻图史 [M]. 广州：南方日报出版社，2002.

14. 杜维运. 史学方法论 [M]. 北京：北京大学出版社，2006.

15. 谢·卡拉·穆尔扎. 论意识操纵 [M]. 徐昌翰，等译. 北京：社会科学文献出版社，2004.

16. 埃米尔·涂尔干. 社会分工论 [M]. 渠东，译. 北京：生活·读书·新知三联书店，2000.

17. 古斯塔夫·勒庞. 乌合之众：大众心理研究 [M]. 冯克利，译. 北京：中央编译出版社，2004.

18. 加布里埃尔·塔尔德，特里·N. 克拉克. 传播与社会影响 [M]. 何道宽，译. 北京：中国人民大学出版社，2005.

19. 雷蒙·阿隆. 想象的马克思主义：从一个神圣家族到另一个神圣家族 [M]. 姜志辉，译. 上海：上海译文出版社，2007.

20. 雷蒙·阿隆. 阶级斗争：工业社会新讲 [M]. 周以光，译. 南京：译林出版社，2003.

21. 米歇尔·福柯. 规训与惩罚 [M]. 刘北成，杨远婴，译. 北京：生活·读书·新知三联书店，2007.

22. 让·雅克·卢梭. 论人类不平等的起源和基础 [M]. 高煜，译. 桂林：广西师范大学出版社，2009.

23. 朱里安·本达. 知识分子的背叛 [M]. 孙传钊，译. 长春：吉林人民出版社，2010.

24. 方汉奇，陈昌凤. 正在发生的历史：中国当代新闻事业 [M]. 福州：福建人民出版社，2002.

25. 方汉奇.《大公报》百年史 [M]. 北京：中国人民大学出版社，2004.

26. 方汉奇. 中国新闻传播史 [M]. 2版. 北京：中国人民大学出版社，2009.

27. 凤凰卫视出版中心. 蒋氏父子和他们的台湾子民 [M]. 重庆：重庆出版社，2011.

28. 凤凰周刊. 机密档1：台海两岸未公开档案 [M]. 北京：中国发展出版社，2011.

29. 凤凰周刊. 机密档2：被遮蔽的历史 [M]. 北京：中国发展出版社，2011.

30. 洪卜仁. 厦门旧报寻踪 [M]. 厦门：厦门大学出版社，2010.

31. 胡正荣，李煜. 社会透镜：新中国媒介变迁六十年（1949—2009）[M]. 北京：清华大学出版社，2010.

32. 韩钢. 中国当代史研究 [M]. 北京：九州出版社，2011.

33. 哈罗德·伊尼斯. 帝国与传播 [M]. 何道宽，译. 北京：中国人民大学出版社，2003.

34. 罗伯特·哈克特，赵月枝. 维系民主？西方政治与新闻客观性 [M]. 北京：清华大学出版社，2010.

35. 金观涛，刘青峰. 观念史研究：中国现代重要政治术语的形成 [M]. 北京：法律出版社，2009.

36. 金观涛，刘青峰. 兴盛与危机：论中国社会超稳定结构 [M]. 北京：法律出版社，2011.

37. 金观涛，刘青峰. 开放中的变迁：再论中国社会超稳定结构 [M]. 北京：法律出版社，2011.

38. 阿特休尔. 权力的媒介 [M]. 黄煜，裘志康，译. 北京：华夏出版社，1989.

39. 爱德华·S. 赫尔曼，诺姆·乔姆斯基. 制造共识：大众传媒的政治经济学 [M]. 邵红松，译. 北京：北京大学出版社，2011.

40. 本尼迪克特·安德森. 想象的共同体：民族主义的起源与散布 [M]. 吴叡人，译. 上海：上海人民出版社，2011.

41. 查尔斯·蒂利，西德尼·塔罗. 抗争政治 [M]. 李义中，译. 南京：译林出版社，2010.

42. 达洛尔·M. 韦斯特. 美国传媒体制的兴衰 [M]. 董立，译. 北京：北京大学出版社，2010.

43. 戴维·L. 帕雷兹. 美国政治中的媒体：内容和影响 [M]. 宋韵雅，王璐菲，译. 南京：南京大学出版社，2010.

44. 丹尼尔·C. 哈林，保罗·曼奇尼. 比较媒介体制 [M]. 陈娟，展江，等译. 北京：中国人民大学出版社，2012.

45. 费正清. 美国与中国 [M]. 张理京，译. 北京：知识出版社，1999.

46. 弗雷德里克·S. 西伯特，西奥多·彼得森，威尔伯·施拉姆. 传媒的四种理论 [M]. 戴鑫，译. 北京：中国人民大学出版社，2008.

47. 戈登·塔洛克. 官僚体制的政治 [M]. 柏克，郑景胜，译. 北京：商务印书馆，2010.

48. 汉娜·阿伦特. 论革命 [M]. 陈周旺，译. 南京：译林出版社，2011.

49. 汉娜·阿伦特. 马克思与西方政治思想传统 [M]. 孙传钊，译. 南京：江苏人民出版社，2007.

50. 汉娜·阿伦特. 极权主义的起源 [M]. 林骧华，译. 北京：生活·读书·新知三联书店，2008.

51. 加布里埃尔·A. 阿尔蒙德·小 G. 宾厄姆·鲍威尔. 比较政治学：体系、过程和政策 [M]. 曹沛霖，等译. 北京：东方出版社，2007.

52. 罗伯特·A. 达尔. 多元主义民主的困境：自治与控制 [M]. 周军华，译. 长春：吉林人民出版社，2010.

53. 罗伯特·K. 莫顿. 社会理论和社会结构 [M]. 唐少杰，齐心，等译. 南京：译林出版社，2008.

54. 马克·里拉. 当知识分子遇到政治 [M]. 邓晓菁，王笑红，译. 北京：新星出版社，2005.

55. R. 麦克法夸尔，费正清. 剑桥中华人民共和国史：革命的中国的兴起1949—1965年 [M]. 北京：中国社会科学出版社，1990.

56. 萨托利. 最新政党与政治制度 [M]. 雷飞龙，译. 台北：韦伯文化国际出版有限公司，2003.

57. 塞缪尔·亨廷顿. 文明的冲突与世界秩序的重建 [M]. 周琪，刘绯，等译. 北京：新华出版社，2010.

58. 塔尔科特·帕森斯. 社会行动的结构 [M]. 张明德，等译. 南京：译林出版社，2008.

59. 托德·吉特林. 新左派运动的媒介镜像 [M]. 张锐，译. 北京：华夏出版社，2007.

60. 魏斐德. 红星照耀上海城：1942—1952[M]. 梁禾，译. 北京：人民出版社，2011.

61. 西达·斯考切波. 国家与社会革命：对法国、俄国和中国的比较分析 [M]. 何俊志，王学东，译. 上海：上海人民出版社，2007.

62. 西德尼·塔罗. 社会运动论 [M]. 张等文，孔兆政，译. 长春：吉林人民出版社，2010.

63. 西摩·马丁·李普塞特. 政治人：政治的社会基础 [M]. 张绍宗，译. 上海：上海人民出版社，2011.

64. 蒋建国. 报界旧闻：旧广州的报纸与旧闻 [M]. 广州：南方日报出版社，2007.

65. 赖光临. 七十年中国报业史 [M]. 台北：中央日报社，1981.

66. 赖光临. 中国新闻传播史 [M]. 台北：三民书局，1978.

67. 李彬. 中国新闻社会史 [M]. 2版. 北京：清华大学出版社，2009.

68. 李彬，李漫. 马克思主义新闻观拓展读本 [M]. 北京：清华大学出版社，2008.

69. 李辉. 封面中国：美国《时代》周刊讲述的中国故事（1923—1946）[M]. 北京：东方出版社，2007.

70. 李辉. 封面中国2：美国《时代》周刊讲述的中国故事（1946—1952）[M]. 武汉：长江文艺出版社，2012.

71. 李金铨. 超越西方霸权：传媒与"文化中国"的现代性 [M]. 香港：牛津大学出版社（中国），2004.

72. 李文. 甘肃新闻事业的历史与现状研究 [M]. 北京：中国社会科学出版社，2011.

73. 李永璞，林治理. 中国共产党历史报刊名录（1919—1949）[M]. 济南：山东人民出版社，1991.

74. 李瞻. 大时代见证：万里孤鸿 [M]. 台北：三民书局，2005.

75. 梁群球. 广州报业（1827—1990）[M]. 广州：中山大学出版社，1992.

76. 林蕴晖，范守信，张弓. 1949—1976年的中国：凯歌行进的时期 [M]. 北京：人民出版社，2009.

77. 刘家林. 新中国新闻传播60年长编（1949—2009）[M]. 广州：暨南大学出版社，2010.

78. 刘家林. 中国新闻史 [M]. 武汉：武汉大学出版社，2012.

79. 刘绍文. 大众媒体打造的神话：论张恨水的报人生活与报纸化文本 [M]. 北京：中国社会科学出版社，2006.

80. 马光仁. 上海新闻史（1850—1949）[M]. 上海：复旦大学出版社，1996.

81. 马光仁. 上海当代新闻史 [M]. 上海：复旦大学出版社，2001.

82. 孟兆臣. 中国近代小报史 [M]. 北京：社会科学文献出版社，2005.

83. 南方都市报，广东省立中山图书馆. 广州旧闻：听报纸讲过去的故事 [M]. 广州：南方日报出版社，2007.

84. 南方都市报. 深港关系四百年 [M]. 深圳：海天出版社，2007.

85. 钱承军. 建国前中国共产党报刊研究 [M]. 北京：中国文联出版社，2009.

86. 钱钢. 旧闻记者 [M]. 香港：中华书局，2006.

87. 钱钢. 中国传媒与政治改革 [M]. 香港：天地图书有限公司，2008.

88. 小野秀雄. 中外报业史 [M]. 陈贵亭，译. 台北：正中书局，1996.

89. 佐藤卓己. 现代传媒史 [M]. 诸葛蔚东，译. 北京：北京大学出版社，2004.

90. 沈志华. 中苏关系史纲 [M]. 北京：新华出版社，2007.

91. 沈志华，梁志. 窥视中国：美国情报机构眼中的红色对手 [M]. 上海：东方出版中心，2011.

92. 波列伏依. 永志不忘：我的记者生涯 [M]. 徐耀魁，译. 北京：新华出版社，1981.

93. 孙隆基. 中国文化的深层结构 [M]. 桂林：广西师范大学出版社，2011.

94. 唐振常. 近代上海繁华录 [M]. 北京：商务印书馆国际有限公司，1993.

95. 王敏. 上海报人社会生活（1872—1949）[M]. 上海：上海辞书出版社，

2008.

96. 王文科，张扣林. 浙江新闻史 [M]. 杭州：浙江大学出版社，2010.

97. 吴廷俊. 中国新闻史新修 [M]. 上海：复旦大学出版社，2008.

98. 武志勇. 韬奋经营管理方略 [M]. 北京：中央编译出版社，2000.

99. 习少颖. 中国对外宣传史研究：1949—1966年 [M]. 武汉：华中科技大学出版社，2010.

100. 谢泳. 储安平和他的时代：纪念储安平诞辰一百周年学术研讨会论文集 [M]. 台北：谢泳出版，2009.

101. 卢卡奇. 历史与阶级意识 [M]. 杜章智，等译. 北京：商务印书馆，1996.

102. 熊月之. 异质文化交织下的上海都市生活 [M]. 上海：上海辞书出版社，2008.

103. 许纪霖，宋宏. 史华慈论中国 [M]. 北京：新星出版社，2006.

104. 杨奎松. 毛泽东与莫斯科的恩恩怨怨 [M]. 南昌：江西人民出版社，2011.

105. 杨奎松. 中华人民共和国建国史研究（1—2）[M]. 南昌：江西人民出版社，2009.

106. 杨奎松. 中间地带的革命：国际大背景下看中共成功之道 [M]. 太原：山西人民出版社，2010.

107. 杨兴锋，王春芙. 南方日报新闻经典60年60篇 [M]. 广州：南方日报出版社，2009.

108. 叶曙明. 广州往事 [M]. 广州：花城出版社，2010.

109. 叶中强. 上海社会与文人生活（1844—1945）[M]. 上海：上海辞书出版社，2010.

110. 翊勋（恽逸群）. 蒋党真相 [M]. 北京：韬奋书店，1949.

111. 安东尼奥·葛兰西. 葛兰西文选 [M]. 李鹏程，编. 北京：人民出版社，2008.

112. 帕萨·查特杰. 被治理者的政治：思索大部分世界的大众政治 [M]. 田立年，译. 桂林：广西师范大学出版社，2007.

113. 保罗·法兰奇. 镜里看中国：从鸦片战争到毛泽东时代的驻华外国记者 [M]. 张强，译. 北京：中国友谊出版公司，2011.

114. 布莱恩·麦克奈尔. 政治传播学引论 [M]. 殷祺，译. 北京：新华出版社，2005.

115. E.P.汤普森. 英国工人阶级的形成（上、下）[M]. 钱乘旦，等译. 南京：

译林出版社，2001.

116. 卡瑞，辛顿. 英国新闻史 [M]. 栾轶玫，译. 北京：清华大学出版社，2005.

117. 佩里·安德森. 思想的谱系：西方思潮左与右. 袁银传 [M]，曹荣湘，等译. 北京：社会科学文献出版社，2010.

118. R.G. 柯林伍德. 历史的观念 [M]. 尹锐，等译. 北京：光明日报出版社，2007.

119. 以赛亚·伯林. 苏联的心灵：共产主义时代的俄国文化 [M]. 潘永强，刘北成，译. 南京：译林出版社，2010.

120. 詹姆斯·卡伦，朴明珍. 去西方化媒介研究 [M]. 卢家银，崔明伍，等译. 北京：清华大学出版社，2011.

121. 詹姆斯·卡伦. 媒体与权力 [M]. 史安斌，董关鹏，译. 北京：清华大学出版社，2006.

122. 詹姆斯·库兰，米切尔·古尔维奇. 大众媒介与社会 [M]. 杨击，译. 北京：华夏出版社，2006.

123. 余英时. 中国知识人之史的考察 [M]. 桂林：广西师范大学出版社，2004.

124. 余英时. 中国思想传统及其现代变迁 [M]. 桂林：广西师范大学出版社，2004.

125. 余英时. 民主制度与近代文明 [M]. 桂林：广西师范大学出版社，2006.

126. 余英时. 文化评论与中国情怀 [M]. 桂林：广西师范大学出版社，2006.

127. 曾建雄. 中国新闻评论发展史 [M]. 桂林：广西师范大学出版社，1996.

128. 曾虚白. 中国新闻史 [M]. 台北：三民书局，1989.

129. 张灏. 幽暗意识与民主传统 [M]. 北京：新星出版社，2010.

130. 张梦新等. 杭州新闻史 [M]. 北京：中国社会科学出版社，2011.

131. 张柠. 再造文学巴别塔（1949—1966）[M]. 广州：广东教育出版社，2009.

132. 张素华. 变局：七千人大会始末 [M]. 北京：中国青年出版社，2006.

133. 张育仁. 自由的历险：中国自由主义新闻思想史 [M]. 昆明：云南人民出版社，2002.

134. 张苑琛. 新民晚报副刊研究 [M]. 上海：上海交通大学出版社，2011.

135. 赵月枝. 传播与社会：政治经济与文化分析 [M]. 北京：中国传媒大学出版社，2011.

136.TOCQUEVILLE A.Democracy in America.Alfred A.Knopf.Inc，1976.

137.GIDDENS A.Beyond Left and Right：The Future of Radical Politics.Cambridge :Polity Press Ltd.，1998.

138.GRAMSCI A. Pre-Prison Writings.Cambridge：Cambridge University Press，1994.

139. BAKER C E. Media Markets and Democracy.Cambridge：Cambridge University Press，2001.

140. BURKE P. History and Social Theory.Cambridge:Polity Press Ltd.，2009.

141. DUARA P. Rescuing History from the Nation：Questioning Narratives of Modern China. Chicago:The University of Chicago Press，1995.

142. KYMLICKA W. Liberalism，Community and Culture[M].New York: Oxford University Press Inc.，1989.

论文

1. 曹立新．再论新中国成立后私营报业消亡的原因：以解放初期《文汇报》的经历为例 [J]. 国际新闻界，2009（4）.

2. 陈建云．一次清理"资产阶级新闻思想"的运动：建国初新闻界思想改造运动的回顾与反思 [J]. 新闻记者，2011（7）.

3. 陈其钦．评《密勒氏评论报》[J]. 图书馆杂志，1991（6）.

4. 陈兴来，李花."执拗"的资深报人：《大美晚报》编辑高尔德研究 [J]. 今传媒，2012（7）.

5. 陈依群．《密勒氏评论报》与"上海问题"[J]. 社会科学，1991（12）.

6. 丁和根．新中国的报业结构变迁及其阶段性特征 [J]. 杭州师范学院学报（社会科学版），2005（5）.

7. 杜英．文化体制和文化生产方式的再建立：建国初期对上海小型报的接管和改造 [J]. 中国现代文学研究丛刊，2007（2）.

8. 杜英．面对"改造"的小报文人：自我建构与写作实践：以共和国初期上海小报散文为中心的考察 [J]. 现代中文学刊，2010（1）.

9. 杜英．上海新闻出版业改造之考察（1949—1956）[J]. 中国文学研究，2010（7）.

10. 冯英子．《周末报》的来踪去迹 [J]. 新闻研究资料，1982（2）.

11. 贺碧霄．从《华商报》关于新闻自由的讨论到上海私营报纸成为改造对象：1949—1952年前后中共新闻政策考察 [J]. 国际新闻界，2011（1）.

12. 贺碧霄. 建国初期私营报业从业者的整编与改造：以上海两所新闻学校为中心（1949—1952）[J]. 新闻记者，2012（4）.

13. 胡景敏.《大公报》文人论政传统与《随想录》的传播 [J]. 社会科学论坛（学术评论卷），2009（4）.

14. 黄旦. 报刊的历史与历史的报刊 [J]. 新闻大学，2007（1）.

15. 黄旦，翟轶羿. 从"编年史"思维定式中走出来：对共和国新闻史的一点想法 [J]. 国际新闻界，2010（3）.

16. 黄克武.50年代胡适与蒋介石在思想上的一段交往 [J]. 广东社会科学，2011（6）.

17. 姜进. 断裂与延续：1950年代上海文化的社会主义改造 [J]. 社会科学，2005（6）.

18. 蒋世和."米丘林学说"在中国（1949—1956）：苏联的影响 [J]. 自然辩证法通讯，1990（1）.

19. 李东东.60年中国报业与新中国一起成长 [J]. 中国报业，2009（10）.

20. 李敬. 帕克：人文生态学视角中的新闻报刊与社会"同化"进程 [J]. 国际新闻界，2011（11）.

21. 李理. 从合作社性质的民营报纸到共产党的党报：汉口《大刚报》史研究（1945.11—1951.12）[D]. 华中科技大学博士论文，2011.

22. 李斯颐. 也谈建国初期私营传媒消亡的原因 [J]. 当代中国史研究，2009（3）.

23. 李文. 甘肃省新闻事业的创建和发展 [J]. 社科纵横，1997（4）.

24. 李晓虎. 中国政府新闻发布制度研究 [D]. 复旦大学博士学位论文，2007.

25. 刘霞. 建国初期《人民日报》推进马克思主义大众化的历史考察（1949—1956）[D]. 大连理工大学硕士学位论文，2011.

26. 刘喆. 共和国初期上海私营出版业的改造与国营垄断体系的形成（1949—1956）[D]. 华东师范大学硕士论文，2010.

27. 宁启文.1949年—1956年大陆报业企业化经营概述 [J]. 新闻与传播研究，2001（2）.

28. 秦绍德. 上海资产阶级商业报纸的发展道路 [J]. 新闻研究资料,1991（2）.

29. 施喆. 建国初期私营报业的社会主义改造 [J]. 新闻大学，2002.

30. 舒罕.《亦报》随笔：压抑了自我的知堂老人 [J]. 博览群书，2011（11）.

31. 孙旭培. 解放初期对旧新闻事业的接收和改造 [J]. 新闻研究资料，1988

（3）.

32. 孙旭培.建国初期宣传报道与报纸批评的特点[J].新闻研究资料，1989（3）.

33. 谈金铠.新中国的出版物缴送制度[J].中国出版，1994（1）.

34. 王昌范.1949：上海工商业团体组建的台前幕后[J].世纪，2009（6）.

35. 王红霞.建国初期中国共产党干部教育转型研究（1949—1956）[D].华东师范大学博士学位论文，2007.

36. 王薇.1949—1956年上海市图书发行业的变迁[D].华东师范大学硕士学位论文，2008.

37. 吴廷俊.新闻媒体必须按新闻规律行事：对共和国新闻史上三个指导方针的反思[J].新闻与传播评论，2009.

38. 吴廷俊."恐龙现象"：民营报纸在中国大陆"集体退场"的历史考察[J].新闻与传播评论，2011.

39. 巫小黎《亦报》视镜中的工农兵叙事[J].佛山科学技术学院院报（社会科学版），2008（6）.

40. 巫小黎.张爱玲《亦报》佚文与电影《太平春》的讨论[J].中国现代文学研究丛刊，2010（6）.

41. 巫小黎.《亦报》视窗里的周作人[J].鲁迅研究月刊，2010（8）.

42. 徐斌.建国初期新闻走向的困扰与转型[J].浙江工商大学学报，2009（1）.

43. 许永超.解放初期民营报纸的困境及其出路：对1949.6—1953.1《文汇报》的研究[D].华中科技大学硕士学位论文，2010.

44. 杨海燕.新中国初期报纸副刊中的国家形象塑造：以1951年《光明日报》的国庆征文为例[J].当代传播，2008（6）.

45. 杨奎松.建国前后中国共产党对资产阶级政策的演变[J].近代史研究，2006（2）.

46. 杨奎松.中国内战时期美国在华情报工作研究（1945～1949）[J].史学月刊，2009（3）.

47. 杨奎松.新中国的革命外交思想与实践[J].史学月刊，2010（2）.

48. 杨奎松.新中国成立初期清除美国文化影响的经过[J].中共党史研究，2010（10）.

49. 俞萌.《华商报》对"中间路线"的批判[J].新闻研究资料，1982（2）.

50. 曾宪明.解放初期大陆私营报业消亡过程的历史考察[J].新闻与传播研究，2002（2）.

51. 曾宪明. 旧中国民营报人同途殊归现象分析 [J]. 新闻与传播研究，2003（2）.

52. 曾宪明. 论伪民营报纸 [J]. 新闻与传播研究，2005（4）.

53. 张济顺. 上海里弄：基层政治动员与国家社会一体化走向（1950—1955）[J]. 中国社会科学，2004（2）.

54. 张济顺. 转型与延续：文化消费与上海基层社会对西方的反应（20 世纪 50 年代至60 年代早期）[J]. 史林，2006（3）.

55. 张济顺. 一九四九年前后的执政党与上海报界 [J]. 中共党史研究，2009（11）.

56. 张荆红. 半依附：1949—1956 年中国政治发展的重要特征 [J]. 武汉大学学报（哲学社会科学版），2009（1）.

57. 张威. 光荣与梦想的终结：美国"中国通"记者的命运及麦卡锡主义 [J]. 新闻与传播研究，2006（4）.

58. 章兴鸣. 新闻传播体制与政治制度关系的实证分析：1949—1956年中国的政治传播 [J]. 南通大学学报（社会科学版），2005（4）.

59. 周武. 从全国性到地方化：1945至1956年上海出版业的变迁 [J]. 史林，2006（6）.

60. 周仲海. 建国前后上海工人工薪与生活状况之考察 [J]. 社会科学，2006（5）.

61. 祝学剑. 文艺报与20世纪50年代典型问题论争 [J]. 南华大学学报（社会科学版），2008（4）.

后　记

本书稿是根据本人的博士论文改编而来。

时间还是要回到2014年。记得完成初稿的第二天就是春节。在键盘上敲下最后一个字时，指尖依旧像每一次熬了通宵那样，冰冷僵硬，但心里突然就"暖"得一塌糊涂。那一刻，首先想起的是海明威的名言："人生来就不是为了被打败的。"

对我来说，攻读博士的那四年，不啻一场艰辛的海上航行。

2010年秋，我以学生身份重回校园。兴奋之余，也需要面对现实中的诸多困境。第一重困境源自孩子尚小。入学的时候，孩子还不足两岁，未到去幼儿园的年龄。家中老人年纪大了，只能在我上课的时候帮忙带一会儿，其他时间还得靠自己，这势必对博士初期的文献阅读造成影响。为了解决这一矛盾，我找到了一个早教中心。这里虽然需要家长陪护，但不必时时刻刻盯着孩子，孩子也有很多玩乐的器械。就这样，这家早教中心从此多了一个整天拿着书躲在角落里的妈妈，和一个满地爬、到处跑，与每一个工作人员都极其熟络的男宝宝。

第二重困境源自工作与读书之间的矛盾。我任教的华南理工大学新闻与传播学院建院时间较短，从事实务课教学的老师有限。我教授的三门主课中外新闻传播史、新闻编辑和研究生新闻实务一直没有其他老师替代，这意味着我在攻读博士期间必须同时完成学院的教学任务，此外还包括一年一度的毕业生实习及论文指导以及每一个从事教学科研的老师都需要面对的大量日常事务。承蒙学院富有一定弹性的管理风格，我可以将全部课程集中在一个学期，另外一个学期用于博士论文的调研和写作。尽管一年到头连寒暑假都不得休息，但也有额外的收获，那就是真正体味到了什么叫做教学相长。每每看到学生们得益于我日益丰厚的专业知识和愈发严谨的治学态度，那种感觉，非一般词汇可以形容。

第三重困境源自史料的收集。我所走访的7个城市9座档案馆，除上海、成都馆限制条件较宽松，可以比较多地复印，其他档案馆都严格控制复印量，只能靠人工录入电脑，每天能够处理的文字量非常有限。尤其是广州市档案馆，是按一个研究题目为计算单位的，这个题目不管你研究多长时间，都只能控制在20页以内的复印量，复印内容还要严格审批。所以仅仅在广州市档案馆，就花去了差不多一个学期的时间。那时，广州市档案馆还没有搬迁到大学城，而是位于广州市委大院内，每天进出都要严格登记。我几乎是随着广州市档案馆的上下班时间安排行程的。档案馆一开门，我便出现；一下班，我才回家。最难打发的是中午休息时间，从上午11点半到下午2点，档案馆是封闭的，只能到附近的太平洋咖啡度过，因为那里的座椅靠背比较高，可以获得短暂的休息。整整一个学期，不知喝了多少杯咖啡、吃了多少个叫做帕尼尼的意大利三明治。从此以后，再也没有吃过帕尼尼，即便2016年起在美国访学一年，也都没有碰过这种食物。

也是因为查阅档案，见识了成都二环的堵，天津冬日的凛冽，上海盛夏的酷热和类似"沙丁鱼罐头"的北京地铁。北京市档案馆位于丰台区蒲黄榆路，周一至周五9点15至17点15开放。为了充分利用在北京的时间，我都是在档案馆下班后赶到国家图书馆阅览缩微文献，那里的下班时间是21点。为了来回能控制好时间，我特意将住处选在地铁1号线上的南礼士路。于是乎，每天早7点30分乘地铁1号线转5号线去档案馆，傍晚5点30分乘5号线转1号线再转4号线去国家图书馆，都是北京最挤的线路和最挤的时间。提着重重的电脑包来回奔波，被挤作"沙丁鱼罐头"中的一枚，且没有吃晚饭的时间，人又被流感袭中，靠大量食用止咳含片避免咳嗽影响他人。不得不承认，学术研究不仅需要坚韧的毅力，也是对体力的巨大考验。

第四重困境源自处理大量文献资料的经验匮乏。我所研究的时段是20世纪50年代初，那时的文字尚没有简化，且大多档案都是手写的，偶尔有打字稿，也因纸张质量差而模糊不清。我所过手的900余份、数千张原始材料，绝大部分是繁体字手写，字迹潦草，年久褪色，极难辨认。里面的人名、年份还要一一核对。上述工作的任务量十分巨大。文件整理后该如何归类，也是颇费周章的事儿，何况还有档案之外的其他大量文献需要阅读。以前在写万字以内的单篇论文时，没有遇到上述困境，一直认为自己有博闻强记的本事。这一次，面对的是成稿后40万字的博士论文，总计经手的文献数千万字，以往的经验全都失效。早期阅读未能及时记录的文字很难再凭记忆找到出处，一段时间后才晓得边阅读边记录边分类的道理。好在亡羊补牢，为时未晚。

尽管博士论文的研究及写作遭遇诸多困境，但眼见着一页页纸厚起来，欣喜之情与日俱增。与博士论文同时收获的还有四个课题的成功立项，包括教育部规划项目、广州市社科项目、省级重点实验室子项目以及中央高校课题重点项目。学术能力的些微增长还在其次，更令人欣慰的是生活方式和处世态度的变化。四年的博士研读生活看似是苦行僧般的，没有电影，没有电视，绝少的应酬，惟有阅读和写作。但当阅读成为一种生活方式后，人生从简的美妙、思想驰翔的自由，都熔铸在与中外作者的对话之中。看似孤独的阅读也由此变得不再枯燥。更因阅读层面的不断拓深，对人之生存的诸般情境有了多角度、多时态的理解，对人和事的判断不再轻易下结论，由此，可以更宽容地看待世界与世人。

当然，促使我完成上述转变的并非博士论文写作本身，而是太多在幕后默默扶持我前行的人。首先应该感谢我的导师曾建雄教授。先生治学之严谨有口皆碑。求学期间，有幸帮助导师完成国家社科重点项目的结题工作，此项工作于我受益匪浅。正是在导师的指导下，我进一步理解了如何高屋建瓴地提炼主题，如何逻辑缜密地建构框架，如何深入浅出地展开论证。具体到博士论文写作中来，一开始，我只是满足于史料的考证和史实的阐述，是导师予以我充分信任，提点我从辩证的历史发展的高度看待问题，并逐字逐句地帮助我修正每一章节的题目。导师之恩情，我惟有通过加倍努力予以报偿。范以锦教授是我仰慕的业界前辈。从报人转型到高校，我与范先生同一轨辙。能有幸做他的学生，亦深以为傲。非常感谢范以锦先生在日常教学以及论文开题中对我的帮助和鼓励，我不仅以先生为师，也以他的正气和慈爱为师。蔡铭泽教授是新闻学科中的治史前辈，捧读其扛鼎之作《中国国民党党报历史研究》，处处可见扎实的考证功底，如同他写的小楷书法，越是细密处越见用功之深。本论文写作深得蔡师教诲，希望能承其治学态度之一二。暨南大学新闻与传播学院的诸多师长对我的学业均有襄助，求学期间，从林如鹏、董天策、蒋建国、刘家林、谭天、支廷荣、张晋升、杨先顺等教授那里收获了不同类型的知识，受益匪浅，谨致谢意。

要感谢的还有我的博士同学曹轲、陈桂琴、陈强、黄志青、邝子欣、李红、李绍元、申启武、伍于行、星亮、颜南源、杨德建、邹蔚玲。曹轲来自中国报业重镇南方报业传媒集团，是那里的高层管理人员。我和他早就认识，但能够成为博士同学还是未曾预料。就读博士期间，曹轲对我帮助最大。我们二人的选题都和当代政治传播有关，有很多书目可以共享。曹轲慷慨地把他的书单给我过目，还从台湾带回很多珍贵的历史文献。2018年，曹轲40万字的博士论文亦已通过答辩，显然是一部心血之作。李红、李绍元是两位极具学术潜力的年轻学者，他们理解问题、看待世界的角度独特，习学勤勉，著述渐丰。他们早于我一年答辩，并不断对我的论文写作予以支持和鼓励，既是同学，也是益友。星亮和桂琴是暨大的老师，信息资源相对丰富，同学们与学院的沟通主要由他们完成，二位同学为我们做了大量的事务性工作，他们的无私奉献令人感动。申启武一直是温厚的兄长形象，他为人随和，关键时候乐于助人。论文开题的时候，他和我及曹轲一组，很多开题所需的手续是他完成的。作为广播电视领域的资深学者，申启武的学术地位已然树立，他的多年积累也已呈现在博士论文之中。杨德建和陈强不仅人长得帅，学术根基也很扎实。他们二人的研究方向与我有所不同，学术方面的交流不多，但就同学情谊而言，恰如德建在同学聚会中所说的那句话："很荣幸成为你的同学。"这是我们2010届暨大新闻学院博士班同学的共同认知，我们就像来自不同地方的"一家人"，包括黄志青、邝子欣、伍于行、颜南源、邹蔚玲5位海外同学，也都是这个班级的栋梁之材。尤为感谢邝子欣，他从澳门帮我背回了重要的学术资料，祝愿这位可爱的学弟永远开心快乐。

在整个论文写作期间，奉献最多的是我的家人，尤其是我的先生。他对家庭的贡献如同他的姓氏一样，"辛"苦却不计得失。为了襄助我的学业，体谅我熬夜阅读和写作的习惯，他自动承担了早晨送孩子上幼儿园的责任，为此推掉了很多外出公干的任务。博士论文需要大量的调研，光靠我有限的科研经费不足支撑，是先生额外予以了经济上的支持。此外，两千多字的摘要需要译成英文，我翻译的初稿带有太多中式英语的特征，又是先生帮我润色了三天，使其有了最终的光彩。他是我生活乃至事业中最坚实的依靠。我的妈妈一直是默默站在身后的人。她年逾古稀，本来需要我更多的照料，但反过来一直帮我分担。在我压力特别大的时候，总是妈妈默默地承受我在她面前的任性。妈妈的爱是无私的，她是我生活中永远的脊梁。我的儿子在我读博时不足两岁，是最需要妈妈陪伴的年龄，但因为妈妈求学艰辛，他少了很多与妈妈朝夕相处的时间。他常说的一句话是"妈妈在工作"，也因为如此，他比一般孩子具有更强的独立性。十个多月大的时候，他便开始独立使用汽车婴儿座椅，跟着我在家、学校、调研地之间奔波；两岁出门旅行，可以自己拉箱子，全程独立行走了。现在，他已经是一名小学生，坚信他能够成为一个对社会有益、对生活感恩的人。

一分耕耘一分收获。这篇博士论文的外审专家是北京大学新闻与传播学院程曼丽教授、清华大学新闻传播学院李彬教授、武汉大学新闻与传播学院单波教授。三位学界权威以激励奖掖后进，每一个评比选项都给了优，以致获得每人7项共21个全优，也算博士论文写作的一个"奇迹"。在以范以锦教授担纲答辩委员会主席的论文答辩中，这篇博士论文亦获得"优"的成绩。那是人生中难以忘怀的时刻，它激励你走进下一段艰苦跋涉，而又乐此不疲。

因为博士论文写作，我得以进入历史研究领域，并获得更多师友的提携。主编这套"中国新闻学丛书"的李彬教授是我极为敬重的良师，他学识渊博、为人谦逊、治学勤勉，更难得是君子坦荡，不仅有自己的学术坚守，更有兼容并包的胸怀。蒙李彬教授及赵月枝教授不弃，拙作得以入选丛书，期待能为新中国的新闻史研究倾己之力，奉献些微学识。

在修改本书文稿时，我以为必将大动干戈。但在一行行阅读五年前的心血之作时，除了微调语句，将章节进一步理顺，文中事实、立意、观点竟然栩栩如生、历历在目，我不觉得现在能比那时写得更好。当时的写作，倾入了全部心思，几乎是一气呵成。尤其是接近成稿的后三个月，每天用于写作时间超过十六小时，那当然是一种折磨，但此中的"磨"亦是打磨，人时常进入写作时段的历史情境，那种沉迷不是五年后的今天再能找回的。

但我亦深知历史写作的责任，每一份史料的应用、每一个观点的获得，都力求旁参互证，故今日看来，依旧能感受当年写作的诚意，也就是文中事实与观点，直至今日，依旧扎扎实实地"立"在那里，非但没有过时，且因时代的不断变化，有了更加意味深长的内涵。

这部作品所涉时段正值新中国的起点。我当然也像文中提到的大多数知识分子一样，深深地眷恋自己的国家。关于爱，有些人爱得热烈，有些人爱得深沉。这就像迎接凯旋归来的英雄一样，有些人倾情赞美，有些人为他（她）擦拭伤口，哪一种爱都有存在的必要。我希望能以理性的爱为祖国祝福，她的博大本身即在于总能战胜苦痛，从而给我们每个人以安稳的家园与故乡。

2021年4月于广州家中